VIVIENDO *la* CIENCIA *de la* MENTE

DR. ERNEST HOLMES

VIVIENDO *la* CIENCIA *de la* MENTE

DR. ERNEST HOLMES

Grupo Editorial Tomo, S. A. de C. V.
Nicolás San Juan 1043
03100, México, D. F.

1a. edición, septiembre 2014.

Nicolás San Juan 1043, Col. Del Valle
03100 México, D. F.
Tels. 5575-6615, 5575-8701 y 5575-0186
Fax. 5575-6695
www.grupotomo.com.mx
ISBN-13: 978-607-415-666-9
Miembro de la Cámara Nacional
de la Industria Editorial No 2961

Traducción: José De Lira Sosa y Alida Rodríguez Orozco
Diseño de portada: Karla Silva
Formación tipográfica: Armando Hernández
Supervisor de producción: Leonardo Figueroa

Impreso en México - *Printed in Mexico*

Contenido

Viviendo la Ciencia de la Mente

¿Qué es la Ciencia de la Mente?

La Ciencia de la Mente es resultado de la fe espiritual que la humanidad ha tenido a través de los tiempos. Antes de que la ciencia fuera concebida, la Presencia de Dios ya era percibida. Antes de que las acciones o reacciones mentales fueran analizadas, la historia ya estaba plagada de ejemplos de hombres y mujeres que habían experimentado a Dios.

La Ciencia de la Mente es comparativamente nueva, pero la experiencia mental del universo invisible es tan antigua como la historia del hombre. Es nueva en cuanto a que, por primera vez en la historia, hemos reunido todos los descubrimientos que contribuyen al establecimiento de la relación del hombre con el universo, con el fin de que pueda aplicar su entendimiento espiritual a los problemas diarios de la vida humana.

Esta ciencia necesariamente empieza con la proposición de que vivimos en un universo espiritual gobernado solo por la armonía, y que el uso de las ideas correctas consiste en hacer cumplir su Ley.

La Ciencia de la Mente se basa en la teoría de que existe una mente infinita que debe incluir todo lo que existe, llámese la inteligencia en el hombre, la vida en los animales o la presencia invisible que es Dios. A través de ella aprendemos a tener un sentido espiritual de las cosas. Este sentido espiritual de las cosas es el significado de la conciencia de Cristo. Para poder discernir la idea espiritual que está detrás de su símbolo físico se debe usar la mente que usó Jesús.

La Ciencia de la Mente es bastante práctica porque nos enseña cómo usar el principio de la mente para propósitos específicos, como ayudar a los enfermos, a los pobres y a quienes se encuentren en una situación grave. Cada uno de nosotros debería aprender a convertirse en un practicante de esta ciencia, un demostrador de su principio y un usuario consciente de su poder. El poder ya existe, pero su existencia no tiene valor alguno hasta que lo usamos. Debemos estar no solo conscientes del poder sino activamente conscientes de él. Esta es una de las lecciones que aprendemos en la Ciencia de la Mente.

Esta ciencia es más que mental; es también espiritual dado que vivimos en un universo espiritual. La Ciencia de la Mente declara la verdad acerca del universo espiritual y también la verdad acerca de las falsas creencias, considerando todo lo opuesto al bien como una acumulación del pensamiento humano, como la sugestión negativa colectiva de la raza.

Las condiciones equivocadas se reducen a creencias falsas, y a través del uso de las ideas correctas se lleva a cabo la transformación del pensamiento. Aprendemos a construir nuestras ideas sobre la base de factores afirmativos en lugar de negativos. Declarar la verdad y negar o ignorar aquellas creencias opuestas es comprobar que este Principio de la Ciencia de la Mente es real.

Las miles de personas (y van en aumento) que están probando a diario este principio contribuyen a nuestra convicción de que estamos lidiando con la realidad más intensa que la mente humana jamás haya concebido. La práctica de esta ciencia consiste en la aplicación de una técnica definida, la ley del pensamiento correcto, del verdadero entendimiento espiritual.

Es necesario que tengas plena convicción de que existe tal principio y que entiendas su uso y aplicación científica. Solo el conocimiento consciente te da el control consciente de las leyes de la naturaleza. El avance en cualquier ciencia siempre corresponde al uso consciente que se dé a las leyes de la naturaleza. No puede haber avances en la ciencia sin ese uso consciente de las leyes naturales.

Sería poco sabio aproximarse a la Ciencia de la Mente con superstición. Uno debe aproximarse con entendimiento. Sobre todo, con la firme intención en mente de hacer un uso consciente de este principio. Debes darte cuenta de que la mente existe como un principio del universo, así como la electricidad existe como un principio.

Una vez que lo hayas entendido no será difícil ver que el pensamiento es la herramienta de la mente, que las ideas correctas hacen que se cumpla la Ley de la Mente; tampoco será difícil ver que los objetos físicos son fundamentalmente espirituales en su naturaleza, que un hecho objetivo no es más que un símbolo de una causa subjetiva o invisible. Ciertamente lo que resulta es que si vas a hacer un uso práctico de la Ciencia de la Mente debes ser capaz de convertir las cosas en pensamientos, y al cambiar las rutas de la conciencia se producirá un cambio correspondiente en una situación objetiva, bien sea que se le utilice para ayudar a quienes están enfermos o para satisfacer cualquier otra necesidad.

Asimismo surge la pregunta sobre si el hombre tiene derecho a usar su pensamiento para cualquier propósito que albergue; mientras más sincero sea es más probable que se haga esta pregunta. Por extraño que parezca, una persona no haría esta pregunta en relación con ninguna otra ciencia, pues sentiría que todas las leyes existen para ser usadas, y cualquier persona en su sano juicio desearía, naturalmente, beneficiarse a sí misma y a los demás por medio del uso de las leyes naturales. ¿Por qué, entonces, debería hacerse alguna excepción a la más grande de todas las leyes —la Ley de la Mente en Acción— y a cumplir esta ley por medio de ideas correctas?

Una de nuestras proposiciones fundamentales es que Dios es todo lo que existe. Cuando dices *Dios es todo lo que existe*, incluye todo: toda posibilidad y toda acción, porque el Espíritu es la esencia y sustancia invisible de todas las formas. Es imposible separar el uso más elevado de esta ciencia del más exaltado concepto de un Espíritu inherente, un Espíritu trascendente, un Espíritu disponible.

Quizás al principio se pueda sentir cierta aversión hacia la idea de usar el poder espiritual con propósitos materiales, pero en la Ciencia de la Mente descubrimos que realmente no existen propósitos materiales definitivos; que ya sea que la vida exista en un estado objetivo o subjetivo, visible o invisible, todo es espíritu, y que ese espíritu o inteligencia, junto con lo que hace, constituye el universo entero, incluyendo al hombre.

La Ciencia de la Mente revela que cada hombre es un Cristo en potencia. Cada hombre tiene dentro de sí el poder inherente de Dios. ¿Y cómo podría este poder divino ser usado? Solo a través de su pensamiento. Dado que sería imposible que un hombre actuara como un ser inteligente a menos que primero pudiera pensar, el concepto mismo del ser humano supone un centro de conciencia, un centro de actividad del pensamiento. La Ciencia de la Mente revela que este centro de actividad divina dentro de cada uno es una manifestación completa y única de la mente paterna; ya que el poder de Dios en verdad existe dentro de cada hombre.

Una proposición básica de nuestra filosofía es que vivimos en un universo mental o universo espiritual, y que las cosas pueden ser reducidas a pensamientos. Esta es la base sobre la cual toda la práctica científica debe establecerse, y cuando eres capaz de fijar esta premisa en tu propio pensamiento, te encuentras equipado de inmediato con un instrumento con el cual puedes cambiar tu entorno.

La Ciencia de la Mente no niega el universo físico. El universo objetivo es el Cuerpo de Dios y ese cuerpo incluye nuestro ser físico. En realidad cada idea de nuestro ser físico es una idea divina.

La concepción equivocada del universo espiritual hace que nuestro universo parezca separado del bien, y de hecho experimentamos esta separación. Mas aquello que es un hecho en la experiencia no es necesariamente verdadero en principio. La esclavitud no puede ser concebida por la divinidad, y aun así todos sabemos que la esclavitud es una parte de la experiencia humana.

En el intento por buscar la solución para este enigma podemos concluir que existe un bien definitivo y un mal definitivo en el universo, o bien que no hay sino un fin último que es Dios, y que a este Ser Supremo, le es necesario por naturaleza manifestarse a cada uno de nosotros de acuerdo a nuestra creencia. Si tú puedes aceptar esta proposición, te será fácil ver cómo es que las falsas creencias atan a la humanidad.

Si eso que ata es falsa creencia y no la verdad, entonces verás por qué Jesús nos dijo que el conocimiento de la verdad produciría libertad. No quiso decir que el conocimiento de la verdad crea libertad, sino que el conocimiento de la verdad nos hace libres alineándonos con lo que nunca estuvo atado.

Si aceptamos las anteriores conclusiones como ciertas el resultado es que el principio creativo divino es ya perfecto, no habiendo confusión ni caos en él. Ha sido, es, y permanecerá exactamente perfecto. Nuestro universo individual será redimido de sus ataduras en la medida en que nos hagamos activamente conscientes de la verdad de nuestro ser. Debemos usar la ley como una ley de libertad, de otra manera la estaremos usando como una ley de esclavitud.

La Ciencia de la Mente nos aporta una técnica definida para el uso de esta ley, y nos enseña cómo cada uno puede usarla para liberarse a sí mismo, y demostrar a su entera satisfacción que las ideas correctas, usadas correctamente, pueden y deben producir condiciones correctas.

Hasta ahora, la ciencia, la revelación y la filosofía no han podido llegar a una conclusión que pudiera afectar esta proposición, y día tras día las ciencias físicas comprueban cada vez más que el universo físico en el que vivimos se parece más a un *pensamiento gigantesco* que a cualquier otra cosa. Ahora, si el universo físico, o el cosmos en su totalidad, es más parecido a un pensamiento gigantesco, deducimos que nuestro mundo inmediato es una parte de ese pensamiento.

Qué sorprendidos estaríamos todos si despertáramos una mañana, no solo con la absoluta convicción de que esto es así, sino también con una revelación interna que nos permitiera ver exactamente lo que eso significa. Entonces, también seríamos capaces de decir al hombre paralítico "¡levántate y anda!", pero antes de poder hacerlo, debemos ver el principio de libertad en lugar de la creencia en una parálisis de este principio.

La Ciencia de la Mente es una reinterpretación del universo mediante el proceso de pensamiento que usó Jesús. Aprendemos que solo existe un cuerpo, el cuerpo de las ideas correctas. Jesús percibió el cuerpo de Dios, el cual incluye al cuerpo del hombre como una unidad perfecta y armoniosa. Se dio cuenta de que el mal que ata al hombre no es una cosa ni un principio en sí mismo y, con certeza, no es una persona, sino meramente un sistema falso de pensamiento. Él entendió que este conocimiento del bien aniquilaba aquello que negaba al bien. Este hecho fundamental fue reflejado claramente en su enseñanza; la verdad conocida es seguida de la verdad demostrada.

La Ciencia de la Mente no necesita crear una nueva religión o secta; sus principios pueden ser complementarios de cualquier sistema espiritual de pensamiento. La persona que ya tiene la grandeza espiritual de la fe demostrará más activamente la verdad; la persona que en forma natural tenga ya una interiorización espiritual, o la que se haya entrenado para tener esa interiorización espiritual, percibirá más rápido las verdades que representa la Ciencia de la Mente, adoptará más rápido sus técnicas y se demostrará a sí misma y a los demás que lo invisible es la causa de lo visible.

Por cada ciencia debe haber una técnica o una manera de probar su verdad. La ciencia, en sí misma, es el conocimiento de leyes y principios organizados sistemáticamente, y la técnica de cualquier ciencia consiste en la forma como utilizamos ese conocimiento de sus leyes y principios.

Si aplicamos esta regla (que es común a todas las ciencias) a la Ciencia de la Mente, el resultado natural es que si existe un principio tal como una mente universal, y si funciona de acuerdo con la Ley de Causa y Efecto, y si el pensamiento, la autocontemplación y el conocimiento de uno mismo es lo que la estimula a la acción, entonces el pensamiento correcto puede y debe producir resultados objetivos o visibles.

Debemos poner aún más énfasis en el *uso* de la Ciencia de la Mente que en buscar determinar su principio. En realidad su principio es evidente; su uso es exactamente lo que hagamos de él. Lo primero que cualquier estudiante de esta ciencia debería hacer es decidirse a usarla diario. A este respecto, como a otras cosas, debemos ser prácticos. Demasiado estudio de cualquier principio sin usarlo conscientemente nos llevará solo a teorizar, y estoy seguro de que todos buscamos resultados prácticos.

Tú estás listo para usar el principio que gobierna la Ciencia de la Mente en el preciso momento en que aceptas el hecho de que existe este principio, y que opera a través de tu pensamiento. Pero este parece ser el lugar donde muchos tropiezan. Hablan mucho del principio pero lo usan muy poco. Se confunden por la introducción de ideas contradictorias; pasan demasiado tiempo filosofando, teorizando, especulando, hasta que al final viven en un mundo de ilusiones y ensueños.

Debes llegar a entender que la Ciencia de la Mente es un principio real que, en definitiva, ha de ser utilizado; que no importa cuánto bien pueda existir en el universo, solo puede llegar a ti el bien que puedas ser capaz de concebir en tu mente. Por encima de todo, decídete ahora mismo a utilizar esta ciencia. No digas: "Espero tener el conocimiento interno suficiente para ponerla en práctica más o menos dentro de un año". Aprovecha cualquier hecho que se presente ante tu mente hoy y empieza a usar esa verdad a medida que la vayas entendiendo y te convertirás en un practicante efectivo.

La Ciencia de la Mente

ACERQUÉMONOS A LAS vastas posibilidades de la Ciencia de la Mente y de la psicología espiritual sin miedo, con verdadera humildad, alegría, aceptación y entusiasmo por experimentar.

Las leyes metafísicas no tienen nada de sobrenatural. Se descubrirá que, una vez que se les haya comprendido en su totalidad, aquello que hoy parece sobrenatural es espontáneamente natural. Sabemos que la fe ha hecho milagros en la vida de los hombres en todos los tiempos; y para quienes siguen diferentes convicciones religiosas, su poder que obra milagros ha producido resultados sorprendentes.

Sabemos que la oración dicha con fe ha curado al enfermo. Asimismo, nos cuestionamos cómo se producen semejantes resultados. Si se lo preguntáramos a la persona promedio que ha enseñado los principios del poder mental espiritual, sin duda recibiríamos respuestas similares a la siguiente: "Nosotros creemos en Dios como el espíritu infinito que lo penetra todo. Creemos que hay una Ley de la Mente que responde a nuestro pensamiento, fe y convicción. Creemos que el universo en el que vivimos es un Sistema Espiritual y que el Reino del Bien es nuestro y está presente con nosotros en todo momento". Declaraciones como la anterior, tan significativas, son afirmaciones de nuestra convicción personal; sin embargo, una declaración de fe en ciertos principios es muy diferente al uso consciente de estos principios. No es suficiente que un electricista diga que cree en la electricidad, que la concibe como una realidad o energía siempre presente o que puede hacer funcionar todas las maquinarias del mundo; es necesario que aplique su conocimiento de la electricidad con el propósito definido de producir luz, calor y fuerza motriz.

Demasiada gente en nuestro medio confunde una declaración de fe en el espíritu como un tratamiento mental efectivo. Pensar esto es un gran error. Nosotros no solo debemos de creer que Dios, o la realidad divina, es todo poder; debemos usar nuestra creencia en una forma definida. Esta forma constituye la práctica mental correcta. El pensamiento del hombre es creativo porque su pensamiento es el poder de Dios fluyendo a través de su imaginación y voluntad individualizada.

Para que un tratamiento espiritual sea efectivo, debe ser declarado desde una conciencia, la cual sabe ser que ella misma es la presencia, el poder y la actividad de Dios. Este poder espiritual puede sanar, lograr, demostrar y responder a las oraciones, y lo hará. No solo lo hará porque puede, sino porque tiene que hacerlo, ya que esa es su naturaleza.

El poder espiritual no es de particular valor para nosotros hasta que lo usamos. No solo debemos ser conscientes de su poder, sino que debemos estar *activamente* conscientes de Él. Esta es una de las primeras lecciones que aprendemos en la ciencia espiritual. Está escrito que Jesús, parado frente a la tumba de Lázaro, dijo: "Padre, te agradezco que me hayas escuchado. Sé que siempre me escuchas". Enseguida ordenó: "Lázaro, levántate y anda". Jesús primero *reconoció* el poder: "Padre, te agradezco que me hayas escuchado"; luego, conscientemente se hizo *uno* con Él: "Sé que siempre me escuchas"; y finalmente, hizo un decreto, una afirmación, dio una orden; le dijo a Lázaro que se levantara. Esta fue una *aceptación consciente*. No podríamos encontrar un mejor método para nuestro uso mental del poder del pensamiento espiritual. Como la totalidad del proceso de un tratamiento espiritual es una actividad del pensamiento, en consecuencia la persona que piensa debe estar por completo consciente de que su tratamiento será efectivo.

Aunque estamos rodeados de inteligencia divina, amor y sabiduría, podemos carecer de la guía superior porque no la aceptamos. Todos los días debemos decretar que estamos guiados y dirigidos hacia las acciones correctas; debemos saber que hay una inteligencia que va delante de nosotros y que hace nuestro camino perfecto, fácil y seguro. La guía divina es un principio tan definido en el universo, como lo es la ley de atracción y repulsión, pero el uso de la Guía Divina es lo que hagamos de ella. Su uso es a través de la actividad de las ideas correctas. Nuestro reconocimiento del bien se convierte en el bien que reconocemos. "El Señor envía su palabra a la tierra y sus órdenes se cumplen de inmediato".

A mayor convicción, más poder tendrá nuestra palabra. Debemos actuar como si ya tuviéramos dominado al mal. Debemos decretar la verdad diciendo que no hay nada que temer. El bien es omnipotente. El bien, instantánea, efectiva y permanentemente destruye el miedo y sus efectos. La Libertad de Dios es nuestra libertad; el poder de Dios es nuestro poder; la presencia de Dios está dentro de nosotros ahora; la Mente de Dios es nuestra mente y la Alegría de Dios es nuestra alegría.

El tratamiento mental espiritual no es soñar despierto, y es mucho más que meditar. La meditación tiene el propósito de inhalar la esencia de la realidad; el tratamiento tiene el propósito de usar esta esencia en formas definidas y constructivas.

Como el Espíritu es personal, entonces cada persona individualiza a Dios y ninguna persona es igual a otra. Así, Dios como persona infinita no es solo real para cada uno de nosotros, sino que es real en un sentido único. El tratamiento debe estar lleno de una atmósfera de esta realidad. Debemos hacer decretos similares a este: "Ya que Dios es infinito en su capacidad de saber, hay una mente dentro de mí que sabe con exactitud lo que debo hacer hoy. Comprendiendo que el Espíritu que está en mí es Dios, y estando consciente de la presencia Divina como el principio que sostiene mi vida; yo permito que la misma mente que estuvo en Cristo Jesús esté ahora en mí. Esta mente me guía hoy en todas mis decisiones. Y declaro esta misma guía para todas las personas".

Nuestra herencia verdadera es la autosuficiencia, la perfección, la paz y la plenitud. Esto, ciertamente, incluye la abundancia, la expresión de uno mismo y la felicidad. La voluntad de Dios y la naturaleza de Dios son idénticas, puesto que Dios no puede oponerse a su naturaleza. Entonces, si Dios es plenitud, paz y alegría, la Voluntad Divina es plenitud, paz y alegría. La Voluntad de Dios va siempre dirigida hacia una vida más abundante. Hemos dirigido de manera equivocada la energía que está dispuesta para nosotros, de ahí la importancia de reeducar la mente hacia una percepción más directa de su relación con Dios.

La Ciencia de la Mente trata con un principio de la naturaleza que actúa como cualquier otro principio. Si queremos usar este principio como una ciencia, más que como un método al azar, debemos acercarnos a la ciencia y hacer un uso consciente del poder espiritual. No necesitamos más que de nosotros mismos para ello.

El principio de la verdad, de la mente y del espíritu, o cualquier otro término con que uno quiera designarlo, es el actor, el hacedor: "Quedaos callados y sabed que Yo soy Dios". El principio creativo actúa sobre el pensamiento. Podemos llamar a esta inteligencia interna en creencia y confianza, sabiendo que ella siempre nos responde.

Dios como Espíritu es la Presencia Divina, mientras que el principio de esta ciencia es la Ley de Causa y Efecto. El divino conocedor opera a través de una ley mecánica y esta ley es la mente en acción. Cuando das un tratamiento debes sentir que todo el poder del universo está fluyendo hacia tus palabras. Cree que la verdad se convierte en manifestación instantánea a través de tu convicción, porque en eso radica el poder de tu tratamiento. Sé simple y directo.

Esto no tiene nada que ver con la fuerza de voluntad, con la concentración mental o con la sugestión. Dentro de cada uno de nosotros hay algo que está consciente de su unidad con el bien, con todo el poder que existe. De este poder, presencia y luz debemos depender con plena confianza. Así la fe pasa a la experiencia con certeza científica. La fe es el poder más dinámico que se conoce.

El tratamiento efectivo debe ser independiente de cualquier circunstancia existente, porque el Espíritu Divino Creativo no sabe de circunstancias; es el creador de ellas. He aquí el meollo del asunto. Es por eso que nunca debemos contar cuántos enemigos tenemos, sino recordar: "Pongan sus ojos en mí y reciban salvación".

Cuando dices: "Solamente hay una vida, y esta vida es Dios", has hecho una declaración abstracta acerca de un principio universal, pero cuando agregas "Esta vida es mi vida ahora", has conectado conscientemente este principio con tu propia experiencia. Al dar tratamientos debes usar las palabras y los pensamientos que contengan el significado deseado a tu mente. El tratamiento debe ser simple, no elaborado, calmado y diseñado solo para convencer al pensamiento de quien lo da. Todo tratamiento es un autotratamiento. La manifestación del tratamiento está en la Ley de Causa y Efecto.

Es imposible separar un concepto verdadero de Dios del tratamiento espiritual más poderoso, precisamente porque Dios o la Primera Causa Creativa, constituye nuestra existencia entera en la realidad. El acto de conocerse a uno mismo que ocurre en nuestro pensamiento es en realidad la mente única que se reconoce a sí misma. La acción de esta mente a través de nuestros pensamientos, crea nuestra experiencia. El tratamiento espiritual es algo activo, pero su actividad es un reconocimiento mental y espiritual, ya sea en forma de palabras habladas o de una concientización interna profunda de la verdad, aplicada para un propósito determinado.

El poder que crea existe antes de ser usado. Sin embargo, puede darnos solo lo que mentalmente aceptemos, y a menudo nuestro escepticismo se convierte en nuestra aceptación, y nuestro miedo en una fe mal colocada. Nos esclavizamos por el mismo poder que podría liberarnos igual de rápido. Debemos incrementar nuestra receptividad y tener una fe mayor si deseamos experimentar un mayor grado de confianza. Nuestro recipiente de aceptación debe estar tan lleno que desborde nuestro espíritu y se mida en nuestra experiencia personal. Es evidente que el Espíritu Creativo se debe expresar en términos del instrumento a través del cual fluye. Y hasta donde sabemos este instrumento es la fe, creencia, aceptación. Debemos elevar nuestro pensamiento hasta la unidad y aquí, donde los vientos de Dios fluyen libres, aceptar el don divino y el perdón divino, que son eternos en la naturaleza de la realidad.

Todos los tratamientos tienen el propósito de estimular un despertar interior. Si damos tratamientos para una mejoría física o financiera, para nosotros mismos o para otros, debemos estar conscientes internamente de que el bien deseado ya está manifestado. Todo el espíritu es y está donde centramos nuestros pensamientos. La verdad en su totalidad está siempre con nosotros, siempre disponible. El poder espiritual aguarda nuestro reconocimiento, y la guía divina, nuestro consentimiento. El espíritu fluye a través de nosotros como distribuidores de su propia expresión.

Pensar constantemente en la carencia es crearla. Pensar en la enfermedad es perpetuarla. Permanecer en la infelicidad es atraerla. Debemos volverle la espalda deliberadamente a lo que nos lastima. La Ley de la Mente existe en un estado sin forma y solo puede tomar la forma que nuestro pensamiento le dé. Cuando pensamos, pensamos en ella; cuando dirigimos nuestro pensamiento la estamos dirigiendo a ella. Es de esta manera que nuestra palabra se vuelve ley para el asunto al que se dirige. Debemos detectar este poder que está contenido en nuestra palabra, al tiempo que debemos tener cuidado de comprender que no necesitamos poner poder en ella porque de hecho lo obtenemos de ella. Esto no es concentración; es creencia consciente dirigida de manera definida.

La forma particular de procedimiento mental en esta práctica es poco importante; el factor importante es si uno lo cree o no, y entiende la naturaleza espiritual de las cosas. Debemos creer que el amor, la bondad, la verdad y la belleza están en el centro de todo, y, por lo tanto en el centro de la persona, la condición o situación que señalamos en el tratamiento. Debemos creer que el amor es Dios, infinito, eterno y siempre presente. No podemos escapar al amor. Existimos en amor y somos Uno con Él. Nosotros vivimos por, a través y en Él. Motiva por completo nuestro pensamiento, propósito, plan y acción. Todo lo que vemos, lo vemos con los ojos del amor. Todo lo que oímos, lo oímos con los oídos del amor. Vemos a Dios en todas partes; dondequiera que miremos lo vemos, dondequiera que vayamos lo encontramos.

El proceso del razonamiento que utilizamos en un tratamiento espiritual debe establecer el pensamiento sobre una base espiritual, entronizarlo en el Reino de la Bondad y darle dominio sobre el mal. Los pensamientos y las cosas no están separados; son idénticos. Cuando el practicante utiliza la palabra "eliminación" debe creer que se está eliminando algo; cuando utiliza las palabras "acción correcta" debe creer que la acción correcta y entera del universo se centra, a través de esas palabras, sobre el objeto que él señala, o para el propósito que él tiene en mente. De esta manera, el negocio es una actividad de la conciencia y el negocio de la mente nunca está inactivo. El negocio del hombre es el negocio de Dios y el negocio de Dios es el negocio del hombre, todo lo cual es el negocio de la vida.

No negamos el universo físico; afirmamos que es *mente en forma*, que el cuerpo físico existe para que el alma pueda funcionar en este plano. El cuerpo no es irreal sino todo lo contrario. Es una realidad divina y perfecta cuando es correctamente entendida.

Somos llevados a pensar en el espíritu como apartado de nosotros, o bien, que está dentro de nosotros. Si está apartado de nosotros no hay manera de encontrarlo. Si está dentro de nosotros no hay escape a este hecho divino. *Lo que necesitamos es revelarlo y no buscarlo.* A menos que la sanación mental llegue a ser espiritual, degenerará en el proceso de intercambiar una idea negativa por otra. ¿Cómo esperar que cualquier resultado sea mayor que su causa? Por lo tanto, toda verdadera sanación mental es espiritual; se apoya en una comprensión interna profunda de la bondad divina.

El principio creativo puede funcionar solo a través de nuestra creencia; por lo tanto limitamos este principio a esa creencia. *Debemos saber que el cuerpo de Dios, el cuerpo de nuestro paciente y el cuerpo de nuestros asuntos son uno y lo mismo.*

El ganar o perder en lo que llamamos una demostración se basa enteramente en el estado personal de pensamiento o conciencia, en si es capaz o no de percibir más bien que mal. Y puesto que el Espíritu Divino y la Ley son el único Actor, el Salvador verdadero, el Todo en el Todo, no tiene oposición ni competencia. Es único. Entonces la conciencia de Dios debe fluir en todo nuestro tratamiento. Así podemos decir, Yo bautizo a toda la gente en la esencia del amor; derramo el espíritu de la alegría en toda ocasión; doy paz mental a cada forma. Dentro de mí hay algo que proclama: "Contempla, yo hago nuevas todas las cosas".

Nuestro trabajo se basa enteramente en la demostración. Si el pensamiento no se manifiesta correctamente en nuestra experiencia, debemos trabajar hasta que lo haga. Debemos tener una concientización profunda de la Presencia Divina, y a partir del Poder Espiritual generado en esta concientización, pronunciar nuestra palabra con completa convicción. Cuando damos un tratamiento debemos creer, porque en eso radica su poder.

Lo siguiente es un esquema sugerido para el tratamiento. No hay magia en ninguna palabra en particular. Las palabras son solo eficaces en tanto estimulen un reconocimiento correspondiente de su significado en la mente de quien las utiliza.

Tratamiento para la salud y la prosperidad

Esta palabra es la presencia, el poder y la actividad de la mente infinita en mí. Por lo tanto es ley sobre la condición o la persona en favor de quien se pronuncia. Es perfecta en su acción y permanente en su manifestación.

La inteligencia infinita gobierna, guía, dirige, sostiene y anima mi vida (si el tratamiento es para algún otro, se menciona su nombre). La mente infinita no comete ningún error. Nunca se desalienta. Esta mente es mi mente ahora. Toda creencia de miedo, desaliento, decepción o fracaso se borra de mi conciencia.

Estoy provisto para siempre de todas las cosas buenas; estoy siempre feliz, radiante, sano y completo. Esta palabra establece la ley de la plenitud y la armonía a través de todo lo que soy y en todo lo que hago, digo, o pienso (o en la persona o condición sobre la que estoy trabajando). Mi vida representa aquello que no tiene límites y que por siempre manifiesta alegría y libertad completas a través de mí.

El espíritu me provee a diario de todo lo necesario para mi felicidad, para mi integridad, y para mi completa autoexpresión. Yo represento el principio de la actividad divina que nunca se cansa, que es eterna, invariable e inmortal. Yo sé que la inteligencia infinita que sostiene todas las cosas, y la Ley Perfecta que mantiene todo en su lugar apropiado, gobierna mi vida y acción (o su vida y acción).

Mi ser entero responde a la alegría, a la paz, a la verdad y a la abundancia. Solo lo que es bueno se incorpora a mi experiencia. (En este punto uno puede indicar definitivamente que el bien que se busca en particular ya está dado). Sé que como resultado de esta palabra, la felicidad, la salud y la prosperidad se pone en movimiento, y se manifiesta a través de mí (o a través de él o ella). Yo sé que la acción del espíritu en mí (o en él o ella) es siempre completa, perfecta y duradera. Todos los órganos, acciones y funciones de mi ser físico representan esta vida divina y perfecta manifestándose dentro de mí. Estoy consciente de mi sociedad con el infinito y sé que todo lo que hago prosperará.

(Interiorícese en una concientización y aceptación silenciosas de lo que usted ha dicho).

Está hecho. Lo acepto, lo creo, lo sé.

Ciencia, superstición y sentido común

Tal parece que nacimos para ser supersticiosos, porque heredamos el legado de toda la raza humana. Freud, el primer hombre en describir el inconsciente, dijo que los patrones neuróticos de pensamiento se repetirán monótonamente a lo largo de la vida hasta que se les cambie. Él se refería a lo que luego llamó el inconsciente y a lo que nosotros llamamos el estado subjetivo de nuestro pensamiento.

Aunque ha habido controversias sobre la vida de Freud y su enseñanza, una cosa es segura: hoy sería imposible escribir un libro de psicología sin una profunda influencia de sus descubrimientos. No nos interesamos en su filosofía de vida desde un punto de vista espiritual, sino en los descubrimientos científicos que indudablemente llevó a cabo, y que hicieron que la investigación psicológica fuera rediseñada para ajustarse a nuevos patrones.

Cuando Freud dijo que somos propensos a repetir patrones mórbidos, tenía razón. Pero Jung, su brillante contemporáneo, agregó que somos sujetos de la influencia de lo que llamamos el inconsciente colectivo, que significa la suma total de todas las emociones humanas desde tiempos inmemoriales.

Hubo una época cuando la teología enseñaba que existía un diablo, un infierno, un limbo, un purgatorio y un paraíso. Como durante tanto tiempo se creyó esto, se creó un patrón en el inconsciente colectivo que influenció a todos. Se nacía con esta idea, y de hecho esta teoría nunca se ha aclarado por completo. Hay incontables cientos de miles que todavía se adhieren a esta superstición.

En algún tiempo se pensó que sería imposible cultivar en el desierto y en los basureros, y hacerlos productivos. Se pensaba que era antinatural, y, por lo tanto, no se podía hacer; pero alguien tuvo el valor de intentarlo y tuvo éxito porque se adaptó a las leyes de la naturaleza.

Como con todo lo demás, el sentido común y la ciencia deben aplicarse a las cosas religiosas y espirituales porque no podemos continuar repitiéndonos monótonamente: "Así lo dijo el Señor" debido a ciertas proclamaciones de algunos antiguos profetas. Debemos analizar sus declaraciones para considerar si están hablando a partir de patrones divinos o de la inercia de los patrones humanos de pensamiento, inconscientemente heredados.

La religión verdadera, la ciencia verdadera y el sentido común verdadero deben ir de la mano, junto con ese "algo sutil", el cual es esencia del sentimiento y está más allá de las palabras.

En un mundo de confusión, superstición e incredulidad no siempre es fácil mantener una postura independiente en el propio pensamiento; una posición basada en el simple sentido común que Jesús tuvo, según el cual la vida no puede producir muerte, el universo nada tiene contra nosotros, el regalo del cielo es eternamente dado aunque debe ser aceptado. La ciencia nos está ayudando a recibir este regalo. Todas las comodidades y los bienes que han venido a la vida moderna con la ciencia, no son contradicciones de la naturaleza, sino afirmaciones de los recursos ilimitados de la vida.

El hecho de que dos briznas de hierba puedan crecer donde solamente crecía una, afirma que el universo por sí mismo no limita el crecimiento; espera a que alguien perciba esta posibilidad. La pobreza desaparecerá un día de la faz de la tierra, no porque Dios decida uno de estos días cambiar de condiciones, sino porque el hombre, en cooperación con Dios, con la naturaleza y con la ley, proclamará una abundancia que ya existe.

Las guerras cesarán, no cuando Dios decida esto por nosotros, sino cuando suficientes personas deseen que esta condición no dure más y mantengan firmemente su posición. A partir de la comunión con el espíritu el hombre podrá percibir más profundamente la realidad y tener una experiencia humana más amplia.

La enfermedad será borrada de la faz de la tierra cuando la ciencia, el sentido común y la filosofía de la verdad espiritual tomen el lugar de la ignorancia, la superstición, el miedo y la confusión.

Tú eres un pionero en este campo al romper las barreras de la conciencia de la raza, los efectos acumulados de ideas falsas, y los miedos enfermizos sobre el universo en el cual vivimos. Cuando la ciencia, el sentido común, y una filosofía correcta se combinen, los semidioses tendrán que irse.

No tiene caso esperar esta consumación en los asuntos humanos porque no podemos cambiar el pensamiento del mundo entero de un día para otro, pero afortunadamente podemos cambiar nuestras reacciones ante él y construir en nuestra propia conciencia una barrera fuerte e impenetrable, contra todo lo que niegue el bien supremo.

En la práctica deberíamos decir todos los días: "No estoy atado por las supersticiones de la raza. Ya no le temo más a Dios o al universo en el cual vivo. Tengo confianza implícita en el bien supremo y le permito que fluya a través de mí y bendiga todo lo que contacto".

Poco a poco se agregará a nuestras propias reacciones inconscientes o subjetivas un nuevo cuerpo de pensamiento, el cual, al final, se proyectará y expandirá hacia la mente universal. No solo estaremos liberándonos, sino que estaremos ayudando a liberar a toda la raza humana de la esclavitud del miedo, la ignorancia, la superstición, y de los pensamientos basados en lo que el pasado nos dejó. El pasado está muerto.

Pensando afirmativamente

HAY UN PODER para el bien en el universo mayor de lo que tú eres, y tú puedes utilizarlo. Todos creemos esto. La pregunta es: ¿Por qué no lo utilizamos con más eficacia? ¿Si todas las cosas son posibles para la fe, por qué no tenemos más fe? ¿Si se contestan los rezos afirmativos, ¿por qué no rezamos siempre afirmativamente? Intentemos descubrir cómo podríamos cooperar más efectivamente con la ley de la mente en acción.

Comencemos primero con el pensamiento de que todos estamos unidos a una fuerza invisible creativa, y que ya somos uno con la mente universal, la cual puede hacer cualquier cosa.

Luego consideremos que somos centros dentro de esta mente, y que la suma total de todos nuestros pensamientos puede atraernos silenciosamente el bien, o también repelerlo.

Y tercero, debemos saber que podemos cambiar nuestros pensamientos y, al hacerlo, provocamos que la ley del bien actúe de manera positiva en vez de negativa.

Empecemos con la primera proposición. Estamos rodeados de una mente creativa que reacciona a nuestros pensamientos. Esta es la base de toda fe y de toda oración efectiva. Esta es la razón por la cual Jesús nos dijo que cuando oremos demos por hecho que ya tenemos lo que deseamos. Cuando Jesús dijo que se nos da según nuestra creencia, se refería a que hay un poder que puede y va a reaccionar frente a nosotros. Pero este poder no tiene más opción que reaccionar a nosotros de acuerdo con lo que pensamos. Este poder actúa como una ley que opera en base a nuestras creencias. Esta es la razón por la cual Jesús dijo, se te da *según* tu creencia.

Hasta la época de Jesús se había creído que Dios *podría* ayudarnos, que había concesiones que Él podía hacer si lo complacíamos, o si realizábamos ciertos ritos o ceremonias. Jesús transformó estas suposiciones en certezas. Él dijo, simple y llanamente, que hay un poder que opera en función de tu creencia, y según lo que creas. Por lo tanto, agregó que debes estar seguro de *creer* que ya tienes lo que deseas, y entonces la ley del bien te lo dará. Pero aún la ley del bien, siendo todopoderosa, solamente puede darte tanto bien como puedas aceptar. Esta aceptación es un acto de tu propia mente; es un acto de fe.

Nadie antes de Jesús había hecho tal proclamación. Solo en los últimos cien años, o menos, la gente se ha dado cuenta de que hablaba de un principio espiritual, al cual todos estamos vinculados, y que opera de acuerdo a nuestra fe, nuestra convicción y nuestra aceptación.

Es la simplicidad de su declaración la que nos hace pasar por alto su significado profundo y dinámico. Jesús en realidad estaba diciendo: Estás rodeado por una mente, un poder, una inteligencia y un principio que recibe la impresión de tus pensamientos y tus actos exactamente como los piensas. Tu pensamiento es como una imagen colgada frente a un espejo. El pensamiento en sí mismo es ley, y te refleja lo que piensas.

Ahora llegamos a nuestro segundo concepto: Somos centros activos y pensantes en esta mente, y la suma total de todos nuestros pensamientos está, o bien atrayendo silenciosamente a nosotros el bien, o lo está repeliendo. Esto demuestra el papel que tenemos en el uso de este poder. Es la suma total de nuestro pensamiento lo que debemos considerar. Y, al hacerlo, una de las primeras cosas que aprendemos es que cerca del 90 por ciento de nuestros pensamientos son inconscientes.

Los psicólogos ahora nos dicen que el 80 por ciento de nuestros accidentes son causados inconscientemente; que por lo menos el 75 por ciento de nuestras enfermedades son creadas inconscientemente; que nuestro éxito o fracaso en la vida es en gran parte inconsciente y, por supuesto, que nuestra felicidad o nuestra desgracia lo es también casi en su totalidad.

La investigación científica corrobora lo anterior. La mayor parte de nuestro pensamiento es inconsciente. Aquí es donde se hallan los patrones habituales de pensamiento que vienen desde de la infancia. Debe ser nuestro propósito descubrir cuáles son estos patrones de pensamiento y, cuando son infelices, perversos o están llenos de miedo, cambiarlos, de modo que el flujo natural y normal de la fuerza vital se reanude.

Así llegamos a nuestra tercera idea: Podemos cambiar nuestro pensamiento y al hacerlo podemos hacer que la Ley de la Mente actúe para nosotros en forma afirmativa en vez de negativa. Jesús nos dio la técnica perfecta para hacerlo. Él nos dijo que cuando nuestra fe está en el bien esa fe anula lo malo; es decir, el bien y el mal no son poderes iguales. El bien supera siempre al mal. La actitud positiva siempre vencerá a la negativa. Esta es la razón por la cual ahora se nos dice que acentuemos lo positivo y olvidemos lo negativo. Simplemente mantente pensando en la paz y el conflicto se irá. Afirma el bien y olvida el mal. Esta es una enseñanza sólida.

Así pues, Jesús nos dijo que cuando oremos debemos estar en silencio, entrar en el armario de la conciencia, cerrar la puerta a los sentidos, y así expresar nuestras peticiones. Pero cuando lo hacemos debemos estar seguros de aceptar la respuesta, y entonces la conseguiremos. *Cuando pidas, cree que ya lo recibiste... y lo tendrás...*

Esta idea es tan simple que con frecuencia se nos escapa. Estamos rodeados de una mente creativa que reacciona a nuestro pensamiento. La suma total de nuestros pensamientos decide qué va a sucedernos. Podemos cambiar nuestro pensamiento y hacer que la misma ley que nos limitaba nos dé la libertad. ¿Qué más podemos pedir? ¿Qué más se nos podría dar?

La Biblia dice: Si saben esto, serán felices si lo practican (Juan 13:17). Pues entonces, procedamos a hacerlas.

Volviendo a nuestra primera declaración de que nos rodea un principio de la mente que actúa creativamente en nuestro pensamiento, hagamos de esta la base de nuestra creencia. El que lo llamemos Principio Espiritual, Dios o Ley no hace diferencia alguna, lo único que importa es si aceptamos este poder que se encuentra alrededor de nosotros y funciona por sí mismo, un poder que puede y hace en realidad lo que debe ser hecho para nosotros, si creemos en Él. Y ¿aceptamos el hecho de que la suma total de nuestro pensamiento decide qué va a sucedernos?

Nuestra primera proposición es de fe. Debemos creer. Es natural tener fe y creer, pero ahora, cuando nos encontremos carentes de estas cualidades sabremos qué hacer al respecto, porque el creer y la fe son actitudes mentales. Entonces practiquemos a diario la oración afirmativa, diciendo: "Tengo fe; tengo convicción; creo, sé y entiendo que hay un poder mayor que yo; me doy cuenta de que puedo utilizarlo; no hay nada en mí que dude, niegue o limite este poder; mi ser entero lo acepta, tanto consciente como inconscientemente". Así preparamos nuestras mentes para orar de manera afirmativa, es decir, orar con eficacia.

Si hay un principio de la mente que reaccione a nuestro pensamiento o a nuestra creencia, es natural que si decimos: "no puede", entonces "no puede" porque nosotros mismos no se lo permitimos. Si decimos: "no será", entonces "no será" porque nosotros no lo permitimos. Y si nos limitamos a solo un poco de todo lo bueno que hay, el poder no puede darnos un bien mayor. El poder en sí mismo es absoluto; la manera de utilizarlo es relativa.

Podemos practicar el creer porque los pensamientos son cosas. Cuando decimos "yo creo" y "no hay duda en mí", hacemos dos cosas: afirmamos nuestra creencia, y al hacerlo, construimos una aceptación positiva en la mente y al mismo tiempo rechazamos nuestras dudas negándolas. Así es como el pensamiento funciona. Si comprendemos que el 90 por ciento de nuestros pensamientos son inconscientes, debemos afirmar a diario que nada hay en nosotros que niegue el bien que afirmamos; que cualquier experiencia que hayamos tenido que niegue este bien es borrada de nuestra mente y memoria, como la fuerza negativa que es; que somos perdonados por nuestros errores y alentados a seguir adelante y hacerlo mejor.

Ahora estamos listos para considerar nuestro tercer concepto básico y ver si podemos llegar a creer que poseemos el bien que deseamos aun cuando no veamos ningún camino posible para ello. Esto también puede reducirse a un sencillo método. Puedes decirte a ti mismo: "Acepto este bien. Creo que mi oración es respondida. Afirmo la presencia del amor, la amistad, la felicidad, la prosperidad, la salud, la paz, —sea cual sea la necesidad— y nada en mí lo niega, rechaza o refuta. Lo acepto".

Verás que, después de hacer esto por un tiempo, llegará gradualmente una aceptación de tu afirmación y aprenderás que, a medida que las reacciones subjetivas de tu pensamiento construyen una actitud afirmativa, las cosas empiezan a cambiar en tu entorno. Puede tomarte algo de tiempo, pero ahora tienes el valor al saber que estás lidiando con un principio definido y que no puede fallar.

Estamos rodeados de cierta cantidad de escepticismo y duda, y quizás mucha gente piense que lo que creemos es una tontería; esto no debe perturbarnos en lo más mínimo, pues sabemos que estamos trabajando independientemente con Dios y con la gran ley del bien.

Ya sea que estemos trabajando para nosotros mismos o para nuestra familia, para nuestros amigos o para el mundo entero, cada declaración espiritual afirmativa que hacemos tendrá algún poder. Una ley invisible del bien actuará sobre ella.

No tienes que probarle esto a nadie más que a ti. Pero si te lo compruebas a ti mismo, sin duda que tus amigos comenzarán a preguntarte cómo lo haces. No tienes ninguna autoridad sobre lo que haces más que la autoridad de lo que sucede cuando lo haces.

No tenemos nada que dar al mundo a menos que primero lo hayamos probado y comprobado nosotros. Un ciego no puede guiar a otro ciego. Pero solo con la verdad, el hombre puede pasar de la debilidad a la fuerza, del temor a la fe, de la derrota al éxito; e incluso aunque esté vivo, de un estado de muerte continúa a una comprensión de la vida eterna.

Deja que Dios lo haga

En las Rocallosas, del estado de Colorado, en Estados Unidos de Norteamérica, hay un hermoso valle del que fluyen muchas fuentes. Cada una es diferente; el agua brota más en unas que en otras, pero solo hay un cuerpo de agua profundo, a nivel subterráneo que alimenta a cada una de ellas.

Cada fuente se provee de este cuerpo de agua, y el chorro de cada una tiene la presión suficiente para hacer brotar el agua hacia arriba con una fuerza irresistible. Esto puede compararse a nuestras propias naturalezas espirituales. Nosotros, como individuos, tenemos nuestros propios pensamientos, sentimientos, esperanzas, aspiraciones, deseos, y cada uno está conectado directa e íntimamente con la vida, la energía y el poder divinos.

Cada uno de nosotros es una fuente de vida. Hay un impulso divino detrás de cada uno de nosotros, una fuerza vital que busca salida por medio de nuestros pensamientos y actos. Hay muchas fuentes, muchos individuos, pero solamente un impulso divino detrás de todos.

Uno de los dichos más notables de Jesús era que, por sí mismo, él no podía hacer nada... *el Padre que mora en mí, hace las obras.* ¿Podríamos decir que ninguna fuente de las Rocallosas podría hacer nada por sí misma, porque solo da salida a la fuerza que la impulsa?

Personalicemos estas fuentes y démosle a cada una el poder de bloquear el flujo del agua que pasa a través de ellas. Una fuente podría decir: "Yo no sé si hay agua suficiente. No estoy absolutamente segura de ser una salida para este gran océano de agua, ni siquiera tengo la seguridad de creer que hay suficiente presión en él para continuar fluyendo, tal vez se acabará mañana". Otra podría decir: "Estoy tan confundida, todo me parece tan incierto, que he llegado al punto de no saber realmente lo que va a suceder". Y otra estaría tan llena de miedo y desconfianza que bloquearía su propio canal. Mientras algunas pudieran ponerse celosas de otras al grado de llegar a odiarlas.

Vamos a suponer que estas actitudes mentales de las fuentes en realidad podrían parar el flujo del agua que pasa a través de ellas.

¿No será esta la manera en que ocasionalmente nos comportamos? Nos frustramos tanto con nuestros pequeños pensamientos, miedos y dudas, que es imposible que permitamos que Dios nos llene con la alegría de la vida. Nuestro problema no es con Dios, que es el río de vida. No es con el impulso divino que intenta expresarse a través de nosotros. Nuestro conflicto es con nosotros mismos.

Cada uno de nosotros es un conducto de entrada para la divinidad, pero como individuos podemos inhibir su flujo, bloquearlo, restringirlo hasta hacerlo pequeño, hasta paralizarlo; o bien, abriendo todos los canales de la fe, la convicción y la esperanza, aumentar su flujo. Cuando la alegría natural de la vida se desbloquea, esta fluye libremente a través de nosotros y estamos plenos y felices. Pero la duda, el miedo, la incertidumbre, la ansiedad y un sentido de inseguridad pueden hacer que se congestione tanto nuestra vida mental que nada bueno consiga pasar.

Nacemos con un deseo natural de expresar vida. Pero desde el nacimiento ciertos factores se incorporan a nuestras experiencias, los cuales han tendido a congestionar el flujo hasta casi pararlo. Tratamos de ser fuentes por nuestra cuenta, sin darnos cuenta de que cada uno de nosotros tiene sus raíces en Dios; que existe un poder mayor a nosotros, un impulso hacia nuestras vidas por parte de una Fuente Divina que actúa por sí misma.

Cuando Jesús dijo que un poder mayor que él trabajaba a través de él, sabía exactamente de lo que hablaba. Y como mantuvo despejado el conducto de su propio pensamiento, este poder pudo trabajar a través de él

Jesús nunca hizo ninguna declaración complicada. Sus palabras eran simples y directas. Él dijo que hay una fuente de vida de la cual proviene tu vida, y si eliminas de tu mente todo lo que congestiona esta fuente, serás pleno. Este era el fundamento de su enseñanza: despeja tu mente de lo que ponga en duda la existencia de Dios; vive como si el amor fuera la gran realidad; bendice y no maldigas, y luego acepta y permite.

Utilicemos otra ilustración de la naturaleza y pensemos en un gran cuerpo de agua arriba en las montañas. Es nuestro deseo utilizar este cuerpo de agua para regar los valles. Hemos aprendido que por una presión natural dentro de sí misma llamada fuerza gravitacional, esta agua baja desde las elevadas cimas de las montañas hasta el valle. Pero nos hemos encontrado con ciertas obstrucciones: existen colinas y quizás montañas en el camino.

En los primeros días cuando se trajo el agua a Roma se construyeron largos canales alrededor de las montañas. Esta fue una labor extraordinaria. Entonces vino una época en que alguien descubrió que el agua, por su propia presión, alcanzaba su propio nivel. Descubrieron que si conectaban un tubo con el nivel elevado podían hacer correr el agua sobre el valle, montañas y colinas; siempre y cuando no intentaran hacerla pasar más arriba del nivel de la fuente, podrían hacerla llegar donde quisieran y en la cantidad deseada.

Pero hay algo más que debemos recordar sobre llevar el agua montaña abajo desde las cimas de las montañas: no importa qué tan grande sea la fuente, el flujo a cualquier punto en particular está limitado al tamaño del tubo a través del cual fluye. Si es un tubo de una pulgada tendremos un flujo de una pulgada de agua; si es un tubo de diez pulgadas podemos distribuir un flujo de diez pulgadas dondequiera que deseemos utilizarlo. Pero en ningún caso forzamos que el agua baje. Ni la empujamos, ni la jalamos. Ella provee su propia presión.

Pero supongamos que un día abrimos la compuerta a través de la cual fluye el agua, y no sale agua. ¿Qué hacemos entonces? ¿Nos quedamos sentados y lamentamos nuestro destino? ¿Nos quejamos diciendo: "¡Ay de mí!"? ¿Decimos, "quizás Dios no quiere darnos agua hoy"? ¿O nos preguntamos si el agua nos evade? No hacemos ningunas de estas cosas. Nos damos cuenta de que en alguna parte el tubo está tapado, y seguimos el tubo para descubrir que la arena, el fango o algún otro sedimento se han infiltrado. Quitamos la suciedad e inmediatamente el flujo se reactiva.

El flujo no se detuvo por sí mismo sino porque algo le estorbó, pero pudimos quitar la obstrucción. Lo hicimos específica y deliberadamente. Sabíamos qué hacer y cómo hacerlo. Procedimos de acuerdo con una ley natural, y cuando dejamos a la ley hacer su trabajo todo volvió a la normalidad.

Esto es parecido a lo que pasa en nuestras vidas cuando nos sentimos infelices e incompletos: en algún punto hemos obstruido el flujo natural. El agua todavía está arriba en las montañas, el tubo está en su lugar pero en alguna parte algo que no pertenece ahí se ha infiltrado. Por eso, abrimos el grifo y nada sucede.

Así pues, no tiene caso que nos sentemos a lamentar nuestro destino. Es hora de hacer algo para resolver el asunto. Es hora de revisar la tubería de nuestra propia existencia hasta su fuente y despejarla, liberarla, de modo que se restablezca el flujo. Es hora de dejar que Dios actúe.

Pero antes de que Dios pueda hacerlo debemos despejar nuestras mentes de todo lo que obstaculice su actuar; debemos mantener la tubería abierta y dejar que el agua de vida fluya a nuestra vida. Debemos ser honestos y buscar en nosotros mismos, recordando que todo lo que haya en nuestro pensamiento contrario a nuestro concepto más elevado del bien, tapará la tubería. Si encontramos algo en nuestro pensamiento que niegue la vida, eliminémoslo cuanto antes. Podemos dejar de tener miedo si queremos. Podemos dejar de tener resentimientos. Podemos parar de inmediato la maldad, acabar con cada duda y aumentar nuestra fe, a través de la simple práctica de aprender a creer. Aquí es donde la fe, la paciencia y la voluntad de intentar y seguir intentando deben ser utilizadas.

Uno puede decirse a sí mismo cada día: "Soy una fuente de vida, y las aguas vivas de Dios fluyen a través de mí". También puedes decir: "Hoy expresaré alegría. Seré feliz. Traeré gozo y entusiasmo a cada experiencia de mi vida. Mantendré una confianza tranquila, paz y sentido de serenidad. Estaré alegre por el logro de otros y me regocijaré con su éxito". Uno puede aprender a amar a la gente si lo desea.

Es esta clase de pensamiento lo que irriga los lugares secos de la vida, trayendo risa y alegría a todo lo que hacemos. Puede traer salud y libertad en lugar de enfermedad y esclavitud. Puede traer abundancia y prosperidad donde pudiera haber pobreza.

Pero hay algo que debemos recordar. No es suficiente saber que la tubería de nuestra existencia comienza arriba en las montañas altas, desde donde la mano de Dios vierte las aguas eternas de vida, porque este es nuestro punto de entrada a lo divino; esta entrada ha estado desde siempre. Debemos estar seguros de que somos una salida para ella. Y que es solo cuando la salida del otro extremo de la tubería se mantiene abierta, que el agua fluye.

Esta es la razón por la cual Jesús nos dijo que debemos perdonar para ser perdonados; debemos amar para ser amados; debemos hacer felices a otros para ser felices; debemos dar para recibir.

A veces mantenemos el poco bien que tenemos muy cerca de nosotros, y no estamos dispuestos a arrojarlo a los cuatro vientos, por miedo a que no regrese. Pero Jesús dijo que el acto mismo de dar nos lleva al mismo *tiempo a recibir en medida buena, apretada y rebosante*. Quien da más es quien recibe más. Entonces aprendamos a atraer la sustancia divina hacia nuestras propias vidas, y tan libremente como se nos ha dado, igual demos a otros. Solo así seremos plenos.

¿Qué es religión?

Religión significa nuestra actitud hacia Dios. Esta actitud se basa en nuestro concepto de la relación que existe entre Dios, (el Espíritu Universal) y el espíritu individual del hombre. Si creemos que Dios es un lejano ser divino del que estamos aislados, nos daremos por vencidos ante la desesperación; o bien, nuestro mayor esfuerzo será buscar una reconciliación y una reunión con este Ser Divino.

Se nos obliga a pensar que el Espíritu está separado, alejado de nosotros, o dentro; y si Dios está *separado* de nosotros en vez de ser *una parte* de nosotros, buscaremos reunirnos con esta Fuente Divina de nuestro ser. O sea que en esa búsqueda lucharemos con la dificultad de no saber a dónde ir o cómo conseguirlo. Pero si podemos concebir al Ser Divino como ya existente dentro de nosotros, no es necesario buscar. En vez de una búsqueda hay un desarrollo.

Una vez más; si concebimos al Ser Divino separado de nosotros, cualquier comunicación deberá cruzar el vacío que nos separa. Desde este punto de vista las oraciones, las peticiones, o los intentos por comunicarnos con el infinito deberán tender un puente para cruzar sobre ese abismo, e ir con dirección desconocida sin la certeza de alcanzar la meta. La comunión con el infinito es posible solo con la certeza de que el infinito es omnipresente, y si es omnipresente está en el centro de nuestro propio ser.

Todas las religiones son un intento por interpretar la relación del hombre con este infinito interno, con el espíritu que llena toda naturaleza, todo tiempo y todo espacio con su presencia. Cuanto más pura es la religión, muestra de manera más perfecta una actitud de unidad, una completa unión entre Dios y el hombre. Jesús declaró audazmente "el que me ha visto a mí, ha visto al Padre". Cuanto más pura es la religión más perfecta la idea de una Presencia Interna que responde directamente a los pensamientos del hombre.

El reconocimiento de que el Espíritu piensa a través de nuestro pensamiento y se expresa a sí mismo a través de nuestros actos, crea necesariamente una intimidad que hace la Divina Comunión más verdadera y más benéfica que cualquier otro concepto basado en el pensamiento de un Dios separado de nuestras vidas.

Un verdadero concepto religioso es una ayuda imprescindible en la sanación mental espiritual. El practicante mental tiene una mejor oportunidad de éxito cuando cree en el Espíritu Interior, cuando cree que el trabajo de Dios está ya completo y perfecto, aún cuando esté eternamente en evolución. Por otra parte, sus palabras tienen más poder cuando el practicante cree que son poder, y les infunde fuerza al grado en que puede sentir la Presencia Divina detrás de ellas.

Este testimonio interno del alma es verdadero y válido. ¿Quién podía negarle al artista el privilegio de apreciar la belleza? Sabemos que como resultado de su sentido de la estética crea lo bello, que es el objeto del arte. Sabemos que algunas producciones artísticas sobrepasan a otras, y reconocemos que detrás de ellas hay una impresión profunda, una sensación subjetiva. No hemos valuado ni medido la realidad que el artista contempla, pero tenemos evidencia de ella en su obra.

El practicante de ciencia mental cuya mente se encuentra llena de entendimiento espiritual pronunciará una palabra más poderosa que aquel que solo basa su palabra en la Ley de Causa y Efecto. El practicante cuyo pensamiento alcance el más elevado nivel espiritual demostrará que su palabra tiene el mayor poder. El hecho de que la Ley de la Mente solo sabe obedecer y no tiene ningún propósito propio que necesite ejecutar, demuestra la proposición de que un nivel más elevado de pensamiento encontrará, en correspondencia, un nivel más alto de manifestación, de la misma manera que el agua alcanza su propio nivel por su propio peso. Es en este sentido que una perspectiva religiosa verdadera es necesaria para la práctica mental eficaz.

La ley, siendo una hacedora y no una sabedora, nunca actúa por sí misma, solamente reacciona. La palabra del espíritu es la aplicación de esta ley. ¿Cómo podemos esperar que un resultado se eleve por encima de su causa? Es evidente que hay un espíritu coordinador el cual debe tener dentro de sí mismo el prototipo o la idea perfecta de cada forma.

Es necesario tener un sentido subyacente profundo de este universo espiritual para lograr la forma más eficaz de sanación mental. Al trabajo técnico del sanador mental se debe agregar este profundo sentido espiritual de las cosas. Debe infundirse una emanación sutil del espíritu en todas las declaraciones que él haga, porque cada declaración se debe basar en la proposición de un Dios, un hombre y un universo —un sistema espiritual completo, divinamente organizado, espiritual no solo en su origen sino también en su manifestación.

El sanador espiritual mental debe aprender a ver a Dios en su paciente. Su convicción de esta divinidad interior debe ser más que algo intelectual, pues existe un campo de realidad superior al intelecto, al cual utiliza solo como su instrumento. No debemos denigrar al intelecto puesto que da forma a este sentimiento interno; sin este sentimiento nada llega a manifestarse. Se ha hecho referencia a esto como *el espíritu y la letra de la ley,* y ya hemos oído que la letra sin el espíritu está muerta. Aplicado a la sanación mental, esto significa que las palabras que pronunciamos deben tener un significado profundo para nosotros, y debemos percibir que detrás de ellas hay un poder que busca expresarse.

Este poder es infinitamente mayor que nuestro intelecto. El intelecto hace lo mejor que puede, pero a menos que sea dirigido por el espíritu no tiene éxito, alcanza solo una gigantesca negativa, un completo rechazo a su propia existencia, un repudio al hecho supremo de existir, que es el acto de experimentar directamente al espíritu.

Tú no podrías convencer a quien ha tenido tal experiencia que fue una ilusión o una alucinación, porque este testimonio interno del alma es verdad para quien lo ha experimentado. Es tanto parte de él como lo es su pensamiento, y la prueba de su realidad se hace evidente en los resultados que ha producido en las vidas de quienes han sido profundamente más sensibles al amor, a la verdad, y a la belleza. Tener un contacto diario más cercano con esta fuente suprema de sabiduría e iluminación debe ser el deseo más serio de cada trabajador en este campo.

La apreciación de la experiencia humana será más bien acelerada que retardada a través de la unidad con este espíritu interior. Cuando una persona aprende a ver a Dios en todos será más espontanea, y sentirá una profunda alegría interior.

Nuestras experiencias espirituales alcanzan unas veces niveles más altos que otras, y debemos intentar llevar la inspiración de estos momentos de iluminación a nuestra vida diaria. Si se viviera la filosofía del cristianismo, las guerras y la infelicidad cesarían, los problemas económicos se solucionarían, la pobreza desaparecería de la faz de la tierra, y la inhumanidad del hombre hacia el hombre se transmutaría en un espíritu de ayuda mutua.

Esto no significaría reducir a las personas a un nivel común. Somos individuos dentro de una totalidad cósmica. Cada uno es una representación única, de una única mente y espíritu, y como esta única mente y espíritu es infinita, su capacidad de individualizar no tiene límite. Cada uno puede seguir siendo él mismo al tiempo que ve a Dios en el otro.

El practicante espiritual mental debe percibir siempre esta unidad fundamental y debe darse cuenta de que continuamente se está diferenciando por medio de cada uno de nosotros. Cada hombre se vuelve una manifestación única de la totalidad, un microcosmos dentro del macrocosmos; arraigado en el infinito, lo personifica. Parte de Él, inseparable de Él, que permanece en Él, sigue siendo un individuo. La paradoja de los muchos y del único se explica no con base en un Dios apartado del hombre, sino sobre la base de un Dios encarnado en el hombre.

La religión del sanador mental espiritual debe ser de unidad y de ley. Debe sentirse uno con el espíritu. Siendo uno con este espíritu que existe por sí mismo, debe comprender que utiliza la ley. No hay nada arrogante en esto, porque sabe que si el uso de esta ley se ejerce a favor de la dualidad, él mismo debe experimentar el efecto de la dualidad que intenta proyectar. El universo es infalible, y lo profano no entra en el *Sanctasanctórum*.

La humildad, la reverencia y la adoración no deben ser confundidas con la negación de nosotros mismos. No hemos sido llamados a considerarnos impuros; ni hemos sido concebidos en pecado, ni marcados por la iniquidad. El lugar del hombre en el orden creativo es el de un distribuidor de los regalos divinos, custodios del Dios interno.

La perturbación que llega con el sentido de aislamiento y separación de Dios debe ser sanada para que la alegría y la risa tomen el lugar del dolor y las lágrimas. ¿Cómo podemos creer en un universo llorón, en un Dios triste, o en una causa primordial melancólica? Tales conceptos contradirían la necesidad fundamental de la realidad, de que Dios es un sinónimo de plenitud.

La negación no pertenece al infinito, y siendo indivisible nunca puede separarse de su propio bien. Debemos llegar a una comprensión duradera de nuestra unidad con el bien. Mucho de lo que hemos creído hasta ahora debe ser desechado, porque nunca podremos evitar llegar a la conclusión de que de la misma forma que juzgamos seremos juzgados.

La aproximación a la realidad debe ser sencilla, directa y espontánea. El lugar secreto donde reside el Altísimo no está en la montaña sagrada de Samaria, ni en Jerusalén; pues, he aquí, *el Reino de Dios está dentro de ti.* Este reino está terminado, completo y perfecto para toda la eternidad, pero la manifestación de este reino es la actividad eterna de las ideas correctas, la ley, el orden, la verdad y la belleza. Al hombre le ha sido dado el dominio de este reino por una necesidad fundamental de su naturaleza. Es imposible que este dominio le sea retirado.

No hay poder divino que se retire del hombre o avance hacia él. No hay más Dios en un lugar que en otro; en el lugar donde está el hombre está Dios, y donde el hombre reconoce la Divina Presencia, la Divina Presencia le responde total y por completo.

La comunión del alma con esta suprapresencia es un acto natural. Es normal sentir que una presencia mayor a nosotros nos guía. Confiar en esta presencia es cordura. Desear que el Eterno Divino se proyecte a sí mismo a través de nuestro pensamiento, es ser receptivo a esa grandiosa parte de nuestra naturaleza que se mantiene abierta a los confines superiores del pensamiento. Esto es religión.

¿Qué es espiritualidad?

Oímos mucho sobre cierta gente que es espiritual, y no hay nada malo en esto, con tal de que no se convierta en una actitud demasiado sentimental.

La espiritualidad es algo más bien impreciso. No puedo pensar en utilizar una ilustración mejor que compararla con la idea de la belleza que percibe y contempla un gran artista para crear un objeto de arte que merezca la pena. No decimos que el artista posee una gran belleza, sino que tiene una gran apreciación de la belleza. Sabemos que el artista siente la belleza, percibe su presencia y, en cierto grado, comulga con ella integrándola a su propia alma a tal grado que puede expresarla y comunicarla a través de su ejecución.

La sola técnica perfecta no produce un gran arte. Hablamos del alma de un artista, de ese sutil e indefinible algo que es la esencia de todo arte. Esta es una sensación definida, una comunión con la armonía invisible, con el bien supremo, con la mente y el corazón de Dios. Es la esencia creativa.

Ocurre lo mismo con la llamada espiritualidad, una palabra muy a menudo mal empleada. Desde nuestro punto de vista la espiritualidad es el reconocimiento personal del universo como una presencia viviente del bien, la verdad, la belleza, la paz, el poder y el amor. Y a esto deben agregarse la felicidad, la alegría, el entusiasmo y la armonía universal, que como el gran ritmo de la vida, fluye a través de todo.

Existe una vasta diferencia entre este tipo de conciencia espiritual y el dogma teológico, o incluso con los argumentos lógicos. Es una esencia difundida, una conciencia trascendente y una fe que ha pasado más allá del punto de argumentación para llegar a la convicción, la unión y la aceptación completas.

Tal espiritualidad no se puede apartar del más elevado uso de la Ciencia de la Mente. Es como el calor en el fuego, los colores en un prisma, la fuerza invisible que fluye a través de una dínamo. Es como algo capturado a partir de lo invisible con el propósito de tomar forma temporal. Es la base de todo tratamiento espiritual mental, y no debemos separarla de nuestro uso consciente de la Ley de la Mente.

La espiritualidad es un intento constante, y consistente de sentir la presencia de Dios en todo y en todos. Tal actitud no necesita ser expresada en palabras, porque las palabras no pueden expresar tal sentimiento. Pero a partir del sentimiento las palabras fluyen, y cuando lo hacen son siempre correctas.

La espiritualidad no puede ser enseñada pero puede ser sentida, podemos practicarla, podemos encarnarla. Cada uno, en su propia conciencia, debe experimentarla a su propia manera, y su manera será siempre la mejor para sí mismo. Será de hecho la única manera en que podría hacerlo, porque en el recinto secreto de la mente que está a solas con Dios, nada más puede entrar.

Al escuchar a diario aquello que solamente puede ser sentido; sintiendo a diario y comulgando con lo que es demasiado intangible como para expresarlo en palabras, descubrimos una esencia que fluye a través de nuestro pensamiento que no puede ser analizada ni descrita.

No te preguntes si eres o no espiritual; mejor acepta el hecho de que debes serlo. En cierto sentido, tú no tienes nada que ver al respecto. Es tu naturaleza. Estás arraigado en la mente suprema, en el Espíritu Eterno, en la presencia perfecta.

La espiritualidad es la conciencia que viene a través de la comunión con Dios, pues el tratamiento es un acto definido y, no obstante, también espiritual, aunque todavía debe tomar forma concreta. Uno no debería estudiar para ser espiritual; uno debería contemplar para imbuirse de la esencia del espíritu, para hablar desde su centro.

En esto, como en todo lo demás, la práctica perfeccionará el método, y tu conciencia hará que tu método sea eficaz.

Deseo, opinión y revelación

Fue Juan quien dijo: "No crean a todo espíritu, sino prueben los espíritus para ver si son de Dios". Pablo manifestó: "Dios no es el autor de la confusión, sino de la paz". Posiblemente sabía que nuestras opiniones conscientes y nuestros deseos subjetivos confunden con frecuencia las revelaciones, que cuando una supuesta revelación aparece está tan distorsionada por opiniones conflictivas que mucha de su verdad se pierde.

Si juntáramos las presuntas revelaciones de todas las eras, nos sorprenderíamos al descubrir cuán contradictorias son. De hecho las contradicciones son tantas que, prácticamente toda la revelación debería ser eliminada, y esto, frente al hecho de que cada profeta alega haber recibido su inspiración directo de la mente de Dios. La confusión de las supuestas revelaciones es tan grande que la inteligencia nos llama a poner un letrero: *alto, mira y escucha.*

Nos sorprende descubrir que algunas de estas revelaciones que parecen venir de Dios estimulan al hombre a ejecutar los crímenes más terribles, pues muchas de las atrocidades que se han cometido en el nombre de la libertad, también se han cometido en el nombre de la verdad.

Parece lógico que el Autor de la paz no puede inspirar la confusión. Y Dios es el Autor de la paz, puesto que una casa dividida en contra de sí misma no puede permanecer de pie. Si Dios representa lo racional, la esencia de la paz y el equilibrio; si lo divino significa amor, belleza, armonía y razón, se infiere que de la Fuente Divina solo puede manar agua pura.

Dios no podría ser el autor de una confusión que lleve a los hombres a sacar conclusiones irracionales mentales o espirituales. Dios no podría ser el autor de la confusión que lleva a los hombres a la destrucción. Dios no podría ser el autor de la confusión que lleva a los hombres a sacar conclusiones mentales o espirituales irracionales. Por lo tanto una persona que puede distinguir entre la alucinación y la opinión subjetivas, entre el deseo y la realidad, hace bien en analizar sus propias sensaciones, emociones, y reacciones mentales. Y también hace bien en analizar las reacciones de otras personas, sin tomar en consideración si se cuentan entre los así llamados grandes, los poco conocidos o los desconocidos.

En la búsqueda de la verdad nuestra intención consiste en unirnos a la razón, porque ella es la única amante que puede llevar al alma hasta el altar de la realidad. No cuestionamos la idea de la revelación, puesto que toda verdad es alguna revelación de la realidad para la mente del hombre. No negamos que hay un espíritu que inspira y una guía que dirige. Lo que decimos es que cuando esta guía parece dirigirnos en forma caótica o lleva a los hombres a actos destructivos, no es una guía divina. Es alguna forma de opinión o de deseo, intentando justificarse proclamando ser la voz de Dios.

Cuando alguien dice que ha recibido una revelación del Todopoderoso analiza sabiamente esta revelación para dilucidar si está inspirada por el Divino o si es una mera racionalización de propios deseos. Los anales de la historia refieren muchas supuestas revelaciones proclamadas por los hombres como órdenes de Dios, para cometer crímenes tan atroces que la sensibilidad rechaza y la inteligencia refuta aceptar.

La vida no puede desear muerte. La muerte es lo opuesto a la vida. Por eso Jesús dijo: "Nuestro Dios no es un Dios de muerte, sino de vida". Jesús, con su clara comprensión de la realidad, sabía que la vida no puede querer la muerte, pero muchos profetas menores han proclamado que el Ser Divino les inspiró para matar. La mayoría de las naciones en guerra, adoradores de dioses tribales, reaccionan desde su inconsciente colectivo con esta misma motivación. Pero trátese de un inconsciente individual o colectivo, el principio funciona igual.

Podemos estar seguros de que cuando Ciro, después de escuchar las predicciones del oráculo, montó en su carruaje y pasó delante de sus legiones gritando: "¡Maten! ¡Maten! ¡Maten! ¡Y que sea para Dios la gloria!", lo que en realidad proclamaba, por supuesto inconscientemente, era: "¡Maten! ¡Maten! ¡Maten! ¡Y que sea para Ciro la gloria!".

Incluso este bárbaro se estremeció de horror ante la pavorosa carnicería que estaba por ocurrir. Su deseo tenía que ser primero racionalizado para que su opinión fuera justificada; después tenía que recibir, a través de su imaginación, evidencia para creer que su matanza sería para gloria de Dios y no para gloria de Ciro.

Podemos ser impersonales en este caso, porque está alejado de nosotros y de nuestra historia actual. Pero todos los días ocurre lo mismo en nuestra propia conciencia. Debemos darnos cuenta de que no todo es revelación aunque se enmascare bajo su nombre. El día de hoy, cuando tenemos el privilegio de entender más sobre reacciones psíquicas, comprendemos mejor la historia de la ambición humana por el poder.

Hoy más que nunca las revelaciones psíquicas llegan a nuestra conciencia a través de la sinceridad de aquellos que reciben tales mensajes mediante escrituras automáticas, visiones y varios otros medios, y tenemos que poner otra vez el letrero: *pare, mire, y escuche.*

Para quien ha estudiado tales revelaciones aparentes durante muchos años y con mucho cuidado, es evidente que estas, con frecuencia, son gobernadas por el trasfondo mental de aquel que las tiene. Por lo general hay en ellas elementos de filosofías, religiones, sistemas sociales, políticos y económicos en los cuales el autor cree, sobre los que ha teorizado, a los que ha aspirado o en los cuales nació. Esto de ninguna manera contradice la sinceridad de aquellos quienes reciben el mensaje; es una cuestión de juicio correcto y sana perspectiva.

Asimismo, no debemos creer en revelaciones que contradigan la unidad, bondad y perfección del Supremo. Al analizar tales revelaciones debemos llevarlas al punto de la razón y la unidad, y siempre que contradigan la razón sabremos que no son revelaciones sino alucinaciones o racionalizaciones del deseo. Pueden emanar directamente de la conciencia individual o de las reacciones conscientes de toda una raza.

Se dice que Martín Lutero vio al diablo: un día este legendario personaje se presentó en el estudio de Lutero. ¿Ahora, qué es lo que este reverendo caballero vio? No vio un diablo real, pues la inteligencia nos lleva a entender que el diablo es una figura mitológica, sin otra realidad o existencia que la que le dan algunas conciencias humanas.

Lo que Lutero percibió fue una personificación de la creencia universal de su época sobre el diablo. Si le pudiéramos preguntar a una persona común y corriente de ese periodo, cómo era el diablo, su descripción sería similar a la que dio Lutero. Extraño como pueda ser, lo que percibió fue una idea, pero esta idea tenía sus profundas raíces en su propia conciencia personal, la cual surgió de la suma total de la opinión general en esos días. Todos creían que el diablo era así; por lo tanto el diablo debía lucir como se lo figuraban, y lo que Lutero vio fue la creencia personificada; un cuadro imaginado pero más real que su propia imagen, más dinámico que sus pensamientos individuales. Esta imagen impresa en su psique apareció en algún momento de subjetividad.

Lutero pudo creer, con toda sinceridad, ver un diablo real, pero con igual sinceridad el hombre que sufre alucinaciones cree ver formas grotescas. Es bastante real en cuanto a la experiencia, pero en cuanto a la realidad es una ilusión. Lutero y todos sus contemporáneos creían en un diablo real, y lo que todos creían fue lo que él vio. Por lo tanto, al verlo, creyó doblemente.

Esta es una de las razones por las que mucha gente cree que Dios ordena el sufrimiento, el empobrecimiento y la infelicidad, e incluso el asesinato. Cuando sujetamos tal concepto a las reglas de la razón y el sentido común descubrimos que el principio creativo de todo, no puede martirizar, hacer sufrir, o empobrecer, porque esto no sería para la gloria sino para la degradación del principio creativo. Dios no sería honrado, sino deshonrado; no hecho pleno, sino limitado.

Con todo, millares de personas sinceras y bien intencionadas sufren la ilusión de esta creencia y, en verdad, condenan el derecho a la felicidad en este mundo. El mero pensamiento de la crucifixión de Jesús tiene, en innumerables casos, una estimulación a la introspección tan enfermiza, que la misma resurrección de Cristo solo se divisa a través de oscuros nubarrones y desesperanza. Con gran frecuencia la cruz y la tumba eclipsan la resurrección.

No debemos olvidar que cuando nos ocupamos de nuestra vida psíquica nos enfrentamos con algo muy engañoso. Nos proporcionará con la misma rapidez una ilusión o una realidad. Pero a una mayor profundidad de esta vida psíquica existe una inteligencia espiritual que trasciende incluso nuestros procesos objetivos de razonamiento, y puede distinguir entre la ilusión y la realidad.

Nuestras reacciones subconscientes nos forzarán a menos que las controlemos; nos harán creer toda clase de cosas fantásticas a menos que la razón se asiente en el buen juicio. Por lo tanto, a la luz de esta verdad, debemos tener cuidado en todo momento al estudiar cualquier revelación controvertida, sabiendo que una opinión personal puede enmascarar cualquier revelación que nuestro deseo inconsciente pueda ordenar, porque el pensamiento colectivo de la raza está más o menos activo en todos nosotros.

Uno de los campos más prolíficos para la alucinación de la raza humana, por extraño que parezca, se encuentra en el así llamado campo de la religión revelada. Las aceptaciones acumuladas de creencias definidas han creado finalmente una reacción tan subjetiva, que la gente cree toda clase de cosas, racionales e irracionales. Por lo regular se requiere de una nueva y fuerte creencia para romper la vieja suposición. Por fortuna, detrás de la mayoría de las revelaciones, especialmente de las grandes revoluciones espirituales, siempre ha habido una cantidad suficiente de realidad; es decir, una cantidad suficiente de la verdad se ha revelado no solo para dar vitalidad a la creencia, sino para dotarla de poder y darle una función que ha sido buena.

Así, al analizar las grandes revelaciones no necesitamos volver a comprobarlas en su totalidad, sino simplemente examinar las partes que proceden de la opinión humana, del deseo humano, o de la racionalización psicológica.

Encontraremos que la realidad se encuentra, en parte, revelada en la mayoría de los grandes sistemas de pensamiento, pero encontraremos también una gran cantidad de ilusión. En ninguno ha sido esto tan evidente como en el antiguo sistema de castas, que no procede de la realidad puesto que no puede haber un Dios que eleve a una persona por encima de otra. Se trata de una cuestión económica, pero sobre todo, fue porque el deseo de dominio mental sobre otros debía ser racionalizado simulando una revelación para que unos tuvieran un origen inferior a otros, y, por lo tanto, fueran parias. En el Salmo 82:6 leemos: "Vosotros sois dioses, todos hijos del Altísimo".

En los días de la esclavitud en Estados Unidos muchos de nuestros hermanos sureños racionalizaron su creencia en la esclavitud como la voluntad de Dios. No puede ser la voluntad de Dios que algunos hombres sean libres mientras otros son sometidos porque Dios es el autor de la libertad y no de la esclavitud.

Es interesante observar con cuánta autoridad dinámica muchos de los llamados grandes líderes han hablado. Con sincera convicción han proclamado: "Así dice el Señor". No fue sino hasta el advenimiento de la ciencia que la razón comenzó a negar estas suposiciones teológicas. La ciencia lidia con hechos y no con opiniones, y estos hechos deben reducirse a los principios que nunca varían y que son siempre impersonales.

Con el advenimiento de la ciencia, principia la destrucción de la superstición. Esto no significa que la ciencia destruirá la religión. Nada puede hacerlo, porque la religión verdadera es la experiencia inmediata que el hombre tiene de la realidad. La ciencia simplemente destruirá las creencias equivocadas, y, al hacerlo, prestará a la religión un gran servicio pues revelará que la naturaleza de la realidad es enteramente impersonal, y responde a uno y a todos por igual.

A medida que la ciencia proclama el gobierno de la razón y de la ley, surgen nuevas revelaciones. Estas, y también las viejas, deben ser escudriñadas con cuidado por el estudioso de la verdad. Debe seguir siendo el amo de su propia casa. A menos que así lo haga se convertirá en una marioneta mental que baila al ritmo de lo que piensan otros, forzados por ideas que ya los tienen hipnotizados; y si un ciego guía a otro ¿no caerán ambos en la zanja?

Creencia, fe y oración

Y CUANDO OREN CON *fe, el enfermo sanará, y el Señor lo levantará* (Santiago 5:15). ¿Cuál, entonces, es la oración de fe?

Jesús enseñó con claridad que el poder Espiritual trabaja a través del hombre a nivel de su creencia, con lo cual quiso decir que este trabajaría según el hombre creyera, y mientras creyera. Le atribuyó un gran poder a la creencia y a la fe, y vemos que ha sido honrada a lo largo de las eras. En verdad, la oración de algunas personas ha sido contestada, pero no todas las oraciones han sido contestadas de la manera en la que se deseaba.

¿Cómo vamos a explicar el hecho de que las oraciones de algunas personas son contestadas y las de otras, no? ¿Debemos admitir que existen grados en los que las oraciones son contestadas? Y si es así, ¿por qué? ¿Es la fe de algunos hombres mejor que la de otros? ¿Está Dios más satisfecho con la petición de un hombre que con la de otro?

Parece un problema muy difícil, hasta que entendemos que Jesús quiso decir con estas palabras: "Sigue tu camino, y según has creído, así te sea hecho".

¿Qué es lo que quiso dar a entender? Que nos es hecho a través de un principio impersonal, el cual no distingue judíos de gentiles, sino que solo conoce su propia capacidad de hacer. Lo hace con la misma rapidez para uno que para el otro. La ley no hace distinción de personas, y funciona del mismo modo para uno que para todos.

Jesús no dijo solamente: "Que te sea hecho...", sino que agregó "según has creído". La ley impersonal, que es la que ejecuta, lo hace solo según creamos. Reconocemos inmediatamente a nuestra vieja amiga, la Ley de Causa y Efecto. Nos es hecho solo en la medida en la que creemos, y si creemos solo un poquito, entonces solo nos es hecho ese poquito. Pero si creemos según lo que el consenso de la opinión humana entiende como mucho, mucho se nos dará. No es porque exista lo mucho o lo poco en la verdad, pero así es como lo medimos. Bien dijo el Gran Maestro: "Con la vara que midas, serás medido". Se te da pero solo según tu creencia.

¿Qué es la creencia? De seguro la creencia es una cierta forma de pensar; es una actividad de la conciencia. La creencia es un elemento del pensamiento, y al ser un elemento del pensamiento podemos cambiar la creencia. Y si lo que un hombre cree decide lo que va a sucederle, la cosa más importante que él puede hacer es regular su creencia, de modo que lo que suceda sea para su beneficio, le alegre que suceda, y felizmente le dé la bienvenida.

¿Qué tiene mayor probabilidad de cambiar nuestras creencias de un punto de vista negativo a uno positivo? ¿Qué pensamiento, esperanza, expresión o estímulo es más probable que cambie nuestras creencias? Esto lo estableció Jesús en el Sermón de la Montaña cuando dijo que el manso heredará la tierra y que los pacificadores serán llamados hijos de Dios. En otras declaraciones nos mostró cómo reformar nuestra creencia de modo que participara de la naturaleza de la realidad y contuviera dentro de sí misma lo necesario para nuestro bienestar. Esto es también lo que expresó el apóstol (Pablo) cuando dijo que debemos pensar en todas aquellas cosas que sean buenas, verdaderas, y hermosas.

La fe es un modo afirmativo de pensamiento. La fe dice: "yo puedo" en lugar de "no puedo" o "no lo haré". Debemos aprender a tener fe en la abundancia y no en la pobreza. Podemos cambiar nuestro pensamiento en relación con la carencia. Para eso sirve el tratamiento. En vez de decir: "No hay suficiente bien para todos", decimos: "Todo el poder que existe trabaja para mi bien. No temo a la pobreza porque todo el poder que existe se dedica a darme abundancia"; "Dios me provee de todas las cosas buenas hoy, todos los días y siempre". Declaraciones como estas cambiarán nuestra creencia de una de negación a una de fe positiva. Aquello en lo que podamos tener fe, y al tener fe en él, podamos entenderlo, podremos experimentarlo de acuerdo con la Ley de Causa y Efecto. Esta ley es inmutable, invariable, inobjetable y absoluta.

Pero alguien podría preguntar: "¿Es igual la fe en la carencia a la fe en la abundancia?". La respuesta a esta pregunta es que no hay ni carencia ni abundancia como tales; solo es cuestión de lo que es y de la manera en cómo funciona. Estamos constituidos de tal forma, que la fe en el amor supera la creencia en el odio. Nuestra naturaleza es tal, que la fe en la vida destruye nuestro miedo a la muerte. Nuestra naturaleza es tal que la fe remueve nuestros miedos a lo largo de toda la vida. Las grandes afirmaciones de vida deben, por necesidad, destruir sus aparentes opuestos. Sin embargo, no podemos pasar por alto el hecho de que todas las declaraciones son positivas, todas las declaraciones son afirmaciones, pues cada una es una declaración de nuestra creencia en algo.

Justo aquí es donde entra la oración, y por supuesto estamos pensando en la connotación más amplia y el significado más realista de la oración. Estamos pensando en la oración como la comunión del alma con la supra alma, con la Presencia Creativa Divina la cual no está solo en el alma sino *es* el alma. Es más que una individualización; es también la universalidad.

La oración, en su sentido más verdadero, no es una petición, no es una súplica, no es un lamento desesperado; es más bien una alineación, un proceso de unificación que ocurre en la mente mientras se estira para tocar a su Ser Divino y a ese poder que es mayor a la comprensión humana. En el acto de una comunión tan fervorosa y reverente con Dios sentimos la unidad con el bien, con la totalidad de la vida, y, en ocasiones, el velo de la duda se levanta y el rostro de la realidad aparece. Esta conciencia, a la cual se ha dado el nombre de el lugar secreto del Altísimo, es una experiencia que surge de la convicción de que Dios es todo lo que existe, y que, fuera de Él, no hay nada más.

La oración, entonces, es comunión, y esta comunión afirma que la vida es buena. La comunión fervorosa asciende al lugar donde la unidad no es todavía constante, donde lo informe está listo para adoptar cualquier forma específica. En este acto de comunión el individuo se convierte en socio del eterno y da a luz al tiempo, al espacio y las condiciones.

Pero ¿qué habrá querido decir Jesús cuando se refirió al ayuno en conexión con la oración? Parece evidente que no necesariamente se refería a un hecho físico, porque una de las acusaciones hechas contra él fue que acostumbraba beber vino con pecadores. Fue también acusado de romper el sabbat al permitir que, en ese día, sus discípulos desgranaran trigo. De hecho parece que no le importaron muchos de los formulismos exteriores que eran comunes en esa época. Se refería a un principio más profundo que lo que el ayuno físico pretendía simbolizar.

Eso es lo que quiso decir cuando expresó que no importa tanto lo que entra por la boca del hombre. Igualmente cuando dijo: "No todo el que me diga *Señor,* entrará en el Reino de los Cielos". Quizás por *ayuno y oración* Jesús se refería a una consagración del ideal tan completa, que el genio creativo del universo pasaría a una inmediata expresión de sí mismo a través de la imaginación humana.

Tan alto pensamiento no podía ser descrito más que utilizando el símbolo del ayuno y la oración, y es posible que por eso lo usara. Supongamos que llamamos ayuno a una determinación de rechazar la contemplación de lo negativo. Esto sería pasar de la muerte a la vida, de la negación a la afirmación, de la negación a la aceptación. En esta transformación del pensamiento a través de la fe y la creencia, la comunión del alma con su fuente se convertiría en un pronunciamiento y no en una petición. Esta es la posición que los iluminados de todas las épocas han tomado.

Si una persona siente que el acto del ayuno físico es necesario para la consumación de tan devota comunión, permítasele ayunar, y que ninguna persona sea tan imprudente como para negarle ese privilegio. Si, por otra parte, siente que se abre paso a su manera cantando una canción, que nadie le niegue el gozoso camino a la libertad. Porque tarde o temprano todos debemos descubrir que no se trata de ayunar o hacer un festín, sino que es la creencia, la fe, y la aceptación lo que hace a uno trascender el bien menor y ascender a ese monte sagrado interior donde el ojo visualiza al mundo como una vasta planicie y al cielo como un espacio sin límites.

Nunca debemos olvidarnos de hacer un uso práctico de esta ciencia. En nuestra filosofía no es suficiente solo declarar un principio. Debemos aplicar tal principio a nuestra vida diaria, y dondequiera que aparezca una necesidad debemos afrontarla afirmando el opuesto exacto de tal necesidad y no considerándola inevitable. La necesidad se ve satisfecha cuando ya no la reconocemos como tal, sino que, viendo más allá de ella, visualizamos ese principio que podría transformar la necesidad en una aceptación del bien. Por eso se nos dice que pensemos en qué cosas nos reflejan verdad, amor y bienestar; debemos morar en estas cosas y no en sus opuestos evidentes.

Todo buscador sincero de la verdad espiritual debe tener el deseo de poner esto en práctica. Debe llegar a creer que hay un poder divino que aguarda ser usado. Debe comprender perfectamente que él es quien sabe utilizarlo y entonces debe proceder con decisión a hacer uso de este poder que está dentro de todos los hombres. En la práctica real, nuestra vida debe convertirse en una comunión continua con el bien.

Nuestra mente debería reconocer de forma continua la presencia del bien y del poder del bien en la experiencia personal. El practicante debe reconocer el poder y la presencia de este bien en la experiencia de aquel a quien intenta ayudar, pues el reconocimiento del bien es un acto creativo que hace posible su manifestación en la experiencia humana. Deberíamos *ayunar* de la idea de carencia y *darnos un banquete* con la idea de abundancia. Deberíamos *ayunar* de la idea de la pobreza y *agasajarnos* con la creencia de la riqueza, y, desde luego, abstenernos de contemplar incertidumbres y entrar en un periodo largo y eterno de regocijo en la certeza. Y cuando grite el mundo: "¿Hacia dónde vas?", algo dentro de nosotros debe contestar: "Sabemos en quién hemos creído".

Al principio este ayuno o este festín, esta oración y esta comunión, pueden parecer un tanto difíciles. Todos estamos, más o menos, rodeados de negatividad y aquí es donde entra la labor de orar. La oración establece una serenidad dentro del alma permitiéndole tener confianza en ese espíritu de aceptación sin el cual el regalo divino no está nunca completo. Porque ¿cómo puede el regalo divino estar completo mientras no lo aceptemos? No hay canción sin cantante. Así pues, debemos aprender a participar gozosos de nuestra herencia divina.

¿Qué significa todo esto si no que debemos aprender a tener confianza en la vida, a creer en el bien eterno y a aceptar la generosidad divina? Esta transformación del pensamiento de la negación a la afirmación rara vez sucede de forma instantánea, así que debemos mantener flexible el pensamiento, estando dispuestos a doblarnos un poco ante las tormentas de la vida, pero rehusando quebrarnos. Nuestro pensamiento debe tener una elasticidad que le permita regresar a su lugar, pero no puede hacerlo a menos que se convenza totalmente de en quién ha creído, a menos que esté totalmente convencido de que el universo es un sistema espiritual gobernado por una conciencia benevolente.

Esta visión mayor raras veces sucede en un relámpago de conciencia, aunque puede suceder. Con frecuencia nuestro ascenso desde el valle de la negación hasta la cima de la montaña de la realización es lento. Pero cada paso del camino nos estimula con el encanto de una nueva vista, y a juzgar por experiencias pasadas y por transformaciones ya realizadas, el sendero por el que viajamos nos lleva a la cima y continuamos entusiasmados.

Gracias a una conciencia divina interior, como sea que la llamemos, existe una intuición en el ser humano que lo impulsa hacia adelante. Hay una chispa que nunca se ha extinguido por completo. La oración con fe y creencia, la comunión del alma con su fuente aviva esta chispa en un resplandor divino, en cuya luz las sombras oscuras no acechan más. Esto es la inspiración. Esto es la iluminación. Esto es la percepción de la plenitud.

Supongamos que un hombre fuera a prepararse una dieta mental aderezada con realización espiritual; su carne, la palabra viva; su pan, el maná del cielo; su fruta, la inspiración de la esperanza, y su vino, la esencia de la alegría. Y supongamos, además, que viera la mesa puesta en el desierto, atendida por la ley (la sierva de Dios y de la humanidad); ¿acaso esa persona no se daría cuenta de que está hoy en el Reino del Cielo, de que hoy Dios es su anfitrión, y acaso no exclamaría: "¡Oh desierto, eres como un Paraíso!"?

Historia del crecimiento espiritual

La Biblia simboliza la evolución espiritual del hombre, comenzando con el Antiguo Testamento y culminando con la vida y enseñanza de Jesús, el Cristo. Al examinar la simbología espiritual de la Biblia debemos comprender que así como cuenta la historia de una raza, también presenta la historia de la vida de cada hombre; la tuya y la mía.

La Biblia comienza con la premisa fundamental de que Dios, el Espíritu Creativo Universal, está presente en todas partes y se encuentra dentro del hombre mismo. A este concepto se agrega la gran Ley de Causa y Efecto. Luego la Biblia expone la idea de que el hombre fue creado libre, con la posibilidad de una expansión ilimitada, y lo dejó solo para que se descubriera a sí mismo.

Durante este proceso de autodescubrimiento, el hombre atrae a sí mismo, a través del funcionamiento de la Ley de la Mente, las experiencias que él imagina en su pensamiento. En una mano tenemos la evolución de la vida individual bajo la dirección de la Divina Providencia, la cual conduce a la armonía. En contraste, tenemos la libertad de vivir bajo la dirección del sentimiento falso del estar separados de Dios, lo cual conduce al desastre y al caos.

Pero la Biblia mantiene siempre frente a nosotros la gran promesa de la redención final del hombre al entender la ley de su ser y su relación con el Espíritu Divino. Nos muestra que siempre hay algo en las profundidades más recónditas de nuestro ser que nunca pierde por completo el entendimiento de su naturaleza espiritual.

Incluso en medio de la confusión que siguió al uso erróneo de la ley por parte de los hijos de Israel, se produjo la mayor línea de profetas espirituales que el mundo ha conocido jamás. Estos profetas fueron los que siempre recordaron quiénes eran realmente.

La era de los profetas no puede desligarse del Reino de Israel, de su desarrollo y llegada al poder, y de su división y dispersión. Tampoco se puede separar al Reino de Israel del reino que cada uno de nosotros representa. Podemos equiparar el desarrollo del Reino de Israel con la integración de una personalidad o con el logro de la plenitud de cualquier ser.

Cuando los hijos de Israel salieron de la tierra de Egipto eran un pueblo desorganizado. Vivieron en tribus dispersas, peleando con otras tribus del desierto. La necesidad del instinto de conservación les hizo juntarse en mayores colonias y esto trajo la necesidad de un liderazgo organizado. Estamos ante uno de los factores que hicieron de Israel una gran nación.

Los primeros líderes de los hijos de Israel eran líderes más bien espirituales que políticos o sociales. El impulso espiritual fue fundamental a la naturaleza de su ser. Escogieron a jueces para gobernar a la gente, no jueces en el sentido de los que tenemos ahora en nuestra legislación, sino jueces espirituales que representaban la ley divina, la voluntad de Dios o a Yahvé. La ley espiritual era, de hecho, la ley civil de la gente hebrea.

A medida que la nación comenzó a formarse, pasó de un liderazgo religioso a uno civil y se estableció el Reino de Israel. Pero recordemos que fue un líder espiritual, el profeta Samuel, quien consagró en el trono a Saúl, el primer rey, quien bajo la dirección divina, llevó el Reino de Israel a un poderío jamás soñado. Organizó a su gente de modo que trabajara unida y con eficiencia en el comercio, la agricultura, la industria, y las relaciones internacionales.

Cuando David ascendió al trono fue ungido por el profeta Samuel, en el entendimiento de continuar la evolución del reino bajo la dirección divina. David trajo la cualidad del amor a su reinado para complementar la capacidad de organización y el intelecto de Saúl. Y el Reino de Israel se elevó a alturas aún mayores.

Salomón, el hijo de David, lo sucedió en el trono y, por supuesto, heredó el reino más rico y más poderoso de aquella época. En la primera parte de su reinado Salomón fue notorio por su gran sabiduría y entendimiento. Pero más adelante, para satisfacer su creciente amor por el lujo y el poder, le fue necesario aumentar impuestos y reclutar más y más esclavos. Su gente comenzó a disgustarse bajo esta opresión, y un segmento de ella se rebeló y se separó del reino. La gran nación se dividió.

Esta es la historia de un hombre que, en el momento en que su pensamiento estaba centrado en Dios, erigió el gran Templo que simbolizaba en forma tan perfecta el significado de la vida y la relación entre lo individual y lo universal. Y luego, cuando perdió el significado espiritual del Templo que había construido y se dejó absorber por la fuerza material, su sabiduría y su poder lo abandonaron. Salomón comenzó a adorar a dos dioses: el Dios del poder temporal y el Dios de sus ancestros, *el Dios único y verdadero*. Esto marcó el principio de la desintegración de un reino poderoso.

Durante los cientos de años posteriores a la caída del Reino de Israel, el pueblo hebreo sufrió todas las indignidades conocidas por la humanidad. Pero por grave que fuese su situación, nunca le faltó un profeta del Señor para mantener viva la esperanza, para mantener delante de ellos la promesa de un Mesías que lo conduciría fuera de su cautiverio.

Siempre había algún Isaías para decirles:

> *Ellos convertirán sus espadas en arados y sus lanzas en hoces. Ningún pueblo volverá a tomar las armas contra otro, ni se adiestrarán más para la guerra (Isaías 2:4).*

Y en su profecía referente a la venida de Cristo:

> *El espíritu del Señor estará continuamente sobre él, y le dará sabiduría, inteligencia, prudencia, fuerza, conocimiento y temor del Señor (Isaías 11:2).*

Siempre había un Oseas que les decía:

> *Vengan todos y volvamos al Señor. Él nos destrozó, pero también nos sanará; nos hirió, pero también nos sanará (Oseas 6:1).*

Y siempre había un Miqueas para decirles:

> *En cuanto a ti, Belén Efrata, pequeña entre los clanes de Judá, de ti saldrá un gobernante de Israel que desciende de una antigua*

> *familia... Ahora el Señor deja a los suyos pero solo hasta que dé a luz la mujer que está esperando un hijo. Entonces se reunirán con sus compatriotas los israelitas que están en el destierro. El rey se levantará para pastorear a su pueblo con el poder y la majestad del Señor su Dios, y ellos podrán vivir en paz, porque el Señor será engrandecido hasta el último rincón de la tierra. Él traerá la paz, cuando los asirios invadan nuestro país y entren en nuestros palacios (Miqueas 5:2,5).*

Todos los profetas que surgieron durante este periodo del cautiverio profetizaron la emancipación final de los hijos de Israel de su esclavitud a través del retorno al conocimiento verdadero del Reino de Dios, y el triunfo final del poder del espíritu. Todos ellos apuntaron al hecho de que en alguna parte de la experiencia humana, surgiría algún hombre que revelaría totalmente la naturaleza divina y la filiación divina.

Cada hombre es una nación en sí mismo, una nación habitada por muchos pensamientos, sentimientos, apetitos y talentos. Cada hombre es una nación de conciencia. Constantemente, igual que a los hijos de Israel, se nos hace fácil construir dorados palacios y estirar nuestras ávidas manos para sujetar la ilusión del poder temporal. Es fácil olvidarnos de que existe un regidor supremo en el centro de nuestra propia nación, cuya soberanía se asegura en el amor y se entroniza en nuestra filiación divina.

Es solo cuando apartamos nuestros pensamientos de este espíritu soberano que nuestras facultades y energías se dispersan. Esto nos convierte en una nación debilitada, sujeta a la invasión de miedos, dudas, enfermedades y tentaciones que se presentan en las fronteras de nuestra experiencia.

Pero, como ocurrió con los hijos de Israel, siempre hay un profeta en nuestra propia mente que nos trae esperanza, consuelo y la promesa de saber que la vida nunca puede destruirse a sí misma, y que la *verdad pisoteada en la tierra se levantará una vez más*. Este profeta es nuestra propia alma, la cual proclama eternamente al Mesías, aunque nos perdamos en el desierto de nuestros propios conceptos falsos. No debemos olvidar que el mismo poder que creó este árido desierto es el poder que construye el camino para que el resto vuelva a la Tierra Santa.

Es en la aplicación personal de estos grandes símbolos históricos presentados en el Antiguo Testamento en lo que estamos particularmente interesados, pues la antigua raza de los hijos de Israel hace mucho tiempo que desapareció, pero la lección es tan nueva como la invención más novedosa.

Así pues, asegurémonos de que la voz del profeta interior no pase sin ser escuchada. Aquietémonos y escuchemos cómo el Hijo de Dios dentro de nosotros proclama la gloria de su reino. Dejemos que este reino sea verdadero para nosotros de una manera muy práctica. Sepamos ahora que estamos instaurados en el reino de la salud, la felicidad y la plenitud, porque vivimos en el Reino de Dios.

Dos grandes líderes

Jesús y Moisés son los dos personajes más destacados de la Biblia. Es ineludible, entonces, que descubramos que las vidas de estos dos líderes tocan la esencia y el significado mismo de los grandes principios espirituales que la Biblia representa.

Vemos que las enseñanzas de Moisés y la Ley Mosaica se basan en el concepto de una Presencia Divina y una Ley inmutable de Causa y Efecto. Pero existe un cierto calor y un cierto colorido, y una relación personal con el infinito, que no es tan evidente en la enseñanza de Moisés como lo es en la enseñanza de Jesús. Era la misión de Jesús revelar esta relación tan cercana que todo individuo tiene con la Presencia Divina y la Ley Universal.

Puede decirse que Moisés era el gran universalista, y Jesús, el gran individualista. Moisés fue el líder inspirado que reconoció el YO SOY Universal, y fue Jesús quien reconoció el YO en ese YO SOY universal. Él entendió que los principios universales abstractos deben seguir siendo concretos y verdaderos en nuestra propia experiencia individual, por eso dijo: "Así como el Padre tiene vida en sí mismo, así también le dio vida al Hijo para que tuviera vida en sí mismo".

Las personas con quienes Moisés se vinculaba eran como niños. Moisés era como un padre para ellos. Por ello encontramos en la enseñanza de Moisés toda una categoría de leyes con las palabras: "DEBEN" y "NO DEBEN" nacida de su interés paternal por su pueblo. Si miramos con cuidado el significado profundo de estas leyes encontramos que fueron diseñadas para revelar la Presencia Única Divina a las mentes indisciplinadas de aquel día. Nuestro estudio y lectura forman parte de un proceso para disciplinar nuestros propios pensamientos, y para crecer hacia una mayor comprensión espiritual.

Encontramos continuamente referencias de Jesús a "la ley y los profetas". Pero con su advenimiento, por primera vez en la historia humana encontramos a alguien que da balance a la Ley Universal de Causa y

Efecto al introducir el factor personal. Encontramos a quien proclamó valientemente que la vida de Dios está en el hombre, y que la Ley de Dios opera a través del hombre. Fue esto lo que distinguió su enseñanza de la de todos los que lo precedieron.

Jesús fue el más grande individualista que jamás haya vivido. Basó toda su enseñanza en el valor de la vida individual; y el significado y el contenido de la idea radicaba en que, así de grande y maravilloso como es el concepto de la Presencia Divina y la Ley Universal, la revelación de esta presencia y una ejemplificación de esta ley están en el centro de cada hombre. Pero aunque haya sido el gran individualista Jesús también aclaró que detrás de la individualidad está el Espíritu Único que nos mantiene en la unidad y el amor.

La historia entera de Moisés y Jesús finalmente se reduce a un simple hecho: Dios, el Espíritu Creativo original, el YO SOY universal, y el poder de la Ley de Dios, se encuentran en el centro del ser de cada persona. Moisés enseñó la Ley pero le dejó a Jesús que nos mostrara cómo utilizarla. Es por eso que encontramos tantas referencias en la enseñanza de Jesús a... *Yo estoy en el Padre, y el Padre en mí... aquel que me ha visto, ha visto al Padre... el Padre que está en mí, hace las obras.*

Como todos los grandes líderes espirituales, cuando Moisés recibió la revelación de la Presencia Divina deseó transmitirla a otros. Reconoció que la verdad por sí misma es universal y pertenece a toda la gente. Aunque Moisés fue el gran legislador, sin duda comprendió que hay algo más allá incluso de la Ley, que es el amor. Profetizó el cumplimiento de su enseñanza en la vida de Jesús cuando dijo: "El Señor tu Dios hará que surja en medio de ti, de entre tus hermanos, un profeta como yo". Y Jesús dijo: "No piensen que he venido a abolir la ley o a los profetas; he venido no a abolirla, sino a cumplirla".

Cuando estudiamos las enseñanzas de Jesús, descubrimos que mientras Moisés enseñaba la Ley universal de Causa y Efecto *—ojo por ojo y diente por diente,* y que debemos sufrir por los errores cometidos— Jesús agregó a esto el concepto de una paternidad y una fraternidad universales, y la Ley del Amor.

Estas dos propuestas, correctamente entendidas, se convierten en el sistema espiritual de pensamiento más grande otorgado al mundo. Si su alcance universal no se comprende, se limita a unas pocas personas en cierto momento de la historia. El tiempo histórico y la gente fueron simples ejemplos de lo que sucederá finalmente al mundo entero. El tiempo no afecta la enseñanza de Moisés y de Jesús porque es perenne.

Cuando encontremos la llave del significado de sus enseñanzas habremos encontrado la llave a nuestra propia libertad. Nuestro problema ha sido que no hemos descubierto que esta llave que abre el umbral a una vida mejor, está, como dijo Moisés, en nuestra propia boca. No nos hemos dado cuenta de que aquello que parece tan insignificante en el esquema de las cosas —el ser personal— es la piedra angular del arco, como Jesús enseñó.

Recordando entonces, que la Biblia es un libro sobre la emancipación del hombre —es decir, sobre nuestra libertad— no debemos perder de vista la necesidad de combinar la enseñanza de Moisés con la de Jesús, y entender que la razón por la cual Jesús cumplió la Ley fue porque entendía el significado completo de la construcción del templo, del templo divino, que, según palabras del apóstol, es nuestro cuerpo.

Es indudable que Jesús introdujo una perspectiva completamente nueva de la vida, una nueva filosofía de vida, ya que solo él tuvo la fe y el valor de anunciar, sin requisito ni limitación, que el mismo poder que creó todo y que mantiene todo en su lugar, está también en el centro mismo de nuestro ser.

No es sorprendente que, habiendo descubierto la autoridad interna de la Presencia Divina, Jesús, al igual que Moisés, llamó a otros a seguirlo, proclamando un camino de verdad y de vida. Porque el secreto no era solo para él, sino que es una luz para los pies de cada hombre. No se trataba de un poder que nada más Jesús sabría usar, porque él dijo: "*Aquel que cree en mí, las obras que yo hago él las hará también, y aún mayores obras que estas hará*".

Jesús nos lanzó el desafío divino. Rehusarnos a tomarlo sería como estar parados en la oscuridad cuando hay luz a la mano. Él reveló la fuente del agua viva, y nos dijo que quien beba de sus aguas, ese nunca más tendrá sed. Rechazar beber de este manantial, aunque sus aguas estén al alcance, sería como ahogarnos en la resequedad de nuestras propias gargantas.

Pero ¿cómo podemos beber de este manantial a menos que reconozcamos su presencia? Esta es la razón por la cual Jesús nos dijo que debemos creer.

Lo que los místicos han enseñado

PARA COMENZAR, LOS místicos han enseñado una filosofía perenne, lo cual indica que los pensadores espirituales profundos de cada era han llegado a ciertas conclusiones de forma independiente unos de otros, y podemos estar seguros que, en su mayor parte, sus conclusiones son correctas.

Los grandes visionarios espirituales de todas las épocas han enseñado que el hombre está en el camino de una evolución eterna, cuyo propósito es producir en el individuo aquello que sea inherente a la Naturaleza de lo Divino. Regresar a esta unidad fundamental, comulgar con ella, experimentar la generosidad de su presencia, reconocerla y entenderla, en eso consiste el misticismo.

Sería imposible utilizar en el espacio que tenemos a nuestra disposición citas exhaustivas de los místicos, pero encontrarás un hilo de continuidad en todos ellos. Descubrirás que todos llegaron, más o menos, a las mismas conclusiones. Vale la pena hacer notar que, a través de todas sus enseñanzas, el mal, como una cosa en sí misma, desaparece y se convierte en carencia del conocimiento de la verdad. El concepto teológico del infierno y las enseñanzas morbosas sobre la muerte están ausentes de las enseñanzas de los inspirados, porque ellos saben que todos estamos en el proceso de evolución y, al final, todos llegaremos al mismo lugar, porque Dios está encarnado en todos.

Es necesario que el estudiante de la Ciencia de la Mente entienda esto, porque aunque estemos rodeados de condiciones negativas las cuales ciertamente parecen malignas, el mal nunca es una cosa en sí misma. Por lo tanto los místicos han enseñado que el bien al final triunfa sobre el mal, aunque parezca que se está librando una batalla entre los poderes de la luz y las tinieblas.

En las biblias del mundo y en muchas otras fuentes, existe un propósito y una conclusión persistente, común a todas ellas:

El universo es un sistema espiritual y formamos parte de él; Dios está justo donde nosotros estamos y se descubre en el centro de nuestro propio ser. Cuando quitamos la mirada de todo lo que niega esto y contemplamos silenciosamente la perfección del hombre interno, quien es una encarnación de Dios, encontramos la gran realidad en el único lugar posible donde la podríamos descubrir: dentro de nuestro propio corazón, alma y mente.

Breve historia del nuevo pensamiento

El término *Nuevo Pensamiento* se refiere al movimiento metafísico moderno cuya filosofía enseña que estamos viviendo en un universo espiritual, aquí y ahora. Existen numerosos movimientos de ese tipo. Todos ellos basan su creencia en la teoría de que el universo es un sistema de inteligencia gobernado por la ley, y donde la inteligencia es personal y la Ley, impersonal.

En realidad, *Nuevo Pensamiento* es un término algo pobre, pues la mayoría de sus ideas son sumamente antiguas. Mucho se ha tomado prestado de las culturas antiguas, de la enseñanza de los místicos de la Edad Media y de Emerson. Los diversos grupos, sin embargo, comparten una base común en lo que se refiere al principio de inteligencia en el que creen para propósitos específicos, o para lo que nosotros llamamos tratamiento, meditación u oración afirmativa.

Las fuentes originales de la inspiración espiritual son casi idénticas, aunque vienen de diversas culturas y datan de diversas épocas, a través de un periodo muy largo de tiempo. No estamos en particular interesados en saber de dónde salieron los precursores de este movimiento, ni de cuáles pudieron haber sido sus antecedentes personales. Tampoco estamos interesados en sus personalidades. Lo que buscamos descubrir va más allá: en qué creyeron y por qué dejaron tal marca en la historia de la evolución del pensamiento espiritual, particularmente en los Estados Unidos.

Fue en este país donde el movimiento del Nuevo Pensamiento se originó. Sin duda comenzó con la vida y enseñanza de Phineas P. Quimby (1802-1866), quizá uno de los pocos pensadores originales de todas las épocas. Por medio de un proceso lógico de pensamiento y experimentación, llegó a creer *que la mente es materia en solución y la materia es mente en forma.* No estamos tan interesados en cómo llegó a estas conclusiones, sino en las conclusiones mismas, porque el movimiento del Nuevo Pensamiento está mayormente fundado en su filosofía.

Fue Quimby quien primero habló del principio crístico o la ciencia de Cristo. Fue el primero en decir que Jesús fue un científico además de un alma inspirada. Dijo que la mente como forma y la mente como solución son la misma cosa, quizás en el mismo sentido en que Einstein dijo que la energía y la masa son iguales, idénticas e intercambiables.

Pero Quimby no paró aquí. Él dijo que la mente como materia, o como forma, y la mente como solución o como esencia invisible, son controladas por lo que él llamó una sabiduría superior, que Jesús entendió. Llamó a esto la Ciencia de Cristo. Enseñó que la mente o inteligencia, en su forma dual de lo visible y lo invisible, constituye la sola y única sustancia en el universo. Este concepto no era diferente del de Spinoza, quien expresó: "Yo no digo que la mente sea una cosa y la materia otra. Digo que son la misma cosa".

Quimby creía que hay perfección en el centro de todo, tal y como ha sido la creencia de los genios espirituales. Creía que hay un hombre perfecto detrás de los problemas, enfermedades y confusiones. Dijo que, a veces, podía ver a este hombre, pero que este hombre está rodeado de las opiniones del mundo, y estas opiniones o creencias toman forma en el cuerpo físico como enfermedad.

Lo que fue muy revolucionario en la filosofía de Quimby fue su creencia en que toda enfermedad es resultado del uso erróneo del principio mental, porque la enfermedad no está separada de la mente sino que es mente en forma, y puesto que es mente en forma, la mente puede cambiarla con el pensamiento o, como diríamos, por medio de la Ley de la Mente en acción. Él no trazó línea alguna entre la enfermedad como condición y el pensamiento que produjo esa condición, porque el pensamiento y la cosa son lo mismo. Esto es lo importante que hay que recordar, porque es básico para las enseñanzas del Nuevo Pensamiento.

Quimby razonó que puesto que la enfermedad es una creencia o una opinión, esta puede ser cambiada al modificar la creencia u opinión. No estaba preocupado por ninguna, porque sabía que las dos eran mente. No dijo que no existieran, porque nunca negó la realidad de la enfermedad. Dijo: "Yo soy como el abogado de mi paciente quien es el demandante, y le aclaro que está sufriendo de una creencia falsa, que él es un ser espiritual y todas estas opiniones que se sostienen contra él no tienen razón de ser". Luego dijo: "Me preguntas cuál es mi cura y te respondo que mi explicación es la cura. Con esta explicación he descartado por completo la enfermedad y el paciente no la tendrá más".

Enseñó que una serie de afirmaciones y de negaciones que conducen a una comprensión espiritual interna, pueden sanar la enfermedad física, porque la enfermedad es pensamiento, pero detrás de este hay una perfección espiritual que no cambia, porque el trabajo de Dios ya está hecho de antemano, y Él deja que el hombre trabaje su propia salvación. Él también enseñó que las declaraciones de la verdad trabajan como leyes matemáticas exactas, mientras que las declaraciones del error o de la no-verdad trabajan como las leyes del azar.

Esta fue la enseñanza de Quimby, su método, y su tratamiento. Estamos interesados en lo que creyó, enseñó y cómo lo utilizó, porque sin saberlo fue el autor del movimiento del Nuevo Pensamiento en los Estados Unidos. Mucha gente cree que Emerson fue el padre del Nuevo Pensamiento. Él enseñó que Dios es el padre de todos los hombres, y reiteró la filosofía espiritual de las eras, pero no hay evidencia de que él tuviera la más mínima intención de reducir esta teoría a un concepto definido que pudiera ser practicado.

Quimby murió en 1866 después de sanar a miles de personas que acudieron a él de todo el país. Un expediente de sus conversaciones, discusiones, y cartas fue rescatado y publicado bajo el título *Los manuscritos de Quimby.* *

Después de su muerte, lo que ahora se conoce como el *movimiento del Nuevo Pensamiento* se puso en marcha. Solo mencionaremos algunos de los varios grupos de este movimiento. Comencemos con *Unity School of Christianity [Escuela Unity de Cristianismo]*, una de las instituciones espirituales más destacadas del mundo que ha ayudado a millones de personas.

Este movimiento desarrollado en la ciudad de Kansas por Charles Fillmore y su esposa Myrtle, está ampliamente explicado en el libro de su fundador, *Sanación cristiana* (*Christian Healing*), y en *Lecciones en la verdad*, (*Lessons in Truth*) de Emilie Cady.

---

* Phineas Parkhurst Quimby: *Obras Completas*, 3 vols. Marina del Rey, Calif., DeVorss & Company, 1988).

No estamos interesados en su teología o en su punto de vista particularmente religioso, sino en lo que enseñaron y demostraron. Regresamos a la misma proposición: *Existe un centro espiritual en todo; el principio de la mente o espíritu gobierna todo*; y una serie de afirmaciones y negaciones construyen una conciencia sanadora a la que llamaron la conciencia crística. Sin embargo, también podrían haberla llamado conciencia búdica, o el tao, que quiere decir *el camino*. Al proceder de la fe cristiana, la Escuela de Unity la llama conciencia crística, y afirma que una serie de argumentos llevaron a la conclusión de que si el hombre es perfecto y está gobernado por la Armonía Divina producirá un resultado definido.

Ahora echemos un vistazo a la *Ciencia Divina*, que ha tenido una influencia profunda en las dos generaciones pasadas. Fue fundada por Fannie B. James en Denver. Al estudiar el libro de texto en el cual se basa esta enseñanza, y otros textos contemporáneos, encontramos lo mismo que Quimby enseñó. Hay una diferencia leve en el punto de vista de la teología y la visión espiritual, pero son idénticas en cuanto al uso del principio.

La Iglesia de la verdad, uno de los movimientos menores entre los nuevos movimientos espirituales, ha sido tanto útil como efectiva en su trabajo. Cada uno de estos movimientos es tan eficaz como los otros en lo que se refiere a la práctica, pues todos enseñan lo mismo, lo sepan o no. Vemos que todos retoman el mismo sistema de afirmaciones y negaciones, lo cual, cuando se hace eficazmente, culmina en la misma realización.

Entre los primeros maestros estuvo Emma Curtis Hopkins, quien enseñó lo que ella llamó el Alto Misticismo. Ella tuvo quizás más estudiantes individuales que cualquier otro maestro, varios miles cuando menos, uno de los cuales fue este escritor. Tenía un grado tan alto de conciencia cósmica que uno podía sentirla. Muchos de los líderes excepcionales del Nuevo Pensamiento llegaron a estar bajo su tutela. Su método era distintivamente místico, pero ya puesto en práctica y quitando todo material ajeno, encontramos los mismos sistemas de afirmaciones y negaciones.

Otros grandes líderes fueron Christian D. Larson, Orison Swett Marden y Ralph Waldo Trine. No ha habido otras tres personas que hayan tenido más influencia en el campo del Nuevo Pensamiento, ya que gracias a la extensa distribución de sus libros (millones de copias) se pusieron en la misma categoría del Movimiento de Unity. Vemos que cuando se trataba de la práctica real, estos tres hombres enseñaban con exactitud lo mismo: argumentación, o afirmaciones y negaciones, hasta llegar a una realización.

Este movimiento del Nuevo Pensamiento se propagó a Inglaterra donde surgieron muchos maestros doctos. Probablemente los dos más influyentes fueron F. L. Rawson y Thomas Troward. Yo considero las escrituras de Troward como las abstracciones espirituales más profundas de los tiempos modernos. Enseñó muy poco sobre la aplicación de su creencia en asuntos prácticos, pero presentó el principio. Solo podemos deducir que tendría que ser utilizado igual que todas las demás enseñanzas.

Rawson desarrolló un sistema de práctica demasiado elaborado, el cual él y sus seguidores aparentemente creyeron era muy distinto a los demás, ya que lo llamaron *Ciencia Absoluta*. Esto en realidad no significa nada, porque toda ciencia es absoluta: el pensamiento de que dos y dos son cuatro es absoluto. El libro de Rawson *Life Understood* (*La vida entendida)* ha sido leído por muchos miles de personas. Se trata de una compilación de las distintas formas del movimiento del Nuevo Pensamiento. Escribió un elaborado libro sobre *tratamiento*, el cual cubría prácticamente todo lo que cualquier persona pudiera pensar, pero en cuanto llegamos al método, este es idéntico a otras enseñanzas del Nuevo Pensamiento. Es lo que tendría que ser.

Mientras tanto, aquí en los Estados Unidos, un hombre llamado Edwin Burreli desarrolló lo que llamó: "The Axioms of Truth and Reason" (Los axiomas de la verdad y la razón). La presentación de su filosofía fue bastante enredada, muy interesante, pero confusa para la mayoría de la gente. Vinieron estudiantes procedentes de todo el país y, sin duda, recibieron un gran beneficio porque era un gran hombre. Pero en cuanto a la práctica real, regresamos a la misma proposición fundamental de afirmaciones, negaciones y realización.

Este es un breve e insuficiente esbozo del *movimiento del Nuevo Pensamiento* en los Estados Unidos. Sin embargo, toca los puntos importantes de ciertas señales del progreso espiritual durante un periodo de casi cien años, culminando con el principio de la que probablemente es la investigación espiritual más grande que se haya hecho jamás en el mundo.

Algo que deberíamos recordar es que durante este proceso otros movimientos similares surgieron en los Estados Unidos: el Espiritualismo, la Teosofía, enseñanzas de ocultismo y esoterismo, filosofía yoga e hindú, cada una de las cuales han tenido influencia en todo el ámbito metafísico. Pero estos movimientos tienen poca relación con el uso práctico, aunque algunos de ellos son muy profundos e interesantes.

De no haber sido por el espiritualismo, probablemente no tendríamos los experimentos de percepción extrasensorial del Dr. Rhine en la Universidad de Duke; de no haber sido por el movimiento del Nuevo Pensamiento, de seguro no habríamos tenido el mensaje moderno que está impartiéndose en muchas de las iglesias más liberales. El pensamiento entero ha sido profundamente influenciado por estos movimientos, y hoy es raro encontrar un periódico o revista que no haga referencia a ellos.

Fue gracias a los muchos años que este escritor dedicó al estudio de este movimiento, tratando de ser imparcial e impersonal con todos, que la *Ciencia Religiosa* y la *Ciencia de la Mente* se crearon: no como algo mejor a cualquiera de ellos, sino como una síntesis de todos ellos, comenzando con la proposición de que la verdad espiritual no puede pertenecer a ningún individuo, sino que, siendo universal en su esencia, debe pertenecer a cualquier persona que la utilice.

El movimiento del nuevo pensamiento

El movimiento del Nuevo Pensamiento es esencialmente espiritual. Al ocuparse de las leyes de la mente, es también científico. Asume que Dios no solo es la realidad última sino la única realidad presente. Todo lo que es verdadero le pertenece. Nuestro propio ser es Dios manifiesto como personalidad.

El movimiento del Nuevo Pensamiento se ha comparado con el cristianismo aplicado. Es único y práctico, pues su propósito consiste en hacer un uso definido de este poder espiritual en la vida diaria. Este intento de reevaluar la filosofía del cristianismo en términos de uso práctico se originó definitivamente en el Movimiento del Nuevo Pensamiento, y se convirtió en su principal impulso, en su característica más prominente. *Es esta aplicación práctica de la causalidad espiritual a las necesidades humanas lo que ha atraído la atención de millones de personas en los Estados Unidos y de muchos millones en todo el mundo, hacia una nueva perspectiva de la vida y hacia una nueva esperanza.*

Independientemente de lo que el movimiento del Nuevo Pensamiento pueda deber a otros sistemas, (y les debe mucho), es original en esto: Ha aportado un significado nuevo y dinámico a la relación entre Dios y el hombre, entre lo invisible y lo visible. Al igual que Jesús, ha insistido en que la fe se manifiesta en las obras; que el poder creativo de Dios está individualizado en cada alma. La fe, las creencias y las convicciones espirituales, no son meramente términos usados para dar un nombre a la vida devocional, sino instrumentos dinámicos y creativos que han de utilizarse en la vida diaria.

Aunque existe una amplia gama de opiniones entre los líderes, instructores, profesionales médicos y laicos del Nuevo Pensamiento, este propósito abarca el movimiento entero: la disponibilidad inmediata del bien, la aplicación consciente y práctica de la fuerza espiritual del pensamiento para la solución de problemas humanos, la necesidad inevitable de que el bien llegue a cada alma; la creencia en la inmortalidad y la continuidad de la corriente individual de la conciencia, y la eterna expansión de la vida individual; el despertar, no a una integración de la identidad humana con la deidad, sino a su unidad completa con el Todo. Así, cada hombre se vuelve un centro individualizado de la conciencia de Dios, en eterna expansión.

El *Movimiento del Nuevo Pensamiento* es metafísico, pero no en un sentido estrictamente filosófico. La metafísica, en términos del Nuevo Pensamiento, se refiere a un idealismo práctico que pone énfasis en la causalidad espiritual y en la accesibilidad del poder mental espiritual, que actúa de acuerdo con la ley y está disponible para todos. Desde este punto de vista, "metafísica cristiana" hace referencia a la filosofía del Nuevo Testamento, practicada como una ciencia.

Es el propósito del Movimiento del Nuevo Pensamiento comprobar las enseñanzas de Jesús relativas al universo espiritual y su relación con el hombre. El movimiento del Nuevo Pensamiento es, en muchos sentidos, distinto a la mayoría de las enseñanzas orientales, porque al seguir la filosofía de Jesús más de cerca que la de otros maestros de la antigüedad, enfatiza la importancia del individualismo. En esto es bastante estadunidense, lo que es natural, puesto que el movimiento comenzó en este país. Con todo, sería un error negar la herencia que este movimiento ha recibido de muchas fuentes. Es un resultado de todo lo que lo ha precedido. Ha tomado mucho de las filosofías idealistas de todos los tiempos, en particular de Platón, Sócrates y el Movimiento Neoplatónico. Ha sido profundamente influenciado por las enseñanzas del Antiguo Testamento, los preceptos de Buda y las Sagradas Escrituras orientales. Tiene una inmensa deuda de gratitud con muchas filosofías espirituales de la Edad Media, y en particular con Emerson y muchos otros cuyos escritos nos son familiares.

Pero aunque le deba tanto a otros sistemas de pensamiento, sigue siendo una institución estadunidense única (pues comenzó en este país) y, aunque se ha extendido por el mundo, ha prosperado y ha crecido en los Estados Unidos más que en ninguna otra parte. Sería bastante seguro estimar que en Estados Unidos de quince a veinte millones de personas han sido influenciadas por sus enseñanzas.

El movimiento en sí mismo es el resultado de varios sistemas contemporáneos de pensamiento que han enfatizado la vida interna. Como Dresser indicó en su *Historia del Movimiento del Nuevo Pensamiento*: "El siglo XIX atestiguó el redescubrimiento de la vida interna... La nueva era nos invita a ir a las fuentes por nosotros mismos".

Probablemente más que en el trabajo de cualquier otra persona, el Movimiento del Nuevo Pensamiento se ha construido sobre las enseñanzas de Phineas Quimby, quien nació en New Hampshire en 1802 y pasó a otro plano en el estado de Maine en 1866. Este hombre fue uno de los pocos pensadores originales de todas las épocas. Tenía una intuición profunda así como un desarrollo psíquico inusual. Consideraba que vivimos en un universo espiritual, pero que el libre albedrío, respaldado por la Ley de la Mente, hace posible la experiencia de la discordia y la limitación. Él dijo: "¿Puede una teoría ser capaz de llevar a cabo una práctica que separe la verdad del error? Me atrevo a decir que existe un método de razonamiento que al ser entendido, puede separar la una del otro... El hombre está hecho de verdad y creencia, y si se engaña con la creencia de que tiene, o es posible que tenga una enfermedad, la creencia lo registra y el efecto llega".

Quimby puso más énfasis en la sanación mental espiritual que en el control de las condiciones por medio del poder creativo del pensamiento. Estableció que la enfermedad es solo un sueño del cual uno puede despertar. Su método, según su hijo George Quimby, consistía en "cambiar el pensamiento del paciente, sacarlo de su error y, en su lugar, establecer la verdad; si se hace esto llega la cura".

Él estaba completamente convencido de que el Espíritu Creativo dentro de nosotros es Dios, y que tenemos una relación inmediata con lo Divino. Esta relación es creativa. Quimby nunca intentó controlar a otros; no usó la sugestión. Es decir, no practicó la terapia sugestiva. Su método completo de procedimiento era la explicación espiritual. Tenía la idea de que los síntomas desaparecerían al cambiar el punto de vista. En esto se anticipó a los descubrimientos de la psicología moderna, excepto que el suyo era más bien un método espiritual.

Quimby habló de la mente como *sustancia espiritual*, y a menudo se refirió a lo que llamaba el hombre real o espiritual que necesita ser convocado para ayudar al individuo que está mental y físicamente enfermo.

Quimby creía en un cuerpo espiritual. Enseñó que no hay enfermedad independiente de la mente. Por eso dijo: "La enfermedad tiene como raíz una creencia equivocada; cambia la creencia y sanará la enfermedad. Así, por la fe somos sanados".

El movimiento del Nuevo Pensamiento en los Estados Unidos hoy en día debe mucho a la vida, a la enseñanza y a la práctica de este hombre. Muchos de sus primeros maestros fueron instruidos por él. Así, encontramos que la mayoría de ellos hace énfasis en la chispa divina del hombre, la cual, a pesar de las apariencias contrarias, siempre está allí.

Poco después de la muerte de Quimby en 1866, varios de sus devotos estudiantes, a la mayoría de los cuales había sanado, comenzaron a enseñar y a escribir. Cada uno se ramificó en forma libre y natural, agregando sus propias ideas a lo que había recibido de Quimby. Entre esos primeros maestros había quienes habían sido entrenados en teología, varios de ellos en la iglesia de Swedenborg, y no les fue difícil seguir a Quimby, pues ya habían aprendido a pensar en una ley de correspondencias espirituales.

Cualesquiera que hayan sido las diferencias de opinión entre estos primeros maestros, todos ellos fueron unánimes al enfatizar la causa mental y espiritual, y el pensamiento de que el universo material no posee vida e inteligencia independiente. Por supuesto, eso fue antes de la época de la nueva física. Todos ellos enseñaron que la curación mental espiritual del cuerpo físico es resultado de tocar las corrientes de vida en el alma del paciente. Naturalmente los diversos maestros eligieron distintos nombres, los cuales tienen un significado común: ciencia divina, clubes de metafísica, cristianismo aplicado, cristianismo práctico y en Inglaterra fue utilizado el término alto pensamiento.

El Movimiento del Nuevo Pensamiento ha sido siempre muy individualista y en muchos casos se ha erigido como protesta contra las autoridades eclesiásticas o espirituales. Finalmente, se intentó unir todo el movimiento en una alianza nacional, con el fin de que el pensamiento fuera claro y difundir sus enseñanzas.

La siguiente declaración de propósitos se toma de uno de sus primeros registros: "Nos hemos organizado para promover un interés activo en una filosofía más espiritual y en su aplicación práctica en la vida humana. Su espíritu es amplio, tolerante y constructivo, y su objetivo es una búsqueda imparcial de la verdad. Todo el que simpatice con estos propósitos, sin importar pasadas o presentes afiliaciones a sectas, partidos o sistemas, está cordialmente invitado a cooperar".

En otra declaración de aquellos primeros días leemos: "... Busca la chispa del infinito en lo aparentemente finito, e intenta encenderla en un fuego que sea la luz del mundo. Por lo tanto, se esfuerza en atraer la cooperación entusiasta de todas las potencias individuales que buscan elevarse hacia el objetivo elevado que tiene en mente, creyendo así que puede darse un impulso irresistible al desarrollo de la vida en el plano alcanzable más alto".

El propósito del Movimiento del Nuevo Pensamiento no solo consistía en un método de sanación espiritual, sino también en un idealismo filosófico positivo y afirmativo de la religión, del cristianismo aplicado, y enfatizar el redescubrimiento de las enseñanzas del Evangelio relacionadas con la sanación y con la vida cotidiana.

Ciencia religiosa

TUVE LA FORTUNA de ser criado en un hogar donde no se enseñó ningún miedo religioso y donde se procuró, a toda costa, mantenerse lejos de la superstición y de la ignorancia. Sin embargo, fue un hogar religioso, donde se oraba en familia, se leía a diario la Biblia y se daban las gracias a la hora de los alimentos. Pero nunca nos inculcaron que temiéramos a Dios o al futuro.

Yo era un candidato natural para las filosofías del Nuevo Pensamiento que se han originado en mi país. Al leer a Emerson comprendí con facilidad que la unidad es la base de todo.

Durante varios años tuve el privilegio de estudiar los antiguos sistemas del pensamiento, los textos místicos de la Edad Media, y los movimientos modernos tales como la teosofía, el espiritualismo, y las variadas ramas del Nuevo Pensamiento. Tuve gran interés en sintetizar estos distintos sistemas, con el propósito en mente de encontrar el hilo que los unía a todos ellos. Conjuntarlos en un sistema se convirtió en un deseo persistente, sobre todo al comprender que heredamos el gran pensamiento de las eras y podemos gozar del privilegio de penetrar en su significado.

Quizá nadie hubiera podido tener menos deseos que yo de organizar o lanzar una nueva religión. Soy un gran creyente de todas las religiones, y estoy firmemente convencido de que la fe de cada hombre es buena para él y que la forma en que la lleva es la mejor para el momento particular en que le toca vivirla.

Estoy cierto de que los grandes líderes espirituales de todas las épocas, al haber dedicado su vida a la meditación, a la oración y a la comunión con el espíritu, han dejado una gran herencia espiritual al mundo. Sumado en su totalidad, han estado más cerca de descubrir a Dios que cualquier otro grupo de personas. Al reclamar muy poca originalidad de pensamiento, y sin desear alguna en particular, he estado siempre en posición de aprender de todas las fuentes. La verdad no puede pertenecer a ningún individuo, y no puede haber religión más elevada que la verdad.

De años de estudio y constantes reflexiones emergió el sistema que llamamos Ciencia Religiosa en el sentido de que *la religión* es la idea que cada quien tiene de Dios, mientras que la *ciencia* es un conocimiento de hechos, causas y principios que existen independientemente de nuestro pensamiento, tal y como la fuerza gravitacional lo hace. La Ciencia Religiosa es una compilación de los grandes pensamientos de las épocas, de los deseos místicos vivos y profundos de mentes a la búsqueda de Dios, y del acercamiento moderno a una fe que puede ser demostrada.

Esta es una breve historia del movimiento de la Ciencia Religiosa que se está esparciendo gradualmente como si tuviera un propósito cósmico detrás de él. Pero no tiene nada de dogmático. Puedes agregar la Ciencia de la Mente a tu propia religión sea cual sea la forma que adquiera y descubrirás que es eficaz, pues los principios no hacen distinción de personas, y el cielo no tiene favoritos.

Un mundo sin religión sería un caos. Un mundo construido solo sobre dogmas sería arbitrario. Ciertamente, cualquier religión que sostenga que, de una vez por todas, la verdad última ha sido ya entregada a su grupo debe contener una gran cantidad de superstición y, por lo tanto, bloquea el avance de la evolución de la mente humana.

La Ciencia Religiosa es el resultado de lo que nos ha precedido y, creemos, es precursora de lo que está por venir. La Ciencia Religiosa no es una opinión personal ni una revelación especial. Es el resultado de lo mejor del pensamiento de todas las épocas. Toma prestada mucha de la luz de otros, pero aún así no roba a nadie, porque la verdad es universal.

Al tomar lo mejor de todas las fuentes, la Ciencia Religiosa tiene acceso a la más grande iluminación de todas las épocas. Despojada de dogmatismo, liberada de la superstición, y siempre dispuesta a una mayor iluminación, la Ciencia Religiosa ofrece a los estudiantes de la vida lo mejor que el mundo ha descubierto.

Las distintas creencias religiosas de la humanidad son innumerables, pero la verdad principal de la raza es, ahora y siempre, la única fe: una dependencia instintiva de lo no visto, a lo que llamamos Dios. La religión es una; la fe es una, la verdad es una, hay una realidad en el corazón de todas las religiones, así se llame hindú, mahometana, cristiana o judía.

Aunque la mente universal contiene todo el conocimiento y es el potencial de todas las cosas, viene a nosotros la cantidad de verdad que estemos dispuestos a recibir. Si toda la sabiduría del universo se vertiera sobre nosotros, recibiríamos solo la que estuviéramos preparados para entender. Cada uno recoge de la fuente del conocimiento solo aquello que escucha en su interior. El científico descubre el principio de su ciencia, el artista aprovecha la esencia de la belleza, el santo se funde con Cristo dentro de su ser, porque a cada uno se le da según su capacidad de recibir.

Con la creencia de que el espíritu universal alcanza total conciencia en el núcleo del hombre, nos esforzamos por cultivar la vida interior, sabiendo que la certeza espiritual es el resultado de un impacto de Dios sobre el alma. Como los metodistas de antaño, buscamos el testimonio del espíritu interno.

La Ciencia Religiosa se esfuerza por incluir en su práctica y enseñanzas la vida entera. No se trata de un culto místico y soñador, sino el exponente de una filosofía vigorosa aplicable a las necesidades diarias de la vida, y a esto se debe su rápido crecimiento. Los hombres y las mujeres encuentran en ella un mensaje que se acopla a sus requerimientos cotidianos.

No se pone énfasis en la idea convencional de la vida futura, con sus enseñanzas de recompensa y castigo; los evangelios son buenas noticias para el aquí y el ahora. Si significa algo, la religión es la manera correcta de vivir, y el bien vivir y el pensamiento apropiado no esperan nada del futuro sino que otorgan sus recompensas en esta vida, en mejor salud, en hogares felices, y todo lo que constituye una vida normal y bien equilibrada.

El pensamiento de las eras ha esperado el día en que la ciencia y la religión caminen tomadas de la mano, a través de lo visible hacia lo invisible. Un movimiento que se esfuerza por unificar las grandes conclusiones de la experiencia humana debe ser mantenido libre de ideas mezquinas, de ambiciones personales, y de cualquier tentativa de promover la opinión de un solo hombre. La ciencia no sabe nada de opiniones, pero sí reconoce el gobierno de la ley, cuyos principios son universales. Estas leyes, cuando se acatan, responden del mismo modo a todo. La religión llega a ser dogmática y a menudo supersticiosa cuando está basada en la sombra de cualquier personalidad. La filosofía nos intriga solo en la medida en que haga sonar una nota universal.

La ética de Buda, la moral de Confucio, las bienaventuranzas de Jesús, junto con las experiencias espirituales de otras grandes mentes, constituyen puntos de vista de la vida que no deben ser pasados por alto. Los conceptos místicos de los antiguos sabios de China coinciden con los dichos de Emerson y *dondequiera que lo profundo llame a lo profundo, lo profundo responderá profundamente.*

Las antiguas formas y los antiguos credos pasan, pero las realidades eternas perduran. La religión no se ha destruido. Se está descubriendo, Dios es el gran innovador en su mundo, y el progreso se realiza por autoridad divina. A lo largo de todas las eras el propósito es uno y ese propósito es nada menos que la evolución de las más altas cualidades espirituales de la humanidad. Lo que se desvanece es solo lo no esencial para que lo perdurable se ponga de manifiesto más fácilmente.

Qué maravilla que la fe religiosa en nuestros días rompa los límites estrechos de las enseñanzas antiguas y se amplíe en anchura y profundidad. No es porque los hombres crean menos en Dios y en las verdades esenciales de la vida espiritual, sino porque deben creer más; son literalmente forzados por la inevitable lógica de los hechos a construir por sí mismos conceptos sobre el infinito, proporcionales a la grandeza y gloria del mundo en el cual viven.

La religión futura estará libre del miedo, de la superstición y de la duda, y no le preguntaremos a ningún hombre dónde se encuentra Dios, porque el lugar secreto del Altísimo se revelará en el santuario interno del corazón del hombre, y el Dios eterno se sentará en el trono de la propia mente del hombre. No podemos conocer a ningún Dios externo a este poder de la percepción a través del cual estamos conscientes de cualquier cosa. Dios debe ser interpretado a través de la propia naturaleza del hombre.

Aquellos que desean conocer a Dios *deben* ser como Dios, pues aquel que habita en la eternidad encuentra un lugar para morar en su propia creación. De pie frente al altar de la vida en el templo de la fe, un individuo aprende que él es una parte integral del universo, y que este no estaría completo sin él. Esa fe nativa interna, que llamamos intuición, es la impartición de la sabiduría divina a través de nosotros. ¿Quién puede dudar de su gentil urgencia o malentender su significado?

Hay una presencia que lo impregna todo, una inteligencia que fluye a través de todo, un poder que lo sostiene todo, que lo une en un todo perfecto. La comprensión de esta presencia, inteligencia, poder y unidad constituyen la naturaleza del Cristo místico, el espíritu interno, la imagen de Dios, la de ser Hijo del Padre.

Cristo significa la idea del Hijo Universal; la creación entera tanto visible como invisible. Hay un solo Padre de todos. Este Padre único, que concibe dentro de sí mismo, da a luz a las ideas divinas. La suma total de estas ideas constituye el Cristo místico.

Jesús fue un hombre, un ser humano que entendía su propia naturaleza. Sabía que, en la medida en la que lo humano encarna a lo Divino, se manifiesta la naturaleza del Cristo.

Cada hombre es un Cristo en potencia. Desde el más pequeño hasta el más grande, la vida misma corre a través de todos, entretejiéndose en el molde de nuestra individualidad. Él está *encima de todo, dentro de todo y pasa a través de todo*. A medida que Jesús fue dando cabida a la idea divina, el hombre en él dio lugar al espíritu del Cristo y se convirtió en la voz de Dios para la humanidad.

Consciente de su divinidad, pero humilde al tiempo que contemplaba la vida infinita que lo rodeaba, Jesús habló desde la altura de la percepción espiritual, proclamando la realidad inmortal de la vida individual, la continuidad del alma individual, la unidad del espíritu universal con los hombres.

La Ciencia Religiosa, siguiendo el ejemplo de Jesús, enseña que todos los hombres pueden aspirar a la divinidad, pues los hombres son encarnaciones de Dios. También enseña una relación directa entre Dios y el hombre. Dios está encarnado, sin pérdida de sí mismo, en todos los hombres e individualizado a través de la creación. Dentro de la única mente suprema existe la posibilidad de proyectar ilimitadas expresiones de sí mismo, pero cada expresión es única y diferente a cualquier otra. Así el infinito no se divide, se multiplica.

Aunque todas las personas tienen el mismo origen, ninguno es igual a otro excepto en la esencia última —*Un Dios y Padre para todos nosotros*, pero innumerables relaciones padre-hijo, siendo cada una de ellas una relación única dentro de un universo de la totalidad—. El hombre es un centro individualizado de la conciencia divina y del poder espiritual, tan completo como él se sabe que es, y se conoce a sí mismo solo al grado en que comprende su relación con el Todo.

Esta presencia sobrecogedora, este sentido interno de una *realidad* mayor, da testimonio de sí misma por medio de nuestros actos más grandes y a través de nuestras emociones más profundas. ¿Quién no ha sentido alguna vez esta presencia interna? Es imposible escapar a nuestra verdadera naturaleza. Permanecemos a la sombra de una poderosa presencia, mientras el amor señala siempre el camino al cielo. Detrás de todo está la unidad; a través de todo se observa la diversidad, y saturándolo todo está la divinidad.

El universo es un sistema espiritual gobernado por las leyes de la mente. No hay dos mentes; hay solo una mente, que es Dios. El impulso de la mente de Dios a través de la mente del hombre es el autoconocimiento del espíritu que busca un nuevo canal para su propia expresión.

La Ciencia Religiosa enseña que Dios es personal en un sentido único para todos. Enseña que la comunión consciente con el espíritu que mora en nosotros abre avenidas de intuición y proporciona un nuevo punto de partida al poder creativo del Todopoderoso. Cada hombre proviene del seno del Padre invisible. Cuando la divinidad se despierta, la chispa divina que brota de los fuegos centrales de la llama universal calienta a otras almas en el flujo del conocimiento de sí mismo.

La ciencia religiosa no solo enfatiza la unidad de Dios y el hombre; nos enseña también que en la medida en la que nuestros pensamientos lleguen a ser espirituales manifestarán el poder de Dios. A lo largo de las eras se han obtenido resultados maravillosos por medio de la oración con fe, practicada por cada religión. Existe una ley que gobierna esta posibilidad, o nunca hubiera podido ser. Es del interés de la Ciencia Religiosa tomar en cuenta estos hechos, formarse una opinión sobre su causa y, al hacerlo, proveer un conocimiento definido de la ley que gobierna los hechos.

La Ciencia Religiosa es una teología alegre, libre de miedos. Es una religión de fe justificada por sus resultados. La Ciencia Religiosa ofrece al mundo lo que todos los tiempos han estado esperando. Es la culminación de la esperanza, del deseo, de la aspiración y de la fe de los iluminados de todos los tiempos.

Esta Nueva Era exige que se elimine el miedo y la superstición que rodea las convicciones religiosas, y que la verdad, simple, llana y directa se presente para que el hombre aprenda a vivir *ahora,* en el presente, con la seguridad de que el Dios eterno es su refugio.

Una ciencia de la religión y una religión de la ciencia

EXISTEN TRES CLASIFICACIONES generales del conocimiento, a saber: la ciencia, la filosofía y la religión. Por ciencia entendemos el conocimiento organizado de la ley natural y sus aplicaciones a la vida. Por filosofía entendemos las opiniones que algunos esgrimen acerca del mundo, la vida y la realidad. Aunque, por lo general, hablamos de filosofía en relación con aquellas afirmaciones que han sido escritas por hombres cuyas opiniones respetamos, en realidad la filosofía es la opinión de cualquier persona sobre cualquier cosa. Por religión entendemos la creencia de cualquier hombre sobre su relación con el universo invisible. O, podríamos decir que la religión es la idea que el hombre tiene acerca de Dios, o de los dioses: de la realidad última.

Por consiguiente, hay muchas filosofías y muchas religiones, ya que en ambas instancias, estas constituyen opiniones. Pero no ocurre así con la ciencia, porque se trata de un conocimiento de las leyes de la naturaleza. También hablamos de ciencia pura y ciencia aplicada. La ciencia pura es el conocimiento de principios, mientras que la ciencia aplicada es la técnica para usar los principios universales.

Un científico, en cualquier campo de investigación en el que esté involucrado, utiliza los principios universales. Una vez que un principio se descubre y las leyes que lo gobiernan se comprueban, mantiene absoluta fe en dicho principio.

La ciencia no es una investigación del *porqué,* sino del cómo. El porqué de cualquier cosa, o su razón de ser, no es algo que se intente resolver a través de la ciencia. Si debe cambiarse el campo del conocimiento de los principios y los hechos por el campo de las preguntas acerca de por qué esos principios existen, entonces la ciencia se convierte en filosofía.

En nuestros días, los hombres de ciencia están empezando a especular sobre los principios científicos, y cuando lo hacen, hablando en términos filosóficos, sus especulaciones caen en dos clasificaciones generales.

Estas especulaciones los llevan, por lo regular, ya sea a una base filosófica de materialismo o a una base filosófica de idealismo.

Ambos, el idealista y el materialista creen que el universo es un producto de la inteligencia. La única diferencia radica en que el materialista se rehúsa a admitir que la inteligencia que opera a través de las leyes de la naturaleza está respaldada o impregnada por alguna forma de conciencia; esto es, que la inteligencia no es más que una fuerza ciega pero inteligente, un conglomerado de las leyes inmutables de Causa y Efecto, sin elementos de conciencia, sentimientos o sensaciones. Él ve solo una fuerza ciega, pero una fuerza ciega organizada de manera inteligente.

El idealista siente que respaldando y operando dentro y a través de las leyes de la naturaleza existe la voluntad y la conciencia. Sostiene que la manifestación de la vida física sobre este planeta sucede siempre de acuerdo con una inteligencia organizada. Siente que la inteligencia organizada puede ser explicada solo en base de que existe tanto un ingeniero como una máquina.

Así pues, tenemos estas dos ramas de la filosofía: la idealista y la materialista. La idealista cree en la conciencia y, por lo tanto, en un universo espiritual, mientras que la materialista, no. Asimismo, el científico que es filosóficamente un materialista no cree en Dios ni en el universo espiritual, ni en ninguna conciencia del universo que responda al hombre. No cree en la inmortalidad del alma individual, ni le da ningún significado real a la vida. Puede ser humanitario y una muy buena persona, pero su filosofía máxima es: "Tres metros bajo tierra y todo acabó".

Al científico que siente que hay conciencia en el universo, no se le dificulta creer en Dios o en el universo como un sistema espiritual inmerso en una conciencia que responde al hombre. Por lo tanto, cree en la oración, en la inmortalidad, en el valor de la fe, y siente que la vida tiene un significado definido. Un número creciente de científicos está adoptando esta posición. El científico materialista no tiene religión a menos de que se trate de un humanista, mientras que el idealista puede entenderse bien con alguna forma de convicción religiosa.

Pero si el idealista es un científico, creyendo, como debe, que todo está gobernado por una ley, su religión no puede ser supersticiosa. No puede creer en un Dios que se especialice en una persona más que en otra, o que parezca estimar a unos más que a otros; ni puede creer que las leyes de la naturaleza se puedan romper o modificar con la oración de alguien, o con su fe. Por lo tanto la mente científica que es al mismo tiempo idealista, cree que el universo no es solo inteligente sino también consciente, y no estará satisfecha con conceptos religiosos que contradigan a la razón, al sentido común, y a un cosmos donde prevalecen la ley y el orden.[1]

Cuando los primeros descubrimientos de la ciencia refutaron las antiguas supersticiones y probaron que este mundo no era el centro del universo, que era redondo y no plano, la fe de muchos se debilitó. Los hombres inteligentes ya no pudieron continuar enarbolando como válidos los antiguos mitos, dogmas y supersticiones, y la religión formal empezó a perder fuerza frente a la inquisitiva mente científica. El materialismo estaba en ascenso.

Sin embargo, hoy encontramos un número creciente de científicos que están surgiendo de esa era del materialismo. Esto se debe a que la ciencia moderna no ha sido teóricamente capaz de presentar al universo material como pura energía mecánica, pero ha descubierto que la más pequeña partícula que supone que existe, ejecuta una especie de voluntad, lo cual, por supuesto, deja espacio para la libertad.[2] Una vez establecidas la libertad y la voluntad como factores que operan en conexión con la energía que se convierte en forma,[3] creas entonces un universo de conciencia. Y una vez que instituyes este universo de conciencia fijas la posibilidad de la comunión, y llegas a una base lógica para la fe, la oración, la religión y la vida mística.

Ha ocurrido un tremendo crecimiento del conocimiento en los últimos cien años. Sin embargo, la gran mayoría de la gente ha dado poca atención a las implicaciones involucradas. Para la mayoría de las personas la religión ha sido, o bien llevada supersticiosamente —sin duda con gran beneficio para los que creen en ella— o ha sido rechazada.

Hoy, sin embargo, se está dando un cierto y veloz retorno a las convicciones espirituales. Estos conceptos nuevos, vitales y dinámicos han sentado bases firmes por debajo de la la tendencia religiosa innata del

---

1 "La religión y la ciencia están luchando una batalla conjunta en una cruzada incesante e ininterrumpida en contra del escepticismo y en contra del dogmatismo; en contra de la incredulidad y en contra de la superstición, y el grito de guerra en esta cruzada siempre ha sido, y siempre será: '¡Sea por Dios!'". Max Planck.

2 Principio de Incertidumbre de Heisenberg.

3 Teoría de equivalencia entre la masa y la energía de Einstein.

hombre, fuertes cimientos que los hombres de ciencia no necesitan rechazar y que el hombre no científico puede aceptar sin superstición.[4]

A esto nos referimos cuando hablamos de una religión científica. No implicamos que la religión se reduzca a algo frío, sin sentimiento ni emoción, sino más bien decimos que la ley y el orden se añaden al sentimiento y a la emoción. Tenemos perfecto derecho a hablar de una religión científica o de una ciencia de la religión. Pero, ¿en qué estaría basada esta religión científica? Solo podría basarse en los principios de la mente, la inteligencia y la conciencia que hoy muchos destacados científicos hacen valer como la última y fundamental realidad.

La ciencia, al afirmar la existencia de una conciencia en el universo, es decir, una presencia espiritual y una inteligencia, también afirma que la conciencia individual es de naturaleza similar.[5] Por lo tanto una religión científica no excluye lo que llamamos oración o comunión, aunque dé más énfasis a la comunión que a la petición. Por ejemplo, una religión científica no podría creer que las plegarias del hombre a Dios puedan cambiar el orden natural del universo o revertir las leyes de la naturaleza.

Sin embargo, ahora la oración se transforma en la comunión de lo más pequeño con lo más grande, lo cual hace posible que el hombre no revierta la ley natural sino que revierta su posición en ella, de tal forma que la esclavitud se vuelva libertad.[6]

Podríamos hablar de una *ciencia religiosa pura* como hablaríamos de una *ciencia natural pura*, es decir, el estudio de las causas naturales. Podríamos hablar de la *ciencia religiosa pura* como la rama de la ciencia que estudia los principios naturales, la naturaleza de la mente y la conciencia. Así, podríamos pensar en la *ciencia religiosa aplicada* como la aplicación de sus principios a las necesidades humanas con propósitos prácticos, y aquí es donde entra el estudio de la naturaleza de la oración, de la fe, y de las acciones y reacciones mentales.

---

4 "La idea de Dios... no es la de un ser de caprichos y antojos, como había sido en el pensamiento del mundo antiguo, sino que se trata de un Dios que gobierna a través de la ley... Esa idea es, sin duda, el fundamento de la ciencia y la civilización moderna". Robert A. Millikan.

5 "...que la conciencia es un singular del que desconoce el plural; que existe una sola cosa y que lo que parece ser una pluralidad no es más que una serie de aspectos diferentes de esta misma cosa". Erwin Schrodinger.

6 "La oración y la expiación pueden influir en el curso de los fenómenos físicos cuando están dirigidas a estos centros". Sir Arthur Edilington.

Al utilizar la fe, la oración, la comunión, o el tratamiento espiritual, estaríamos aplicando los principios de la mente, el espíritu, la inteligencia, la conciencia y la ley y el orden a los persistentes problemas de la vida diaria. Podríamos, entonces, ser más que religiosos teóricos; podríamos tener una religión aplicada y práctica.

Esto es exactamente lo que queremos decir cuando hablamos de una ciencia de la religión y una religión de la ciencia, pues usamos este término en su sentido más amplio. El término religión lo usamos desde el punto de vista de la religión universal, al incluir todas las creencias religiosas —cristianismo, budismo, islamismo, o cualquier otra fe— y pensamos en la oración, la comunión y las leyes de la conciencia aplicadas a todas las personas. En pocas palabras, estamos universalizando el principio que es universal por naturaleza. Así pues, cada religión se aproxima al mismo Dios, y debe, básicamente, creer en el mismo Dios. Pero una religión científica no puede creer en ningún concepto de Dios que niegue un universo de ley y orden, o que intente excluir a cualquiera de sus beneficios.

Sería poco científico así como irracional creer que Dios, o la inteligencia suprema, tiene a un hombre en mayor estima que a otro, pues como la Biblia declara con gran verdad: "Dejad que se acerquen los sedientos. Y a cualquiera que lo desease, dejadlo que beba libremente del agua de la vida".

Uno llega a estar de acuerdo con Robert Browning en que "todo es amor y aun así, todo es ley" y que existe una ley impersonal y también una relación personal con el espíritu. Esta ley existe para todos, como las leyes de las matemáticas o cualquier otra ley natural, pero la relación personal se personifica a través de cada uno, a su nivel de conciencia y al nivel de su comprensión de lo que Dios significa para él.

La inteligencia y la razón deben ser las reglas del pensamiento, y Dios debe ser accesible para todos en los mismos términos. El científico religioso no podría creer en milagros, pero no negaría el poder del pensamiento espiritual. Más bien pensaría que los llamados milagros realizados como resultado de la fe espiritual, han correspondido a la ley natural y el orden cósmico, y que se podrían reproducir a voluntad. El científico religioso siente que aquello que ha sido experimentado por los iluminados y comprobado por hombres de gran poder espiritual, debería ser usado de una forma deliberada en la vida diaria.

A la persona que cree que hay un principio, inteligencia o conciencia que gobierna todas las cosas, le llega la sensación de que entiende las leyes, o al menos algunas de las leyes de este principio, de ahí que piense que es tan intensamente cuerdo, así como humanamente práctico aplicar la fe, la conciencia, y la convicción espiritual para resolver los problemas humanos. Esto es lo que hace el tratamiento espiritual mental.

El tratamiento espiritual mental se basa en la creencia o teoría, que nosotros creemos tiene una base firme, de que hay un principio de inteligencia presente en el universo, que no solo es creativo y da lugar a la forma objetiva, sino que responde de inmediato a nuestra conciencia; y siendo universal, es omnipresente, y siendo omnipresente, no solamente está donde estamos, sino que es lo que somos.[7] Por tanto, el científico religioso entiende lo que Jesús quiso decir cuando expresó: "Las palabras que yo les digo, no se las digo yo mismo, sino el Padre que mora en mí, Él hace las obras".

Al igual que toda ciencia pura, que antes de que pueda ser de utilidad para la humanidad debe convertirse en ciencia aplicada, así también los conceptos religiosos puros, antes de tener una aplicación práctica, deben convertirse en religión aplicada. Y es la aplicación de la religión a la solución de nuestros problemas lo que podemos llamar la demostración del principio.

¿Cuáles son, entonces, los aspectos puros y aplicables de este principio? La base o concepto puro es que existe una inteligencia absoluta en el universo —una realidad indivisible, eterna, inmortal e inmutable—. Ya que nadie hizo a Dios y Dios no se hizo a sí mismo, lo que era, es, y será, siempre permanecerá.

Nuestro primer axioma, *Dios es todo lo que existe,* implica que no hay nada además de Él, de ahí que toda manifestación de vida sea una evolución o un desarrollo de la forma a partir de aquello que es amorfo y eterno. Esta causa inteligente, este Principio Divino, sin diferenciar y sin dividir, que es uno y completo dentro de sí mismo, es el origen del cual toda acción procede, y en el cual toda creación ocurre.

En este punto lógicamente podemos abrazar la creencia, opinión o certeza de que Dios como hombre, en el hombre, es el hombre; que

7 "Descubrimos que el universo muestra evidencias de un poder con designio o control que tiene algo en común con nuestras mentes individuales". Sir James Jeans.

cuando el hombre hace una proclamación, sigue siendo Dios quien proclama, aunque al nivel de la conciencia del hombre. Por lo tanto el cosmos se refleja o manifiesta por (o) a través del individuo. No podemos decir: "¿Por qué es hombre?" más de lo que podemos decir: "¿Por qué es Dios?". La inteligencia existe y el hombre la interpreta, por lo tanto, el hombre es su portavoz; el hombre es una personificación del infinito, gobernado por las mismas leyes. Pero el hombre es más que ley; es conciencia.

La aplicación de los principios de tal ciencia religiosa a nuestros problemas diarios es tan necesaria, como debe ser la aplicación práctica de las teorías de cualquier ciencia, para que puedan tener valor. No es suficiente solo abstraer nuestro pensamiento y anunciar un infinito, porque el infinito no puede en momento alguno, significar más para nosotros que el uso que hagamos de Él. Así como la electricidad nunca podrá significar más para nosotros que el uso que le demos. Esto es verdadero para todos y cada uno de los principios de la naturaleza.

Si existe una inteligencia creativa infinita que hace cosas a partir de sí misma, convirtiéndose a sí misma en las cosas que hace, y si el hombre existe y está consciente, entonces el genio creativo de esta mente universal es también el genio creativo de su individualización, al cual llamamos hombre.

De las proposiciones arriba establecidas, no puede escapar la inteligencia, la inducción correcta y la deducción. Por ello, la mayoría de los grandes genios intelectuales que alguna vez han vivido han proclamado estas verdades, cada uno en su propia lengua, con su estilo, en su momento, en su época. Muchos creen que Jesús las proclamó para todas las eras porque era muy universal en sus conceptos.

Esta manera de pensar no pertenece a ninguna secta, a ningún grupo, a ninguna clase, y, ciertamente, a ninguna persona. No reclamamos revelación especial alguna; más bien, para este particular sistema de pensamiento, se han reunido sucesos y hechos de todas las eras y de todos los pueblos, de todas las filosofías y de todas las religiones. Y usando métodos prácticos, que cualquier investigación de otra ciencia usaría, es capaz de presentar y puede presentar una Ciencia de la Mente con un mensaje de libertad.

Lo que creemos

Declaración de principios

CREEMOS EN DIOS, *el Espíritu Viviente Todopoderoso; Uno, Indestructible, Absoluto; la Causa Autoexistente. Este Uno se manifiesta en su creación y a través de ella, pero no es absorbido por su creación. El universo manifiesto es el cuerpo de Dios; es el resultado lógico y necesario del autoconocimiento infinito de Dios...*

Creemos que el Espíritu se personifica en el hombre, y que todos los hombres son personificaciones del Espíritu Único...

Creemos en la eternidad, la inmortalidad y la continuidad del alma individual, por siempre en expansión.

Creemos que el Reino de los Cielos está dentro del ser humano, y que experimentamos este Reino al grado en que estamos conscientes de él...

Creemos que la meta suprema de la vida es la emancipación total de la discordia, y que esta meta será alcanzada seguramente por todos...

Creemos en la unidad de toda vida, y que el Dios Altísimo y el Dios interior son uno mismo.

Creemos que Dios es personal para todo aquel que siente su presencia dentro de sí mismo...

Creemos en la revelación directa de la verdad a través de la naturaleza intuitiva y espiritual del ser humano, y que cualquier persona puede convertirse en reveladora de la verdad si vive en íntimo contacto con el Dios interior...

Creemos que el Espíritu Universal, el cual es Dios, actúa a través de una mente universal, que es la Ley de Dios; y que estamos rodeados por esta mente creativa que recibe la impresión directa de nuestro pensamiento, y actúa de acuerdo con él...

Creemos en la curación de los enfermos por medio del poder de esta mente...

Creemos que podemos cambiar las condiciones por medio del poder de esta mente...

Creemos en la bondad eterna, en la eterna bondad amorosa, y en el otorgamiento eterno de vida para todos.

Creemos en nuestra propia alma, en nuestro propio espíritu, y en nuestro propio destino, porque sabemos que la vida del hombre es Dios.

—Ernest Holmes

> *La siguiente explicación de lo que creemos, expresada en la* Declaración de principios, *ilustra cómo en la Ciencia Religiosa se mantiene la fe en el pensamiento espiritual de todas las eras.*

Creemos en Dios, el Espíritu Viviente Todopoderoso; Uno, Indestructible, Absoluto; la Causa Autoexistente.

Dios es definido como: la deidad, el ser supremo, la divina presencia en el universo inmanente en todo; el *principio que ànima* detrás de todo. También como amor, como la fuente de toda inspiración y poder, el origen de la guía y de la protección divina.

Dios ha recibido miles de nombres diferentes a lo largo de las eras. Ha llegado el momento de hacer a un lado cualquier desacuerdo y comprender que todos adoramos al mismo único Dios.

Los libros sagrados del mundo declaran que Dios es Uno; una unidad de la cual nada puede ser excluido y a la cual nada puede agregársele. Dios es omnipotente, omnipresente y omnisciente. Dios es nuestro Padre Celestial y Nuestra Madre Espiritual, el aliento de nuestra vida,

Dios es la realidad inmutable en la cual vivimos, nos movemos y tenemos nuestro ser.

La Biblia dice: "Yo Soy el Señor, y no cambio"; "Señor, tu Palabra es eterna y permanece firme como los cielos"; "Un Dios y un Padre de todos, quien está por encima de todos, actúa por medio de todos y está en todos".

"...Sabed que el Señor es Dios; no hay nadie más fuera de Él"; "Yo Soy el Alfa y Omega, el principio y el fin... que es, que ha sido, y que será el Todopoderoso"; "En quien se esconden todos los tesoros de la sabiduría y del conocimiento", "Dios es Espíritu, y los que lo adoren deben hacerlo en espíritu y en verdad"; "Todas las cosas fueron hechas por él, y sin él nada habría sido hecho"; "Solo hay un Dios, el Padre, de quien proceden todas las cosas, y a quien nosotros pertenecemos".

"...el Señor es Dios lo mismo arriba en el cielo que abajo en la tierra, y que no hay otro Dios"; "En ti se halla el manantial de la vida, y por tu luz podemos ver la luz"; "Dios es luz y en Él no hay oscuridad alguna"; "Tu justicia es siempre justa, y tu ley es la verdad".

Del texto del taoísmo, "El Tao, considerado como inmutable, no tiene nombre"; "No hay fin o principio para el Tao"; "El gran Tao no tiene nombre, pero efectúa el crecimiento y el mantenimiento de todas las cosas"; "El Tao no se agota a sí mismo en lo grandioso, ni está ausente de lo pequeño; y por lo tanto se encuentra completo y esparcido en todas las cosas"; "Es por eso que el Tao produce (todas las cosas) las alimenta... las cuida, las completa, las madura, las mantiene, y las distribuye".

La enseñanza hermética define a Dios como "... Un poder que jamás puede ser sobrepasado, un poder con el que no se puede comparar en lo absoluto ninguna cosa humana... Esta enseñanza define a Dios como una unidad... que es origen y causa de todo, está en todas las cosas... Él crea siempre todas las cosas, en el cielo, en el aire, en la tierra, en lo profundo, en todo el cosmos (o sea el universo entero)... porque no hay en el mundo nada que no sea Él. Dios está unido a todos los hombres como la luz al sol".

De los textos sagrados de oriente: "No hay más que un Brahma, quien es la verdad. Es por nuestra ignorancia de ese Uno, que se han concebido diversas divinidades". "Como el sol que se manifiesta en todo el espacio, arriba, en medio, y abajo, brillando, resplandeciendo, así prevalece el adorable y totalmente glorioso Dios..."; "El único Dios, el que está escondido en todos los seres, quien todo lo impregna, el alma interna de todos los seres, el regidor de todas las acciones, quien mora en todos los seres..."; "Dios es permanente, eterno y por tanto es la existencia misma"; "Todo es efecto de una única esencia universal"; "La supra alma tiene otro nombre: *conocimiento puro*".

El Zend-Avesta define a Dios como: "Santidad, entendimiento y conocimiento perfecto; como el más benéfico, el incomparable, el que todo lo ve, el sanador, el creador".

El Corán dice: "Es el uno viviente. No hay más Dios que Él".

En el budismo encontramos estos pensamientos: "...El ser supremo, el insuperable, el que percibe todas las cosas, el controlador, el señor de todo, el hacedor, el diseñador... el Padre de todos los seres".

En los Apócrifos leemos que Dios es: "... El Altísimo que sabe... el que nutre todo. El creador quien ha plantado su dulce espíritu en todo... solo hay un Dios... Adoradlo... El que existe por siempre jamás".

Del Talmud: "Nuestro Dios es un Dios viviente"; "Su poder llena el universo... Él os formó, con su espíritu respiráis".

En Ciencia Religiosa la *autoexistencia* se define como *vivir por virtud del propio ser.* Una *Causa Absoluta y Autoexistente* significa entonces ese principio, ese poder, y esa presencia que hace todo a partir de sí mismo, que contiene y sustenta todo dentro de sí mismo. Dios es causa absoluta y autoexistente. Por lo tanto, el espíritu divino contiene dentro de sí mismo, imaginación infinita, voluntad completa y poder absoluto.

Pensamos en Dios no como *algún poder* sino como *Todo el poder*; no como *alguna* presencia sino como la única presencia; no meramente como un *dios*, sino como el Dios. El espíritu es la suprema y única causalidad.

Este Uno se manifiesta en su creación y a través de ella, pero no es absorbido por su creación.

El libro de texto de *La Ciencia de la Mente* define la creación como dar forma a la sustancia de la mente... *Toda la acción del espíritu debe ser dentro de sí misma y sobre sí misma.* La creación es el juego de la vida sobre sí misma; la acción de la imaginación ilimitada sobre una ley infinita.

Lo que Dios piensa, lo energiza; el universo es el pensamiento de Dios manifestado. Las ideas de Dios toman formas innumerables. El universo manifiesto brota de la mente de Dios.

La Biblia dice que "el Señor en su sabiduría creó la tierra; por entendimiento estableció los cielos"; "En el principio Dios creó el cielo y la tierra"; "Con su espíritu adornó los cielos"; "Lo pensó, y fue hecho; ordenó y se hizo" "(...) las cosas fueron formadas por la palabra de Dios"; "Los cielos declaran la gloria de Dios, y el firmamento firma su obra".

La filosofía hermética declara: "Con la razón, no con las manos, el hacedor hizo al mundo universal".

De las escrituras hindúes: "De lo no manifiesto surge lo manifiesto"; "La mente, siendo impelida por el deseo de crear, ejecuta el trabajo de la creación para darse forma a sí misma".

Todo lo que existe es una manifestación de la mente divina; pero la mente divina, siendo inagotable e ilimitada, nunca es capturada en ninguna forma; es solamente expresada por esa forma. El universo manifiesto es entonces el cuerpo de Dios. Como se lee en nuestra *declaración de principios*: "Es el resultado lógico y necesario del infinito autoconocimiento infinito de Dios"; "El autoconocimiento de Dios energiza aquello que es conocido y aquello que Dios conoce toma forma. La forma en sí misma tiene un modelo divino dentro de sí".

En la enseñanza hermética encontramos esta notable declaración: "En consecuencia, todas las cosas que están en la tierra... no son la verdad; son (solo) copias de la verdad. Dondequiera que la apariencia recibe el influjo de arriba se vuelve una copia de la verdad; sin esta energía de arriba es totalmente falsa. Tal y como el retrato denota al cuerpo en la imagen pero que, en sí mismo, no es el cuerpo, a pesar de la apariencia de aquello que se ve. Porque teniendo ojos no ven y teniendo oídos no escuchan".

Uno de los problemas de la ciencia religiosa consiste en distinguir entre lo que es temporal y lo que es eterno. Dios o el espíritu es la única realidad, la única sustancia o esencia. El universo material es real como una manifestación de la vida, pero es un efecto. Es por eso que Jesús nos dijo que no juzgáramos según las apariencias.

El Talmud dice: "Infeliz quien confunde la rama con el árbol; la sombra, con la sustancia".

En la Epístola a los Hebreos encontramos: "Porque Cristo no se encuentra en los lugares sagrados que han sido hechos por la mano del hombre y son solo apariencias de la verdad; sino en el cielo mismo donde aparece para nosotros en la presencia de Dios".

Y de la Epístola a los Colosenses: "Que ningún hombre te juzgue por lo que comes o bebes, o en relación a un día santo, o a la luna nueva, o a los días sabáticos, que son la sombra de las cosas por venir, pero el cuerpo es de Cristo".

Detrás de toda forma está la sustancia divina. Escondida en toda apariencia hay una causa adecuada. Si juzgamos por la sola apariencia, como si esta se hubiera creado a sí misma, estamos confundiendo la sombra con la sustancia.

En *Fragmentos de la fe olvidada* se dice: "Ganen para ustedes mismos, hijos de Adán, a través de estas cosas transitorias... aquello que les pertenece y que no perecerá".

Hemos de traducir toda creación a la causalidad espiritual. Entonces veremos todo correctamente. La forma creada no tiene existencia por sí misma; es un efecto. En el Ramacharaka leemos: "Aquello que es irreal no tiene sombra de ser real; a pesar de la apariencia y el falso conocimiento. Y aquello que tiene ser real nunca ha dejado de ser", y NO PUEDE DEJAR DE SER, a pesar de las apariencias que indiquen lo contrario.

Hay un modelo divino, un prototipo espiritual en la mente de Dios que da origen a cada forma. Jesús vio el modelo a través de la forma, porque estaba avivado por el espíritu. "Es el espíritu el que da vida: la carne se vuelve nada"; "Porque ahora conocemos en parte, y profetizamos en parte. Pero cuando aquello que es perfecto llegue, entonces lo que es en parte se acabará"; "Ahora vemos con opacidad". Así es, nuestra visión espiritual no está activada para una concepción completa de la realidad divina, del prototipo espiritual detrás de la imagen.

Creemos que el espíritu se personifica en el hombre, y que todos los hombres son personificaciones del espíritu único...

Todas las escrituras declaran que el hombre es la imagen y semejanza espiritual de Dios. Esto se revela de forma enfática en la inspiración de nuestras propias escrituras, que dicen: "Dios creó al hombre a su imagen"; "El Espíritu de Dios me ha creado, el soplo del Todopoderoso me dio vida"; "Por eso sabemos que moramos en Él y Él en nosotros, porque nos ha dado de su Espíritu"; "Has hecho al hombre un poco menor a los ángeles y lo has cubierto de gloria y honor. Le has dado dominio sobre las obras de tus manos; has puesto todas las cosas bajo sus pies"; "Por lo tanto sed perfectos, así como vuestro Padre que está en el cielo es perfecto".

"Hay diversidad de dones, pero un mismo Espíritu"; "Hay un solo cuerpo y un solo Espíritu... un Señor, una fe, un bautismo, un Dios y Padre de todo, que está por sobre todo, a través y dentro de todos". Una *fe* y un *bautismo* significa que, por medio de la fe y la intuición, nos damos cuenta de que vivimos en el Espíritu Único, o como dijo Emerson: "Hay una mente común a todos los hombres".

"¿No tenemos todos un Padre? ¿No nos ha creado un solo Dios?"; "Para nosotros hay un solo Dios, el Padre, de quien son todas las cosas"; "Amados míos, ahora somos los hijos de Dios"; "Ustedes son los hijos del Dios vivo"; "Y como son sus hijos, Dios ha enviado a sus corazones el espíritu de su hijo". En otras palabras, no hay más que un hijo de Dios, que incluye a la familia humana, y el espíritu de este hijo, que es el espíritu del Cristo, ha encarnado en todos y cada uno, por lo que la Biblia dice que "él, (el hombre) es la imagen y gloria de Dios".

La Biblia continúa: "¿Acaso ignoran que el cuerpo de ustedes es templo del Espíritu Santo, que está en ustedes (...) Por lo tanto, den gloria a Dios en su cuerpo y en su espíritu, los cuales son de Dios"; "Aquello que ha nacido del Espíritu, es espíritu". No podemos tener declaración más definitiva de la Encarnación Divina, que esta. Cada hombre es una encarnación de Dios. Ya que Dios es el universo espiritual, la única mente, sustancia, poder y presencia que existe, y como los hombres son individuos, entonces cada hombre es un centro individualizado de la conciencia del único Dios.

El Corán dice: "Creamos al hombre: y sabemos que su alma le murmura, y que estamos más cerca de él que su vena yugular".

En el Talmud leemos: "En primer lugar, ningún átomo de la materia se pierde en la vastedad del universo; entonces, ¿cómo puede perderse el alma del hombre, si es el mundo entero en una idea?".

Las siguientes anotaciones se encuentran en varios textos hindúes: "El ego está más allá de la enfermedad (...) libre de imaginación y lo impregna todo"; "Como de un (...) fuego, en miles de formas, chispas similares evolucionan, y así amados, se producen varias clases de células vivientes del Indestructible"; "Si conocieras a Dios como debiera conocérsele, caminarías bajo los mares; y las montañas se moverían a tu llamado". (Esto es similar a la enseñanza de Jesús cuando dijo que si tuviéramos fe del tamaño de una semilla de mostaza, podríamos decir a la montaña, "muévete", y esta se movería). "Hay algo dentro de cada alma que supera el hambre, la sed, la pena, la desilusión, la vejez y la muerte".

Quizás una de las expresiones más notables en las escrituras de la India, relativas al ser, es la siguiente: "Deja que levante al ser por medio del Ser y no lo dejes deprimirse, porque verdaderamente el Ser es el amigo del ser, y también el Ser es el enemigo del ser; el Ser es el amigo del ser de aquel en quien el ser es conquistado por el Ser; pero para el ser no sometido se vuelve hostil como un enemigo". (Esto, por supuesto, se refiere al Ser inmortal, a la encarnación de Dios en nosotros). "Quien se conoce a sí mismo ha llegado a conocer a su Señor"; (esto se refiere al sentimiento de completa unidad con el espíritu o, como dijo Jesús, "Yo y el Padre somos uno"). "Y quien ha aprendido a conocerse a sí mismo, ha alcanzado el bien que se traduce en abundancia".

Del texto del taoísmo se han reunido los siguientes pensamientos inspirados: "El hombre tiene una existencia real, pero no tiene nada que ver con el lugar; tiene continuidad, pero no tiene nada que ver con principio o fin"; "Aquel cuya mente está fija emite una luz celestial. En aquel que emite esta luz celestial la humanidad ve al hombre (verdadero)". Se refiere a aquel cuya mente está fija en la realidad: "su dormir no es turbado por los sueños; a su caminar no le siguen las penas. Su espíritu es inocente y puro; su alma no está sujeta al cansancio".

En la revelación espiritual es importante una contemplación calmada de la verdad espiritual. La mente debe ser como un espejo si ha de reflejar la imagen del prototipo divino, la encarnación de Dios en el hombre. "Los hombres no se reflejan en las aguas turbulentas como si fuera un espejo, sino en las aguas calmadas: solo estas aguas pueden arrobarlos y mantenerlos en la contemplación de su yo real".

La filosofía hermética nos dice que si deseamos conocer a Dios, debemos ser como Él, porque "solo lo semejante reconoce a lo semejante"; "Esfuérzate por crecer a la estatura de la Grandeza que trasciende toda medida"; "Concebir la nada es imposible para ti. Piénsate inmortal y capaz de conocer todo: todas las artes, todas las ciencias, el camino de toda vida". (Nos dice que despertemos de nuestro sueño profundo, aun cuando nuestros ojos espirituales estén nublados de tanto ver el efecto y contemplar la causa tan poco).

Creemos en la eternidad, la inmortalidad y la continuidad del alma individual, por siempre en expansión.

Si el hombre es una encarnación de Dios, entonces su espíritu es Dios individualizado, y, como tal, debe ser eterno. Ya que es imposible agotar la naturaleza ilimitada de lo divino, nuestra expansión debe ser un proceso eterno de desarrollo proveniente de un centro ilimitado.

El Gita nos dice: "Él no ha nacido, ni puede morir; ni por haber sido, cesa de ser; nonato, perpetuo, antiguo, eterno, no es destruido cuando el cuerpo se destruye".

De la Biblia: "Él te pidió vida y tú se la diste, a lo largo de los días, por siempre y para siempre"; "Y esta es la promesa que él nos hizo, la de la vida eterna"; "Una herencia incorruptible, plena y que no se desvanecerá, reservada en el cielo para ti".

Creemos que el Reino de los Cielos está dentro del ser humano, y que experimentamos este Reino al grado en que estamos conscientes de él.

El Reino de los Cielos es el reino de la armonía, la paz, la alegría y la plenitud. Es un reino interior. El cielo no es un lugar, sino un estado interno de conciencia. Es un despertar interior a la Armonía Divina y la verdad.

Cuando Jesús dijo que debemos ser perfectos, así como Dios dentro de nosotros es perfecto, quiso decir que hay dentro de cada hombre un Reino Divino ya establecido. Cuando lo exterior se vuelva como lo interior, entonces el Reino de Dios se establecerá aquí y ahora. "El reino de Dios no vendrá con advertencia, ni se dirá: 'aquí está', o 'allí está'; porque el Reino de Dios está entre ustedes". Esto, ciertamente, se refiere a un estado de conciencia interior.

El reino al que Jesús se refería no es externo sino interno. No se puede ubicar fuera de uno mismo, sino percibirse como un dominio interior permanente. El Reino de los Cielos es algo que poseemos pero del que no estamos conscientes. No está en la montaña ni tampoco en Jerusalén, sino dentro de la mente.

No importa cuán pequeño sea nuestro concepto del cielo al inicio, tiene siempre la posibilidad de desarrollarse eternamente. El poder de vivir está dentro del ser, implantado por lo divino. Al final cada hombre percibirá su reino interior, que se volverá para él como el árbol de la vida que provee de comida y refugio, perfección y alegría.

De nuevo Jesús dijo: "El Reino del Cielo es como la levadura que una mujer tomó y enterró en tres medidas de harina hasta que toda se fermentó". La conciencia del Reino de Dios actúa como la levadura, impregnando el pensamiento mortal y levantando el peso de las cargas de la vida. Jesús se refirió al Reino de Dios como el pan de la vida: la sustancia eterna con la cual el alma se alimenta; la presencia duradera con la cual se agasaja el ojo interior.

Veamos qué nos han enseñado sobre el reino interior otras biblias del mundo.

En el texto del taoísmo encontramos esto: "Sin salir de la puerta (...) sin mirar por la ventana, vemos el Tao del cielo. Mientras más nos alejemos de nosotros mismos, menos sabemos"; "Lo celestial es interno, lo humano es externo. Si sabes cómo funciona lo que es celestial... tendrás tus raíces en lo celestial"; "Quita los días y no habrá años; quita lo interno y no habrá nada externo"; "En conclusión (...) el que conoce (...) la totalidad (...) se vuelve hacia sí mismo y encuentra ahí una dotación inextinguible".

El Gita nos dice: "Aquel que es feliz dentro de sí, que se regocija dentro de sí, se ilumina por dentro, se hace eterno". Y en *Fragmentos de la fe olvidada*, dice: "(...) el Reino de los Cielos está dentro de ti; y el que se conozca a sí mismo, lo encontrará"; "El que es feliz dentro de sí, se regocija dentro de sí, se ilumina dentro de sí, se vuelve eterno", "Busca lo grande y lo pequeño se te agregará. Busca lo celestial y lo terrenal se te dará por añadidura".

En los *Upanishads* leemos: "Tan lejos como la mente se extienda, así de lejos se extiende el cielo"; "En el cielo no hay miedo (...) se está sin hambre o sed y alejado de todo pesar".

El Pistis Sophia dice: "Sé tan diligente que puedas recibir los misterios de la luz y entrar en las alturas del Reino de la Luz".

Creemos que la meta suprema de la vida es la emancipación total de la discordia, y que esta meta será alcanzada seguramente por todos.

La meta suprema de la vida no consiste en llegar a un destino espiritual donde todo permanece estático e inactivo. Aquello que de acuerdo con nuestro entendimiento actual pareciera una meta suprema, cuando se alcanza, es solo el punto de partida para una nueva y más avanzada evolución. Creemos en una espiral eterna de la existencia. Esto es a lo que Jesús se refirió cuando dijo: "En la casa de mi Padre hay muchas mansiones".

El Corán nos dice que Dios ha hecho muchos cielos, uno encima de otro, lo que significa que la evolución es eterna. La filosofía hermética enseña una infinita variación en manifestaciones de vida, siempre en escala ascendente. Toda evolución prueba la transición de lo menor a lo mayor.

Creemos en la unidad de toda vida, y que el Dios Altísimo y el Dios interior son uno mismo.

Los iluminados de todas las épocas nos han enseñado que detrás de todas las cosas hay una causa invisible. Esta enseñanza de unidad... "El Señor nuestro Dios es Uno..." es la máxima piedra angular de las sagradas escrituras de Oriente, así como de nuestras propias escrituras.

Hay una vida de la cual somos parte; una inteligencia que usamos; una sustancia, que adquiere diferentes formas. "Que todos sean uno;

como mi Padre está en mí y yo en Él, que ellos también sean uno en nosotros".

En la Biblia encontramos estos pasajes: "Ahora bien, hay diversidad de dones, pero el Espíritu es el mismo"; "¿Dónde puedo esconderme de tu espíritu? ¿Cómo podría huir de tu presencia? Si subiera yo a los cielos, allí estás tú; si me tendiera en el sepulcro, también estás allí (...) Si quisiera esconderme en las tinieblas, y que se hiciera noche la luz que me rodea, ni las tinieblas me esconderían de ti"; "Por lo tanto, todos nosotros, que miramos la gloria del Señor a cara descubierta, como en un espejo, somos transformados de gloria en gloria en la misma imagen, como por el Espíritu del Señor"; "Al despertar me saciaré cuando contemple tu semblante".

"¿O no saben que su cuerpo es templo del Espíritu Santo que está en ustedes?"; "Aquello que es nacido del espíritu, espíritu es"; "El Señor nuestro Dios, el Señor es uno. (...) El Señor es Dios en los cielos y en la tierra. No hay ningún otro"; "(...) su palabra está en mi corazón como un fuego ardiente en mis huesos"; "Y la Palabra se hizo carne, y habitó entre nosotros (...)"; "(...) He puesto mis palabras en tu boca... la palabra está muy cerca de ti, en tu boca, y en tu corazón, para que la guardes".

Todas las Sagradas Escrituras han proclamado la unidad de la vida; que todos los hombres son centros de la conciencia de Dios. Este es el significado del matrimonio místico, o de la unión del alma con su Fuente. Jesús proclamó valientemente que él era uno con el Padre. Esta es la base de toda la enseñanza del nuevo pensamiento, la unión espiritual de toda vida.

La cábala establece que "toda existencia tiende hacia lo superior, la unidad primera... el universo es uno, complejo. Lo inferior emana de lo superior y es su imagen. Lo divino está activo en cada uno".

La unidad es un símbolo de la unión del alma con la naturaleza superior, lo cual implica una completa libertad de las ataduras a cualquier cosa inferior a sí misma. Todas las religiones positivas han enseñado que el fin supremo de la humanidad es la unión del alma con Dios.

"El Atman, que es el sustrato del ego en el hombre, es Uno". La enseñanza Hermética nos dice: "Esta Unión, al Ser la fuente y raíz de todo, está en todo". Y el Gita explica: "Cuando el hombre percibe que la existencia diversificada de los seres tiene su origen en el Uno y que los seres emanan de Él, entonces tocan lo eterno".

De nuevo la Biblia nos dice: "Así lo dijo el Señor... yo soy lo primero y lo último..."; "Yo soy Alfa y Omega, el principio y el fin... lo que fue y lo que está por venir".

Del despertar de la fe: "En la esencia (de la realidad) no hay nada que deba ser incluido, ni nada que deba ser añadido".

En uno de los Upanishads encontramos esta cita: "El único Dios, quien está oculto en todos los seres, quien es el alma interna de todos los seres, el legislador de todas las acciones..."; "Todo es efecto de todo, Una esencia universal". Y de nuevo en Efesios: "Un Dios y Padre de todo, quien está sobre todo, a través de todo, y en todos vosotros".

En ecos de la gnosis encontramos: "Oh, Origen Primordial de mi origen; Sustancia Primordial de mi sustancia; Aliento de mi aliento; el aliento que está en mí".

De la Biblia: "Para nosotros no hay más que un Dios, el Padre, a quien pertenecen todas las cosas, y nosotros le pertenecemos a Él". Y de otra Biblia: "Todo este universo tiene a la divinidad como su vida. Esa divinidad es la verdad, que es el alma universal".

De los textos apócrifos: "Él es Señor del Cielo, soberano de la tierra, la existencia única". Y en el Upanishad, "Él quien es el oído del oído, la mente de la mente, el habla del habla, es en verdad la vida de la vida, el ojo del ojo".

La Ciencia Religiosa enseña una unión absoluta del hombre con su fuente. Tan completa es esta unión que hasta el acto más pequeño de la conciencia del hombre manifiesta algún grado de su divinidad. El hombre no es Dios, pero no tiene una vida separada de la divinidad; no tiene una existencia separada de su fuente. Él piensa los pensamientos de Dios después de Él. Es divino no por elección, sino por necesidad. Todo el proceso de evolución es un continuo proceso de despertar. Es el entendimiento de la unión inherente, lo cual constituye el Espíritu de Cristo.

Creemos que Dios es personal para aquel que siente su presencia dentro de sí mismo... Creemos en la revelación directa de la verdad a través de la naturaleza intuitiva y espiritual del ser humano, y que cualquier persona puede convertirse en reveladora de la verdad si vive en íntimo contacto con el Dios interior...

"¿No sabes que eres el templo de Dios, y que el espíritu de Dios *mora dentro de ti?*"; "*Dios está en su santo templo*". San Agustín dice que la mente pura es el santo templo de Dios, y Emerson dijo que Dios construye su templo en el corazón. Séneca expresó que "*Los templos para Dios no deben ser construidos con piedras... Él debe ser consagrado en el corazón de cada uno*".

Cada hombre es una encarnación de Dios, y dado que cada persona es una individualidad, cada uno es una encarnación única. Creemos en la Presencia Divina como una Persona Infinita y personal para cada uno. Dios no es *una* persona, sino *la* Persona. Esta Persona es una Presencia Infinita llena de calor, color y capacidad de respuesta, inmediata e íntimamente personal para cada individuo.

El espíritu es tanto una Presencia que mora dentro de nosotros como por encima de nosotros. Estamos inmersos en ella, y fluye a través de nosotros como nuestra vida misma. A través de la intuición el hombre percibe y revela directamente a Dios. No tenemos que pedir prestada nuestra luz a otros. Nada puede ser más íntimo que la relación personal entre el individuo y la Presencia Divina que es centro y origen del ser humano.

Lo que Dios es en lo universal, el hombre es en lo individual. Es por esto que los líderes espirituales han dicho que si pusiéramos al descubierto la posibilidad que llevamos dentro, no solo descubriríamos al verdadero Ser, el Cristo, sino también descubriríamos al Dios verdadero, a la Causa Única, al Ser Supremo, a la Persona Infinita.

Jesús nos enseñó la completa unión del hombre con Dios. Proclamó que todos los hombres son divinos, que todos son Uno con el Padre; que el Reino del Cielo está en nuestro interior; que el Padre derramó todo su poder en el hijo, y que ese hijo piensa los pensamientos de Dios con respecto a Él e infunde su poder Espiritual por medio de la comprensión de su unión con la Fuente.

Creemos que el Espíritu Universal (que es Dios) actúa a través de una mente universal, que es la Ley de Dios; y que estamos rodeados por esta mente creativa que recibe la impresión directa de nuestro pensamiento, y actúa de acuerdo con él...

Esto tiene que ver con el uso práctico del poder Espiritual. En Ciencia Religiosa diferenciamos entre Espíritu, Mente y Cuerpo, tal y como lo han hecho todas las religiones mayores. El Espíritu es el aspecto consciente y activo de Dios, distinguiéndose de la Ley, es decir, del aspecto pasivo, receptivo, que toma forma. El Espíritu imparte movimiento a través de la Ley y se manifiesta a sí mismo en la forma. Por eso los antiguos dijeron que el espíritu usa la materia como una envoltura.

Filón, con frecuencia llamado Filo de Alejandría, nacido alrededor del año 10 a. C., siendo uno de los más grandes filósofos judíos de la escuela Alejandrina, dijo que el principio activo, que es el espíritu, es absolutamente libre, y que el principio pasivo se pone en movimiento por medio del espíritu, dando nacimiento a la forma. Plotino, considerado el más grande de los neoplatónicos, enseñó que el espíritu, como inteligencia activa, opera sobre una sustancia informe, que es pasiva a Él y que, a través del poder de la palabra del espíritu, esta sustancia toma forma y se convierte en el mundo físico.

Veamos lo que las diferentes escrituras han dicho al respecto, empezando con nuestra propia Biblia. "En el principio era la palabra, y la palabra estaba con Dios, y la palabra era Dios"; "Para siempre, oh Señor, Tu palabra está firme en los cielos"; "Y, tú Señor (...) fundaste la tierra, y los cielos son la obra de tus manos"; "Nuestro Dios es un Dios vivo, su poder llena el universo (...) Con su espíritu respiramos".

Al referirse a la Ley de la Mente la Biblia dice: "Cada palabra que el hombre hable, deberá dar cuenta de ella... porque por sus palabras será justificado y por sus palabras será condenado"; "Porque hay tres testigos en el cielo, el Padre, la Palabra y el Espíritu Santo; y estos tres son uno".

El Corán dice que "*Cualquier bien que te ocurre es de Dios y cualquier mal que te ocurre proviene de ti*". Y nuestra Biblia dice del Espíritu, "*Muy limpios son tus ojos para mirar el mal, y no puedes contemplar la opresión*".

De las enseñanzas de Buda aprendemos: "*La ignorancia es la causa del Karma (causa y efecto) que conduce a estados de infelicidad en la existencia*"; "*Por lo tanto es claro que la ignorancia solo puede ser desterrada por la sabiduría*". El Zend Avesta dice: "*El mundo de la falsedad destruye, pero el mundo de la verdad lo destruirá*".

Y del Libro de los muertos: "*Pasará que el malvado caerá cuando ponga una trampa para destruirte*".

Del texto del taoísmo leemos: "Cualquier cosa que sea contraria al Tao morirá pronto"; "El que daña a otros es seguro que también será dañado".

Creemos en la curación de los enfermos por medio del poder de esta mente.

La sanación mental espiritual ha pasado su etapa experimental hace mucho, y nosotros sabemos ahora cómo es que la fe obra milagros. Vivimos en un universo de espíritu puro, inalterado, de existencia perfecta. Estamos, como dijo Emerson, en el regazo de una inteligencia infinita. Existe un prototipo de perfección espiritual en el centro de todo. Hay un Patrón Divino en el centro de cada órgano del cuerpo físico. Nuestro cuerpo es una parte del Cuerpo de Dios; es una manifestación del Espíritu Supremo.

En la práctica de la sanación mental espiritual empezamos con esta simple proposición: Dios es Perfecto. Dios es todo lo que existe. Dios incluye al hombre. El hombre espiritual es un Ser Divino, tan completo y perfecto en esencia como Dios. Cuando en nuestro pensamiento, en nuestra contemplación, en nuestra imaginación, en nuestro sentimiento interno, regresamos conscientemente a la fuente de nuestro ser, el Patrón Divino que ya existe brota en nueva manifestación. Cuando limpiamos de la discordia la conciencia —esto es, toda la vida mental, tanto consciente como subjetiva—, somos automáticamente curados.

La Ciencia de la Mente, una herramienta de los científicos religiosos, nos proporciona una técnica definida para hacerlo. Nos enseña con exactitud cómo proceder sobre una base simple y comprensible. Es una ciencia porque se fundamenta sobre las leyes exactas de la mente, y las leyes de la mente son tan exactas como cualquier otra ley de la naturaleza. Son leyes naturales. Desde un punto de vista práctico, esto se logra al hacer ciertas afirmaciones definidas con la seguridad de que tienen el poder de quitar cualquier obstáculo, de disolver cualquier condición falsa, y revelar la naturaleza espiritual del hombre.

La verdadera sanación mental no puede divorciarse del entendimiento espiritual; por lo tanto, el practicante de esta ciencia debe tener un sentido profundo y permanente de calma, de paz, y de su unión con el Espíritu. Debe tener una convicción inamovible de que el hombre espiritual es perfecto, de que es Uno con Dios, y debe saber que en el grado que comprenda, perciba y sienta su Perfección Interna, esta aparecerá. La curación física en sí misma es un resultado, un efecto, de esta conciencia interna.

La fe es una actitud mental definida y cierta. Cuando Jesús dijo, "Te sea hecho según has creído", se refería a que hay una Ley, una Fuerza, o una Energía Inteligente en el universo que actúa de acuerdo con las imágenes de nuestra creencia. La fe es un modo afirmativo de usar esta Ley, esta Energía, esta Fuerza. Por lo tanto, todas las escrituras anuncian la necesidad de tener FE.

"Transfórmense por medio de la renovación de su mente"; "Que la misma mente que estuvo en Cristo Jesús esté también en vosotros"; "Yo pondré mis leyes en tu mente"; "Y él envió su palabra y los curó"; "Él olvidó sus iniquidades, él curó todas sus enfermedades"; "Oh Dios, mi Dios, yo te llamé y tú me curaste"; "Entonces tu luz nos iluminó como la mañana, y la salud vino rápidamente"; "Y esto pasará, antes de que llamen yo responderé; y mientras estén todavía hablando yo ya habré escuchado"; "Quitaré la enfermedad de ustedes"; "La lengua del sabio es salud"; "Yo traeré la salud... os sanaré".

"Jesús se volvió a mirarla y le dijo: 'Ten ánimo, hija; tu fe te ha sanado'. Y a partir de ese momento, la mujer quedó sana"; "Entonces tocó sus ojos y dijo, de acuerdo con tu fe te sea hecho, y sus ojos se abrieron"; "Curen a los enfermos, limpien a los leprosos, resuciten a los muertos, expulsen a los demonios: libremente han recibido, den libremente"; "Y grandes multitudes lo siguieron, y los curó a todos"; "Y el ciego y el lisiado vinieron a él en el templo, y los curó".

En la sanación mental espiritual el pensamiento se vuelve un transmisor del poder Divino; por lo tanto, el pensamiento debe mantenerse siempre libre de confusión.

Es interesante notar que, mientras todas las grandes escrituras de todas las épocas concurren sobre la Naturaleza de Dios y del hombre, así como sobre la relación entre lo espiritual y lo físico, fuera de las escrituras cristianas se menciona muy poco sobre la curación o el control de las condiciones por medio del poder Divino, aunque todas concuerdan en que cuando la mente refleja la Perfección Divina, lo que sigue es la curación y la prosperidad.

En el texto del taoísmo encontramos: "La mente calmada... es el espejo del cielo en la tierra..."; "Mantén la perfecta unidad en cada movimiento de tu voluntad. No esperarás a que tus oídos escuchen, sino a que tu mente escuche. No esperarás a que tu mente escuche, sino a escuchar al Espíritu"; "La ley correcta para todos bajo el cielo son la pureza y la calma".

Y del Corán: "El Señor de los mundos me ha creado y me guía; me da comida y agua, y cuando enfermo, me cura"; "Nunca, Señor, te he orado sin tener éxito".

Hay una ciencia de la mente y del espíritu porque hay un principio de la mente y del espíritu. Tenemos la posibilidad de usar esta ciencia porque ahora comprendemos cómo las leyes de la mente y el espíritu trabajan en los asuntos humanos. El principio de la mente opera a través de nuestro pensamiento, nuestra fe y nuestras convicciones, y más efectivamente por medio de una actitud de amor, compasión y conmiseración usadas de forma constructiva. Es imposible hacer el mejor uso de estas leyes de la mente si no basamos su uso en la percepción espiritual interna, en un entendimiento consciente de la unión del hombre con Dios.

Creemos que podemos cambiar las condiciones por medio del poder de esta mente...

Aunque todos los textos sagrados afirman que cuando estamos en armonía con el infinito prosperamos de forma automática, en las escrituras cristianas, más que en otras Biblias del mundo, se pone mayor énfasis en la prosperidad a través de la espiritualización de la mente. Nuestra Biblia, verdaderamente comprendida, es un libro que versa sobre la emancipación del hombre del dominio del mal, la carencia y la limitación.

Desde las enseñanzas de Moisés, pasando por el pensamiento de los más conocidos profetas, y culminando con la brillante manifestación de la mente de Cristo a través del pensamiento de Jesús, una y otra vez es reiterada esta idea: si vivimos en armonía con el Espíritu todo lo que hagamos prosperará.

La Ciencia Religiosa enseña que mediante el conocimiento correcto de la Ciencia de la Mente podemos, definitiva y conscientemente, demostrar, probar o exponer resultados prácticos del pensamiento espiritual. Cientos de miles de personas han comprobado este principio y no hay más dudas sobre su efectividad. La mejor guía que tenemos a este respecto se encuentra en los inspirados textos de las escrituras cristianas.

"Pruébame ahora y aquí, dijo el Señor, y verás si no te abro las ventanas del Cielo, y te lleno de tantas bendiciones que no habrá espacio para contenerlas"; "Y él orará a Dios y se hará favorable a Él"; "Porque todo el que pida recibirá; el que busca, encontrará; y al que toque se le abrirá"; "Pide, y se te dará"; "Y todas las cosas, lo que sea que pidas en oración, créelo, y lo recibirás".

El apóstol Pablo dijo: "Oraré con el espíritu y oraré también con el entendimiento". Esta es la instrucción de que combinemos la intuición espiritual con la aceptación mental definida. Nos está diciendo que los dones de Dios han de ser usados en conciencia.

También nos dice que oremos sin cesar para mantener una convicción permanente, sin tomar en cuenta toda aparente contradicción, obstrucción o apariencia que pudiera negar el bien que afirmamos. "Tiene que pedir con fe y sin dudar nada, porque el que duda es como las olas del mar, que el viento agita y lleva de un lado a otro"; "Los justos son premiados con el bien"; "Las mentes justas prevalecerán"; "He aquí, los justos serán recompensados en la tierra"; "El justo se libra de la tribulación"; "Un hombre justo es el que está en armonía con el universo, el que vive de acuerdo con la voluntad y la naturaleza divinas, el que vive en armonía con el bien".

Tenemos el derecho, entonces, de esperar, y deberíamos esperar confiadamente hasta que nuestro pensamiento interno esté en sintonía con el infinito, para que lo que hagamos prospere.

Creemos en la bondad eterna, en la eterna bondad amorosa, y en el otorgamiento eterno de vida para todos.

El Espíritu se entrega a todos; el poder de Dios se entrega a todos, "El que así lo desee, puede venir". Sin importar cuales hayan sido los errores de nuestro pasado, podemos trascender el error y sus consecuencias al imbuirnos del espíritu de la verdad, que es el poder de Dios.

Esto no significa que podamos continuar viviendo en el error sin sufrir por ello. Debemos trascenderlo. Esto es, debemos transmutar el odio en amor, el miedo en fe, y el sentimiento de separación en Unión consciente con el bien. Cuando lo hayamos hecho, los registros del pasado se eliminarán y seremos libres nuevamente —libres, con esa libertad que el Todopoderoso ha ordenado, y que el hombre puede reclamar como propia.

Pero libertad no es libertinaje, y la Ley de la Vida no puede ser engañada. Es exacta y justa. Jesús dijo: "Así que, todo lo que quieran que la gente haga con ustedes, eso mismo hagan ustedes con ellos"; "Da y te será dado".

Esta es una afirmación de la Ley de Causa y Efecto, que es invariable e inmutable, pero es también el juguete de ambos, de Dios y del hombre, porque aunque la ley misma no puede ser rota, cualquier secuencia particular de causa y efecto en ella puede ser trascendida. La misma ley que, usada equivocadamente, acarrea pobreza, enfermedad y muerte, usada en forma correcta proporciona paz, plenitud, prosperidad y vida.

Este es el gran reto de la fe espiritual. La filosofía cristiana nos invita a no posar los ojos con una introspección lúgubre en nuestros errores previos, sino que, yendo diario a la fuente de la vida para ser renovados en mente, pensamiento y espíritu descubriremos que también hemos sido renovados en nuestras condiciones corporales y en nuestros asuntos físicos.

Las escrituras declaran el triunfo del espíritu de Cristo sobre todo mal; "Transfórmense por medio de la renovación de su mente", despojándose del antiguo hombre y vistiéndose del nuevo hombre, que es Cristo. "Yo estaré con ustedes siempre, hasta el fin del mundo".

Creemos en nuestra propia alma, en nuestro propio espíritu, y en nuestro propio destino; porque sabemos que la vida del hombre es Dios.

El hombre no es solo un centro de la conciencia Divina, es un ser inmortal, en permanente expansión, siempre en espiral ascendente, siempre creciendo en estatura espiritual. No *algunos* hombres, sino *todos* los hombres son inmortales, por lo que finalmente trascenderán cualquier mal uso de la ley que hayan hecho en su ignorancia. Una redención completa vendrá por igual, para todos.

Qué transformaciones traerá, qué cambio de conciencia deberá ocurrir antes de que esto por fin se produzca, lo finito aún no lo ha captado, pero a través de los susurros de la Divina Intuición sabemos que, aunque ahora veamos como a través de un vidrio oscuro, algún día veremos la realidad frente a frente. Estaremos satisfechos cuando despertemos conscientemente a la semejanza de esa divinidad la cual moldea nuestros fines.

"Bien amados, ahora somos los hijos de Dios, y aunque todavía no seamos como debería ser; sabemos que, cuando Él aparezca, seremos como Él; porque lo veremos tal cual Él es". Estamos en el proceso de la evolución espiritual, pero hay certeza detrás de nosotros, frente a nosotros y con nosotros, en todo momento. La luz eterna penetrará hasta donde se lo permitamos.

Potencialmente, todo lo que ha de existir, existe ahora, pero nuestra visión espiritual no se ha sintonizado completamente con el infinito. Este es el objetivo elevado que ha sido puesto frente a nosotros como científicos religiosos; esta es la esperanza inmortal implantada en nuestra mente por el Divino.

Las pruebas y problemas de la experiencia humana; la ceguera de lo finito hacia lo infinito; la enfermedad, la pobreza, la muerte, la incertidumbre, los miedos y las dudas que nos acompañan, constituyen la cruz sobre la cual debemos ofrecer, como un sacrificio a nuestra ignorancia, aquello que no pertenece al reino del bien. Pero de esta cruz algo triunfante emergerá, pues, como dijo Emerson: "Lo finito, por sí mismo, se ha labrado el sufrimiento; lo infinito yace en sonriente reposo".

Entonces, ¿no deberíamos ir gozosos al encuentro del nuevo día, dedicándonos a encarnar el Espíritu de Cristo para que la divinidad en nosotros emerja triunfante, resucitada, para vivir por siempre en la Ciudad de Dios? No se puede pedir más a la divinidad de lo que nos ha dado ya; menos no podría esperarse.

Referencias

El profesor Max Müller, uno de los más grandes orientalistas europeos y editor de *Los libros sagrados orientales*, ha dicho bien que...

> ...la religión verdadera del futuro será la culminación de todas las religiones del pasado. Todas las religiones, hasta donde las conocemos, tenían el mismo propósito; todas fueron eslabones en una cadena que conecta el cielo y la tierra, y que es sostenida, y siempre ha sido sostenida, por la única mano. Todo en la tierra tiende hacia lo correcto y lo verdadero, y hacia la perfección; nada aquí en la tierra puede ser completamente correcto, completamente verdadero, completamente perfecto, ni siquiera el cristianismo —o lo que llamamos cristianismo—, en tanto excluya a las demás religiones, en vez de amar y abrazar lo bueno de cada una.

Como ocurre con muchas otras religiones de la antigüedad, el origen del taoísmo es más o menos oscuro. De acuerdo con algunas autoridades se dice que empezó alrededor del año 600 a. C., previo al nacimiento de Confucio en el 551 a. C. El mundo generalmente asocia al taoísmo con Lao-Tsé, un filósofo metafísico chino que era cincuenta y tres años mayor que Confucio. Fue este filósofo el que debió haber reunido estas enseñanzas. El archidiácono Hardwick nos dice que la palabra china *Tao* "(...) fue adoptada para nombrar una causa abstracta, o el principio y el orden inicial de la vida, al cual sus adoradores pudieran asignar el atributo de lo inmaterial, lo eterno, lo inmenso y lo invisible".

Las filosofías de los Upanishads, los Vedas, el Mahabharata, el Raja Yoga, así como el Bhagavad-Gita, derivan de la sabiduría antigua de India.

La filosofía de Buda, que nació en el siglo VI a. C., es demasiado conocida como para necesitar cualquier comentario.

El Libro Sagrado de Parsis llamado el Zend Avesta es un conjunto de fragmentos de ideas que prevalecieron en la Persia antigua quinientos años antes de la era cristiana y por varios siglos después.

El Libro de los muertos es una serie de traducciones de los antiguos himnos y textos religiosos egipcios. Fueron encontrados en las paredes de las tumbas, en los sarcófagos y en papiros. Como en muchas otras tradiciones sacras, probablemente no había copias escritas en los primeros días; fueron encomendadas a la memoria y transmitidas de generación en generación.

Algunos estudiosos creían que los libros de Hermes Trimegisto, cuyo nombre significa *el tres veces grande*, derivaron originalmente de la antigua doctrina egipcia. Hermes fue un dios Griego, hijo de Zeus y Maya, hija de Atlas. A Hermes se le atribuye la autoría de los libros estrictamente sacros generalmente llamados por los autores griegos, Herméticos (*Enciclopedia Británica*). De acuerdo con algunos eruditos, el Hermes egipcio, "era un símbolo de la Mente Divina; él era el Pensamiento Encarnado, la Palabra Viviente —la traza primitiva del Logos de Platón y la Palabra de los cristianos".

Fragmentos de una fe olvidada fueron tomados de los Gnósticos, aquellos "que usaban la Gnosis como el medio para fijar sus pies en el camino de Dios". El gnosticismo fue previo al cristianismo y tuvo su origen en las antiguas religiones y filosofías de Grecia, Egipto y Judea.

De acuerdo con H. Polano, el Talmud contiene "(...) los pensamientos (...) de mil años de la vida nacional del pueblo judío".

El Corán es el libro sagrado de los mahometanos (Islam), y consiste en las revelaciones orales transmitidas a intervalos por Mahoma, y recolectadas por escrito después de su muerte (*Diccionario Oxford*). El Corán es considerado uno de los más importantes libros sagrados del mundo.

Los textos apócrifos hacen referencia a una colección de escritos antiguos. La palabra griega *apocryphos* se usó originalmente para hacer referencia a libros cuyos contenidos fueron ocultados o guardados en secreto porque interpretaban las enseñanzas especiales de sectas religiosas o filosóficas; solo los miembros de estas sectas eran iniciados en los secretos de estas enseñanzas. (*Enciclopedia Británica*).

¿Por qué hablar tanto de Dios?

Quizás te preguntas por qué usamos con tanta frecuencia las palabras *Dios* y *Espíritu* y por qué cuando explicamos la Ciencia de la Mente hablamos tan frecuentemente de la naturaleza de Dios o del Espíritu.

Cuando usamos las palabras *Dios* o *Espíritu* nos referimos al principio inteligente de vida que el filósofo llama realidad, y a todo lo que todas las religiones se refieren cuando mencionan ese Algo en el universo que responde a nuestra conciencia. Es evidente que esta causa primera, esta causa inteligente, existe.

Haldane dice: "El Materialismo, que alguna vez fue una teoría científica, es ahora el credo fatalista de miles. Pero el materialismo no es más que una superstición en el mismo nivel de la creencia en brujas y diablos". Este científico eminente nos dice que dejar de creer en Dios, o en la conciencia Universal, requiere que expandamos más nuestra imaginación que creer que existe esa conciencia Universal. O como el sabio de la antigüedad decía: "Él que ha creado el oído, ¿acaso él no escuchará? Y el que ha formado el ojo, ¿acaso él no verá? Y el que ha enseñado al hombre el conocimiento, ¿acaso él mismo no sabrá?".

La gente está más interesada en Dios de lo que está en la religión, porque la religión ha sido más o menos mezclada con superstición, teología y eclesiasticismo. Pero la gente nunca ha dejado de estar interesada en Dios, y no hay nada que dé más satisfacción que creer en una inteligencia suprema con la que podamos estar en comunión, y en un poder infinito con el que podamos tratar conscientemente.

Cuando usamos las palabras *Dios* o *Espíritu* no hablamos de un Dios tribal, sino de una Mente Suprema y un poder supremo que están detrás de toda forma creada; la inteligencia que responde a nosotros; la inteligencia que se eleva a través de los reinos mineral, vegetal y animal, y florece en la mente humana a medida que se acerca al reconocimiento consciente de que está unida a esta Súper Alma. Sería imposible discutir sobre filosofía, ciencia o religión sin referirse continuamente a la naturaleza del ser humano, y a que la naturaleza del ser humano es Dios.

Deseamos más que una ciega aceptación de Dios. Necesitamos saber con certeza científica que hay una conciencia y un poder en el universo que responde a nosotros definitiva, directa y dinámicamente. Cada individuo debe llegar a un punto en su propia conciencia en el que este contacto sea tan inmediato y tan dinámico que si cualquier otra alma viviente lo negara, él seguiría experimentándolo. Sin esta convicción interior, ni la fe ni el entendimiento son posibles. Estaríamos dependiendo de una vana esperanza que se desvanecería en la hora de necesidad.

Es suficiente para la persona inteligente saber que el sistema planetario entero manifiesta inteligencia y organización, o sea, que manifiesta inteligencia más dirección, e inteligencia más dirección significa conciencia. Implica voluntad y representación; tanto una voluntad infinita como una manifestación infinita.

Dentro de cada uno de nosotros hay una percepción profunda, una conciencia subjetiva y espiritual que por pura intuición sabe que la inteligencia universal que llamamos Dios existe. No necesitamos acercarnos a la Biblia para obtener tales declaraciones, porque la verdadera Biblia está inscrita en las paredes de nuestra conciencia y es la verdadera luz que ilumina a todo hombre que viene al mundo.

La conciencia interior de nuestra unión con el bien es suprema. No solo es la más elevada esperanza e inspiración de la mente humana, sino que ha sido su mayor realización.

Es evidente que existimos porque experimentamos la existencia. Es evidente que una mente infinita existe, desde el momento en que podemos pensar. Es evidente que esta mente es una unidad, desde el momento en que los individuos se reconocen unos a otros. Es evidente que podemos estar en comunión con esta mente infinita, desde el momento en que podemos estar en comunión unos con otros. No podemos dejar de creer en estas proposiciones evidentes, pues debemos aceptar aquello que es imposible negar.

Todo inicia a partir de la certeza de nuestro propio ser. Es el único hecho en el universo del que podemos estar absolutamente seguros. La totalidad del ser del hombre estriba en el pensamiento, y si su pensamiento está basado en el conocimiento, este conocimiento debe estar fundado sobre una conciencia de su propia existencia y de su relación con el infinito. Es este discernimiento espiritual del que Jesús habló cuando dijo: "Debes nacer de nuevo". Con certeza científica el intelecto sabe la necesidad de un nuevo nacimiento.

Debemos creer en espíritu si vamos a usar el poder espiritual con efectividad. La conciencia del espíritu, la concientización interior de la presencia de la perfección, la voluntad de meditar sobre esta perfección para comprender su operación y sentir su presencia, es el poder detrás de todo tratamiento espiritual mental efectivo.

Trátese de la curación de un mal físico o del control de las condiciones, la conciencia debe estar detrás de la palabra. Esta conciencia no contradice el sentido común o el mejor uso del intelecto. Nunca es necesario contradecir al sentido común para llegar a la verdad, porque el hecho y la fe nunca entran en conflicto.

Hablamos de Dios porque todos instintivamente sentimos que Dios existe, y porque la experiencia humana prueba la necesidad de esta suposición para poder explicar los hechos que conocemos. Empezamos con la simple inducción de que como el hombre existe y posee conciencia debe vivir en ella. La conciencia o el espíritu puro deben ser la causa de todo lo que existe, incluyendo al universo físico.

Ya que el universo existe como un todo armonioso, la conciencia detrás de él debe ser una unidad perfecta e indivisible.

Una vez establecidas estas dos simples premisas llegamos a la necesaria conclusión de que como el hombre existe y tiene una conciencia infinita, esta conciencia infinita en el hombre *es* el hombre mismo. El pensamiento del hombre se vuelve creativo no a través de las buenas intenciones, ni a través de la oración, suplica o deseo, sino por necesidad.

La conciencia en su sentido infinito es a lo que nos referimos cuando usamos la palabra Dios. La conciencia en su sentido individual es lo que queremos decir cuando usamos la palabra hombre. Esto de ninguna manera excluye ningún área del conocimiento, sino que las incluye todas en el ámbito de la conciencia, ya que el conocimiento no puede existir a menos que alguien esté consciente de él. Nuestra búsqueda entonces, es en el sentido de la relación entre Dios y el hombre, y siempre que establezcamos una relación correcta, tendremos un poder correspondiente.

Cuando la gente pregunte: "¿Por qué hablas tanto de Dios?", o cuando digan algo como que no están interesados en la religión, asegúrate de explicarles que no estás ofreciéndoles una nueva religión; solo estás buscando darles una interpretación de la vida. Ni siquiera estás tratando de convencerlos de que tu filosofía es correcta; estás proporcionándoles una explicación razonable para lo que ellos ya creen.

Siempre sé cuidadoso al explicar que lo que tratas de comunicar les pertenece tanto a ellos como a ti; que no pertenece a nadie, pero igual que un principio matemático, este conocimiento de Dios puede ser usado por todos. Cualquier persona normal desea creer en Dios, y tú le estás dando al estudiante una explicación razonable para lo que ya cree, y estás tratando de ayudarlo a entender lo que él ya siente que debe ser así.

Puedes estar seguro de que si formulas tu enseñanza desde esta perspectiva, todos estarán de acuerdo contigo. Siempre haz sentir a la gente que estás haciendo una aportación a lo que ellos ya tienen, y no que les estás quitando algo. El mero hecho de que Dios ya está en ellos como el principio de su propia vida necesita ser explicado.

Cuando tú les dices que el poder de Dios dentro de ellos es independiente de la conciencia de cualquier otra persona, de que se encuentran solos en la realidad divina, con el poder de demostrar tanto de ese poder como puedan concebirlo en un momento determinado, los habrás restablecido en su relación con el universo. La realidad misma siempre debe superar el entendimiento individual, porque con una conciencia expandida se comprende el bien en una mayor medida.

No temas usar las palabras *Dios o Espíritu*. Lo que necesitamos evitar es cualquier uso supersticioso de los términos y, ciertamente, debemos evitar todo uso dogmático de ellos. En este trabajo estamos llevando a cabo el mayor experimento que pueda emprender la mente humana. Estamos determinando si existe o no una Inteligencia Universal que responda a nosotros de una manera creativa. Participamos en la aventura de ver cuánto gozo podemos obtener de esta supra alma para nosotros y para los demás.

El descubrimiento de Dios es personal

NADIE PUEDE ENCONTRAR a Dios por nosotros; cada individuo debe hacerlo por sí mismo. No podemos encontrar a Dios fuera de nosotros porque no podemos estar fuera de nosotros. No hay un lugar donde nosotros empezamos y Dios termina. Podemos encontrar a Dios solo dentro de nosotros.

Al principio parece casi blasfemo que nos elevemos a nosotros mismos como dioses, pero ese no es el caso. Estamos solo ubicándonos como un centro en la conciencia de Dios, siempre uno con Dios, como una encarnación de lo universal. Este regalo no es un asunto del hombre, sino de la vida misma. Este es un regalo que se nos hizo desde la fundación del mundo y es nuestra verdad evidente.

No parece que podamos descubrir a Dios en nuestro interior, porque nos vemos a nosotros mismos y decimos, "¡mírame, soy pobre, débil, miserable, infeliz y estoy desconsolado y desolado, y tú me dices que encontraré a Dios dentro de esta masa caótica que soy!". Parece desilusionante y una esperanza vana.

Pero aun así debemos considerar que es un punto de partida, porque no puede haber otro lugar para empezar el camino al autodescubrimiento, al descubrimiento que lleva a la Fuerza Original. Gradualmente, a medida que desechamos la creencia de que estamos separados de nuestra conciencia, y el caos producido por ella, las inhibiciones y desasosiego interior, emergemos del otro lado de esta masa caótica y encontramos que el Cielo había estado ahí todo el tiempo esperándonos. Nada le ha ocurrido. Como en la experiencia del hijo prodigo, la casa del padre estaba en el mismo lugar donde siempre había estado.

Pero solo el mero deseo, esperanza y anhelo no nos llevará a este autoconocimiento. Debe haber un persistente y tal vez doloroso intento de separar de nosotros todo lo que no pertenezca al hombre espiritual.

Sería adecuado usar una ilustración aquí. Supongamos que no tenemos paz en la mente, que nos sentimos descontentos, inseguros y, en consecuencia, estamos agobiados por la ansiedad y la incertidumbre, y por el sentimiento de que los tiempos son malos, ¿cómo debemos proceder?

Primero que nada, deberíamos tener, al menos, un equivalente mental y una base psicológica adecuada para albergar una nueva convicción. Pero ¿cómo llegamos a esto? Sabemos muy bien que no fuimos nosotros quienes nos pusimos aquí. Nada es más cierto que el hombre no se creó a sí mismo. Él simplemente despierta al autoconocimiento.

Por lo tanto, al identificarnos con el Espíritu eliminamos toda confusión de la mente. Dios no es pobre, ni débil, ni infeliz, Dios no está frustrado, Dios no está en la escasez y lo que es cierto sobre Dios es cierto sobre nosotros. Por lo tanto, no hay infelicidad para nuestro Ser Real; no hay inseguridad en el ego espiritual; no hay frustración en la mente de Dios.

La lógica y la razón conspiran para mostrarnos que esto es verdad; sin importar que las apariencias puedan mostrar lo contrario sigue habiendo un Centro Espiritual. *Dios está entre las sombras, cuidando siempre de los suyos.* Nosotros también debemos estar alertas, arrancando un falso pensamiento aquí y otro falso pensamiento allá, hasta que finalmente, en el intelecto y en el sentimiento, regresemos al Centro, a la Divina Presencia dentro de nosotros.

Otros pueden mostrarnos cómo lo hicieron, e incluso pueden sugerir cómo podemos proceder, pero hay un sendero que cada hombre debe caminar por su cuenta. No en solitario, porque hay un Espíritu que por siempre lo guía, una Presencia que siente hacia nosotros lo que nosotros sentimos hacia ella. Algún día, todos descansaremos en su cálido abrazo.

Sí, el descubrimiento del Ser es algo para el ser y que lleva a cabo el ser. No tiene caso retrasarlo, o esperar a que llegue, o que alguien lo haga por nosotros, porque esa persona no existe. Es por eso que Jesús dijo a sus seguidores que él debía irse para que el espíritu de la verdad les revelara el sentido de todo lo que les había enseñado.

No debemos desear otra cosa porque si otro se queda con la llave de nuestro castillo, ¿cómo podremos entrar? Si otro tiene que vivir nuestra vida, nunca podremos vivirla nosotros mismos. El secreto más grande y significativo de la vida se encuentra en el descubrimiento de uno mismo, y el momento más afortunado en nuestras vidas será aquel en que nos demos cuenta de que debemos hacernos cargo de nosotros mismos para bien o para mal. Empecemos justo donde nos encontramos sin importar tiempo o esfuerzo, contando como ganancia solo aquello que conspira para despertarnos a la realidad última, y viajaremos de regreso al Centro y a la Fuente.

Pero no debemos tener una perspectiva mórbida al respecto, pues ¿para qué necesitamos encontrar más infelicidad? ¿Por qué no pensar en la oportunidad de llenarnos de paz y abundancia de oportunidades? Una vez que estemos seguros de que tenemos una meta por alcanzar y que el Espíritu está guiándonos, podremos tener la certeza de que llegaremos algún día; quizás hoy mismo, quizás mañana, pues ¿no es así que cada paso nos acerca más a nuestra Fuente?

Aceptemos, entonces, el simple hecho de que el camino a Dios es a través de uno mismo, y que el sendero que lleva a una experiencia cada vez mayor puede estar lleno de felicidad. Podemos cantar en el camino. ¿Por qué negarnos el privilegio de la unión inmediata, por qué dejar para mañana lo que podemos hacer hoy? ¿Por qué no encontrar la vida *aquí y ahora*?

El ser silencioso dentro de nosotros

Leemos en el Upanishad: "El Silencioso, el Conocedor, que siempre habita en nosotros, puede caminar, ponerse de pie, sentarse, recostarse y no hacer nada, en su dulce voluntad". Y en nuestra Biblia dice: "Lo que yo hago, ¿quién puede impedirlo?". ¿Qué son estas si no manifestaciones del Supremo Absoluto, como el poder Absolutamente Vencedor del Espíritu? Y este poder Absolutamente Vencedor del Espíritu, encuentra su expresión a través del hombre.

Este Ser Supremo está en el centro de cada uno de nosotros. A Él podemos acudir para obtener guía, y de él podemos obtener tanto inspiración como el poder para vivir, estar de pie, caminar o sentarnos. Cada acto es el resultado de la conciencia; cada movimiento se encuentra dentro del Ser Divino, y como el Ser Divino está en todos lados, también debe estar en el centro de nuestra propia vida.

No solo está en el centro de nuestra propia vida. *Es* el Centro. Así que, pensar en Él como la esencia misma de nuestro ser, es pensar claro. Saber que este ser es nuestro ser, es saber correctamente. Y declarar que su vida es nuestra vida es permitir que su poder fluya a través de nosotros.

La presencia es paz, felicidad y belleza

TODAS LAS PERSONAS desean un Dios personal y en nuestro sistema de pensamiento podemos estar seguros de que el espíritu es personal para cada ser. Si el espíritu es omnipresente e indivisible está en el centro mismo de nuestro ser, y cada uno de nosotros es una representación única de este ser omnipresente.

Kipling dijo: "Cada uno, en su propia estrella, dibujará lo que ve tal y como lo ve, para el Dios de las cosas como son". Ciertamente Dios es personal para cada uno, y lo maravilloso es que cada quien representa a Dios en una forma única. Cada uno individualiza a Dios, y no hay dos individualizaciones idénticas. Así, la Personalidad de Dios no solo es real para nosotros, sino que es real para cada persona de una forma única.

Sentir la Divina Persona detrás de cada acto y la Dirección Divina detrás de cada pensamiento es científico y sensible. Es más, sin esa sensación no habría calor o color en nuestro trabajo. Cada tratamiento debe estar lleno de la atmósfera de ayuda, que procede de nuestra comprensión de que estamos reconociendo a Dios en nuestro paciente, el Dios que se personifica a través de él, que es personal a él, y está individualizado en él.

En vez de negar que Dios es personal para cada uno de nosotros, debemos enfatizar esa personalización. De hecho, esta es una de las piedras angulares de esta estructura espiritual, de este sistema filosófico de pensamiento.

No solo existe una Presencia dentro de nosotros que responde a nosotros de forma directa; también hay una Ley que opera a través de nosotros y obedece a la voluntad de esta Presencia. Ya que la Presencia es paz, alegría y belleza, y como debe ser también armonía y plenitud, podemos estar seguros de que estas cualidades buscan expresión a través de nuestras actividades, que buscan manifestarse en lo que hacemos, decimos y pensamos, o como dijo Jesús a la mujer en el pozo... *A esos busca el Padre.*

Dios, tu Yo personal

La vida dentro de ti

La vida dentro de ti es Dios; lo que es verdad sobre Dios es verdad sobre tu vida, porque tu vida y la vida de Dios no son dos vidas, sino una sola. El iluminado ha proclamado esta unidad con el bien, la unidad del hombre con Dios, por esta razón muchos han hablado de esta vida dentro de ti como algo personal y al mismo tiempo impersonal: impersonal, desde el punto de vista de que es universal; personal, desde el punto de vista de que este principio universal de vida se personifica *en* ti.

Esta vida dentro de ti, al ser Dios, no tuvo inicio y no puede tener fin, por lo que eres inmortal y eterno. Nunca puedes ser menos pero debes siempre ser *más* tú mismo, ya que esta vida dentro de ti se manifiesta a través de tus experiencias, a través de tu acumulación de conocimiento y sabiduría. La evolución es la manifestación del Principio Divino latente dentro de ti. Este es el Principio Divino dentro de ti al que se refirió Jesús cuando dijo, Antes de que Abraham fuese, Yo Soy, y cuando dijo al que murió junto a él: "Hoy estarás conmigo en el paraíso".

El Dios que está dentro de ti es verdad, belleza, armonía y plenitud. Toda aparente imperfección que sufras es resultado de la ignorancia. Como la ignorancia de la Ley no exime a nadie de sus efectos, entendida en forma correcta y usada apropiadamente, producirá libertad.

El Dios dentro de ti es una unidad y no una dualidad. Esta unidad es inmutable, y siempre está revelándose a cada uno. Es por eso que el Dios que ya está dentro, aunque sea armonioso y perfecto, ha aparecido siempre como el Dios en el que creemos. Podríamos decir que el Dios interno, al ser infinito, aparece en cada uno de nosotros como el Dios en el que creemos. Y adoramos al Dios en quien creemos más que al Dios que *es*.

Pero no hay nada malo en esto, ya que el Dios *en el que se cree* forma parte, a veces, del Dios que *es*. Por lo tanto, cualquier Dios en el que creas —dado que creas que este Dios ya está en ti— debe responderte a nivel de tu creencia. Por eso se nos da a cada uno de nosotros según nuestra creencia. El principio es infalible, la práctica es lo que hacemos de él.

Hay una gran diferencia entre creer que Dios está *dentro de ti* o *fuera de ti.* Porque si Dios está fuera de ti, ¿cómo vas a alcanzar a este Dios que, al no ser parte de ti, debe estar separado de ti? ¿Cómo puedes tener la esperanza de unir cosas diferentes entre sí? Pero el Dios que está ya dentro de ti, al ser eternamente perfecto y completo, no necesita reunirse con nadie y tú no necesitas reunirte con él, porque este Dios está ya en cada uno de tus actos, de tus pensamientos, de tus movimientos y en cada uno de tus planes, propósitos y comportamientos.

El Dios dentro de ti crea todas las circunstancias y situaciones que has experimentado. Tú has dicho que estas experiencias y situaciones simplemente son cosas en sí mismas, pero nunca lo han sido, porque siempre han sido el resultado de tu pensamiento, y tu pensamiento ha sido dominado por tu creencia en Dios desde que tuviste vida autoconsciente.

Desde que has tenido pensamiento autoconsciente has creado esclavitud por medio del uso de la Ley de la Libertad. No es que esa esclavitud realmente existiera, pero sí la posibilidad de usar tu libertad en una forma limitada. Nunca *ataste* la libertad, pero la usaste en forma restringida. La restricción no está en el principio *sino en su uso.*

Hay una diferencia en creer simplemente en el uso restringido de la libertad y creer en una limitación real, Si la limitación fuera *una cosa en sí misma* tú no podrías cambiarla, pero como es solo el resultado de la experiencia ¿por qué no usar tu imaginación para acrecentar esa experiencia? Cuando lo hagas descubrirás que el principio de vida dentro de ti responde con la misma rapidez a un diseño más grande. El viejo diseño fue solo *imaginario*, nunca *real*. Es como el horizonte donde la tierra y el cielo parecen juntarse, y a medida que viajamos hacia esa aparente línea, esta va desapareciendo.

Lo que sea que mentalmente veas y espiritualmente comprendas lo puedes experimentar con objetividad, porque el Dios dentro de ti no está limitado a ninguna experiencia. Él es el creador de todas las experiencias.

La mente que está dentro de ti

La mente que tú usas, es la mente que yo uso y la misma que todos usamos; es la mente de Dios, y como la mente de Dios es una unidad completa, es omnipresente.

Por lo tanto la mente que tú usas es la de Dios en ti. Esta mente está en la gente, envuelve a todos, está en el centro de todo. Es por eso que cuando conoces la verdad en el centro de tu propio ser, la conoces dentro de la única mente que existe.

Es por eso que se nos dice que *dejemos que esta mente que estaba en Jesús también esté en nosotros*. La mente que tú posees en este momento es la que Jesús usó para demostrar el principio crístico. Él debe haber comprendido que Dios estaba en el centro de su ser. Es la comprensión de esta mente de Dios en el centro de tu ser lo que da poder a tu palabra.

Como la mente dentro de ti es la mente de Dios, y como la mente de Dios está en todas las personas, en consecuencia la inteligencia dentro de ti comprende aquello de lo que los grandes seres de la humanidad han estado hablando. Tú ya tienes dentro de ti una mente que entiende y comprende. La mente de Dios no tiene problemas, ni dificultades y nunca se confunde. Cuando sabes que la mente dentro de ti es Dios y no puede confundirse, entonces tu intelecto se clarifica.

Esta mente que es Dios permea todos los átomos de tu ser. Es el principio que gobierna los órganos de tu cuerpo. Es el principio de la perfección dentro de ti. Tus pensamientos son la actividad de este principio. El principio es perfecto, completo e ilimitado, pero tus pensamientos circunscriben su acción y provocan que la mente de la libertad misma cree las condiciones que llamas esclavitud.

Cuando enseñas a tu intelecto a creer en la libre circulación del espíritu a través de ti, tu pensamiento se vuelve una Ley de Eliminación para la congestión; despeja los estancamientos. La conciencia que tienes de la Divina Presencia dentro de ti, igual que la luz, disipa la oscuridad. Es el Ser Eterno y verdadero en el centro de tu ser. Es la mente de Dios manifestándose en ti, como tú. Este *tú* que Él manifiesta no está separado de sí mismo porque *es* Él Mismo.

Esta presencia invisible es la causa de tu personalidad, de la luz que brilla a través de ti.

La mente divina e infinita siempre desea expresarse a través de ti como una necesidad insistente que te impulsa a avanzar. La mente en ti está también en toda la gente. Cuando reconoces a otras personas es esta mente que se reconoce a sí misma en los demás. Esta mente que está dentro de ti no se rige por el tiempo; sin embargo, crea todos los periodos de tiempo; es la inteligencia detrás de cada acción, ya sea que esta acción sea buena, mala o indiferente. Siempre está creando formas, pero jamás se limita a ninguna forma en particular. Está en todos tus actos, pero es más que cualquiera de tus acciones. Aunque tú parezcas estar esclavizado, la mente que se encuentra dentro de ti es totalmente libre.

Tu intelecto de ninguna forma limita a esta mente solo porque conciba lo que tú llamas una forma pequeña o un espacio reducido. Puede con la misma facilidad concebir lo que tú llamas una gran forma o un espacio enorme. Tu intelecto hace lo mejor que puede con esta mente dentro de ti. Refleja a esta mente pero no por completo. Como lo dijo el apóstol: "Ahora vemos como a través de un cristal oscuro".

La gloria de tu conciencia Crística no sale todavía a la superficie; lo que se ve es solo una tímida sombra o un leve eco. Por lo tanto, tú eres la mente eterna, que no está atrapada en el tiempo, pero se manifiesta en el tiempo. Tú no eres solo una sombra de esta mente, eres su sustancia; eres esta mente en acción y la aplicación de su ley; esta ley es la Ley de tu divinidad, y como eres un individuo manifiestas esta Ley en una forma única. Proyectas esta mente a través de la experiencia en una forma personal, diferente a todas las demás. Esto constituye tu ser verdadero e inmortal.

Como la mente dentro de ti es la mente de Dios, y como la mente de Dios no solo creó todas las cosas que han existido sino que también creará todas las cosas que están por existir, dentro de ti posees ya la capacidad de proyectar nuevas ideas, nuevos pensamientos, nuevos inventos. Por tanto, cualquier idea que desees, cuando ores —cuando escuchas a tu mente interior— reconoce que la vas a recibir porque estás tratando con la mente que concibe todas las ideas.

Cuando llamas a esta mente para buscar respuesta a tus problemas ella sabe al momento la respuesta porque en ella no existen los problemas. De este modo la respuesta a cada problema está ya en la mente que tú posees. *Bienamados, ahora somos los hijos de Dios.*

La ley que está dentro de ti

La Ley que está dentro de ti es una actividad del principio mental en ti. Así, esta mente dentro de ti es la mente de Dios.

Cualquier duda sobre la verdad, ya sea que consideremos esta verdad como física o metafísica, nos lleva a la inevitable conclusión de que la creatividad final del universo es un movimiento de inteligencia dentro y sobre sí misma. Esta inteligencia ya existe en el centro de tu propio ser. Es realmente tu propio ser, y el gran poder de la imaginación que ejerces es esta inteligencia que funciona al nivel de la comprensión que tengas de ella. Pensar es crear.

La Ley que está dentro de ti es universal e individual. Como tu mente forma parte de la mente de Dios, hay un lugar dentro de ti donde eres universal, donde usas el poder universal. Ese poder es la Ley.

Sin duda has usado esta Ley que se encuentra en el centro de tu propio ser, primordialmente en forma inconsciente; la has usado ignorante de su verdadera naturaleza. En consecuencia, el bien mismo que tú tanto deseas, pero que has tenido miedo de no ganar, se ha mantenido alejado de ti, porque has negado su presencia en tu experiencia. Afirmar la presencia de este bien es usar la Ley que está dentro de ti con el objeto de crear el bien que deseas.

Una de las cosas más fascinantes que aprenderás en tu vida es que esta Ley que existe en el centro de tu ser es creativa. Usas la misma creatividad que hizo a los planetas existir; la misma creatividad que produjo todo lo que hay. La Ley de tu vida es una Ley de Libertad, pero tú la has usado como una Ley de Esclavitud. Ahora debes usarla como una Ley de Libertad.

Todas las mentes individuales, la tuya incluida, son diferentes actividades de la mente infinita. Esta mente de Dios es la Ley de tu vida. Cuando hablas, ella habla dentro de ti. Así pues, tu pensamiento se vuelve ley de tu vida, porque la ley de la mente única ya reside en el centro de tu ser.

Pensar es crear. Tú ya has pensado y creado. Ahora deseas crear el bien en vez del mal; abundancia en vez de limitación. Tienes esta posibilidad porque la mente dentro de ti ha puesto en movimiento la Ley. Esta mente dentro de ti es Dios, quien tiene completa autoridad sobre la Ley, pero debes revertir el uso que haces de esta ley. Debes aceptar tu libertad, anunciar tu libertad y proclamar tu derecho divino de nacimiento.

Lo que sea que creas que es verdad sobre Dios, declara que es la verdad sobre ti mismo. Reconoce que el poder dentro de ti, que es Dios, es la ley del bien estableciendo la acción correcta en tu vida. De esta forma tú ganarás dominio y ejercerás autoridad.

Pensar es crear. Un pensador es un creador. Vive en el mundo de su propia creación. Tú eres un pensador, por lo tanto eres un creador. En consecuencia, vives en un mundo de tu propia creación. Al principio esto parece no ser cierto y puedes negarlo, pero al final verás que si esto no fuera verdad no podrías ser un individuo libre. Si es verdad, entonces tu esclavitud misma es resultado del uso ignorante de tu libertad.

Pensar es crear. Esta es la llave que abre la puerta de la Sabiduría y el poder. Esa puerta está ya dentro de ti. En algún lugar dentro de ti la mente de Dios revela la verdad de que naciste libre, de que la voluntad de Dios para ti es la bondad, la verdad y la belleza; que el poder que existe es para ti, y que la voluntad que existe desea la vida. Tú eres la imagen y semejanza de esta vida; eres una personificación de ella; eres la personalidad de Dios. El reino de los cielos está ya dentro de ti, y la ley de ese reino es la armonía, la paz y la felicidad.

Pero si esta ley de Dios dentro de ti es una con la ley única, entonces no existe oposición a ella; nada puede contradecir su absoluta, completa y suprema autoridad. Debes saber esto. Y, sabiéndolo, ejercerás esa autoridad que el principio eterno ha encarnado en ti. Si pensar es crear, los pensamientos son cosas y la ley de las cosas es una ley del pensamiento. Entonces, cambia tu forma de pensar.

Esto no será fácil al principio, porque los viejos hábitos del pensamiento son propensos a reafirmarse, a clamar que tienen el derecho de permanecer en tu conciencia para acosarte y atormentarte. Pero ahora tú eres más sabio y sabes que ellos no tienen tal autoridad. Los ves exactamente como son: impresiones falsas que claman ser la verdad. Son traidores a tu Ser Verdadero, falsas representaciones de la divinidad dentro de ti. Son un uso equivocado de la Ley de la Libertad, pero tú los echarás fuera. Les dirás: "¡No los acepto más, desaparezcan!". Y como son solo pensamientos, se evaporarán.

Qué maravilloso es darse cuenta de que esta mente dentro de ti es también la ley dentro de ti, y que el espíritu dentro de ti, que es Dios, actúa sobre esta ley a través de esta mente, según tú le indiques. Debes regocijarte de que, al fin, estás despertando a la comprensión de que no hay otra ley para ti y que tu propia alma la establecerá, en la gran ley de toda vida, verdad y sabiduría.

El poder dentro de ti

El poder que está dentro de ti es el poder de tu palabra operado por la Ley. Este poder no es tanto un *deseo* sino más bien una *disposición*. Nunca tendrás que *desear* que las cosas pasen; simplemente necesitas *saber* que están pasando.

Esta Ley es neutral e impersonal. No debes pensar en ella como si fuera lo mismo que el espíritu, sino meramente como una fuerza mecánica que puedes usar para propósitos definidos. Está dentro de ti, y al igual que la ley de causa y efecto, reacciona a tu palabra. Esta Ley es la forma o medio creativo por el cual tu palabra se manifiesta, pero esta Ley, como un aspecto de Dios, es un medio todopoderoso.

Has estado ejerciendo autoridad a través de esta Ley por medio de tu palabra, pero no has estado totalmente consciente de esta palabra porque era tanto subjetiva como objetiva; era más o menos inconsciente, y procedente de la sugestión colectiva de la raza humana. No debes pensar en el poder dentro de ti como una persona. Es un principio de la naturaleza, una ley de causa y efecto, un medio.

Tienes el poder de usar este medio en la forma que consideres más apropiada. Habías pensado que la Ley de tu ser era una ley de esclavitud. Ahora estás a punto de descubrir que la misma Ley que ha producido discordia en tu vida puede producir fácilmente armonía.

No has estado usando dos poderes sino un solo poder de dos maneras diferentes, y la experiencia ya te ha enseñado la mejor manera de usar este poder. Deseas usarlo para producir felicidad y éxito, alegría, amor y amistad, y no sus opuestos. ¿Vas a manifestar el bien en vez del mal? ¿Vas a usar tu autoridad en la Ley para crear belleza, paz y alegría? ¿Ellas responderán con la misma rapidez con que han respondido las más feas manifestaciones, y tú vas a tener la mayor satisfacción posible: la satisfacción de saber que tú eres un agente de mente libre en un universo espiritual que no tiene nada en contra tuya, sino que solo desea tu bien.

No puede venir un mayor bien a ti que saber que el poder ya está dentro de ti y que es el poder de vivir, el poder de crear. No solo crear para ti sino para otros: el poder de hacer el bien, el poder de sanar, el poder de prosperar. Te darás cuenta de que el poder dentro de ti es una Autoridad Divina. Es un dispensador de Regalos Divinos. Es un dador de vida, de alegría. Proclama el reino de los cielos, la armonía del alma y la unidad de los seres.

Este poder dentro de ti responde de manera definitiva al pensamiento directo y consciente. Responde como una Ley de Causa y Efecto matemática y mecánica. Nadie puede impedir que hagas uso de este poder ya que es una presencia inmediata que se encuentra en el centro de tu propio ser. Nadie puede revertir el uso que le des, ya que nada puede contradecir su autoridad. Por lo tanto, no solo tienes *algo de poder* en el centro de tu ser; tienes acceso *a todo el poder que existe, a toda la Presencia que existe, y al único Dios que existe.*

Debes empezar a considerar que este poder dentro de ti responde y provee todas tus necesidades, cumple todos tus anhelos, y debes creer que lo hace de forma inmediata, en este instante; no mañana, sino hoy, porque la Ley de este poder dentro de ti no conoce el tiempo. Cuando tu palabra dirige la Ley dentro de ti, debe siempre dirigirla para el hoy.

Debes dirigir de manera consciente esta ley y, en definitiva, debes esperar a que responda; cuando tú le dices a la ley dentro de ti: "¡Haz esto!", debes saber que lo hará; debes creer, no debe haber duda en tu conciencia, pues el poder, la Presencia y la Ley son una y la misma cosa, y la imaginación creativa de tu propio pensamiento es el director de tu destino.

El amigo dentro de ti

Tienes un amigo dentro de ti que está más cerca que tu sombra. Este amigo anticipa tus deseos, conoce tus necesidades, y gobierna tus actos. Este amigo es Dios dentro de tu propia alma, la Presencia viva que proyecta tu personalidad, la cual es una individualización única del Espíritu Viviente.

Este amigo dentro de ti es infinito, ya que es una personificación de Dios. No está limitado por experiencias previas que puedas haber tenido, por condiciones presentes o situaciones pasajeras.

No tiene tendencias heredadas del mal, de carencia o de limitación. Nunca ha quedado atrapado en las circunstancias. Él es, en todo momento, radiante, libre y feliz.

Puede parecer a tu intelecto que este amigo invisible es alguien distinto a tu Ser Verdadero, pero no es este el caso. Algunos han creído que este amigo dentro de ti es un mediador entre tú y el espíritu creativo. Otros han creído que es la reencarnación o el renacimiento de su ser previo, mientras que otros piensan sinceramente que es un alma desencarnada. Pero tú no debes aceptar esas creencias, porque la persona real dentro de ti es una personificación directa del Espíritu Universal. Ella es tú Ser Interno, Absoluto y Perfecto.

El amigo dentro de ti es diferente a todas las personas, y, sin embargo, está unido a todos. Hay una parte de ti que penetra la naturaleza de otros, atrayéndolos irresistiblemente hacia ti y siendo atraído hacia ellos, juntándolos en una completa unidad.

Ahora mismo tú eres uno con todas las personas, los lugares, los eventos. El amigo dentro de ti vive en un estado de equilibrio. Está por encima del miedo, más allá de las heridas, y se basta a sí mismo.

El amigo dentro de ti está continuamente buscando tu bienestar. Siempre desea que estés feliz, que estés bien y que estés radiante. Al ser la fuente misma de tu vida, este amigo es una presencia luminosa que eternamente emerge del Espíritu puro, y siempre está expandiendo tu conciencia. Es el Alto Consejero, la Guía Eterna. Él es tu intelecto, la esencia de su entendimiento, la elegancia de sus cálculos, el gusto de su temperamento.

No puede haber mayor unidad que la que existe entre tú y este amigo interior. Él pone la mesa delante de ti en el desierto del pensamiento humano. Su copa rebosa de gozo. Se ríe del desastre, triunfa sobre el fracaso humano, y se burla de la tumba. Cuando esta experiencia presente se enrolle como un pergamino, Él pasará a nuevas y mayores experiencias. Pero hoy Él está aquí. Confía en Él hoy, y confiarás en Él todas las mañanas que están por venir. Así, tu mañana, y mañana y mañana, serán una extensión de tu eterno hoy.

Tu personalidad es una manifestación de las impresiones que has recibido de este amigo interno, de esta personalidad profunda, de esta Presencia radiante y divina cuya vida es luz, cuya conciencia es paz, y cuya Presencia es poder. Tú eres una encarnación de esta Persona, de esta Presencia y de este poder.

Puede ser difícil para ti creer que existe tal amigo, pero él está ahí, en el centro mismo de tu ser dirigiendo tu pensamiento y haciendo que obtengas la victoria sobre toda derrota, pues es un héroe inconquistable. Él, quien mantiene una vigilancia silenciosa dentro de ti, eleva tu conciencia a la comprensión de que estás siempre protegido, siempre a salvo, y eres siempre perfecto.

La presencia sanadora que está dentro de ti

Existe una Presencia Sanadora dentro de ti. Debes reconocerla antes de que pueda operar para ti, porque como todo en la naturaleza, trabaja de acuerdo a la ley mecánica y exacta.

El Dios que está dentro de ti ya ha creado este maravilloso mecanismo que tú llamas tu cuerpo humano. La inteligencia que diseñó y proyectó este cuerpo debe tener un conocimiento perfecto de todas sus partes, debe tener un perfecto entendimiento de todas sus necesidades, y debe ser capaz de reconstruir esas partes y cubrir sus necesidades.

El departamento creativo dentro de ti sabe cómo recrear. Pero esta Presencia Sanadora, al ser la esencia misma de tu naturaleza, debe fluir a la acción a través de la conciencia que tú tienes de quién y qué eres. Por ello debes reconocer al Gran Sanador, al Liberador Divino del dolor, como tu Espíritu Verdadero.

Como el único departamento creativo en el universo debe ser la mente, y como tú eres mente, entonces esta presencia sanadora ejecuta su acto benéfico a través de tu conciencia. Es por eso que siempre se te dice que *creas*. Si deseas que esta presencia sanadora se manifieste en ti debes creer que *lo hará*, y después de creer que lo hará, debes saber que ya lo *está* haciendo, porque la consecuencia natural es que solo podrá hacer por ti lo que haga a través de ti.

Debes creer en la Presencia Sanadora que está dentro de ti y dentro de las personas, y entonces debes pronunciar tu palabra de tal forma que esta Presencia Creativa pueda, a medida que fluya a través de esa palabra, llevar a cabo el milagro de la vida que consiste en dar forma a lo invisible. Tu palabra debe ser definida, consciente y concreta. Debes saber que Dios dentro de ti como una presencia sanadora es ahora la Ley de la Vida Perfecta en tu cuerpo físico. Esta Presencia Sanadora está corrigiendo tu cuerpo físico. Continuamente está recreando todas sus partes.

La única manera en que esta Presencia Sanadora puede crear para ti es a través de imágenes de tu pensamiento, a través de tus creencias, ya sean de esperanza, miedo, duda, fe o fracaso. Por lo tanto, debes corregir las creencias que nieguen esta Presencia Sanadora. De hecho, debes ir tan lejos como para negar que haya agentes negativos y afirmar que el principio de la vida dentro de ti no solo destruye el miedo que hay en tu mente, sino que disuelve cualquier motivo de miedo en tu cuerpo físico.

Si tienes éxito en la curación de tu mente, entonces esta Presencia Sanadora sanará tu cuerpo ya que fluirá a través de tu nuevo modelo de pensamiento. Por cada negación de integridad física debes crear una afirmación de tu fe y tu confianza en que el espíritu dentro de ti, siendo perfecto, actúa como una Ley de Integridad para tu cuerpo.

Tu cuerpo es un cuerpo de ideas correctas. La Presencia Sanadora dentro de ti, que fluye por esas ideas, las lubrica con el aceite de la alegría y hace perfecto cada órgano, cada función, cada acción y reacción. La Presencia Sanadora dentro de ti ya es perfecta y es tu reconocimiento de este Dios Perfecto que mora en ti lo que hace posible la ejecución de la Ley de la Integridad.

El poder sanador dentro de ti, al ser la misma Presencia Sanadora que habita dentro de las personas, no solo puede volverse la ley para tu propia experiencia física individual, sino que puedes usar este poder Divino dentro de ti para ayudar y sanar a otros. Y como cada uno existe en el mismo medio de la mente, cuando tú deseas pronunciar una palabra de curación para alguien más, debes primero reconocer al Dios Sanador dentro de ti, después de lo cual debes reconocer esa misma Presencia Sanadora en aquel a quien deseas ayudar.

Luego debes hacer tus afirmaciones directas por él, como si él fueras tú mismo. Tus declaraciones sobre él, se convertirán en la ley para él tal y como se han vuelto ley para ti, estableciendo armonía en su ser físico. Declara que tu palabra es ley para él; que ella remueve la duda y el miedo de su conciencia y que con la desaparición de la duda y del miedo habrá una correspondiente desaparición de sus manifestaciones.

Mientras más uses la ley de esta Presencia Sanadora dentro de ti, más completamente consciente estarás de su efectividad, y más cierto estarás de que *no soy yo, sino el Padre que mora en mí, el que hace las obras.*

La paz que está dentro de ti

Dios es paz. Esta paz que es Dios pertenece al hombre y forma parte de su naturaleza espiritual. Lo que Dios es en lo universal, el hombre es en lo particular. La naturaleza de Dios está encarnada en cada alma viva.

La paz dentro de ti no es algo separado de Dios.

No es algo que te bombardee de fuera. Esta paz es algo que se expande desde dentro. Esta paz ha estado siempre dentro de ti. Esta paz ha anidado siempre en el centro de tu ser, lista para revelar su perfección y armonía.

La paz está en la puerta de tu conciencia y espera tu aceptación. No está fuera esperando entrar; está dentro esperando expresarse en todo lo que haces. Si la posibilidad de tu paz dependiera de algún evento externo, de alguna circunstancia externa, de algún hecho objetivo, entonces no tendrías un principio de paz dentro de ti. Simplemente tendrías la esperanza de que algo la revelara o que fuera impuesta externamente.

El Reino de los Cielos está dentro de ti. Dentro de ti está el Reino de Dios, y dentro del Reino de Dios está la paz. Un conocimiento consciente de esta paz, aunado a un uso definido de la Ley de la Mente, da a cada uno la posibilidad de liberarse de la esclavitud de la duda, el miedo y la incertidumbre.

La paz está dentro de ti ahora. La paz que sobrepasa el entendimiento humano está ahí. La paz que está en el núcleo mismo del universo está ahí. La paz que dijo a las olas: "¡Aquiétense!" está ahí. La paz que curó al lunático de su pensamiento obsesivo está en ti. La paz está dentro de ti ahora: la paz que calmó la tempestad y que caminó por las turbulentas aguas de la discordia humana.

Como Dios es paz y como Dios está en ti, la paz de Dios debe también estar en ti. Ya no debes ir en busca de la paz, pues esto es confusión. No la busques fuera, sino en el centro. Siempre ha estado ahí. El espíritu de la verdad, que habla a través del entendimiento de aquel que comprendió la Divina Presencia, dijo: "Antes de que Abraham fuera, yo soy", y "Destruyan este templo, y en tres días yo lo levantaré".

Como la paz está dentro de ti, está a tu disposición. Si estuviera en algún otro lado nunca la encontrarías. Actúa como si la paz ya hubiera poseído tu alma y la poseerá. Actúa como si la paz ya emanara de tu espíritu, y emanará de él. Pronuncia la paz en medio de la confusión, y tu paz sanará esa confusión.

Este poder Sanador debe ser usado, y no solo creerse en él. Hay una vasta diferencia entre creer en este principio, y usarlo. Creer en este principio y entenderlo es esencial para su uso.

La paz está en el centro de tu propia alma; es el Ser mismo de tu ser. Esta paz que está en el centro de tu ser no ha sido nunca perturbada. Nunca ha tenido miedo. Nunca ha deseado dañar a nadie; por lo tanto nunca ha sido lastimada. ¿Cómo entonces, usarás este gran don que anida en el centro de tu ser?

Debes usarlo conscientemente. Debes pronunciar la palabra de paz dondequiera que aparezca la discordia. Y cuando pronuncies la palabra de paz no dejes que surja ninguna duda en tu pensamiento. Debes saber que la paz calma la tempestad. Debes saber que tu paz tiene el poder porque es la paz de Dios dentro de ti.

La paz que está en el centro de tu ser, no nació de la lucha humana, de la evolución o del logro. Es algo que siempre existió. No fue dado por el mundo. El mundo no puede llevársela. Permanece perfecta, exactamente como siempre ha sido. Espera tu reconocimiento para que puedes entrar en una alianza consciente con ella. Y cuando hayas unido las fuerzas de tu intelecto con su calma infinita, tu corazón no se perturbará más, y tampoco tendrá miedo.

Por encima del viento, más arriba que el torbellino, consagrada en el Corazón de Dios, hay una voz dentro de ti que dice: "¡Paz! No tengas miedo. Soy yo". Este YO eres TÚ. Este TÚ es *Dios dentro de Ti*, Este Dios dentro de ti *es* la paz.

Dios, tu Yo impersonal

Yo soy el que soy

Yo soy el *que soy*. Soy la Presencia Eterna de tu propio Ser. Por tanto no hay mediador entre tú y yo más que tu propio pensamiento.

Este Yo Soy te ha sido revelado en innumerables formas, a través de los textos inspirados de todos los tiempos. Cada inspiración ha sido una proclamación de que el *Yo Soy* está en lo profundo de ti. Yo Soy el escritor, el inspirador, y también de lo que se escribe. Yo Soy el creador de la historia, y el que la experimenta. Yo Soy su registro y su interpretación. Todo lo que ha acontecido no ha hecho más que simbolizar mi divina presencia en el centro de todo.

Yo Soy dentro de ti la única presencia que existe. Yo creo innumerables centros de mi conciencia personificada como personas, y, sin embargo, Yo Soy ese hilo de unidad que corre a través de todos, uniéndolos de nuevo a mí. Como soy la unidad perfecta, yo existo en todas partes. Donde quiera que me reconozcas, ahí estoy. Y ya sea que me reconozcas o no, de cualquier modo estoy ahí. Este visitante divino, que es tu ser verdadero y que es lo que Soy, es tanto aquel que toca la puerta como el que la abre.

Es la gloria de este reconocimiento lo que ha dado a los iluminados la verdadera maestría. No busques maestros fuera de Mí, o mediadores entre tú y yo. Solo hay un ser que no necesita mediador. Este ser es inmediato, presente y está disponible.

Cualquier pensamiento o creencia que busque separar lo que Soy de lo que tú eres, sería una ilusión, sin importar qué tan elevado sea el concepto o cuán sacro sea su propósito. Porque podría buscar negar la presencia permanente del Yo Soy, la plenitud de mi perfección, el Dios dentro de ti, el pensamiento inspirado que está detrás de tus actos.

Tu Yo Verdadero constituye el único mediador entre lo visible y lo invisible. Yo soy ese Ser. Aquiétate y comprende que tú eres uno conmigo, y que mi Ser en ti es tu vida.

También es tu cuerpo, tu mente y tu espíritu; cada célula de tu cuerpo, cada pensamiento de tu mente, la gloria de tu espíritu. Aquello que tan ardientemente has buscado nunca ha estado separado de ti ni por un instante. Mi deseo de expresarme en ti ha sido el poder motivador que te impulsa y te compele a avanzar, a extenderte, y a elevarte.

Yo Soy el Cristo que mora en el centro de cada alma humana y, no obstante, divina; Infinita, aunque fluye a través de lo aparentemente finito; Inmanifiesto, aunque siempre está manifestándose; nonato e inmortal, aunque siempre está naciendo; eterno, Yo Soy por siempre el creador del tiempo. Y tú, la expresión de mi Ser, pareces estar separado de Mí solo porque eres una manifestación única de mi Ser. Porque Yo Soy lo que tú eres y lo que la gente es. Yo Soy en todos y Yo Soy todo.

Cuando llegue a ti el reconocimiento de este Yo soy el que Soy, habrás descubierto a tu verdadero Salvador, tu verdadera filiación, y sabrás que esta filiación es una proyección de mi Ser, siempre distinta a cualquier otra proyección; inmortal, pero siempre en expansión.

Aquí encuentras el Ideal Verdadero, el Modelo Cósmico, la Amistad Eterna del alma consigo misma, el Dios que es personificado, la Persona que es Dios en el Hombre. ¡Y qué grande es este acertijo divino! ¡Qué inescrutable es la esfinge! El hombre ha buscado a lo largo del tiempo solucionar este misterio: ¿Cómo pueden la unidad y la multiplicidad coexistir, sin estar divididas?

Pero ahora tú has resuelto ese misterio. Has logrado que la esfinge responda a su propia pregunta; ya no te devora más, pero, como circunstancia, debe reverenciar a esa divinidad dentro de ti; como todas las cosas creadas, debe reconocer la supremacía de *lo que Yo Soy* dentro de ti.

Este misterio de la unidad y la multiplicidad sin división entre sí la he proclamado a través de los tiempos, pero solo los iluminados han comprendido el significado; los no iluminados no se han dado cuenta de que los que me entendieron eran como ellos. Creyeron que se trataba de grandes profetas, grandes mediadores gobernados por maestros invisibles, controlados por aquellos que llamaban santos.

Pero puesto que creo tanto en los santos como en los pecadores, sin calificarlos como grandes o pequeños, como buenos o malos, y, siendo eterno, desde que creé los tiempos yo soy el que revela y yo soy lo que es revelado.

Y la piedra que los constructores rechazaron se ha vuelto la piedra angular en la esquina. El vulgo no lo sabía, y aún los altísimos sacerdotes fallaron en reconocer que el arca de mi alianza se encontraba en el santuario de sus propias almas; que el pergamino de la vida oculto en esta arca tenía inscritas las palabras YO SOY.

Yo soy la abundancia dentro de ti

He venido para que puedas tener una vida más abundante. Para aquellos que no conocen su verdadera naturaleza, creyéndose separados del bien, yo he venido. A aquellos que están desilusionados y enfrascados en la lucha, que han buscado la vida fuera de sí mismos, yo les señalo el camino a la salvación segura.

El *Yo soy* entre ustedes tiene poder para sanar, para consolar y para prosperar. He venido a despertarte de tu largo sueño de separación; de tu noche de desesperación. El amanecer ha llegado. El sol de la verdad se eleva sobre el horizonte de la ignorancia. La luz disipa la oscuridad. El rocío de la mañana está sobre los pétalos, que relucen en el sol.

Yo soy ese sol de la verdad que mora en el santuario de tu corazón. Yo soy la estrella de la mañana que te guía al pesebre de tu salvación, donde yace el bebé que ha nacido de tu conciencia. Esta vida interior es tu único salvador, el creador de tu destino, el intercesor de tu destino.

¡Despierta! Hazte consciente de mi presencia, porque Yo Soy vida. No soy algo separado de tu ser. Yo soy tu ser. Más cerca que tu respiración, que tus manos y tus pies, Yo soy. Has pensado que negabas mi existencia al afirmar la carencia, el miedo y el fracaso, pero en realidad lo que has hecho es afirmar mi poder para ser para ti aquello que tú creías. Yo soy la realidad de tu ser, pero siempre he aparecido ante ti en la forma de tus creencias. Yo soy más que tu mente consciente. Yo soy lo que proyecta la mente que tú llamas *tu yo*. Yo soy lo que crea tu ser y lo proyecta desde el centro de mi propia originalidad divina.

Yo soy el poder que te ha atado a tu falsa creencia. Yo soy la única presencia que te puede dar libertad. La esclavitud y la libertad son lo mismo. El *Yo soy*, quien se encuentra en el centro de tu ser, puede proyectar a una tan fácilmente como a la otra. La esclavitud no me ata, solamente me expresa. Eso que tú llamas esclavitud, es mi libertad mal usada.

He venido a despertarte del sentido de la limitación, a proclamarte los días eternos de mi abundancia. He venido a llenar tu mente con verdad, para convertir tu alma por medio de la razón, la inspiración y la iluminación al entendimiento de que *Yo Soy* todo lo que hay, además de lo cual no hay nada más.

Dentro de ti se encuentra el lugar secreto del Altísimo, el Tabernáculo del Todopoderoso, el Dios Interno, el Padre siempre presente, y el Hijo eterno. Este Padre siempre presente y el Hijo eterno son el mismo ser. Yo soy ese ser. Yo Soy todo ser. Yo Soy tu ser. Tú eres Mi Ser.

Yo Soy aquello que tú eres, y tú eres aquello que Yo soy. Por tanto puedes saber que el Yo Soy Universal es también el yo soy individual. Así, el *yo* individual se funde con el *Yo Soy Universal*; es omnipotente donde sea que el bien impulse las actividades del pensamiento. Porque el pensamiento humano es tan divino como sea su concepción de mí, y mi ley omnipotente siempre obedece su voluntad.

Si puedes hacer a un lado tu miedo, que no es más que la expresión de tu sentido de aislamiento; si puedes hacer a un lado la negación y volverte solo hacia Mí, entonces serás libre. Aquiétate y entiende que Yo Soy tu Ser Verdadero. Aquiétate y comprende que yo soy el principio de vida. Aquiétate y reconoce que Yo soy la verdad que disipa el error.

Nada que hayas hecho o dicho, ninguna ley que hayas puesto en movimiento es tan grande como Yo Soy, porque yo trasciendo los usos de la Ley. Yo, el Creador, recreo. Yo, el Modelador, remodelo. Yo, el hacedor, rehago.

Puedes confiar en lo que haré, porque Yo soy Dios, el Espíritu Viviente dentro de ti: no poderoso en cierta medida, sino Todopoderoso. No hay ley que se oponga a Mi Voluntad. No hay opuesto a Mi Naturaleza. No hay oscuridad que Mi Luz no disipe. No hay conocimiento que yo no posea, pues Yo Soy Sabiduría, el origen del conocimiento. Yo Soy la luz, el origen de la iluminación. Yo Soy poder, el origen de la fortaleza.

Yo soy la creatividad dentro de ti

Como Yo Soy la creatividad del universo, y como mi imaginación es mi creatividad, entonces sabrás que pensar es crear. De ahí que los mundos hayan sido formados por el poder de mi palabra. De ahí que tu mundo haya sido formado por el poder de mi palabra en ti, pues tu palabra es mi palabra en ti. Tu pensamiento es mi pensamiento en ti. Tu poder es mi poder en ti.

Yo, el universal, y tú el individual, somos el mismo ser. Yo, el universal pienso en ti, lo individual. Así, Yo, el Universal te doto a ti, el individuo (lo individual), con vida, con creatividad: Yo soy la vida y la creatividad dentro de ti.

Tu pensamiento es creativo. Tu imaginación proyecta la forma sobre la pantalla de tu experiencia. Esto se debe a que yo, el principio creativo, moro dentro de ti, proyectando la Ley de mi creatividad a través de tu imaginación.

Saber cómo pensar es saber cómo crear, y este poder de crear a través del pensamiento es la ejecución de Mi Voluntad en ti, la manifestación de Mi Ser a través de ti. Esta es Mi Imagen y Semejanza manifestada en el nivel de tu conciencia. Si puedes comprender conscientemente esto, podrás saber que Yo sigo creando a través de tu mente.

Yo, el universal soy ahora individual. Yo, el Impersonal, soy ahora personal. Y aun en mi personalidad y en mi individualidad sigo siendo universal. Pero yo, la mente universal creativa, ahora me convierto al mismo tiempo en lo individual y en la mente personal creativa a través de tu voluntad, a través de tu deseo.

Como tú eres parte de mí, tienes el poder de pensar y de crear. Este poder es mi poder; también es tu poder. Y como esto es así, lo que has creído viene a ti; lo que has pensado ha ocurrido. Hasta ahora, no has sabido que el mismo poder que te esclaviza puede liberarte, que el mismo poder que ha creado padecimientos físicos, puede sanarlos. Yo, el Eterno en tu interior, hago todas estas cosas.

Como tú crees que lo que experimentas es necesario, perpetúas dicha experiencia. Esto es también mi mente trabajando en el centro de tu ser.

Yo estoy en tu interior como el único departamento creativo en el universo, ya sea que este departamento creativo se considere tu imaginación o mi Voluntad, son lo mismo. El Yo Soy que está dentro de ti puede fácilmente disolver una creación y proyectar otra. Cuando tu universo actual sea contado con las cosas que alguna vez experimentó, el *Yo Soy* en tu interior proyectará otro universo y aún otro y después de ese, otro más.

Aquiétate y comprende que estoy dentro de ti. Aquiétate y comprende que cada átomo de tu cuerpo está sintonizado con la vida perfecta.

Aquiétate y comprende que cada actividad de tu ser físico se mueve de acuerdo a mi Perfección Divina. No estoy preso en tu cuerpo sino que soy tu cuerpo. Nunca limitado por su acción, yo produzco su acción.

Por alguna intuición divina, por algún susurro interior de tu alma, por alguna luz en tu camino, has progresado. Yo soy esa luz, esa necesidad, ese susurro, esa voz.

Yo soy tu Ser Verdadero. Al ser todo lo que existe, Yo soy el Ser de todo, de la partícula más pequeña a lo más grande, de la forma más baja hasta la mayor inteligencia.

Debes entender que este *Yo soy* que está en el centro de tu ser es el Yo Soy en el centro de los seres. Cuando comprendas esto, la naturaleza entera tendrá un nuevo significado. Sabrás que la fragancia de la rosa es mía; sabrás por qué la inteligencia en el animal responde a ti; comprenderás el misterio de los misterios. Poseerás la llave que abre la puerta del tesoro de la naturaleza. Estarás unido por una inseparable unidad a todo lo que existe.

Yo soy el sustentador dentro de ti

En el corazón de cada uno, yo vivo; en el centro de la creación yo habito. Yo lleno el espacio. Yo soy todo en, sobre, y a través de todo. Desde la forma más poderosa hasta el átomo más pequeño, mi presencia cubre, permea, anima todo.

Además de mí no hay ninguna otra Presencia, ningún otro principio que infunda vida. Adonde sea que veas, me verás. Adonde sea que vayas, me encontrarás.

La voluntad de Dios

Por lo demás, hermanos, piensen en todo lo que es verdadero, en todo lo honesto, en todo lo justo, en todo lo puro, en todo lo amable, en todo lo que es digno de alabanza.

—Filipenses 4:8.

En la Ciencia de la Mente nos hacen con frecuencia estas preguntas: ¿Cuál es la voluntad de Dios?, ¿es la voluntad de Dios que yo sea feliz, próspero, libre y que me exprese a mí mismo?, ¿o está Dios probándome? ¿Está Dios formando mi carácter a través de las pruebas y las tribulaciones? Hablando en general, estas preguntas son sinceras y con frecuencia son planteadas por alguien cuya conciencia ha sufrido profundamente por la limitación e infelicidad de la experiencia humana.

¿Cuál es la voluntad de Dios? Esta pregunta es tan vieja como el tiempo mismo, y la respuesta ha sido tan variada como las mentalidades de quienes la responden. Para la mente científica la Voluntad de Dios se manifiesta en las Leyes Inmutables del universo. Para algunos religiosos sumamente apasionados, la voluntad de Dios parece venir a través de alguna revelación especial que da nacimiento a cierto sistema espiritual de pensamiento que después ha de tomarse dogmáticamente y ser aceptado sin cuestionamientos, como una verdad y una fe absoluta y eterna.

Si adoptamos un punto de vista racional para esta pregunta, ¿no podríamos aceptar, como la única conclusión lógica, que la voluntad de Dios debe ser siempre consistente con la naturaleza del Ser Divino? La voluntad de Dios y la naturaleza de Dios deben ser idénticas. Si la naturaleza de Dios es la limitación y la esclavitud, entonces la voluntad de Dios debe ser también la limitación y la esclavitud.

Cuando usamos la palabra *Dios*, nos referimos a la gran realidad, la unidad infinita, la verdad final detrás de la vida manifiesta, la Causa

Absoluta o Sin Causa, el Único Ser Incondicional, Completo y Perfecto: indivisible, inmutable y total. Estos términos descriptivos son sinónimos de la palabra *Dios*.

Si la naturaleza de Dios o de la realidad fuera la infelicidad, entonces la voluntad de Dios tendería a la infelicidad. Pero suponer que la naturaleza de Dios tiende hacia cualquier forma de limitación es suponer no solo una inconsistencia sino también una imposibilidad. La verdad es ilimitada. La naturaleza de Dios, entonces, no es de limitación y esclavitud sino de libertad; por eso las Escrituras nos dicen que hemos heredado no la esclavitud sino la libertad.

Nuestra herencia divina es la autosuficiencia, la perfección, la paz, la integridad, y esto debe incluir la abundancia, la autoexpresión, la plenitud y la felicidad. La naturaleza de Dios es la Integridad; la naturaleza de la integridad es la felicidad; la naturaleza de la Felicidad es la paz; la naturaleza de la paz es la armonía, y la naturaleza de la armonía es la alegría. Así que hacia cualquier lado que lancemos esta proposición, nos vemos obligados a entender que la naturaleza de la realidad, la Naturaleza de Dios, es perfecta; por tanto la voluntad de Dios, que no puede nunca divorciarse de la naturaleza de Dios, debe ser siempre una voluntad hacia nuestra integridad, nuestra paz, nuestro equilibrio, nuestro poder y nuestra autoexpresión.

Si la voluntad de Dios es la voluntad de la abundancia, la consecuencia es que Dios no puede querer carencia o limitación, que la esclavitud es del humano. La esclavitud es resultado de un punto de vista restringido de la realidad. La aflicción es resultado de la ignorancia.

Debido a nuestra naturaleza psicológica y como aquello en lo que pensamos tiende a ocurrir en nuestra experiencia, en consecuencia, si creemos que la voluntad de Dios tiende hacia la infelicidad y la limitación, experimentaremos limitación como resultado de esa creencia.

Por eso es tan importante que nuestra conciencia esté despejada, que sepamos lo que verdaderamente creemos de nuestro Dios. De hecho, podemos decir que, a final de cuentas, lo que el hombre cree de Dios inevitablemente influye en la experiencia entera de su vida. En consecuencia si creemos que la Voluntad Suprema del universo es hacia el sufrimiento, no hay posibilidad de escapar de ese sufrimiento impuesto por dicha creencia que opera a través de la Ley de Causa y Efecto.

Pero la voluntad de Dios nunca es hacia el sufrimiento. En el centro de las confusiones se ha elevado un grito de liberación. La intuición siente que la liberación está cerca, pero el intelecto no comprende la manera en la que podría manifestarse.

De ahí que la intuición proclame lo que el intelecto no comprende, y el hombre debe reafirmar constantemente su creencia en la Bondad Infinita, si espera excluir la idea del mal de su pensamiento.

La voluntad de Dios para cada persona es la felicidad, la paz y la alegría. La voluntad de Dios para la creación es la autoexpresión, ya que la creación es una expresión de esta causa invisible que llamamos Dios, y tampoco puede ser considerada de otro modo. Cada deseo constructivo hacia la autoexpresión encuentra su prototipo en la necesidad universal de autoexpresión. La incesante lucha por la libertad que se ha manifestado a lo largo de los tiempos, la constante búsqueda de la realidad que ha inspirado a todas las personas a esfuerzos más nobles, son expresiones de eso que ha sido, principalmente, un sentido inconsciente, esa esperanza que brota eternamente en el pecho del hombre.

La voluntad de Dios se inclina siempre hacia la vida y más vida. Cuando Jesús dijo: "Dios no es un Dios de los muertos, sino de los vivos", él estaba explicando que la voluntad de Dios y la naturaleza de Dios son la vida y no la muerte; porque ¿cómo puede el principio de la vida producir muerte? Podríamos agregar: ¿cómo puede el principio de la armonía producir discordia? Debemos creer que la voluntad de Dios es la felicidad. Entonces tendremos un poderoso antecedente espiritual y psicológico para nuestra convicción de que nosotros, también, debemos ser felices. En la búsqueda del alma por su bien mayor, que es una satisfacción interna, debemos saber que la voluntad de Dios es la serenidad, la seguridad, la certeza.

Pero algunos dicen: "Todo eso suena grandioso, pero ¿no es un sutil argumento del mal, que trata de desviarnos del camino? ¿No es realmente nuestro propio deseo ansioso y obstinado que busca escapar de los terribles castigos de nuestros actos imprudentes?".

Debemos paciente, persistente e insistentemente mostrar a la gente que la voluntad de Dios no puede inclinarse hacia nada más que lo que es bueno; que la voluntad de Dios y la naturaleza de Dios son idénticas y deben permanecer así por siempre: que no hay nada en el universo que se oponga a su bien, excepto el uso equivocado de la Ley que, en sí misma, es buena. Esta ley debe presentarse a sí misma a cada individuo de acuerdo a su creencia.

La voluntad de Dios ciertamente se inclina hacia la abundancia. Si disfrutamos de la vida, Dios se expresará mucho mejor; el mundo es, en esa medida, un lugar más feliz para vivir. No hay un Dios que pruebe las almas de los hombres o que golpee sus cabezas con un garrote cósmico para ver cuánto pueden soportar. No hay pecado sino error, y no hay castigo, sino consecuencia. De la misma manera, la virtud es su propia recompensa. Si una persona sincera te dice: "Si todo esto es verdad, entonces puedo hacer lo que me plazca, ya que Dios no tiene voluntad para mí", explícale de nuevo que la voluntad de Dios y la naturaleza de Dios son una, y una parte de la naturaleza de Dios es la Ley Inmutable de Causa y Efecto. Cada hombre debe cosechar lo que siembra.

No puede haber nueva cosecha sin nueva semilla. Si hemos estado sufriendo de infelicidad, pensando que es la voluntad de Dios, debemos darnos cuenta de que nuestros pensamientos están formulados de una manera tal, que nuestra infelicidad es el resultado inevitable. Nuestras emociones están dirigidas de una forma tal, que deben crear infelicidad. En otras palabras, sufrimos de ignorancia.

Ahora, si la voluntad de Dios se inclina hacia la paz y la alegría, y si la naturaleza de Dios es idéntica a esta voluntad, entonces la Ley de Dios que también es la naturaleza de Dios ejecutando la voluntad de Dios, se inclina hacia la felicidad y la alegría. En consecuencia, cuando empezamos a pensar en felicidad y alegría ellas correrán a nosotros, clamando que les pertenecemos.

Es entonces cuando el Padre corre a encontrarse con el Hijo y a envolverlo en su abrazo. Nunca estuvieron realmente separados; el hijo había simplemente dirigido erróneamente su energía. El pensamiento más hermoso de todos es que cuando redirigió su energía a un canal constructivo su experiencia equivocada terminó y un nuevo uso de la Ley se puso en marcha. En esta simple, pero profunda lección, el Mostrador del Camino enseñó la simple verdad de nuestra relación con la mente de nuestro Padre.

Cada momento que un hombre es infeliz y no se expresa está despedazando su personalidad. En el momento en que se vuelve entusiasta, empieza a construirla de nuevo. La voluntad de Dios se inclina hacia una vida más abundante porque esa vida expresa a Dios. La vida que está limitada, pervertida, tímida y temerosa, no expresa al Ser Divino tan completamente como la autoexpresión ilimitada del alma que afirma que la obra de Dios es buena, anunciando a través de cada experiencia el éxtasis de la autoexpresión.

No honramos a Dios siendo pobres, débiles e infelices, ni limitamos a Dios mediante tales experiencias. Lo que hacemos en nuestras experiencias negativas es dirigir erróneamente la energía positiva que está dentro de nosotros, porque solo hay una energía final, así como solo hay una mente final. Esta mente final y esta energía final están manifestándose siempre a través de nosotros en el nivel de nuestra conciencia de vida y del entendimiento que tengamos de su significado; de ahí la importancia de reeducar a la mente hacia una percepción más directa de su relación con Dios.

Todos los hombres buscan expresarse a sí mismos, al igual que buscan la vida, porque Dios en nosotros es libertad y debe ser expresado. Si nuestra válvula de escape para esta autoexpresión, para esta necesidad divina, es constructiva, jamás se presentarán resultados erróneos, y a través de nuestra autoexpresión, el mundo se beneficiará. Cada forma de argumento malsano surge para aniquilar esta gran esperanza dentro de nosotros. Dios está probándonos, el diablo nos está tentando, la experiencia es demasiado para nosotros, y así sucesivamente a través de las ilimitadas categorías del morbo humano este argumento de la serpiente busca desterrarnos de nuestro Jardín del Edén.

A través de cada sutileza, de cada ilusión, de la lógica de la experiencia humana, somos alejados de la realidad hacia nuestro sueño de separación. Se requiere de un pensamiento resuelto, de una mente equilibrada y un espíritu confiado para vencer todo esto. Se necesita una fe calmada y una confianza sosegada en la supremacía de Dios y en la omnipotencia de la ley del bien. La libertad de la esclavitud es algo que debemos percibir internamente. Esta percepción es la más grande de todas las percepciones.

La naturaleza de Dios, la voluntad de Dios, y el poder de Dios, son lo mismo. No importa que millones de personas a lo largo de incontables generaciones hayan mal interpretado esta voluntad de Dios, y hayan pensado que significaba limitación y sufrimiento. La naturaleza de Dios se demuestra cuando es comprendida. Se comprueba cuando es *conocida*.

Si la verdad acerca de Dios es felicidad, alegría, autoexpresión y abundancia, entonces esta es la verdad que debemos buscar demostrar en nuestras vidas. Esto se logra sabiendo que cada pensamiento dentro de nosotros está lleno de paz, participa de la idea de la abundancia divina, incluye la idea de la plenitud, y es iluminado por la luz eterna.

Dios, la verdad evidente dentro de ti

Es evidente que vivimos. Descartes dijo: "Pienso, luego existo". Podríamos decir que se trata de un axioma de la razón por medio del cual uno percibe que existe. Un axioma de razón es una verdad tan evidente, tan universal y experimentada, tan inmediatamente conocida para la mente que la razón no puede negar su existencia. Que haya tales verdades definitivas es evidente.

Deseamos proclamar nuestra identidad en el universo, la posibilidad ilimitada de expresarnos y la certeza de una evolución eterna. Deseamos establecer identidad, individualidad, unidad, plenitud.

Nuestra primera proposición evidente es que *la verdad es lo que es*. Estamos usando la verdad en el sentido de su significado absoluto: no *alguna* verdad o *una* verdad, sino la verdad, la realidad última. Siendo la verdad lo que es, no puede haber nada distinto a ella, diferente a ella u opuesto a ella.

Aunque es cierto que nuestra comprensión finita actual no capta al infinito, y las apariencias parecen contradecir esta premisa fundamental, podemos estar seguros de que ni siquiera el juicio de los sentidos es un criterio final. La tierra y el cielo no se unen en lado alguno. Esos horizontes aparentes están sujetos a nuestra experiencia. Pero debemos postular una verdad absoluta e incondicionada en algún lado. Esta es la verdad a la que se refería Jesús cuando dijo: "Conoceréis la verdad, y la verdad os hará libres". Qué es la verdad y cómo opera a través de nosotros es la esencia de nuestra pregunta.

Aquello que la razón no puede dudar, aquello para lo que la esencia de la razón no puede encontrar un opuesto, pero en el cual el pensamiento claro debe confiar completamente —por el simple hecho de que es incapaz de concebir un opuesto— esa es la verdad. La Biblia nos dice: "Por tus palabras serás justificado, y por tus palabras serás condenado". El concepto de la verdad formulado en nuestro pensamiento se convierte en nuestra palabra y en la afirmación de nuestra relación con el universo. Por ejemplo, creemos que Dios es todo lo que existe, o no creemos que Dios sea todo lo que existe.

Si el razonamiento claro nos trae la percepción de lo Absoluto de la verdad, y si la verdad es sinónimo de Dios, cuando decimos: "Dios es todo lo que existe", podemos añadir que es imposible concebir algo opuesto, diferente, distinto en lo que llamamos el pasado (que es la memoria), en lo que llamamos presente (que es la experiencia), o en el futuro (que es la anticipación). Porque el pasado, el presente y el futuro no son más que la continuidad sobre la que se teje la secuencia de la experiencia.

Si Dios es todo lo que existe, entonces el pasado, el presente y el futuro —tiempo, experiencia y forma—, si en verdad existen, deben existir como parte de la verdad. Si esta verdad es todo lo que existe, también debemos estar incluidos en ella, y debemos identificarnos con ella. Así el Absoluto de la verdad automáticamente incluye la realidad de nuestro propio ser.

Llegamos a la proposición de que *la verdad,* al ser *todo lo que* existe, *debe ser Universal.* El Espíritu más la nada, nos da como resultado el Espíritu. Como no hay tal cosa como lo que no existe, una mentira se vuelve meramente en una negación de la verdad. Una mentira no tiene ni vitalidad, ni poder, y queda simplemente como un opuesto hipotético de aquello que, en sí mismo, es positivo, absoluto y eterno. La verdad es universal. Cancelando lo que no existe y dejando lo que sí existe, llegamos a la conclusión de que nada le ha ocurrido a la Verdad. No nació, y no morirá. No llegó y no se irá. No tiene grados de existencia. Está universalmente presente.

A continuación probaremos el teorema de que *La verdad es indivisible.* Al no haber nada distinto a ella con lo cual dividirla, y siendo Todo, permanece como una unidad completa. Por tanto, toda declaración del ser es una declaración de la verdad. El absoluto indivisible de la verdad incluye todo lo que existe, y como puedo decir Yo soy, la verdad me incluye a mí.

Emerson nos habla de que ningún genio ha tenido jamás el más mínimo éxito en explicar la existencia. El enigma perfecto permanece. La verdad no se explica ni es explicable. Nuestra unidad con ella no es algo que adquiramos.

Es una realidad que descubrimos. Esta es la conclusión a la que llegamos, no solo a través del proceso intelectual, porque el genio del intelecto nunca ha podido explicar su propia existencia; simplemente la ha experimentado.

Si la verdad es todo lo que existe, si es universal y es una unidad, entonces nada estuvo antes y nada vino después, pero ella era, es y será Todo. La indivisibilidad de la verdad garantiza su unidad, y su unidad garantiza no solo nuestra unidad con ella y su unidad con nosotros, sino la inseparable totalidad de esta unidad. Trascendente aun cuando es inmanente, la verdad unifica trascendencia e inmanencia. El que percibe y lo que es percibido se unen en una mente y existencia comunes.

Algo no puede ser dividido por la nada. Si la verdad es todo lo que existe y si no hay nada distinto, entonces no hay línea divisoria entre Dios y el hombre. Así la percepción evidente de Jesús cuando dijo: "Yo y mi Padre somos uno". La Totalidad anuncia la independencia. Lo que llamamos atributos de la verdad no son atributos de algo que proyecta tales atributos, sino que son actividades de lo que constituye tales atributos. Esencia y ejecución son lo mismo. La verdad y el atributo son una sola cosa.

Esto debe haber sido lo que Jesús tuvo en mente cuando dijo: "Las palabras que yo les he hablado son espíritu y son vida". Él no estaba pensando que sus palabras reflejaran o transmitieran algún poder extraordinario, sino que ese poder mismo no estaba separado de la palabra. Su palabra era ese poder, no meramente una expresión o una extensión de él. El atributo era la esencia. Por consiguiente, el poder nunca está separado de sí mismo, y la mente que concibió el cosmos, dando nacimiento a sus infinitas formas, se identifica con él en última instancia: la misma mente, porque todas las mentes son una.

Dentro de cada persona y dentro de todo lo que vive hay un impulso hacia la autoexpresión. Este impulso es dinámico e irresistible. El hecho de que haya una necesidad insistente de autoexpresión en los individuos prueba que esta urgencia es cósmica.

Las partes aparentes corroboran las características de la totalidad universal si nuestro axioma de unidad es correcto. Por tanto el deseo de autoexpresión no es solo legítimo, sino irresistible. Buscar escapar de este deseo sería un intento inconsciente hacia la aniquilación de uno mismo.

Cada individuo debe interpretar el universo por sí mismo, ya que tiene que interpretárselo a él mismo. El universo puede interpretarse para él únicamente interpretándose a través de él. Dios solo puede darnos lo que tomemos, y lo que tomamos es la expresión divina de Sí mismo en nosotros, no algo distinto o diferente a Dios, no algo que ha tenido éxito en cruzar una línea divisoria, sino solo Dios mismo.

La necesidad que nos hace decir *Yo Soy*, es más que una necesidad que nos hace expresar un poder que se extiende a través de nosotros o una inteligencia que nos usa como un instrumento para su actividad. Esa necesidad en nosotros que nos hace decir *Yo Soy* es Dios. Así nuestra autoconciencia es su autoconciencia. Esta percepción de unidad ha sido básica para el genio espiritual de todos los tiempos, y no es más que otra manera de decir que Dios es todo lo que existe. El enigma de la unidad se resuelve en tal grado que uno percibe la unidad en la multiplicidad y la multiplicidad en la unidad.

Usamos esta ilustración de axiomas no para confundir ni para desorientar, sino para mostrar que, a lo largo de todos los intentos que se han hecho por enseñar la verdad, este tema central ha permanecido: la unidad indivisible de Dios y el hombre. La literatura sacra de todos los tiempos la contiene.

Reconocer que esta totalidad indivisible está en el centro de nuestro ser es entender que el poder de nuestra palabra individual es una actividad del infinito y eterno *Yo Soy*, el espíritu eterno y perfecto. Este espíritu que está en nosotros somos nosotros mismos. No hay una unidad más grande que pueda sernos dada más que aquella que por la naturaleza misma del ser no pueda sernos quitada. Este otorgamiento no es parcial sino completo.

Enseguida llegamos a otra proposición, la de que *la verdad es inmutable*. Esto es evidente, ya que no hay nada por lo que la verdad pueda ser cambiada. No puede cambiarse por la nada porque la nada no existe. No se puede cambiar en sí misma porque ya es ella misma. Continúa persistente, permanente.

Si la verdad no puede cambiar, si es permanente, si es omnipresente, entonces es siempre confiable. No hay más que estabilidad y seguridad.

La verdad es fiel. La verdad no nace, ni evoluciona, ni se deteriora. Como la verdad es eterna e inmutable, y como existe, y como lo que soy es ella en mí, es evidente que Yo soy eterno. Esa es la percepción de la inmortalidad, del ser eterno. No es más que otra manera de decir que Dios no puede morir, que Dios es todo cuanto existe, que Dios es la esencia de mi vida y que es mi vida; que Yo soy un inmortal y un ser eterno ahora.

Luego llegamos a la conclusión que tiende a liberar la mente de la esclavitud de las circunstancias: *La verdad, al ser todo lo que existe, es tanto causa como efecto.* Es evidente que la verdad no tiene causa y que no tiene efecto externo a ella. Por tanto, causa y efecto son la misma cosa. No hay ni causa ni efecto externo a la verdad. De aquí que cualquier creencia en la causa y efecto de la esclavitud carezca de validez, porque, si la tuviera, la esclavitud sería permanente, inmutable e inescapable. Si la verdad fuera esclavitud, la libertad sería impensable.

La verdad que nos libera no es la introducción de algún poder superior en un plano inferior. Es el conocimiento de que no hay planos superiores e inferiores en la verdad, ni leyes superiores o inferiores en la verdad. Solo existe *lo que existe*, y la acción que lleva a cabo aquello que se proclama a sí mismo como lo que existe. Si la verdad fuera esclavitud en vez de libertad, el mero conocimiento de la verdad crearía más esclavitud; pero como la verdad es libertad, entonces el conocimiento de la verdad es libertad. Conocer la verdad es ser libre. La verdad y la libertad son idénticas.

Causa y efecto, entonces, se vuelven un juguete, algo para ser usado. El karma y el destino se vuelven burbujas que el viento puede llevarse. Esta es la percepción del poder. Ese es el entendimiento de que el conocimiento de la verdad es poder. El poder es lo que llama, lo que obliga, lo que autoriza, lo que manda. Él (Jesús) *les enseñaba como quien tiene autoridad y no como los escribas*. Esto fue porque él entendió la naturaleza del espíritu espontáneo dentro de él y se dio cuenta de que la Ley de Causa y Efecto es el método mecánico a través del cual la Palabra de poder prueba su autoridad.

Llegamos ahora a la percepción de la *persona*, la *individualidad*, la *personalidad* y la *humanidad*, pues nuevamente decimos: "Pienso, luego existo". Igualmente, nuestros hermanos pueden decir: "Pienso, luego existo". La *totalidad* de la verdad entrega el mensaje que, en cierto sentido, cada uno es el *Todo* por la indivisibilidad de la verdad, y el *todo* está en cada uno. Tal es el misterio de la individualidad que la máscara de la personalidad apenas revela. La verdad, siendo *todo*, significa que cada individuo está obligado a ser la verdad y nada más que la verdad. La verdad no niega la individualidad, la personalidad o la humanidad. Afirma que cada uno existe en su aparentemente separada estrella, manteniendo una identidad eterna, inmutable y perfecta en la *totalidad* del bien. Cada uno es una expresión individualizada del Uno.

No hay nada que separe a un individuo de otro, aunque no haya nada que pueda aniquilar, sustraer o añadir a la individualidad de cada uno. Esa totalidad en la individualidad y esa individualidad en la totalidad se percibe, no tanto mediante un proceso intelectual como a través del axioma mismo que expresa la necesidad de aceptación del principio de Omnipresencia.

El principio de la omnipresencia también declara el principio de la omnisciencia. La verdad no es solamente presencia absoluta; también es conocimiento absoluto. Como esto es así, un inventor puede decir: "Yo conozco la respuesta a mi problema"; el autor puede decir: "Mi trama se ha resuelto"; el organizador puede decir: "Mi organización está completa". Al practicar conscientemente la omnipotencia, la omnisciencia y la omnipresencia, probamos en alguna medida que estas abstracciones evidentes en sí mismas son necesidades reales, confiables, sustanciales y disponibles. Necesitamos trabajar sin la ilusión de que es necesario negar la individualidad, la personalidad o la humanidad para afirmar la totalidad de Dios.

Pero si la verdad es todo lo que existe, entonces la verdad es inteligencia. La verdad es lo que llamamos mente. La verdad es la idea. La idea se vuelve absoluta. La Idea refleja experiencia. La totalidad de la idea destruye la creencia en cualquier universo físico, mental o material externo al concepto. La creación se vuelve la contemplación de la verdad.

Esta es la percepción de la creatividad. Las formas son reales, pero no autosustentables; no son nada en sí mismas. No hay nada en una idea reflexionada como esa que tenga ni siquiera control sobre sí misma.

Habiendo establecido la unidad, la Indivisibilidad, la Permanencia, el poder, la Omnisciencia, la Omnipresencia y la Omnipotencia, llegamos a la conclusión del *Dominio Eterno*. Es evidente que, si el mundo objetivo fuera una cosa en sí misma y nosotros no estuviéramos contactados de ningún modo con él más que mediante la experiencia que tengamos de él como un hecho externo, no podríamos de ninguna manera ejercer el dominio. La verdad estaría dividida en fragmentos que nunca podríamos unir y nunca podríamos alcanzar la integridad. Las grandes enseñanzas de todos los tiempos contradicen la teoría fragmentaria e insisten en resolver toda aparente multiplicidad en una total unidad. Esta unidad no es un evento lejano, sino un hecho presente. La ciencia moderna tiende a ir en la misma dirección.

La totalidad de la verdad, en su forma más simple, afirma que Dios es todo lo que existe. Dios nunca cambia. Dios está en mí. Dios es lo que soy. Dios es el universo.

Al principio el hombre es ignorante de su verdadera naturaleza. La palabra se ha hecho carne, pero la vida autoconsciente aún no ha emergido. La fusión de la voluntad, del deseo y de la intención, sin las cuales no puede haber personalidad, no ha ocurrido. Finalmente, la palabra no solo se hace carne, sino también persona. El hombre despierta a la vida, camina hacia la luz y triunfa sobre la limitación.

Entonces nuestra proposición evidente final expresa la percepción de la felicidad, la integridad y la perfección. El *yo soy* universal y el *yo soy* individual son uno en la paz, la alegría, el amor, la sabiduría, la belleza y el poder.

En el principio era la palabra, y la palabra era vida, y la palabra era luz. Y la luz a través de la ley produjo la forma, y la forma creada se volvió hacia la luz, y la luz del conocimiento surgió. Y el hombre contempló la Luz y caminó en ella, y la luz era todo.

El Señor es mi pastor

Una interpretación del Salmo 23

Hace siglos el Salmista captó una Inspiración Divina y comenzó a pensar en Dios como el Buen Pastor. Y mientras lo hacía, una gran ola de paz atravesó todo su ser, un sentimiento de seguridad y confianza, y su alma empezó a cantar en su interior.

De todos los textos inspirados a través de los tiempos ninguno es más hermoso que el Salmo 23, ninguno está tan lleno de una alegría sosegada y una seguridad absoluta; ninguno está más repleto de serenidad y consuelo por el pensamiento de que no estamos solos para abrirnos paso por la vida, aquí, o en el más allá.

El Señor es mi pastor, nada me falta...

Un pastor cuida de sus ovejas cuidadosa y amorosamente; las alimenta y les da refugio y las atiende cuando están enfermas. Por toda la Biblia encontramos referencias al pastor como una presencia amorosa, que guía, que protege, que cuida. Las ovejas no se preocupan, no tienen miedo; tienen la sensación de que están siendo cuidadas, tienen un sentido de seguridad. Cuando dejamos que el Señor de toda la creación nos cuide estamos siguiendo al Buen Pastor que conoce a sus ovejas y las ama.

En verdes pastos él me hace reposar...

Reposar en un pasto sugiere relajación en medio de la abundancia, una abundancia que ya se tiene, un bien que ya ha sido Divinamente dado. La expresión *verdes pastos* nos refiere a un lugar de descanso. El verde es el color más relajante y consolador de la naturaleza. Lleva a nuestra mente la imagen de un espacio sombreado donde podemos descansar a mitad del día.

Me guía junto a las aguas mansas....

Para completar la imagen, el salmista nos dice que estos pastos se encuentran junto a aguas mansas, refiriéndose al río de la vida en el que no hay conflicto ni turbulencia.

Y reconforta mi alma...

Solo deja que las preocupaciones del ayer fluyan fuera y que todas las cargas se vayan con ellas, pues el alma no puede ser restaurada por el río de la vida a menos que deje ir el pasado y descubra que un nuevo futuro está por siempre fluyendo alrededor: algo fresco, limpio, nuevo y maravilloso.

Me guía por el camino del bien por amor de su nombre...

Cuando seguimos el camino del bien, que significa la justicia y lo correcto, y cuando tomamos el nombre de Dios con nosotros, entonces estamos alineados con la gran armonía del universo y somos restaurados en cuerpo, mente y alma, porque el Espíritu lo renueva todo.

Aunque camine a través del valle de la muerte, no temeré, porque tú estás conmigo...

La muerte no es más que una sombra proyectada por la vida. El Espíritu Divino nos trajo a este mundo. Nunca nos ha abandonado y permanecerá con nosotros por siempre. No podemos alejarnos de Dios, está predestinado por la Voluntad Divina que el bien llegue al final a todos, sin distinción.

Tu vara y tu bastón me confortan....

El pastor usaba una vara o un bastón para protegerse a sí mismo y a sus ovejas. Como muchos otros símbolos de la Biblia, se refiere al bastón y la vara de la verdad, o sea, a nuestra completa confianza en la Ley del Bien.

Tú pones la mesa ante mí, en presencia de mis enemigos...

La mesa del Señor está siempre puesta y en ella están los dones de la vida, incluyendo la salud, la felicidad, la alegría y el éxito en la vida. El bien puede encontrarse en cualquier lado, si lo buscamos. La abundancia puede surgir de la carencia, la paz puede surgir de la confusión y la alegría puede surgir de la infelicidad, justo donde estemos. La mesa de Dios está eternamente puesta, pero, si estamos tan ocupados que no podemos llegar y comer de ella, entonces no podemos esperar participar de la abundancia divina.

Ungiste mi cabeza con aceite...

La costumbre oriental del anfitrión de ungir la cabeza de sus huéspedes con aceite era un símbolo de total hospitalidad, de bienvenida perfecta.

Y desbordas mi copa...

La abundancia de Dios es extravagante, es ilimitada. Nuestra copa puede llenarse y desbordarse si tan solo la mantenemos boca arriba. Con demasiada frecuencia invertimos este proceso porque no nos damos cuenta de que el Espíritu Divino desea que tengamos todo lo bueno sin escatimar en nada.

La bondad y la misericordia me seguirán todos los días de mi vida y moraré en la casa del señor para siempre

La bondad siempre estará disponible para nosotros, y siempre habrá misericordia por nuestros errores. Esta bondad y esta misericordia nunca nos faltarán, porque hay una presencia y un poder que van con nosotros y están dentro de nosotros: la amorosa presencia del Espíritu Divino y el poder siempre vencedor de la Ley del Bien.

Lo individual y lo universal

Nosotros individualizamos lo universal y universalizamos lo individual.

Esto suena más bien abstracto hasta que entendemos su simplicidad. Los antiguos decían que cada hombre es un microcosmos dentro de un macrocosmos, un pequeño mundo dentro de un gran mundo, o un individuo dentro de lo universal. Jesús dijo: "¿No creen ustedes que yo estoy en el Padre y que el Padre está en mí? Las palabras con las que les hablo a ustedes, no las hablo por mí mismo, sino que el Padre que mora en mí, Él hace las obras".

¿Qué significa esto? La respuesta es simple, y aun así es esa clase de simplicidad de la que surgen las conclusiones más profundas.

No existe tal cosa como un algo individual en el universo. Por ejemplo, nosotros como individuos no tenemos una fuerza gravitacional que nos mantenga en nuestro lugar. No poseemos una ley individual de las matemáticas o un principio individual de la armonía. Más bien estamos inmersos en estas cosas, y ellas se individualizan a través de nosotros en función del uso que nosotros hagamos de ellas.

Cuando Emerson dijo que hay una mente común en individuos, él alcanzó una de las más altas percepciones de todos los tiempos. No es que él estuviera negando la realidad de nuestro ser. En esencia estaba diciendo: "Tú eres porque Dios es. Tú vives porque Dios vive en ti". Cada uno de nosotros individualiza a la mente universal por el uso que hacemos de ella. La suma total de nuestras reacciones mentales y emocionales nos rodean con un campo de pensamiento que es operado por un campo más grande de mente, ley y acción.

Es por esto que no envías pensamientos ni los retienes, ni deseas, ni te concentras, cuando das un tratamiento. Haces una declaración definida en este campo universal de la mente, que se individualiza para la persona, lugar o cosa con la que tú identificas tu declaración.

Tu tratamiento es una individualización de la mente universal, pero en el momento en que se da se convierte en una universalización de la mente individual.

Esto suena abstracto, así que lo haremos más entendible mediante una ilustración. Cuando un granjero siembra grano está individualizando la tierra creativa de un medio universal. La creatividad ya estaba ahí antes de que la usara, y permanecería ahí aunque no la usara. Estuvo, está y estará tal y como estaba, ni más ni menos.

Sin estar consciente del hecho, el granjero ha aprendido que él como individuo puede sembrar la semilla de su elección. Lo universal se está ahora individualizando para él en el punto de la decisión de su vida personal.

Pero al momento en que siembra la semilla, un proceso universal se pone en operación, y aquello que era individual pasa del punto de su intención, selectividad y voluntad conscientes a un campo universal de reacción creativa. Él realmente está individualizando lo universal, pero en el momento en que lo hace, lo universal actúa sobre su individualización, y así se vuelve una operación universal.

Esto se aplica a todo lo que hacemos. Somos puntos individuales en la conciencia de Dios o el Espíritu Creativo original del universo. Somos puntos donde él piensa a través de nosotros como nosotros, o como decimos, Dios como hombre en el hombre, es hombre.

Pero el Dios que está en el hombre es el mismo Dios que es universal. No hay un muro de separación, ninguna barrera, ningún lugar donde uno empieza y otro se detiene. El Todo es Uno y el Uno es Todo. La creatividad del pensamiento no depende del pensador. La actividad creativa del pensamiento pertenece al universo.

Este es uno de los puntos finos de nuestra filosofía, y uno de los puntos principales en la Ciencia de la Mente. Cada avance en la ciencia se construye sobre la base de la sencilla proposición de que la naturaleza nos obedece cuando la obedecemos.

Dicen aquellos que entienden la simbología antigua que esa es la razón por la que Jesús lavó los pies a sus discípulos. Era como si les estuviera diciendo: "Si yo, tu maestro, lavo tus pies, ¿no deberían lavárselos unos a otros? Todo lo que Jesús hizo fue demostrar la realidad divina y las leyes que gobiernan su operación. El Señor, o la ley, nos sirve, pero primero debemos obedecerla. Por tanto cuando uno de los discípulos protestó y le dijo a Jesús que no podía permitir que le lavara los pies, Jesús contestó: "Porque les he puesto el ejemplo, para que lo mismo que yo he hecho con ustedes, también ustedes lo hagan".

Espero que pienses por mucho tiempo y profundamente sobre esta idea de la individualización de lo universal y la universalización de lo individual, siempre recordando que de ninguna manera esto contradice ni la supremacía de Dios ni la realidad del hombre. El hombre como un individuo no desaparece porque Dios esté encarnado en él o porque su vida es Dios; ni la Ley Universal lo domina en sus elecciones personales. Es cooperación absoluta basada en la unidad.

Si tuviéramos que hacer que las cosas ocurrieran, o lanzar fuera nuestros pensamientos, o influenciar o dominar y vencer a la oposición, nos enfrentaríamos a una misión imposible. Nunca tratamos de forzar nada cuando se trata de las leyes de la naturaleza.

Una de las cosas que debemos entender en lo referente a las leyes del espíritu es que seguimos operando en un terreno de ley y orden. Una fuerza gravitacional opera sobre nosotros. Aunque es verdad que podemos cambiar nuestra posición personal al respecto, también es verdad que cualquiera que sea la posición que adoptemos ella sigue operando sobre nosotros.

Lo mismo ocurre con nuestra palabra, con nuestro tratamiento, con nuestra oración, con nuestra afirmación. Actúa en un campo mayor y una Ley Suprema opera sobre ella. Es por eso que podemos tener fe en su fuerza, y paciente, alegre y esperanzadoramente esperar el resultado, sabiendo que lo que el hombre siembra, eso también cosechará.

El ego

NUESTRA IDEA DEL ego es diferente del concepto promedio de los psicólogos, particularmente los materialistas que sostienen que es la reserva de impulsos instintivos dominados por el principio del placer, ya que entra en contacto con el mundo externo a través de los sentidos y se imbuye de la conciencia.

Ellos creen que el ego no es una realidad espiritual, sino algo adquirido. Tienen razón en parte, en cuanto a que el ego que se muestra es resultado de nuestra experiencia. Es por eso que el ideal del ego es un estándar de perfección formado en la infancia a través de la identificación con personas admiradas.

Tienen también la teoría de un alter ego, que se desarrolla en función de una necesidad de autoexpresión surgida de toda la raza humana.

Sin negar o buscar minimizar el concepto psicológico del ego, tenemos algo que añadir. Creemos que hay un verdadero ego espiritual detrás del ego psicológico. El ego psicológico adquirido a lo largo de nuestra existencia es una proyección del ego real y de lo que experimentamos en la vida.

Hay un Ego, o un *Yo mismo*, que no fue creado por la experiencia sino que solo se expresa a través de ella. Hay un Ego Espiritual real y dinámico. Si no fuera así, el ego psicológico nunca habría funcionado.

A este Ego Real la Biblia lo llama *el Cristo en nosotros*, la Esperanza de Gloria. En el centro de la vida del hombre lo impersonal se vuelve personal; lo genérico se vuelve individualizado. El universo, o Dios, se encarna en cada individuo de forma enteramente diferente y única. Este es el origen oculto de la vida, el lugar en donde Cristo en nosotros se funde, por una parte con lo Divino, y por la otra, con el individuo. Es por eso que la Biblia nos dice que no hay más que un mediador entre Dios y el Hombre, que es Cristo.

La referencia a Cristo no es una referencia al hombre Jesús, sino a la Divina Encarnación en las personas. Es a través de este Ego Divino que alcanzamos la Integridad Universal de la cual este ego forma parte. No fue creado como nuestro ego psicológico, nuestro alter ego o nuestro ego ideal. No fue creado por la experiencia. Es lo que produce la experiencia.

Aceptamos el concepto psicológico y todos los descubrimientos que se han hecho, pero no podemos aceptar al ego como algo que nosotros mismos creamos. Esto sería contrario a nuestro concepto de la vida.

Si leemos el Libro de Job en el Antiguo Testamento, encontraremos exactamente lo que él hizo. Él pensó que tenía un ego separado de la cosa misma, y la narración describe cómo se metió en toda clase de problemas por eso. Se encontraba solo y finalmente terminó haciendo penitencia, y su esposa le dijo que bien podría maldecir a Dios y morir.

Pero en ese punto el señor Job recordó algo que su señora aparentemente había olvidado; que existe la integridad del alma, la realidad del Espíritu. Con esta conciencia más profunda de sí mismo, con esta identificación espiritual, él regresó a través de sí mismo a la causa de todo lo que existe y descubrió a Dios.

El egocentrismo es el resultado de un sentido de separación entre el ego que es objetivo y subjetivo, y el ego que es súper consciente; el ego que está oculto con Cristo en Dios. Si nosotros, como Job, rechazamos el falso ego y adquirimos el verdadero, descubriremos que el ego externo ya no será falso, sino que se convertirá en un instrumento para el ego real y verdadero que está detrás de él.

Cualquier cosa que nos separe del entendimiento de que somos Uno con el todo, le impide al todo expresarse a Sí mismo a través de nosotros, y todo lo que queda es el ego adquirido, que no es suficiente para lidiar con los asuntos de la vida. Pronto se inunda y termina sumergido.

Debemos despejar el camino de regreso a la vida misma, al poder y a la presencia, y a la tibia y colorida realidad del Espíritu Universal encarnado en nosotros. "¿Qué es el hombre, para que tengas de él memoria, y el hijo del hombre, para que lo visites? Pues le has hecho poco menor que los ángeles, y lo coronaste de gloria y honores" [Salmos 8:4,5].

¿Qué vemos en el espejo?

Una vez leí un artículo llamado "El aroma del miedo", en el cual se proclamaba que el miedo emana un olor o esencia que los animales pueden oler. El autor establece que esta esencia de miedo crea un antagonismo dentro del animal, y este a menudo ataca en defensa propia.

Un geólogo amigo mío me dijo que un día estaba sentado en una roca en el desierto, dibujando un mapa. Alcanzó a mirar con el rabillo del ojo que una víbora de cascabel se arrastraba sobre el filo de la roca en donde él estaba. Le pregunté qué había hecho cuando la vio y si tenía miedo. Me dijo: "Para nada. Yo no tenía ninguna intención de dañar a la víbora, y ella no tenía ninguna intención de dañarme a mí", así que siguió sentado ahí tranquilamente completando lo que hacía.

Esto me recordó un pasaje en la Biblia que dice: "Miren que yo les he dado a ustedes poder para aplastar serpientes y escorpiones, y para vencer a todo cl poder del enemigo, sin que nada los dañe". Y en otra parte, dice: "Tomarán en sus manos serpientes, y si beben algo venenoso, no les hará daño. Además, pondrán sus manos sobre los enfermos, y estos sanarán".

Los perros perciben nuestra atmósfera personal, y si es de confianza, si es de comprensión y amor, ellos responden a ella. Y me pregunto si es verdad que cuando sentimos rechazo hacia otros, ellos a su vez lo sienten y su respuesta hacia nosotros se vuelve antagónica. Quizás es por eso que la Biblia dice que la respuesta amable calma la ira.

Hay una atmósfera sutil alrededor de cada uno, la cual, sin que nosotros lo percibamos, silenciosamente atrae a la gente hacia nosotros o la repele. No tengo duda de que alguna forma de miedo sea la causa de la mayoría de nuestros problemas. Lo que el animal huele, debido a su agudo instinto, lo sentimos los humanos cuando tenemos contacto con otros.

Una atmósfera de fracaso atrae el fracaso. La persona que siempre ha sentido que no le gusta a nadie, se rodea a sí misma con una atmósfera que aleja a la gente. Parece como si nuestras actitudes mentales fueran contagiosas, como si estuviéramos más o menos envueltos en ellas. La influencia silenciosa que ejercemos sobre otros es algo que ocurre de forma automática. La amistad atrae amigos, mientras que la animadversión no solo repele a las personas, sino que despierta un sentido de desconfianza y desagrado en ellas.

He aquí una de las claves para la vida exitosa y una correcta relación entre la gente. Es solo cuando estamos sanos interiormente que podemos ayudar a los demás. Es solo cuando tenemos fe que podemos inspirar fe. Es solo cuando tenemos esperanza y entusiasmo que los otros responden a nosotros con igual esperanza y entusiasmo.

A menudo habrás notado que cuando pasas demasiado tiempo con gente que está deprimida y es temerosa, te sientes como si el peso del universo estuviera sobre tus hombros, como si nada tuviera esperanza. Por otra parte, si estás en compañía de aquellos que están animados y confiados, te sientes ligero, con un sentido de alegría y entusiasmo.

Es casi tan evidente como cuando pasas de la niebla a los rayos de sol, y de los rayos de sol regresas a la niebla. Es tan evidente como el viento en tu cara. Algunas veces, cuando hablas con gente deprimida, y tratas de darles consuelo y valor, sientes cómo su atmósfera se eleva, como si la niebla se quitara. Sientes que el sol vuelve a salir. Casi invariablemente estas personas te dirán lo bien que se sienten por haber hablado contigo.

Si pudiéramos regresar a ver que la vida es como un espejo, que nos refleja las imágenes de nuestro pensamiento, entonces nos daríamos cuenta de que al cambiar nuestro pensamiento podemos cambiar los reflejos en el espejo.

Luego, debemos preguntarnos: ¿Qué es lo que quiero ver en este espejo? ¿Y tenemos el coraje de admitir que lo que vemos en el espejo es una imagen de nuestra propia perspectiva de la vida? ¿Estamos viendo antagonismo, resentimiento, confusión? ¿Estamos viendo miedo, fracaso, infelicidad? ¿Y realmente estamos dispuestos a revisar este espejo de la vida y decir: "¿Eso soy yo?"? Y luego, si no nos gusta lo que vemos, ¿tenemos la suficiente confianza para creer que lo podemos cambiar? Si es así, hemos empezado correctamente.

Nuestro punto de partida es reconocer a Dios como el centro de nuestro ser, tener fe en esta Divina Presencia dentro de nosotros, y tener una fe igual en que la divinidad está en todos los demás. Debemos lograr ver que Dios es una Presencia Eterna en cada uno y en todo, y debemos aprender a pensar tomando esto como base.

¡Qué maravilloso sería si nunca tuviéramos miedo de nada! Tememos a la gente porque pensamos que de algún modo ellos pueden dañarnos. Así pues, la misma animadversión que tenemos hacia otros hace surgir un rechazo similar en ellos hacia nosotros. Pero invirtamos la proposición, cambiemos el miedo por la fe y el antagonismo por amor, y revertiremos también todo el proceso.

Como puedes ver, el espejo es solo algo que refleja. No puedes arrancar el reflejo fuera del espejo, pero puedes cambiar la imagen que está frente a él. Y tú eres el hacedor de imágenes. Así pues, creemos imágenes que reflejen nuevos modelos. Y debemos ser determinados en nuestra convicción, y deliberados en nuestro objetivo si esperamos resultados satisfactorios, porque las teorías no tienen ningún beneficio hasta que son aplicadas.

Tomemos el caso de un individuo que siente que todo y todos están en su contra. Él siempre parece estar en desacuerdo con las personas y con los acontecimientos. Esto ha sucedido a tal grado que la gente lo evita, porque sienten el resentimiento en su mente, y eso levanta un antagonismo igual en los pensamientos que tienen sobre él.

Supongamos que estamos enseñando a esta persona y que esta persona está aceptando nuestras explicaciones. Entendemos lo que está mal en él, sabemos que su sufrimiento es autoimpuesto y deseamos ayudarlo. Así que nuestra explicación tendrá que ser muy amable y considerada. Deberá ser como guiar a un niño o ayudar a un inválido, porque él realmente es una persona enferma. Estamos actuando como un doctor con su mente, y los doctores no juzgan rudamente a sus pacientes. Ellos deben tratar de ayudarlos y animarlos a llegar al punto donde el gran poder restaurador de la naturaleza puede reanudar su función natural.

Estamos actuando como un médico con la mente de esa persona. Nosotros también tendremos que ser amables y considerados y permitirle explotar un poco, porque entendemos que se está comiendo sus entrañas. Muy en lo profundo de él, tiene miedo, temor a la muerte, e inconscientemente reacciona en defensa propia. Esto es lo que debemos explicarle.

Él anhela amor y amistad. Preferiría tenerlos más que cualquier otra cosa en el mundo. Él quiere que la gente lo quiera, pero está temeroso de la gente. Así que le decimos cómo funciona la mente y cómo es que debe llegar a tener fe en algo mayor a él. Esto le gustará, porque está buscando fortaleza; anhela la felicidad tanto como un ciego anhela la luz.

Debemos ser muy amables al respecto, con el deseo simple y sincero de ser de ayuda y sin ningún sentido crítico. Podemos incluso decirle que hubo un tiempo en el que nos sentimos exactamente como él, un tiempo cuando pensamos que todo estaba en contra de nosotros. Pero un día la luz se encendió y gradualmente ocurrió una transformación en nuestra vida. Esto hará que sienta que estamos compartiendo nuestros secretos más íntimos con él, y cuando lo tomemos de la mano, responderá con confianza.

El cambio puede no suceder en un día, una semana o un mes, pero sucederá si persistimos. Démosle ciertas afirmaciones para que las haga cada día, similares a las que usamos al final de este artículo. Ayudémosle a hacerlas, hagámoslas con él. Empezará a sentir que tiene un compañero, y esto es algo que todos necesitamos; alguien lo entiende. No pasará mucho tiempo antes de que él trabaje con nosotros con un entusiasmo igual al nuestro, y poco a poco las señales comenzarán a aparecer. Su espejo empezará a cambiar su reflejo.

Esto creará esperanza, y es solo un pequeño paso lo que separa la esperanza de la fe. A través de esta experiencia aprenderemos la gran lección de la vida: que el bien que tenemos debe ser compartido con otros si ha de multiplicarse, pues cuando hacemos amistad con una persona que no tiene amigos, y hemos hecho posible que esta persona se haga de amigos, hemos multiplicado nuestra propia amistad por ese número de personas. Cuando hemos llevado el bien a alguna persona, y le hemos mostrado cómo extender ese bien en su propia experiencia, habremos llevado todo ese bien a nuestra propia vida.

Meditación

Cuando observo mi mundo veo que no hay nada que temer.

Y cuando observo mi propia mente sé que no hay nada en mí que tenga miedo. Mi pensamiento está lleno de confianza, de esperanza, de seguridad y de la aceptación del bien.

Espero que el espejo de mi experiencia se llene de alegría, y a medida que transformo la linterna mágica de mi mente en la gran mente y espíritu del universo en el que todas las cosas existen, sé que soy uno con toda la paz, con todo el poder y con todo el bien.

Yo afirmo la presencia del bien en todo lo que hago, la guía del amor a todas partes que voy. Yo afirmo que la fuerza, el entusiasmo y la vitalidad fluyen por siempre a través de mí desde la vida que sustenta plenamente al universo.

Yo afirmo mi unión con Dios, y sé que no hay nada en todo el universo a lo que deba temer, nada que evitar, nada de lo cual huir.

El universo es mi hogar y soy uno con Dios, uno con la gente, uno con esa fe perfecta y permanente que no conoce el miedo.

Pensamiento, sentimiento y emoción

PERMÍTEME EMPEZAR LA discusión de este tema emitiendo una opinión personal, la cual, admito, francamente puede estar equivocada.

Te toca a ti determinarlo. Yo creo que el núcleo del universo, la esencia de la realidad o Dios, el Espíritu Divino, es la esencia del sentimiento puro. Yo creo que los sentimientos están detrás de los impulsos creativos, ya sea en Dios o en el hombre.

Este sentimiento en seres humanos y, en cierto grado, en los animales es lo que llamamos emociones. Considero que el sentimiento es la esencia fundamental en el universo; forma parte de la naturaleza de la realidad. Nuestras emociones son este sentimiento original que fluye a través de nosotros a medida que el universo se individualiza en nosotros. No puede haber nada verdadero para el individuo a menos que primero sea verdad para el universo. Del mismo modo, cualquier cosa que sea verdadera para el universo debe ser verdadera para el individuo, porque el individuo es un microcosmos dentro un macrocosmos, o un pequeño mundo dentro de un gran mundo, o, tal y como declaramos nuestra proposición, un centro individualizado en la conciencia creativa de Dios.

En psiquiatría y medicina psicosomática se cree que existe una emoción o sentimiento definitivo, fundamental e incontenible detrás de todo; la necesidad de fluir a través de todo en forma creativa. Se le ha llamado la libido o el hambre emocional detrás de las cosas dirigida hacia la propia expresión, cuya represión lleva a la psiconeurosis. La psiconeurosis representa la congestión de esta emoción. Que existe este sentimiento detrás de todo, no lo dudo, y ya sea que la llamemos libido o necesidad, no hace ninguna diferencia. Hay un hambre emocional de autoexpresión en todo, y cuando se reprime, nos trae problemas, y muy serios, quizás un enorme porcentaje de nuestras dificultades.

Pero hasta la emoción y los sentimientos son cosas de la mente porque no pueden funcionar sin la conciencia, y el movimiento de la conciencia es el pensamiento.

Me doy cuenta de que esta proposición puede ser refutada, y pueden redactarse elaboradas explicaciones para probar que no es verdad y que el pensamiento en sí mismo es el resultado de algún tipo de estímulo. Esta idea, sin embargo, nunca ha sido científicamente probada, y las tendencias actuales tienden a rechazarla en lugar de estar de acuerdo con ella.

En cuanto a lo que nosotros se refiere, asumiremos que hay un pensador, un ego, una entidad, una persona y que detrás de esa persona hay un impulso irresistible de expresar vida. En cierto sentido, él debe vivir o morir; debe crear o perecer; debe expresar vida o la vida que busca expresarse a través de él fluirá de regreso a su interior. Habrá entonces una presión de adentro hacia fuera y de afuera hacia dentro. Es en este punto interno o intermedio donde el conflicto ocurre.

Si aceptamos la proposición de que los sentimientos y las emociones son ciertos modos de pensamiento, y, de hecho, los reducimos a pensamiento o mente en acción, entonces podemos ver cómo es que el pensamiento puede cambiarlos. De hecho, esto es lo que la psiquiatría y la asesoría espiritual y mental llevan a cabo. Esto puede lograrse al hacer que un paciente hable sobre sus problemas con la amable guía de un sabio consejero, o puede hacerse mediante nuestro método, donde el practicante piensa en la realidad espiritual de su paciente e identifica al paciente con ella.

El resultado será el mismo, a excepción de que, en una consejería ordinaria, las implicaciones lógicas de la Naturaleza Espiritual del paciente no se enfatizan. Pero si estamos enraizados en esta profunda realidad —que sabemos que así debemos estar— se puede decir que nuestro pensamiento debería regresar incluso a través del sentimiento y la emoción hasta la realidad misma.

Reconocemos entonces que no podemos hacerlo solo por medio del intelecto. Nuestro trabajo tiene un presentimiento, una sensación de la Divina Presencia y de la emoción del amor infinito. Como metafísicos, o como personas que creemos en la sanación mental espiritual, no negamos los hechos físicos ni los hechos psíquicos, ni dudamos tampoco en afirmar que hay hechos espirituales. Debemos ponerlos todos juntos. Las emociones afectan al cuerpo físico, y la mente puede ser destructiva o constructiva, según la forma en que es usada. Pues esta es la Ley de la Mente en la Acción. Pero detrás de todo está el actor.

La consejería espiritual sabia nos lleva del acto al actor, y lleva al paciente a lo que se llama autoconciencia; a un lugar donde ve por qué actuó como lo hizo y por qué puede también actuar diferente. Lo lleva de vuelta a través de sus emociones al lugar donde se encontraba cuando era un niño, antes de que sus problemas empezaran.

Pero llevarlo de regreso ahí no es suficiente, aunque tiene un efecto benéfico. Él debe reconocer conscientemente su unión con el infinito, su unidad con la vida, su asociación con Dios.

He aquí un pensamiento interesante sobre el cual se puede especular. Si el sentimiento y la emoción que actúan a través de la conciencia pueden producir tales estragos, ¿qué pasaría si el mismo sentimiento y emoción fuera empleado constructivamente? ¿Qué pasaría si pudiéramos convertir la energía del miedo en fe, la energía de la duda y la incertidumbre en un sentimiento de pertenecer al universo y de estar seguros en él? ¿Acaso no sería el mismo artista original el que llevaría a cabo una nueva creación a través de nosotros?

Dios le habla al corazón

AUNQUE ADMIRAMOS AL intelecto, debemos darnos cuenta de que el intelecto no es el factor creativo en el universo. Más bien, el creativo es el sentimiento.

Émile Coué dijo que cuando la imaginación y la voluntad están en conflicto la imaginación invariablemente gana. Y esa sugestión debe volverse autosugestión o autorrealización antes de que se vuelva eficaz. Es por eso que él acuñó la frase "Día a día, en todos sentidos, me vuelvo mejor y mejor", la cual debía ser repetida tan rápidamente como fuera posible para romper las barreras conscientes o intelectuales, y en cierto modo labrarse a sí misma hasta la autorrealización.

El verdadero poder creativo de la mente es más profundo que el intelecto. Pasa hacia el terreno del sentimiento y aceptación, y, sin embargo, es el intelecto o las facultades autoconscientes las que deben pronunciar la palabra para que toda obstrucción sea quitada. No podríamos acuñar una expresión mejor que decir que Dios habla al corazón a través del lenguaje del sentimiento; un sentimiento que es afirmativo.

Con frecuencia encontrarás personas con intelectos espléndidos, cuya lógica es casi perfecta, pero que parece que nunca penetran en la mente profunda donde reside la creatividad. En lo que toca a los tratamientos, no importa cuán intelectual o analíticamente correctos puedan ser, debe añadirse este sentimiento profundo y convicción que le permiten a uno comulgar con lo invisible.

Como he dicho muy frecuentemente, la mejor comparación en la que puedo pensar es en el sentimiento que tiene un artista hacia la belleza, pues la belleza es una esencia invisible; un algo que todo lo penetra y lo impregna que no puede ser adecuadamente expresado en palabras sino solo en pensamientos. Es una emoción interna de la mente que sale hasta que golpea algún acorde correspondiente que emana del universo mismo.

Esto es lo que siente un artista. En cierto sentido, se casa con la esencia de la belleza y la atrae hacia su propio ser hasta que la belleza se esparce a través de su técnica y deja una huella que el intelecto no puede analizar. Entonces el intelecto queda asombrado por la suprema realidad, sabiendo que se trata de la esencia de su verdadero ser que espera ser articulada.

Quizás este es el verdadero y real significado de la comunión; algo más allá de la oración como se le considera ordinariamente; algo que no puede ser descrito sino solo sentido. Dios habla al corazón más que al intelecto, y es por eso que a menudo encuentras personas que aparentemente no pueden dar una razón para lo que creen, y dicen: "Yo sé que Dios es todo lo que existe y que no hay nada más". Por alguna fe interna e infantil, su intelecto se ha entregado a algo que es más grande que ellos, y el milagro ocurre.

Uno frecuentemente se encuentra con este tipo de personas. Al intelectual pueden parecerle que son personas totalmente incompetentes, y tal simplicidad puede hasta ser rechazada por considerarse que es incapaz de explicar las profundidades de la realidad. Pero su palabra es poderosa porque ellos escuchan con el corazón. A través de algún camino desconocido el corazón llega a una profundidad a la que el intelecto solo puede llegar matemáticamente.

Por supuesto, está bien combinar el intelecto y el sentimiento y usar tanto la cabeza como el corazón, porque el intelecto da una forma definida al sentimiento. Pero a menos que el sentimiento esté ahí, el intelecto simplemente habrá constituido un molde vacío.

Es interesante saber que el mejor equilibrio psicológico es el que existe entre el intelecto y las emociones, entre la mente consciente y los sentimientos. No solo queremos sentir sino también pensar. No deseamos solo pensar sino también sentir. Ten la seguridad, entonces, que en tu trabajo combines esta esencia sutil con la palabra consciente que pronuncias hasta que las dos se vuelven una.

Como practicante unirás estas cualidades hasta que se fundan en una sola, y entonces la cabeza hablará a través del corazón y el corazón sentirá a través del intelecto. Creemos que esta es la integridad psicológica.

El río de la vida

ALGUIEN DIJO, *HAY un río de la vida, claro como el cristal, que fluye por el cuerpo de la humanidad, uniendo cada parte en un gran ser en Cristo.* Jesús habló del manantial de agua, del cual si un hombre bebiera nunca volvería a tener sed. A lo largo de la Biblia tenemos este símil del agua, representando el poder que brota del Espíritu puro. Es imposible pensar en el Espíritu como si fuera algo sólido. Siempre es algo fluido.

De acuerdo con estos pensamientos es interesante hacer notar que la física moderna ha reducido, en la teoría, cada forma física a líneas de energía, y estas líneas de energía deben ser dirigidas por alguna inteligencia o nunca tomarían una forma definida. Por lo tanto, decimos que el río de la vida que siempre fluye a través de nosotros está siempre dispuesto y listo para tomar la forma que le demos.

Parece que tenemos la habilidad, al menos temporalmente, de contaminar este río de vida con la conciencia del odio, la desesperación, o con cualquier pensamiento negativo que niegue su pureza. Pero, desde luego, no tenemos realmente el poder de destruir, solo de modelar y remodelar.

Es en verdad afortunado que esto sea así. Porque a pesar de las veces que nos hemos desviado, somos llevados en el seno de esta corriente infinita hacia un puerto de seguridad perfecta. Podemos tener absoluta certeza de que el bien será la meta final de las cosas.

Podemos apresurar el advenimiento de este bien clarificando definitivamente nuestro pensamiento y meditando diariamente sobre la fuente invisible, el manantial de vida dentro de cada uno de nosotros.

Nuestra identidad espiritual siempre está expandiéndose

En la práctica espiritual mental nunca se trata al mal como una entidad, sino como una operación del pensamiento. El practicante nunca trata con la maldad como si fuera grande o pequeña, y debe tener cuidado de no ubicarla en lado alguno, en cierta persona o grupo de personas. Es sumamente fácil ver que la mentalidad de un practicante debe mantenerse libre de la creencia en la maldad, lo cual obsesiona los pensamientos de la mayoría de las personas la mayoría del tiempo.

La limitación no es una cosa en sí misma, sino una forma de creencia. La infelicidad es una condición, pero no es nada en sí misma. Cada hombre tiene una Identidad en el Espíritu, y esta idea se desarrollará eternamente. Nunca disminuirá sino que siempre crecerá. Lo que el hombre sabe de Dios, la verdad universal, constituye su verdadero Ser Espiritual, su personificación del infinito; por tanto, mientras más plenamente consciente está de Dios, del Espíritu, de la verdad, de la belleza, más perfectamente evolucionará.

Como la verdad es infinita, hay espacio para la expansión eterna, de modo que el hombre pase de gloria en gloria, de un plano a otro, o como lo dijo Jesús, *en la casa de mi Padre hay muchas mansiones.*

La Identidad Espiritual misma permanece individual y única aunque siempre está en expansión. No podemos ahora visualizar lo que el desarrollo del futuro pueda ser, pero es inevitable que pasemos de este estado del ser a estados siempre ascendentes.

No parece en lo absoluto necesario o recomendable que pasemos demasiado tiempo preguntándonos lo que va a ocurrir después, ya que nuestra evolución se hará cargo de esas cosas cuando lleguemos a ellas. Lo que parece más importante es que estemos felices, bien y seamos prósperos aquí y ahora, y que mantengamos nuestra Identidad Espiritual dondequiera que vayamos y en lo que hagamos.

Tu propio entendimiento

Tu conciencia del bien es la Ley de la Eliminación para toda discordia. Tu tratamiento hace que esta ley se cumpla y es la actividad de su poder. Asegúrate de no negar tu propio entendimiento.

La inercia del pensamiento humano, que se eleva desde la morbosidad de la conciencia de la raza y de la empuñadura hipnótica de la sugestión de la raza, parece afirmar que no tienes el poder de sanar, la conciencia de sanar, o la capacidad espiritual de sanar. Reconoce este falso argumento por lo que es. Es la nada que clama ser algo. Es una mentira que clama ser verdad. Es un hábito del pensamiento, que no está dispuesto a rendirse.

Debes saber que el pensamiento de la verdad disipa esta inercia mental, y libera la conciencia. Sana el pensamiento y la Ley de la Perfección establecerá la armonía.

Reconoce que lo hace inmediatamente. Cada tratamiento debe incorporar la conciencia de la conclusión, de la perfección, en el aquí y el ahora.

Usa afirmaciones positivas para declarar que el poder Divino que usas te libera de la creencia hipnótica que podría negarte el privilegio de ayudar a los que vienen a ti. Un practicante debe continuar consciente de que el bien que existe es suyo, no *una parte*, sino *todo*. No solo está disponible, sino que es maleable. No solo está siempre presente, sino que siempre responde a él.

Tú tienes el dominio

CON EL ENTENDIMIENTO de esta ciencia el miedo debería desaparecer. Y con la aplicación directa de este principio a tus problemas descubrirás que parecen hacerse menos insistentes.

Empieza a actuar como si ya tuvieras dominio sobre el mal, como si el miedo fuera un fantasma, y como si todo lo que has temido fuera irreal. Declara la verdad diciendo que no hay nada que temer; que ya no contemplas ninguna imagen de miedo; que el bien es el único poder que existe, y que este bien está operando ahora en tus asuntos.

Comprende que el bien es omnipotente. Percibe que la verdad instantánea, efectiva y permanentemente destruye cualquier miedo y cualquier efecto del miedo. Reconoce que estás gobernado por la inteligencia infinita; que estás dirigido por la Guía Divina y que estás obligado a pensar y actuar constructivamente. Por lo tanto, debes saber que lo que hagas, digas o pienses lleva consigo una autoridad divina.

La libertad ya existe, pero tu libertad está en tu propio pensamiento. De ahí que no sea suficiente decir "Dios es Libre", lo cual, desde luego, es una declaración verdadera, pero esta declaración debe volverse personal: "La libertad de Dios es *mi* libertad, el poder de Dios es *mi* poder, la presencia de Dios está *en mí*, la mente de Dios es *mi* mente, la fortaleza de Dios es *mi* fortaleza, y la alegría de Dios es *mi* alegría".

Sé tú mismo

LAS PERSONAS SON lo más interesante que existe en el mundo. Aunque es verdad que no siempre nos llevamos tan bien con ellas como podríamos, también es cierto que no podríamos salir adelante sin ellas. Nos necesitamos unos a otros más de lo que imaginamos. El mundo está compuesto por personas, y las relaciones humanas son solamente reacciones de unos hacia los otros. Muchas empresas mantienen departamentos de relaciones humanas con el propósito de ayudar a sus empleados a apreciarse entre sí y a que se lleven bien en el trabajo.

Se nos dice que las dos cosas que a la gente le interesan más son el amor y la personalidad. Esto no es extraño, porque todos quieren amar y ser amados; todos quieren sentirse necesitados. Cada persona desea sentir que juega un rol importante en la vida. Nos sentimos atraídos hacia aquella persona que posee una personalidad ganadora.

Una cosa es cierta: sea como sea tu personalidad, o cualquiera que vaya a ser, está envuelta en la idea de que hay un Espíritu en el hombre, y que Dios Mismo se ha encarnado en cada alma viviente. Este espíritu dentro de nosotros es el regalo del cielo, y sin él no estaríamos vivos. El punto de partida para el desarrollo de la personalidad es el reconocimiento de este Espíritu dentro de nosotros.

Frecuentemente pensamos que tenemos que llevar nuestras vidas según el patrón de vida de otros. Pero nuestra personalidad, no importa qué tan encantadora pueda ser, o que tan convincente o dominante sea, es más que una máscara que usamos; es una manifestación de un principio interno, oculto, una chispa divina dentro de nosotros que usa tanto la mente como el cuerpo para expresarse a sí misma.

Se nos podrían ocurrir las cosas más maravillosas, y en el mejor y más increíble método para aproximarnos a la gente, y estudiar todas las artes del desarrollo de la personalidad que se han enseñado, y todavía caernos de bruces en lo que a personalidad se refiere. Porque la personalidad no es la ropa que usamos, ni solo nuestra apariencia física. No es solo un algo imperioso y dominante tan poderoso que arrasa con lo demás.

La personalidad es el florecimiento del Espíritu dentro de nosotros; la manifestación de una relación secreta que tenemos con Dios. Las personas que más han influido en la raza humana a lo largo de los tiempos son los que han sabido esto, y que han hecho muy pocos esfuerzos por influir en otros. Son ellos los que han tenido el más profundo sentido de la Divina Presencia dentro de sí.

Nadie estará jamás satisfecho o feliz o seguro al desarrollar una personalidad dominante. Aquellos que se abren camino por la vida a través de la fuerza eventualmente se cansan de la lucha, cuyo propósito nunca alcanza su fin último. La personalidad no es una cosa externa, pues todo lo que hacemos, decimos y pensamos, y todo lo que parecemos ser en lo exterior, siempre es el resultado de algún fuego escondido que arde en el centro de nuestro ser, alguna realidad divina que no creamos, pero que podemos descubrir.

Yo pienso que podemos decir sin dudar que la persona que se encuentra en Dios descubrirá en el centro de su propio ser algo que domina sin esfuerzo, algo que no tiene que asumir una fachada falsa, algo que, por la mera naturaleza de su ser, es tanto humana como divina.

No obstante, alguien podría decir, "Ahora estás introduciendo ideas religiosas con las que no queremos que nos molesten. Lo que queremos es algo que pueda llevarnos a las actividades de la vida de manera triunfante".

Eso es tanto correcto como incorrecto; correcto, porque queremos ser exitosos en la vida; incorrecto, si pensamos que podemos nosotros mismos añadir o sustraer de lo que Dios ya ha dado. Pues, aunque podemos y deberíamos desarrollar nuestra personalidad, detrás de ello hay algo en lo que ni tú ni yo pensamos: en que nosotros no lo planeamos, no lo creamos. Encontrar ese algo es como explorar una tierra desconocida. Este país ya existía antes de que lo descubriéramos. Hay alturas y profundidades en nuestro propio ser que no hemos descubierto.

Hay una Persona Divina detrás de nuestra personalidad: una manifestación única del Espíritu Vivo. Jamás es igual en dos personas. Esto se prueba con el hecho de que las huellas digitales son diferentes en cada uno; no hay dos briznas de hierba iguales; no hay dos cosas idénticas entre sí. Y, sin embargo, está enraizado en una vida, una presencia y un poder. ¿Por qué, entonces, debemos esperar que dos individuos se parezcan? Dios mismo ha impreso un sello único en cada uno. No debemos estudiar para ser iguales, sino más bien para desarrollar lo que en verdad somos.

La unidad no significa uniformidad. Nuestra unidad con otras personas no implica que debamos pensar y actuar como ellas. Lo único que implica es que debemos llevarnos bien con ellas. Debemos unificarnos con todo, al mismo tiempo que mantenemos intacto y pleno ese algo otorgado por Dios que se encuentra en el centro de nuestro ser, que es el Ego Espiritual.

Encontrar este centro verdadero es la meta de nuestra búsqueda. Esta Persona Divina dentro de nosotros tiene, en cierto sentido, una mano puesta en la mano de Dios y la otra extendida hacia la humanidad, pues la persona que se encuentra en Dios descubrirá a Dios en otras. Verá las cosas bajo una luz distinta que como lo hará quien piensa que está solo. Atraerá la fuerza y la inspiración de la vida misma, porque ningún hombre puede vivir la vida sin Dios y ser íntegro.

Como todo está incluido en Dios —porque Dios es la única presencia y poder que existe— la persona que quiera hacer lo mejor de sí misma tendrá que ser aquella que ha descubierto más de sí misma en aquello que es mayor que ella. Nuestra capacidad de pensar, de vivir, y de movernos no es física. Existe una presencia invisible escondida dentro de nosotros que tiene su origen en un poder superior, que actúa a través de nuestras acciones, que desea a través de nuestras mentes, y que se revela a sí misma en lo que hacemos.

En el centro de nuestro ser hay una Persona Divina, una encarnación única de Dios. Este es el origen de la inspiración real; aquí, y solo aquí, en el centro de nuestro ser, está el verdadero poder creativo. La pregunta es si vivimos a partir de este centro, o si estamos pensando en nosotros como seres separados, divididos, solos e incompetentes. Todos tenemos acceso directo a esta Infinita Presencia, a la Persona Universal. No puede haber pensamiento más hermoso que el de que el Espíritu Divino mismo, que es infinito, está también dentro de nosotros.

Y con esta aceptación de Dios debe venir una aceptación del ser verdadero, de ese ser que florece en nuestras relaciones con otros y que encuentra sus frutos en su propia acción.

¿Qué edad tienes?

¿Qué edad piensas que tienes? ¿Qué tan viejo es viejo? ¿Y cuándo es que una persona se vuelve demasiado vieja como para disfrutar de la vida? ¿Podría ser posible que hasta la edad sea algo que ocurre en nuestra mente más que en nuestro cuerpo? ¿Y podría una persona ser tan joven a los ochenta como a los dieciocho?

Se nos dice que cada célula del cuerpo físico se reemplaza por completo cada catorce meses. Parece gracioso pensar que, físicamente hablando, nadie tiene ni siquiera un año y medio de edad, ¿no es así?

También se nos dice que no hay razón para suponer que nuestra mente envejece; que la mente es tan joven a los noventa como lo es a los nueve; que lo único que se añade es la experiencia. La mayoría de los psicólogos están de acuerdo en que aprendemos con menor rapidez con el paso de los años, pero ocurre con la misma certeza y con la misma exactitud. Algunas de las mentes científicas de hoy nos dicen que, aunque el tiempo existe, la edad, no; que en realidad el tiempo no es una forma de medir los años, los meses y los días, sino más bien una medida de experiencia dentro de una vida que en sí misma es ilimitada.

Si es verdad en un sentido amplio que ni la mente ni el cuerpo realmente envejecen, es tiempo de que nosotros nos preguntemos qué produce este proceso de envejecimiento.

Supón que pensamos en la mente de la misma manera que pensamos en el espacio. El espacio está en todas partes. Muchas cosas existen en el espacio, pero el espacio en sí nunca está abarrotado y nunca envejece. No importa cuántas cosas pongas en él siempre habrá espacio. No puedes agotarlo. Nunca se cansa ni se abruma por las preocupaciones.

Y ahora introduzcamos otro pensamiento del que hemos hablado frecuentemente. La mente de Dios es la única mente que existe, y Dios es eterno. La proposición es esta: vivimos porque Dios vive en nosotros, y podemos pensar porque la mente de Dios está en nosotros.

Nuestro problema es que hemos pensado en nosotros como seres separados de Dios, y al hacer esto hemos acumulado una carga de problemas y preocupaciones en nuestra mente. También llevamos a cuestas un sentimiento de responsabilidad que no estamos preparados para manejar cuando llegamos al punto donde pensamos: "Estoy separado de Dios. Si estoy enfrentando la vida y todos sus problemas con mi pequeña mente, me siento incompetente para manejar las situaciones que se presentan, porque estoy haciendo todo por mí mismo, solo y sin ayuda del poder que es mayor que yo".

Qué carga quitaríamos de nuestra mente si aprendiéramos que no hay más que una mente que lleva toda la carga. ¿No fue eso lo que quiso decir Jesús cuando expresó: "¡Mi yugo es fácil y mi carga es ligera!?".

Pensemos ahora en los maravillosos milagros que la vida está siempre realizando en nuestro cuerpo. Incluso cuando una diminuta célula se daña hay una inteligencia que inmediatamente pone a trabajar la química de nuestro cuerpo para reemplazarla con una nueva célula que esté sana, completa y perfecta. Así es como las heridas curan.

Es casi sobrecogedor ver cómo es que la inteligencia divina trabaja para nosotros para darnos salud y comodidad. Hasta en un ejemplo tan sencillo como salir de una habitación cálida a un viento frío de invierno, si tuviéramos ojos para verlo, presenciaríamos un milagro de la única vida que trabaja para nuestra comodidad. Esta vida inmediatamente hace que los sistemas circulatorio, respiratorio y digestivo se pongan a trabajar en tal forma que puedan producir un balance interno de temperatura que contrarreste el viento frío y mantenga al cuerpo libre de dolor y molestias.

Pero la naturaleza no parece interferir con nuestro proceso de pensamiento de la misma manera, y esto es porque somos individuos y tenemos el derecho de la libre elección. Y así, se nos permite almacenar responsabilidades en la mente que tienden a perpetuar nuestra incomodidad.

La vida mantiene una maravillosa fábrica en el cuerpo humano. Tiene un cuarto de hornos que generan calor; tiene una planta química que purifica y descompone las toxinas; tiene un equipo de mantenimiento que conserva la maquinaria en orden. Hasta tiene un sistema lubricante que mantiene las articulaciones aceitadas. Y existe un sistema de transportación que lleva provisiones de una parte de la fábrica a otra y una oficina de intercomunicación que podría asombrar la imaginación del mejor ingeniero.

Esta mente única, que es Dios, es capaz de mantener esta fábrica del cuerpo humano en perfecto orden. Cuando Jesús dijo: "Fíjense en los lirios", él pudo estar diciéndonos: "Mira qué maravillosamente funciona la fábrica cuando no hay interferencia con las Leyes de Dios". Es evidente que la mente de Dios sería capaz de mantener activa esta fábrica nuestra que llamamos nuestro cuerpo si no lanzáramos miedos y dudas en la maquinaria, y si no sobrecargáramos el sistema de comunicación y el sistema de transportación con las cargas del pesar y la preocupación.

Esto es tan simple que deberíamos preguntarnos "¿Cómo es eso y por qué es que hemos llegado a un punto donde hemos dejado de confiar en el Arquitecto Divino que creó la fábrica y que es capaz de operarla tan perfectamente?". Yo creo que si pudiéramos responder a esta pregunta sabríamos qué es lo que está mal en nosotros.

En Job 33:23 leemos: "Si un ángel, uno entre mil, aboga por el hombre y sale en su favor, y da constancia de su rectitud (...) entonces el hombre rejuvenece; ¡vuelve a ser como cuando era niño!". Por supuesto nosotros no interpretamos esto como que queremos volver a las formas infantiles de nuestros primeros años, sino que queremos mantener al niño siempre con nosotros y no estar apesadumbrados por los años que han pasado. Eso es lo que significa el arrepentimiento. Significa *pensar diferente.* Significa un nuevo nacimiento en la mente de esa vida que viene a nosotros fresca y renovada cada momento de nuestra existencia. Cada día es un nuevo comienzo; cada día se renueva el mundo.

Tampoco significa que tengamos que recuperar el cuerpo físico que tuvimos hace años, sino más bien que reconozcamos la juventud del cuerpo físico que tenemos ahora porque no existe una sola célula en él que tenga más de un año y medio de existencia. No ha de sorprendernos que Jesús comparara del Reino de los Cielos con un niño. Así pues, pensemos en las actitudes mentales de un niño si deseamos recobrar el sueño que parece hemos perdido.

Cuando éramos jóvenes anhelábamos muchas cosas. Los días estaban llenos de felicidad y plenitud. Casi no podíamos esperar a levantarnos por las mañanas para empezar nuevamente, porque teníamos gran entusiasmo y expectación.

El primer tercio de la vida de una persona lo pasa en la alegría del día que vive, siempre con algo más adelante que le espera. Está aprendiendo, estudiando, descubriendo maneras de hacer las cosas, alistándose para vivir mejor. Tiene la seguridad del hogar y de los padres. No tiene miedo.

Alcanza la madurez, y tiene el mundo frente a ella. Se enamora, se casa, tiene hijos y el ciclo se repite: vive en familia, y las cosas que ha hecho para sí misma ahora las hace para ellos, solo que en mayor medida. Esto es más o menos lo que le pasa a la persona promedio en la primera mitad de su vida. La gente no envejece cuando está ocupada en los placeres de la vida, el regocijo, la expectación, el entusiasmo y el pensamiento de que hay más por venir.

Pero con gran frecuencia, cuando estos dos primeros periodos han pasado, ya no hay mucho más que esperar. La vida carece de fuerza, pues ningún hombre es feliz cuando persigue la ambición desesperada. Estamos felices solo con las cosas creativas, y con aquellas cosas en las que compartimos las alegrías de la vida con otros. Debemos mantener nuestro interés en la vida tan activo que exista un elemento de asombro y sorpresa en las cosas simples de la vida.

La vida es actividad, y cuando dejamos de ser activos nos alejamos de la novedad de la vida. Y la persona que envejece sin la expectativa y la seguridad interna de que va a vivir para siempre, en algún momento descubrirá que la última parte de su vida está abrumada con los pensamientos del ayer. Decide que el ayer se fue. El mañana no ha llegado, pero el hoy puede ser llenado con asombro si sabemos que nos encontramos en el umbral de lo bello y lo nuevo.

Jamás he conocido a ninguna persona que haya mantenido esta actitud en la última parte de su vida a menos que tuviera fe. Y estoy hablando de la clase de fe cuyo significado todos entendemos; una fe en algo más grande que nosotros, en un poder mayor del que nosotros somos, y la completa seguridad de que vamos a vivir para siempre, en algún lugar.

Es un hecho interesante que, lo sepamos o no, y nos guste o no, nuestras vidas están tan atadas a Dios, el Espíritu Viviente, que no podemos mantenernos jóvenes y entusiastas a menos que sepamos que somos uno con el que no conoce la edad y no tiene cargas.

La juventud no es una etapa de la vida; es un estado mental. Nadie envejece solo por vivir un determinado número de años. Las personas envejecen solo cuando abandonan sus ideales. Los años arrugan la piel; pero renunciar al entusiasmo arruga el alma. Las preocupaciones, las dudas, la falta de confianza en uno mismo, el miedo y la desesperación, son los largos, largos años que hacen que la cabeza se agache y empolvan el espíritu.

Tenga setenta o dieciséis, debe haber en todo hombre el amor por lo maravilloso, el dulce asombro por las estrellas y por las cosas y pensamientos brillantes, el inesperado desafío de los eventos, el infalible apetito infantil de lo que vendrá, y la alegría en el juego de la vida.

Eres tan joven como tu fe, tan viejo como tus dudas, tan joven como tu confianza, tan viejo como tu miedo, tan joven como tu esperanza, tan viejo como tu desesperación.

La puerta que solo tú puedes abrir

Se dice que en la entrada al templo de Salomón se encontraban dos pilares llamados Jachín y Boaz, y que aquel que quisiera entrar al *sanctasanctórum* debía pasar primero entre estos dos pilares. Estos pilares simbolizan la Ley y la Palabra, o el Principio Universal y la Presencia Universal. El templo representa al ser. Para entender el ser verdadero debemos primero comprender que el universo está construido sobre los dos grandes principios de la realidad: el personal como presencia y el impersonal como ley.

Se dice también que el sumo sacerdote recibía en la entrada del Templo a aquellos que habían pasado por los pilares y los conducía al *sanctasanctórum*. El sumo sacerdote representa la encarnación Divina en los hombres. Este es el sumo sacerdote que debe conducirnos al *sanctasanctórum* donde reposa el Arca de la Alianza. El *Arca* representa un vehículo que contiene el principio de la vida, mientras que la *Alianza* representa las Leyes Eternas de Dios establecidas por siempre. En esta arca se encuentra el pergamino de la vida sobre el cual está inscrito el nombre de Dios, el YO SOY.

Que veamos esto como una fábula o como una realidad no hace ninguna diferencia. Ciertamente fue el intento de alguien por describir la naturaleza del universo y nuestra relación con él, y la manera como vamos a descubrir el secreto de secretos, que es un conocimiento de la verdad espiritual sobre nuestro propio ser.

Antes que nada, debemos llegar a comprender que el universo es un equilibrio entre lo impersonal y lo personal, entre el principio y la presencia, o entre la ley y la palabra. O, si deseamos ponerlo de otra manera, entre lo mecánico o matemático y lo personal o espontáneo.

Esta es la naturaleza de la realidad proclamada por los grandes seres de todos los tiempos. Este es el primer principio básico de nuestra ciencia, filosofía y religión.

Somos una parte del todo, pero debemos descubrir nuestra verdadera relación con él. Si vamos a ser admitidos en el Templo, que es el ser, y encontrar la entrada al lugar secreto del Altísimo dentro de nosotros, que es el *sanctasanctórum*, debemos conocer al sumo sacerdote, que es nuestro propio Ser Espiritual o la encarnación de Dios dentro de nosotros. La puerta de entrada al Templo debe ser abierta por el Ser. Tú eres la única persona que puede abrirla para ti mismo, y yo soy el único que puede abrirla para mí mismo.

Al principio puede parecer difícil o hasta imposible porque a todos nos gusta creer que alguien más puede vivir por nosotros o ser feliz por nosotros o encontrar a Dios por nosotros. No es el caso. Cada individuo es una institución única en el universo.

Nunca hubo un *tú* antes de ti igual que el *tú* que tú eres, y nunca habrá otro. La naturaleza jamás duplica sus creaciones, aunque las multiplique. Hay una puerta de entrada a través de la cual la mente debe pasar en su camino hacia la realización espiritual, y esa puerta no puede ser abierta por nadie más que por el que va a entrar. Dentro de cada uno de nosotros se encuentra el lugar secreto del Altísimo, el *sanctasanctórum*, el arca de la alianza, el pergamino de la vida, el sagrado Nombre de Dios.

Solo se puede llegar a enseñar hasta cierto punto; el resto debe ser aprendido en la práctica. Cada hombre debe descubrir a Dios a su modo, pero siempre dentro de sí mismo.

Ahora bien, hay muchas aproximaciones a la puerta, y, sin duda, muchas entradas al *sanctasanctórum*. Un gran líder espiritual ha encontrado una puerta a través de la cual ha entrado. A medida que estudiamos los sistemas espirituales de las eras, descubrimos que, aunque el abordaje ha variado, el Templo del Espíritu es único. Dios es todo lo que existe, y no hay nada además de Él. Esta declaración lo incluye todo.

En todos los reinos que existen, en todos los planos que existen, y en lo profundo del ser, escondido, pero aun así se percibe, hay un sumo sacerdote listo para conducirnos a la cámara sagrada y secreta del ser, donde Dios y el Hombre son uno. La búsqueda de esta unión se convierte en el entendimiento, no de que simplemente estamos *con* o *dentro* de Dios, sino de que somos *de* Dios. Uno *con*, o uno *dentro*, implica separación. La gran comprensión radica en que somos *de* aquello que es; que formamos parte de él.

Muchos han encontrado la entrada a esta puerta a través de la meditación espiritual profunda; otros, a través de una iluminación inspirada elevada; otros, simplemente quedándose quietos y dejando que algo les sucediera, como está simbolizado por el descenso del Espíritu Santo.

El fin, el objetivo y el propósito total de nuestro estudio no es la salvación de la vida individual, porque la vida no puede perderse, sino el descubrimiento del ser que, según dicen las escrituras, está escondido con Cristo en Dios. Hemos estudiado nuestras técnicas y hemos llegado a entender algo sobre cómo la Ciencia de la Mente trabaja y sobre cómo usarla, qué hacer, y por qué. Esto, sin embargo, no es más que pequeñas guías en el camino al verdadero descubrimiento del Ser; el Ser que se esconde con Cristo en Dios, o el Hijo nacido del único Padre.

La apertura de la puerta del Templo a menudo requiere paciencia y espera, la oración atenta y meticulosa, y la meditación, para una comunión continua con Aquello que es tanto la Súper Alma como el Espíritu Interno. El fin y la meta de nuestra búsqueda consiste en descubrir el universo que está individualizado en cada uno de nosotros, y esa individualidad dentro de cada uno de nosotros que ahora tiene la posibilidad de expandirse a la universalización del ser.

¿Cuál es tu sueño?

¿Alguna vez has tenido una pesadilla? Una vez me encontré una caricatura que mostraba la imagen de un hombre profundamente dormido que parecía estar teniendo un sueño terrible en el que veía una figura gigante a los pies de su cama inclinándose sobre él, como si fuera a arrancarlo de ella. El hombre se encontraba postrado de miedo y le decía al fantasma: "¿Qué vas a hacer conmigo?", y el fantasma le contestaba: "No lo sé. ¿Qué vas a hacer tú conmigo? Yo soy tu sueño, ¿sabes?".

¿Cuántos fantasmas llevamos con nosotros en nuestra imaginación? ¿Con cuánta frecuencia tenemos esos pensamientos mórbidos e infelices que aparecen como figuras gigantes que amenazan con arrancarnos con sus mortíferas garras? Y qué rara es la vez que enfrentamos estos miedos y tratamos de descubrir qué son exactamente y de dónde vienen. Qué shock y qué sorpresa cuando nos damos cuenta de que nosotros mismos creamos al fantasma, y en cierto sentido hemos estado huyendo de la sombra de nuestros propios miedos.

¿Qué son entonces nuestros sueños? ¿Estamos soñando con el éxito o con el fracaso? ¿Con la felicidad o con la miseria? ¿Con la enfermedad o con la salud? Pues nuestros sueños son patrones mentales que pueden llevarnos a una vida más plena y abundante, o pueden crear fantasmas de monstruos que hacen de nuestra vida una pesadilla, ya sea que estemos despiertos o dormidos. Cada hombre es el soñador de sus propios sueños, y dentro de cada uno está el poder espiritual de escoger los patrones que desea experimentar en la vida.

La medicina psicosomática se ha desarrollado para ayudar a las personas a deshacerse de los fantasmas-monstruos que aparecen en su mente. Pues, ¿qué es una neurosis sino un grupo de imágenes mentales que surgen para perturbar a la mente? Tomemos el caso de una persona que siente que nadie la quiere. Solo pensemos en los monstruos que ella crea en su propia mente por este sentimiento de rechazo.

Esa persona mira a sus semejantes e imagina que a nadie le gusta la manera como se viste, cómo habla; siente que la critican en su mente.

El hecho es que sus propios sueños mórbidos están poniendo ideas negativas en la gente con la que se encuentra, porque hay un contacto mental que tenemos con los otros que se registra en ellos. Esa persona empieza a huir de la vida, y en vez de echarse para delante y enfrentarla abierta y rectamente, empieza a encorvarse y a encerrarse en sí misma. El mundo que pasa la ve y dice: "He aquí a una persona derrotada y miserable".

El soñador que siente que es rechazado está tan cegado por los monstruos de su propia mente que no se da cuenta de que todos a su alrededor están simplemente respondiendo a como él se siente. No sabe que el fantasma de la hostilidad con el que se encuentra está en su propia mente y sigue los dictados de su propio pensamiento. Una de las cosas interesantes que aprendemos en la Ciencia de la Mente es que los patrones de pensamiento que creamos, en cierto sentido nos obsesionan gradualmente. Puede llegar un punto en el que somos hipnotizados por ellos, y andamos en un estado de ensoñación, imaginando que todo y todos están en nuestra contra.

Lo desafortunado de esto es que el sueño es sumamente real para el que lo tiene. El hombre que dormía y tenía una pesadilla que casi lo paralizaba de miedo, despertó en la mañana y le alivió saber que no había ninguna forma ominosa que amenazara su seguridad. Se sintió aliviado al descubrir que era solo un sueño. Y lo mismo ocurre con la mayoría de nuestros problemas. Son sumamente reales para nosotros que los estamos teniendo.

Pero hay otra parte de nosotros que nunca quedó atrapada en el sueño. Y así como el hombre que vio la figura gigante a los pies de su cama finalmente despertó y se dio cuenta de que era irreal, así hay una parte de nosotros que puede despertar a la irrealidad de la mayoría de las cosas que nos molestan. El hecho de que podamos despertar a una persona que está experimentando una pesadilla muestra que hay algo en ella que es superior a la experiencia que está teniendo.

Uno de nuestros sueños más comunes es que somos muy infelices, que nada nos sale bien, que la gente nos rechaza, que la vida está en nuestra contra, y que nada bueno va a sucedernos. Y como existe una

Ley de la Mente que opera en nuestro pensamiento, comenzamos a crear situaciones que se parecen a nuestros sueños. Y, en realidad, son nuestros sueños. Entonces nos postramos frente a ellos con miedo, y sentimos que somos víctimas de un destino que está más allá de nuestro control.

Hay una parábola de un ángel que vino a visitar la tierra. Experimentó las actividades humanas usuales y escuchó las conversaciones de la gente. Por primera vez escuchaba comentarios negativos. Alguien que se suponía era una autoridad dijo que podría haber una guerra y que la vida humana sería destruida. Y leyó en el periódico sobre una gran epidemia. Y alguien que contaba con conocimientos, explicó en gran detalle que las dificultades financieras con seguridad nos limitarían a todos. Escuchó que no había suficiente bondad, que el mundo no sería capaz de producir suficiente comida para todos, y que la gente iba a morir de hambre.

Empezó a preguntarse si estas cosas podrían no ser verdad, y a medida que fue albergando los pensamientos de negación que estaba escuchando, el brillo de su angelical presencia se convirtió en una sombra oscura. Su forma empezó a marchitarse, y, mirándose, vio que estaba vestido como los humanos, caminando por la tierra con miedo, duda e incertidumbre.

Y, así, los años pasaron, años de infelicidad, empobrecimiento y temor; años tan llenos de ansiedad que llegó a desear estar muerto y que el olvido se lo tragara por completo. Y, sin embargo, en medio de todo esto, algo dentro de él le recordó que una vez había sido un ángel de Dios que vivía en un cielo hermoso; en un lugar de paz y alegría, en un Jardín del Edén que Dios había hecho para él. Y, cuando recordó, surgió en él una gran determinación para encontrar de un modo u otro su camino de regreso a este paraíso perdido.

Esta determinación creció hasta convertirse en una gran esperanza, y cuando la esperanza se renovó, una Luz brilló en la distancia; y empezó a tener el coraje para viajar hacia ella. Y, gradualmente, ocurrió un milagro. Mientras viajaba hacia la luz se dio cuenta de que las sombras quedaban detrás, hasta que finalmente entró por completo en la luz y ya no había ninguna sombra, y se dio cuenta de que había estado dormido, que había tenido un mal sueño del que estaba despertando.

¿Hasta qué punto estamos soñando, y en nuestros sueños vemos los monstruos con formas terribles que hemos construido inconscientemente en nuestra mente? Y nosotros también les preguntamos a estas formas: "¿Qué vas a hacer conmigo? ¿Qué terrible destino me tienes reservado? ¿Qué terribles experiencias habrán de venir?".

Quizás estamos todavía dormidos y no hemos tenido el valor de preguntarles a estos fantasmas qué es lo que van a hacer con nosotros, o de escuchar la única respuesta que ellos pueden dar: "No hay nada que yo pueda hacer contigo, ¿qué es lo que vas a hacer tú con nosotros? Nosotros somos tus creaciones, tú lo sabes".

San Pablo dijo: "Es la hora de despertar del sueño". Así que despertemos, y estemos ciertos de que no nos drogaremos más con la poción del sueño del miedo, la incertidumbre y la duda, sino despertemos a la fe y a la confianza, a la paz y a la alegría, al amor y a la felicidad. Pues dentro de nosotros también hay algo como en el ángel en la fábula, que nunca ha olvidado. Hay un testigo silencioso en el centro de cada hombre que proclama eternamente con el gran y hermoso Jesús: "Vengan a mí, todos los que están cansados y agobiados, y yo les daré descanso".

Llevarse bien con las personas

NADIE PUEDE VIVIR solo. Las demás personas forman tanto parte de nuestra vida que no podemos pensar en vivir sin ellas. La gente que se siente excluida de la sociedad es inadaptada.

Por otro lado, la mayoría de nuestros problemas están relacionados con distintas personas. Deben ocurrir dos cosas en nuestras relaciones con los demás si hemos de ser felices. Tenemos que estar con otros, disfrutarlos y actuar con ellos, y de ninguna manera buscar controlar sus acciones.

Esto no siempre es lo más fácil de hacer, en particular con nuestros amigos más cercanos. Pero puedes tener la seguridad de que el que tiene más amigos es el que trabaja y juega con ellos al mismo tiempo que los deja solos.

Esto se aplica incluso a la vida familiar. Porque la familia está conformada por miembros individuales que deben vivir en cercana relación entre sí y trabajar y jugar juntos, al tiempo que siguen siendo individuos. Afortunado el niño que nace en una familia que entiende esto y le da tanta libertad como sea posible, mientras le enseña a cooperar con los demás.

El niño sobreprotegido pierde la confianza en sí mismo; cuando crece, carece de seguridad. Es probable que el niño que se siente abandonado, sin amor y no deseado crezca con el sentimiento inconsciente de que todo y todos están en su contra. Puede desarrollar ya sea una actitud extremadamente agresiva o una actitud carente de energía hacia la vida. Cuando su actitud no posee la cantidad adecuada de dinamismo, vive en constante dependencia de otros y se lleva bien solamente con aquellos que lo protegen y lo cuidan. Cuando esta actitud es de agresividad exagerada, tiene dificultad para llevarse con los demás porque generalmente busca dominarlos.

La persona equilibrada es aquella a la que se le ha permitido ser un individuo, pero que también ha aprendido a cooperar con los demás. Esta actitud probablemente se formó en sus primeros años de vida familiar. Pues es en esos años que somos preparados para los años venideros.

Pero no podemos nacer de nuevo físicamente, ni podemos regresar a los años de nuestra infancia. Sin embargo, la psicología moderna, en cierto sentido, hace esto por las personas que están desequilibradas. La persona es llevada de nuevo a la infancia, y sus reacciones mentales y emocionales que brotan de las entrañas de su mente y su memoria son expuestas a la luz del día.

Es un proceso lento y costoso. Poca gente puede invertir el tiempo y el dinero para pasar por esto. Además, hay muy pocos analistas en el mundo que puedan manejar incluso una pequeña parte de aquellos que lo necesitan.

Pero hay algo más que podemos hacer, algo de lo que Jesús sabía, algo a lo que se refirió cuando dijo: "Debes nacer de nuevo". Y cuando se le preguntó cómo sería esto posible, él dijo: "Debes nacer del Espíritu". Este es el nuevo nacimiento que viene a través de tener una nueva perspectiva de la vida, un nuevo modo de pensar, un nuevo sentido de la relación con nuestro entorno, con quienes nos rodean, con nosotros mismos y con Dios.

Fue esta relación con Dios la que Jesús puso en primer lugar, porque dijo que si encontrabas esa relación, lo demás llegaría por sí solo. Hoy sabemos que los reajustes psicológicos, emocionales y mentales que son necesarios para nuestro bienestar se realizarán si experimentamos este nuevo nacimiento del que habló Jesús.

Para lograrlo, debemos tener una firme convicción de que las personas viven en Dios, y debemos tener una profunda comprensión de que todos somos uno en este Espíritu Universal que es Dios.

Hay un lugar donde empezamos y terminamos físicamente, pero no hay un lugar en el que empecemos y terminemos mental o espiritualmente. Nuestra mente se mezcla con la mente de los demás y, cuando se encuentran, alguna fuerza silenciosa dentro de nosotros atrae o repele automáticamente de acuerdo con nuestros patrones aceptados de pensamiento.

Si no nos mezclamos con otros en cooperación, en unidad y en alegría, podemos estar seguros de que hay algo dentro de nosotros que todavía siente que ha sido rechazado.

Aquí es donde debe hacerse el ajuste. Lo que debemos hacer es ver si estamos ajustados a los demás. No deseamos dominarlos ni que nos dominen. Deseamos llevarnos bien con ellos felizmente. Ellos tienen opiniones que son diferentes a las nuestras. Debemos ser lo suficientemente flexibles como para reconocer que sus opiniones son correctas para ellos, aunque no encuadren en nuestro esquema. Esto es lo que Jesús llamó *no resistencia*.

Cuando habló de la no resistencia no quiso decir que debemos estar de acuerdo con la opinión de las personas. Quiso decir exactamente lo que dijo: no te resistas a él, déjalo en paz; no trates ni siquiera de dominarlo. Si no nos resistimos a él, se alejará de nosotros y no nos molestará. Si podemos superar la idea de tratar de controlar los pensamientos o las acciones de otras personas y seguir viviendo con ellos en una relación feliz, estaremos en el camino del reajuste. Y por encima de todo lo demás, si podemos rastrear nuestro propio origen hasta su fuente original, que es Dios, y hacemos lo mismo por los demás, descubriremos que estamos llevándonos bien con los demás.

Si quieres luz de sol, sal a la luz del sol. Si te has encerrado en un closet oscuro, ¿por qué no salir a la luz? Si has estado sintiendo que todo está en tu contra y que a nadie le importas, reconoce que Dios está en todos y encuentra a Dios en los otros y ve lo que pasa.

Es notable cómo Jesús abordó este tema. Es como si hubiera dicho: "Piensas que has nacido de sangre y carne. Piensas que tus padres te dieron la vida. Piensas que todo lo que te ha ocurrido desde que naciste ha sido en contra tuya. Piensas que todos los pensamientos negativos que has tenido están operando en tu contra. Piensas que todos los miedos y los fracasos, las dudas y las inseguridades que has llevado contigo por años son algo sobre lo que tú no tienes control. ¿Por qué no probar algo diferente?".

Yo tengo un método que funcionará para ti si se lo permites. Solo olvida lo pasado. Perdónate a ti y a los demás por lo que ha pasado. Trata de pensar que los demás están haciendo lo mejor que pueden. Date cuenta de que, aunque naciste a este mundo a través de tus padres, eres realmente un espíritu. En realidad, naciste de la vida. Lo que entró a ti cuando naciste fue Dios, el Espíritu viviente. ¿Por qué no regresar al centro mismo de tu ser y pensar y actuar y vivir desde el punto de vista de que tú eres uno con todo porque tú eres uno con Dios?

Jesús nos dio el secreto del completo ajuste cuando dijo: "Busca primero el Reino de Dios (...) y lo demás te será dado por añadidura".

Regresa en tu pensamiento y tu imaginación a esta idea central: Yo soy uno con Dios; todas las personas son uno con Dios. Todos vivimos en Dios. Cuando me encuentro con otros es a Dios en ellos a quien encuentro: Dios individualizado, Dios personalizado, Dios como mi amigo.

Jesús añadió el Espíritu al conocimiento de lo que hoy llamamos psicología, o la forma en la que la mente trabaja. Él no negó que la gente fuera infeliz o inadaptada a la vida. Él dijo: "Tú no tienes que ser así. Busca primero lo primero y todo lo demás te será dado por añadidura". Y, cuando se refirió a poner *primero lo primero* a lo cual todo lo demás se añadiría, quiso decir: encuentra a Dios en ti mismo. Es por eso que dijo: "Bienaventurados los que tienen hambre y sed de justicia, pues ellos serán saciados (...) Toca y se te abrirá; busca, y encontrarás".

Si las personas parecen aburridas o no interesadas en nosotros es por cómo las miramos. Si no hemos recibido alegría de otros es porque hemos apagado la alegría en el centro de nuestro ser. La alegría debe ir a buscar la alegría. El amor debe ir a buscar al amor. La gente tiene sus raíces en Dios, y es solo cuando bajamos a las raíces de nuestro ser que nos unificamos con otros en el espíritu y la verdad. Todo lo que resulta es el juego de la vida consigo misma.

Meditación

Como yo soy uno con Dios, yo soy uno con todas las personas. Como yo soy uno con la vida, yo soy uno con todo lo que vive. Siento mi unión con las personas y con la naturaleza. Siento que pertenezco a la vida.

Yo amo la vida y entro en la alegría de vivir. Entro en compañía de los otros, y coopero con ellos. Y yo sé que algo dentro de mí sale y abraza a todo el mundo. Algo dentro de mí bendice todo lo que toca, y trae vida y felicidad y alegría a todos. Algo en mi actúa como un bálsamo sanador, restaurando todo a su perfección inherente y natural.

Cuando escucho silenciosamente al Espíritu dentro de mí y pienso en su perfección, sé que estoy naciendo de nuevo: naciendo a la alegría y a la esperanza; naciendo al amor, a la fe y a la seguridad.

Silenciosamente libero todos los pensamientos negativos de mi mente. Los libero y los dejo ir. Y también, oro "para que todos ellos sean uno; como tú, Padre, eres uno en mí, y yo en ti, para que ellos también puedan ser uno en nosotros".

Cómo construir tu mañana, hoy

La vida es una aventura en la que nunca sabemos qué es lo que encontraremos después de la siguiente curva del camino. Pero muy frecuentemente nuestro hoy está lleno de lamentos por el pasado. Si pudiéramos convencernos de que las limitaciones del pasado no tienen que ser acarreadas en el futuro, qué actitud tan feliz tendríamos.

Una de las cosas más destacadas que Jesús enseñó fue que los errores de ayer pueden ser cancelados, que Dios siempre está creando, y, sin importar cuáles hayan sido las experiencias del ayer, pueden cambiarse.

Aparentemente Jesús no pensó que este cambio requería meses y años de incansable esfuerzo. A diferencia de los que le rodeaban, él sabía que Dios, o el Espíritu Divino, desea solo el bien para todos. Él sabía que estamos enraizados en el Espíritu puro, en la vida perfecta, y que en cualquier momento podemos unificarnos de tal forma con el poder del bien que el mal desaparecerá de nuestra experiencia.

Así como lo que hicimos ayer activó el movimiento de la Ley de la Vida para crear lo que hacemos hoy, del mismo modo, lo que hacemos hoy activa esta misma ley para crear lo que nos ocurrirá mañana. Lo que hicimos ayer se refleja en el hoy porque nosotros accedimos a ello. Lo que estamos pensando y haciendo hoy puede crear la clase de mañana que deseamos experimentar si cambiamos nuestra perspectiva de la vida.

Pero como el hoy es el único día en el que vivimos, y el ayer ya se fue para siempre, el cambio interior que necesitamos hacer debe hacerse hoy. Y así tenemos que vivir cada día como si fuera completo y perfecto en sí mismo. Tenemos que vivir cada día como si la alegría que hay en el universo fuera nuestra *en este momento*. Y tenemos que vivir cada día como si la alegría que esperamos experimentar fuera *ya* nuestra.

Si hacemos que cada día sea un día de alabanza y agradecimiento, un día en el que reconocemos la bondad divina y la bondad eterna, y si vivimos el hoy como si Dios fuera la única presencia y el único poder que existe, no tendremos que preocuparnos por el mañana.

Somos humanos y cometemos errores. El punto de partida para crear un mejor futuro para nosotros es liberar de manera intencional nuestra mente de los errores del ayer y sentir que no necesitamos que nos sigan presionando; no tienen por qué seguir siendo una carga.

Muy seguido nuestras mentes están tan cargadas por los errores que hemos cometido que no nos tomamos el tiempo para perdonarnos a nosotros mismos y a los demás y empezar de nuevo. Así que es sensato revisar en ocasiones el pasado y tratar de averiguar qué es lo que hemos estado pensando para crear esta carga en nuestra mente.

Supongamos que hemos tenido un profundo sentido de hostilidad hacia los demás y debido a esto descubrimos que no estamos conociendo gente con la actitud correcta; ellos, asimismo, responderán a nosotros de la forma en que nos aproximamos a ellos, y nuestras relaciones humanas estarán fuera de armonía.

No podemos volver al pasado y revivirlo. No podemos hacer ajustes en el pasado. Tenemos que hacerlos en el presente. No nos hará ningún bien sentarnos y llorar por el pasado quejándonos de nuestro destino, porque cada día que vivimos estamos creando nuestros mañanas, que se volverán monótonas repeticiones de nuestros ayeres.

Así que hoy es el momento en que debemos liberarnos de los hilos de las experiencias previas, donde sea que hayan sido negativas y convencer deliberadamente a nuestra mente de que ya no crearemos nuestro futuro a partir del viejo pasado. Si tuvimos antagonismos y resentimientos en el ayer, el hoy es el único día en el que podemos cambiarlo.

¿Cómo, entonces, lo haremos? Debemos encontrar alguna forma práctica, algún método concreto y definitivo, e intencionalmente usar la Ley del Bien justo como usamos cualquier otra ley en la naturaleza. Al hacer esto, el que sufre por sus errores pasados de resentimiento y hostilidad se vuelca sereno hacia sí mismo y dice:

> *He decidido cambiar todo esto. Quiero que me agrade la gente y quiero agradarle a la gente. Quiero llevarme bien con los demás. Me perdono por todo lo que ha pasado hasta ahora. Lo libero y lo*

dejo ir. No solo me perdono a mí mismo, sino que perdono a todos a los que siento que han tenido algo en contra mía. Perdono y soy perdonado.

Detrás de esta simple declaración debemos saber que el poder en el universo conspira para ayudarnos. Debemos sentir que vivimos en la Presencia Eterna del Espíritu Puro cuyo solo propósito es el bien, cuyo deseo es constructivo, y cuyo sentimiento hacia nosotros es de total amor y compasión. Por lo tanto debemos decir:

Sabiendo que Dios es la única presencia y el único poder en el universo, y sabiendo que Dios es amor, yo deliberadamente me alejo de todo lo que no sea este amor. Deseo que este amor y compasión y buenos deseos hacia los demás sea lo que predomine en mi vida.

No parece posible que un método tan simple como este pueda producir un resultado tan dinámico. Pero, en definitiva, la experiencia ha probado que puede hacerlo. Cualquiera que pruebe este método experimentará resultados contundentes. Lo más maravilloso de esto es que no tenemos que cambiar nada más que a nosotros mismos, pues cada hombre es la causa de su propia experiencia, ya sea que lo sepa o no. Todos estamos llevando las experiencias negativas de nuestro pasado hacia el futuro sencillamente porque no las hemos desconectado de nuestra mente. Y si estamos creando un futuro negativo es porque no hemos cambiado nuestro pensamiento acerca de él.

Hemos visto que lo mismo le pasa a la gente que ha fracasado en el pasado, como si nada les saliera bien. Los hemos visto cambiar deliberadamente sus pensamientos, desconectar su memoria del fracaso, hacerlo a un lado mentalmente como si ya no les perteneciera, como si ya no fuera parte de ellos, y afirman que solo el bien los acompaña, que la vida está hecha para vivirla exitosa y felizmente. Al aceptar esto y afirmarlo día con día hemos visto al fracaso y la derrota volverse éxito y triunfo.

No tenemos ni la más mínima duda de que cuando hacemos esto estamos usando una ley que es todopoderosa, la Ley del Bien, de la que tanto hablamos, la ley que controla todo. Estamos alineándonos con la gran armonía del universo.

Pero antes de que podamos desconectarnos por completo de las negaciones del pasado, tenemos que aprender a llenar nuestra mente con aceptaciones positivas que son tan grandes y tan profundas que las negaciones con las que nos hemos venido albergando serán consumidas por su sola presencia, tal y como la luz disipa la oscuridad.

No nos hará ningún bien tomar un montón de decisiones improductivas o decidir que vamos a crear una personalidad tan dinámica que nada pueda resistirse a ella. Eso es muy parecido a una persona que silba en la oscuridad porque tiene miedo. Lo que tenemos que hacer es regresar a alguna proposición fundamental que nos ligue directamente a la mente de Dios y, con el simple reconocimiento de que existe una Ley del Bien en la que tenemos completa confianza, revirtamos nuestra visión mental de la vida en su totalidad.

Si nos desconectamos del pasado y nos arraigamos firmemente en el hoy, en el bien, en el amor, en la esperanza, en la expectativa alegre, y en el reconocimiento agradecido, y si aprendemos a armonizarnos con todo lo que ocurre hoy, el mañana florecerá como una nueva flor en nuestra experiencia.

O podemos pensar de otra forma. Cuando desmalezamos nuestro jardín, a veces encontramos ciertas plantas que obstaculizan el crecimiento de las que sí queremos que crezcan, así que las arrancamos, las tiramos fuera del jardín, cultivando así solo las plantas que queremos que maduren. Hacemos esto hoy. El ayer ya pasó y el mañana no ha llegado, así que el único tiempo en el que podemos cultivar nuestro jardín es hoy.

Y otra cosa que debemos entender es que nosotros no hicimos las Leyes de la Vida; solo las usamos. El poder que hace al jardín es un poder mayor a nosotros. Lo único que nosotros hacemos es utilizarlo. Forzosamente el suelo fértil tuvo que producir la maleza que obstaculiza el crecimiento de las plantas deseables, y forzosamente la misma ley tiene que dejar de producirlas cuando las sacamos de raíz.

Ahora bien, si podemos cambiar esta escena en la mente, en nuestro pensamiento, entonces, tendremos la clave de la situación. Esto nada tiene que ver con el momento en el que vivimos. ¿Estamos permitiendo que el amor florezca en nuestras vidas? Por supuesto, queremos que así sea, pero, ¿estamos deliberadamente arrancando de raíz todo lo que niega al amor, y confiando al Señor de la creación la cosecha deseada?

¿Qué pasa si estamos confundidos, distraídos, molestos y de mal humor? ¿Qué pasa si la presión del pasado ha aparecido para nublar la luz del presente? El pasado se ha ido y el sol brilla al otro lado de las nubes. Así que determinemos con toda intención cambiar nuestro pensamiento hoy, y decidamos tener confianza en la vida.

Nadie puede salir lastimado si lo hace. Tenemos todo por ganar y nada que perder. Podemos arrancar de raíz los pensamientos de infelicidad del pasado, los pensamientos de fracaso, las dudas y miedos, las pequeñas animadversiones y desacuerdos, si en verdad lo queremos. Y podemos crear nuestro propio futuro hoy simplemente vigilando cuidadosamente nuestros pensamientos. Pero, ¿cómo podemos hacer esto? Siempre que nuestra fe en la vida sea mayor que nuestro miedo, que la esperanza se eleve triunfante sobre la desesperación, o hasta que el amor cancele todo lo desagradable.

Esto nos lleva de regreso a lo que más necesita el mundo, el mundo que en algún punto perdió su visión de Dios. Hemos hecho las cosas nosotros solos por demasiado tiempo. Nos hemos separado de nuestro origen. Somos como gente perdida en la niebla. La gran decisión que debemos tomar hoy a medida que nos alejamos de los errores del pasado y miramos al futuro con esperanza, la única gran decisión que debemos tomar por encima de todo, es que encontraremos a Dios.

Y puesto que debemos lidiar con las personas y con los sucesos, y vivir nuestra vida al lado de otras personas y haciendo distintas cosas, ¿cómo podemos esperar encontrar a Dios fuera de su propia creación? ¿Cómo podemos esperar entenderlo en la vacuidad del espacio si nos hemos rehusado a verlo en aquellos con quienes nos encontramos? ¿Y cómo podemos encontrarlo en quienes conocemos y en los acontecimientos que ocurren a nuestro alrededor a menos que primero hayamos descubierto a Dios en el centro de nuestro propio ser? No podemos.

El punto de partida está en el centro de nuestro propio ser. Cuando despertemos a lo Divino dentro de nosotros, lo Divino saldrá y abrazará lo que está a nuestro alrededor, y descubrirá la misma presencia en la gente, en los acontecimientos y en la naturaleza. Porque Dios no está separado de lo que Él hace. La vida divina está en todos y en todo.

Este es el secreto que Jesús descubrió. Es por esto que fue capaz de hablar como nadie había hablado jamás. Por eso pudo llevar a cabo milagros de amor y curación y, al hacerlo, probar un hecho tan simple, tan fundamental, pero tan poderoso, que la gente quedó atónita ante él: el simple hecho de que Dios está justo donde tú estás.

Causa y efecto

Aunque es cierto que la ciencia debe ocuparse de las causas y los efectos en las aplicaciones prácticas, también es verdad que en la física, la antigua idea de la causa y el efecto ha sido eliminada, lo cual significa que las cosas no siempre funcionan de la forma que se supone que lo harán, basando el resultado en los precedentes.

He aquí una proposición filosófica muy interesante, porque sabemos que la ciencia no puede progresar si no se ocupa de la causa y el efecto, así como un granjero no puede prosperar si no planta semillas, si espera tener una cosecha.

No obstante, al mismo tiempo tenemos que considerar otra proposición: "El universo no es simplemente una máquina gigante". Existe en su mecanismo una voluntad, una elección, una volición. Desde el punto de vista científico ya no se sostiene que las cosas estén predeterminadas u ordenadas por anticipado.

Seguimos teniendo al granjero, las épocas para plantar y las estaciones para cosechar, pero también tenemos una alternativa. Él puede plantar su semilla en mayo con el conocimiento de que, si las cosas siguen igual, madurará en septiembre. Pero, al ser una persona libre, el último día de julio puede decidir retirar su siembra y sembrar otra cosa. Podría haber una secuencia en la continuidad, y habrá una causa y un efecto que estará operando a menos que algo los intercepte, pero habrá también una elección y una voluntad que estaría introduciendo un factor personal de libertad.

Este es el punto de vista que el practicante espiritual mental debe adoptar al trabajar para sí mismo y para los demás, ya sea para sanar condiciones físicas, mejorar las circunstancias o para lo que quiera. Deberá seguir el mandato de Jesús y no juzgar de acuerdo con las apariencias, sino juzgar con justicia. Cualquier efecto que la apariencia tenga en la mente, debe decir: "¿Qué pasa si tengo una pieza de hielo en mi mano? Se derretirá al contacto de la tibieza de mi carne. ¿Qué ocurre si hay una aparente obstrucción en el cuerpo físico o en el cuerpo de mis asuntos? Hay una verdad que puede disolverla".

Nuevas causas traen nuevos efectos, y cada secuencia de causa y efecto ocurre en algo que es más grande que la causa y el efecto. La libertad se encuentra donde es percibida y en la medida en la que se percibe.

Tal actitud es científica y matemática. También es intuitiva y reveladora, y desde el punto de vista de la practicidad nos da una visión de que nada es sólido, que todo está en movimiento, cambiando, transformándose. Emerson dijo que aunque visualicemos el universo como una masa de hechos sólidos, Dios o la Causa Suprema los visualiza como leyes líquidas, pues la materia es espíritu reducido a su máxima delgadez.

Contacto directo con el infinito

Está escrito, *Pero el hombre natural no percibe las cosas que son del Espíritu de Dios, porque para él son una locura; y tampoco las puede entender, porque tienen que discernirse espiritualmente.* Esto significa que los sentidos objetivos, el intelecto con todos sus argumentos, podría con facilidad alejarnos del Reino del Bien, a menos que tengamos el cuidado de recordar que las cosas espirituales deben ser discernidas espiritualmente.

Hay un significado interno para todo, una parte interna en cada hecho, una causa oculta dentro de cada efecto visible. Esta causa es el Espíritu.

Si discernimos espiritualmente esta causa oculta; si sabemos internamente que está operando para nosotros, entonces estamos pensando a partir del reconocimiento de la totalidad del bien. Todos tenemos acceso directo a la mente paterna, pero no todos usamos este acceso directo porque estamos muy acostumbrados a juzgar a partir de los hechos externos. Es difícil para nosotros alejarnos de la apariencia lo suficiente como para juzgar lo real.

Cuando comprendamos que no hay más que un solo Espíritu en el universo entero, sabremos que solo existe un origen para las formas. Sabremos que cada forma es una manifestación de este origen.

Cuando hayamos descubierto que este origen también está centrado en nosotros, sabremos que podemos acudir directamente a él y, discerniendo que su "Naturaleza Espiritual" es amor, verdad y belleza y, en particular, que es responsiva, le haremos saber nuestras peticiones con agradecimiento, con completo abandono mental.

La secuencia del orden creativo

Por la Ley y la Palabra queremos decir el funcionamiento de nuestra palabra pronunciada espontánea, consciente y voluntariamente, y la reacción de una Fuerza Creativa mecánica y matemática, pero inteligente y creativa que es el medio a través del cual opera la Ley de la mente en Acción. El principio de la Ciencia de la mente es exacto y matemático, mientras que su uso es personal.

Nuestra Biblia empieza con esta declaración inicial: "En el principio Dios...". En el principio de cada creación no hay nada más que inteligencia pura, absoluta. La Biblia menciona luego que el Espíritu se movía sobre la faz de las aguas, lo cual quiere decir inteligencia absoluta que pensaba dentro de sí misma. Esto no es más que otra forma de decir que el punto de partida de toda creación es la Palabra de Dios o la palabra de una inteligencia universal.

La palabra se mueve sobre la faz de las aguas, o en nuestro lenguaje, se mueve sobre la Ley Subjetiva de la Mente que recibe la impresión de nuestro pensamiento, siempre tendiendo a traer este pensamiento a la manifestación. Como punto de partida de la creación, eso es lo que significa la secuencia del orden creativo, o el pensamiento de una inteligencia absoluta, o el movimiento de la mente o del espíritu dentro de sí mismo, sabiendo algo, comprendiendo algo, afirmando algo.

A continuación tenemos la faz de las aguas, o las aguas del Espíritu, o la Ley Creativa puesta en movimiento por la Palabra. Tenemos la ley que automáticamente produce la situación, la condición o la creación implicada en la Palabra. Por lo tanto, la secuencia del orden creativo o la forma en que la ley y la palabra trabajan es: primero que todo, la inteligencia absoluta; luego, su palabra o pensamiento; a continuación, la Ley puesta en movimiento, pues la palabra es la Ley de la Mente en acción; después, al final de la secuencia, está la creación o la formación de la palabra en circunstancias, situaciones o creaciones definitivas y específicas que son las reacciones lógicas, inevitables, matemáticas y mecánicas de la Ley para la Palabra Creativa.

Nuestra Biblia y los sistemas espirituales originales de los cuales todas las religiones han surgido, asumen que existe tal inteligencia infinita, que esta inteligencia crea a través de su palabra o su meditación; que hay una Ley que reacciona a ella, produciendo el objeto de su deseo. De esta forma el Espíritu Original se manifiesta o se realiza a Sí mismo en y a través de lo que hace. Por esto se ha dicho que la creación es la meditación de Dios. "El Señor habló, y todo fue creado (...) En el principio estaba la Palabra, y la Palabra estaba con Dios, y la Palabra era Dios (...) Todas las cosas fueron hechas por medio de la Palabra y sin ella no se hizo nada de lo que existe... La Palabra se hizo carne y habitó entre nosotros".

El Centurión vino a Jesús y dijo: "Una sola palabra tuya bastará para que mi criado sane". Y el Salmo 107:20 dice: "Con el poder de su palabra los sanó". Ustedes también recordarán que Moisés dijo: "La palabra está muy cerca de ti; está en tu boca y en tu corazón, para que la cumplas". Isaías dijo: "Así también mi palabra, cuando sale de mi boca, no vuelve a mí vacía, sino que hace todo lo que yo quiero, y tiene éxito en todo aquello para lo cual la envié".

A lo largo de nuestra Biblia y de todos los libros sagrados encontramos esta misma idea de que la Palabra, actuando como Ley, produce un resultado definido. Pero justo aquí es donde debemos recordar que la Palabra no es algo que hable por sí misma. Hay una inteligencia que pronuncia esa palabra; por tanto el movimiento inicial de la secuencia creativa es la inteligencia absoluta que pronuncia una Palabra, la cual también se vuelve Absoluta, porque pone una Ley Absoluta en movimiento, con el propósito de producir un resultado definido.

A continuación debemos recordar que los textos sagrados se refieren a Dios como el macrocosmos (el universo), y al hombre como el microcosmos (el individuo), y todas ellas enseñan lo que Jesús enseñó cuando dijo: "Porque así como el Padre levanta a los muertos, y les da vida, así también el Hijo da vida a los que él quiere (...) Porque así como el Padre tiene vida en sí mismo, así también le ha dado al Hijo la vida en sí mismo. La inteligencia nos compele a reconocer que debe haber un Espíritu que existe en sí mismo, que se impulsa a sí mismo, que se perpetúa a sí mismo, que se energiza a sí mismo y que se expresa a sí mismo. Esto y solo esto podría ser el origen de la Creación.

Pero la Biblia declara, al igual que otros textos sagrados, que el hombre reproduce este orden creativo en una escala miniatura. Jesús dijo: "El Hijo no puede hacer nada por sí mismo, sino lo que ve que el Padre hace; porque todo lo que el Padre hace, eso mismo lo hace el Hijo". ¿Quiere decir esto que nosotros, como individuos, no estamos separados de la Causa Creativa Original? Esta premisa (que parece bastante abstracta pero es muy simple si no nos confundimos con el pensamiento de que debe ser muy profunda) es en lo que la Ciencia de la Mente se basa.

Pongámoslo en términos más simples: nosotros somos centros o puntos en una conciencia Cósmica Universal, que es el Origen de todas las cosas. En la escala de nuestra vida individual reproducimos el Orden Divino en su totalidad. Esto no significa que seamos Dios, pero en Salmos 82:6 encontramos: "Yo les había dicho que ustedes son Dioses. Todos ustedes son hijos del Altísimo". La totalidad de la naturaleza Divina está reproducida en nosotros, pero lo ignoramos. Nuestro pensamiento es creativo, pero en nuestra ignorancia, lo usamos destructivamente.

La Teología ha llamado a esto el problema del mal. Lo llamamos un mal uso de aquello que es bueno. Nosotros, como individuos, somos centros de conciencia en un poder infinitamente mayor a nosotros, pero que está a nuestras ordenes por la naturaleza misma de las cosas. No podemos esperar escapar de la consecuencia del uso que hagamos de este poder, porque es la Ley de la Vida Misma.

Replanteemos nuestra proposición: somos centros pensantes en una mente cósmica. Nuestras vidas reproducen la vida original. Todo lo que nos ocurre debe empezar con el movimiento de la inteligencia dentro de nosotros, que es un movimiento de nuestra palabra o contemplación o meditación en nuestro interior. Así que digamos a nosotros mismos o a cualquier persona: "Eres un centro de inteligencia; tú no hiciste las cosas así, y no puedes cambiarlas. Así es como son las cosas. Debes aceptarlo. Estas utilizando una Ley Creativa de la que no puedes ni quieres escapar, porque contiene la posibilidad de la libertad cuando aprendas cómo usarla. Aprender a pensar de la forma correcta es aprender a crear lo que es bueno, y lo que da plena expresión al ser sin contener nada destructivo o negativo".

El comienzo de nuestra palabra individual sigue la misma ley, la misma secuencia, y el mismo orden que el de la mente suprema, porque está en ella, le pertenece a ella y es como ella. No importa qué condiciones pueda haber a nuestro alrededor; aun cuando en apariencia sean negativas e infelices, pueden ser cambiadas si desandamos nuestros pasos mentales y empezamos con la proposición de que nuestra palabra es también la Ley de nuestra vida. Todo lo que sigue a la palabra es un efecto de la conciencia que la pronuncia. Por tanto empecemos con el simple hecho de que estamos mencionando conscientemente su palabra, pensando en algo ante la cual la Ley de la mente reacciona en forma creativa.

Si podemos lograr que esta proposición se fije con firmeza en la mente, que se establezca de manera sencilla y la creamos, veremos que todo a nuestro alrededor es la naturaleza de un efecto, y los efectos pueden ser cambiados cuando ponemos nuevas causas en movimiento. Por tanto, en vez de estar confundidos por las situaciones que nos suceden debemos estar calmados, tranquilos y confiados de que por medio de la reformulación de nuestra palabra y del cambio de la totalidad de nuestro cuerpo de pensamientos, podemos modificar fácilmente las condiciones existentes así como perpetuarlas.

Esto requiere un cambio total de pensamiento. Lo que necesitamos es una completa seguridad, una convicción interna, una fe, una confianza en el conocimiento de que podemos proceder con determinación definida y deliberada, y que no debe haber duda sobre los resultados; serán inevitables.

Fue esta conciencia lo que le permitió a Jesús llevar a cabo lo que quienes se encontraban a su alrededor llamaron milagros o intervención de la Divina Providencia a su favor. Él estaba utilizando consciente y definidamente un poder que él conocía, el poder de Dios mismo. Y ahora nos toca a nosotros seguir sus pasos, pues como dice la Biblia: "Ustedes serán felices si, sabiendo estas cosas, las practican". Conocer este principio y comprender la forma en que trabaja no es suficiente. Debemos usarlo.

En la práctica real debemos estar calmados y tranquilos y empezar a crear nuevos pensamientos aunque contradigan todas las apariencias, pues aquello que creó se puede volver a crear; aquello que diseñó se puede rediseñar. El principio que estamos usando no está limitado por nada de lo que ocurre, porque las cosas externas están en la naturaleza de los efectos, mientras que el principio por si mismo es Creación Absoluta, originando nuevos efectos dondequiera que reciba un nuevo impulso.

A esto nos referimos con la Ley y la Palabra, o la secuencia del Orden Creativo. Podemos iniciar una nueva serie creativa mediante la contemplación definida e intencional de nuestra propia mente, y a partir de los nuevos pensamientos vendrán nuevas cosas, porque la Ley es solo un reflector. Aunque es Inteligente y Creativa, su único propósito consiste en recibir el impulso de la Palabra que la domina. Se trata de una aparente paradoja, pero es cierta. Descubriremos que la misma Ley que nos esclavizó, ahora nos libera; el poder que parecía producir mal, producirá lo opuesto, si es que cambiamos nuestros patrones mentales.

El cambio de estos patrones mentales es más que una cuestión del intelecto; es también un asunto del sentimiento, de una convicción interior profunda. Debemos sentir que somos Uno con la realidad eterna, y que nuestra palabra se pronuncia con una confianza absoluta en ella; por tanto, no puede fallar.

Gradualmente, a medida que vayamos reformando nuestros pensamientos, estos se volverán subjetivos; se hundirán en el lugar de la mente donde está nuestro poder interno y que debe constituir el lugar de encuentro entre la causa absoluta y el efecto relativo que proyecta.

Puede llevar tiempo lograr esto, pero piensa en la recompensa, en el regalo, en el resultado. Manteniendo el objetivo en la mente, negándonos a ser confundidos o derrotados, con el pensamiento elevado, con calma, pero con un propósito definido, no podemos fallar.

Todo lo que sale debe regresar

Después que el recién llegado a este campo ha aprendido acerca del poder creativo del pensamiento, queda intrigado por lo maravilloso que es. Queda fascinado por el hecho de que el pensamiento es creativo; que lo que piensa toma forma en su experiencia. ¿Qué puede ser más natural que el hecho de que comience a usar esta Ley para toda aspiración posible que le beneficie a él, así como a otros? No hay nada malo en esto, porque la salvación empieza en casa, y solo el que ha probado la Ley para sí mismo está en posición de usarla para otros con esperanza de éxito.

Al principio queremos tratar todo y a todos a nuestro alrededor, en un intento por influir en nuestro ambiente y en otras personas, y ejercer control sobre las cosas a nuestro gusto. La mayoría de nosotros pasa por esta fase, pero es solo una fase. A medida que progresamos en esta ciencia nos damos cuenta de quc el objetivo del tratamiento científico no es controlar a las personas y a las cosas. Nos tratamos a nosotros mismos, nuestra propia mente, nuestra propia conciencia, sin importar cuál sea el fin deseado, y gradualmente aprendemos que, como dijo Emerson: "Debemos quedarnos en casa con la causa".

Nuestro pensamiento no sale a influenciar personas o cosas. Lo que hace es reajustar nuestra propia conciencia, nuestro propio pensamiento para incluir un campo de acción más grande y más armonioso. Aprendemos que, cuando arreglamos nuestra propia conciencia, las cosas en nuestro mundo exterior se ajustan para confluir con nuestra nueva y mejor conciencia interna.

Ahora bien, existe una razón para esto, y como ocurre con lo demás, el proceso está gobernado por una ley exacta. Cuando Einstein anunció que todo regresa a sí mismo, incluso el tiempo, el espacio y la luz, él estaba científica y matemáticamente aprobando lo que la Intuición Divina de todos los tiempos ha enseñado siempre: que aquello que sale, regresará de nuevo. Es por esto que Jesús dijo: "Quien esgrime la espada, muere por la espada". Y la razón por la que Emerson dijo: "Si el asesino piensa que asesina, o si el asesinado piensa que es asesinado, ellos no conocen bien los caminos sutiles que yo utilizo, por donde paso, y regreso otra vez". Todo lo que sale, regresa nuevamente. ¿Por qué? Porque todo viaja en círculos. Einstein lo comprobó y es lo que los grandes maestros nos han enseñado. Todo se mueve en círculos. Por tanto, el flujo hacia fuera o comienzo de cualquier secuencia de acción y reacción tendrá que ser igual al influjo o flujo hacia dentro de esa secuencia.

En cierto sentido podemos decir que, ya que lo que empujemos hacia fuera se moverá en un círculo, deberá regresar a su posición original, y cuando complete el círculo se reunirá consigo mismo. Lo que empujamos fuera de su posición original regresará al mismo punto del que fue empujado.

Como ilustración tomemos a una persona que ha aprendido que puede usar la Ley. Si ha estado más o menos solitaria y sin amigos, es muy natural que comience a tratar a la gente para lograr que la acepten. Ella puede decir: "Dondequiera que vaya seré recibida por el amor y la amistad; seré recibida con alegría, y seré apreciada". Ella siente que este pensamiento saldrá a influenciar a quienes contacta.

Ahora, ella está bien hasta este punto, y obtendrá resultados definidos, pero tarde o temprano descubrirá el verdadero secreto, que es que si ella es amistosa, atraerá amigos; si es feliz atraerá felicidad. Ya no esperará influenciar a la gente. Su conciencia de amor se habrá expandido tanto que desde la plenitud de su corazón exclamará: "Amo a todos; yo soy amor; soy amiga de todos; nada de lo que es bueno queda excluido de mi conciencia". Ella ha establecido un centro dentro de sí misma que automáticamente irradia hacia los puntos de la circunferencia de su experiencia, y como todo se mueve en círculos, regresará de nuevo a ella.

La carga ha sido eliminada de su mente, y sabe que puede quedarse en casa con una causa que opera sobre ella misma para producir los resultados deseados. Este es uno de los grandes secretos de esta ciencia.

Por supuesto, este mismo principio puede ser aplicado a lo que hacemos. "Yo soy éxito; yo soy felicidad; yo soy alegría. Yo soy uno con todas las cosas que existen. Entiendo a todos y todos me entienden a mí".

El secreto real radica en que todo se mueve en círculos. Todo regresa a sí mismo. Lo que sale, debe regresar. Lo que se encarna en el interior completará su propio círculo, y si deseamos ensanchar nuestra experiencia debemos ensanchar nuestra capacidad de comprender, de sentir, de encarnar y de saber.

Una vez más, regresamos a lo que dijo Jesús: "Conocerás la verdad y la verdad te hará libre". En otras palabras, si realmente conocemos la verdad, la verdad nos liberará, porque la verdad en sí misma es libertad, es plenitud. La verdad es Dios.

¿La ley: maestro o siervo?

*D*E MANERA QUE *la ley ha sido nuestro tutor, para llevarnos a Cristo, a fin de que fuéramos justificados por la fe. Pero al venir la fe, no estamos ya al cuidado de un tutor* (Gálatas: 3:24,25). Esto significa que la Ley de Causa y Efecto es un capataz mientras somos ignorantes de su funcionamiento, y, al no conocerla, usamos la ley destructivamente.

La experiencia nos enseña lo que es mejor. Nosotros aprendemos que el bien por sí mismo puede ser eterno y que el amor supera al odio por la misma Ley de Causa y Efecto que hizo que el odio pareciera real. Así, somos justificados por la fe, y ya no estamos más bajo el capataz de la Ley.

Esto no significa que la Ley sea destruida. Significa que hemos revertido nuestro uso de la Ley. Hemos llevado la oportunidad en conformidad con el amor, la razón y la fe. Hemos atrapado el rayo y lo hemos puesto a que gire las ruedas de la industria. Hemos empleado las leyes de la naturaleza y hemos aprovechado su energía para nuestros propósitos.

La ley que fue nuestro maestro es la misma ley, pero ahora es nuestro siervo obediente. Saber esto es lo que constituye la diferencia entre la sabiduría espiritual y la ignorancia espiritual. El ignorante no tiene alternativa; está sujeto a la Ley de Causa y Efecto y hasta que descubre su naturaleza y hasta que reconoce que puede trascender las negaciones previas, a través de Cristo o de la verdad, puede entrar a un nuevo cielo y a una nueva tierra, a una conciencia diferente. Cuando la conciencia cambia, la experiencia automáticamente se modifica.

Especializando la ley mental de causa y efecto

Ya estás familiarizado con la Ley Mental de Causa y Efecto, con la idea de que la mente en acción es la Ley, y con el principio en el cual se basa la práctica mental; es decir, que estamos rodeados por una mente universal Creativa que recibe la impresión de nuestro pensamiento y actúa de acuerdo con él. Esta mente es totalmente impersonal, neutral y plástica. Es subjetiva o subconsciente a nuestro pensamiento, lo cual significa que debe recibir la impresión de lo que pensamos según lo pensamos, y debe, por su naturaleza, tender a crear según el patrón de ese pensamiento.

Esta subjetividad universal, una vez que es puesta en movimiento, continúa trabajando hasta que la tendencia puesta en movimiento en ella sea neutralizada. Pero no podemos neutralizar la Ley misma. Las leyes son eternas, invariables e inmutables. No podemos neutralizar la Ley, pero sí podemos revertir nuestra posición en ella. No podemos cambiar su naturaleza, pero podemos especializar esa naturaleza.

La Ley especializada por la personalidad está representada por los dos pilares que se encontraban al frente del Templo de Salomón, Jachín y Boaz; uno representa la Ley, el medio creativo impersonal, y el otro, la Palabra, o el elemento personal. Aquí tenemos personalidad y ley combinadas, y es a través de estos dos pilares que debemos entrar al Templo, que simboliza la naturaleza de la realidad y nuestra vida más interna.

La Palabra de la personalidad y la Ley de la impersonalidad, simbolizadas en estos dos pilares, constituyen la gran Ley Mental de Causa y Efecto que Emerson llamó el Alto Canciller de Dios, y a la cual la Biblia se refiere cuando dice: "Lo que el hombre siembre, eso mismo cosechará".

No debemos olvidar que esta ley es un hacedor y no un sabedor. No tiene elección propia, ni tiene ningún deseo personal. Es una fuerza ciega, inteligente, creativa, pero no directiva. La personalidad domina la Ley. Tanto la Ley como la personalidad (principio y presencia) son necesarias para un universo de autoexpresión. El entendimiento de cuál es la mejor manera de equilibrar los elementos personal e impersonal, es lo que constituye un conocimiento correcto de nuestra relación con lo invisible. De acuerdo con el uso que demos a esta relación obtenemos ya sea esclavitud o libertad.

No deberíamos confundir la Ley como una fuerza impersonal con Dios, el Espíritu Universal. Dios es la Persona Infinita individualizada en cada uno de nosotros, que hace que nuestra Naturaleza sea como la de Dios y nos otorga el mismo dominio en nuestro campo de acción que el Espíritu Universal tiene en su campo.

La Ley es el siervo del espíritu del hombre tal y como es el siervo del Espíritu de Dios, y nuestra palabra se mueve sobre la faz de las aguas tan verdaderamente como la Palabra Creativa original se movió. *En el principio* se refiere al eterno proceso de la Creación.

Estamos siempre especializando esta Ley Creativa, pero generalmente en la ignorancia. La ignorancia de la Ley no excluye a nadie de sus efectos, pues lo que llamamos bien o mal, abundancia o carencia, no son más que dos formas como opera el principio fundamental. No tiene carencias ni está limitado, y tampoco podemos decir que es menos en una forma pequeña o mayor en una forma grande, ya que nuestra idea de tamaño es totalmente relativa.

Por ejemplo, si el plano físico sobre el que vivimos se redujera repentinamente a una milla en diámetro, y todo lo demás se redujera proporcionalmente, nunca nos daríamos cuenta de que algo ha ocurrido. Si, por otro lado, repentinamente se expandiera a un diámetro infinito, y todo lo demás se expandiera en la misma medida, nunca sabríamos que esto ocurrió.

Pero sabemos distinguir entre lo grande y lo pequeño, o creemos que lo sabemos. De ahí que pongamos en movimiento la Ley para crear lo que concebimos, y decimos que lo grande expande nuestra experiencia y que lo pequeño la contrae. Por lo tanto, la experiencia se contrae o expande de acuerdo con nuestro concepto. Este es el elemento personal que trabaja sobre el impersonal, y es justo esta posibilidad lo que garantiza nuestra libertad.

Cuando sabemos cómo trabaja esta Ley y cómo usarla podemos especializarla para un nuevo propósito. Podemos usar el poder que nos ha esclavizado para crear la libertad que deseamos. Deseamos alegría en vez de lágrimas, regocijo en vez de sufrimiento, paz en vez de perturbación, éxito en vez de fracaso, vida en vez de muerte. No podemos cambiar la naturaleza de la Ley, ni podemos modificar la naturaleza de nuestro ser, pero podemos pensar y actuar diferente, y la ley, al ser subjetiva a nuestro pensamiento, debe cambiar su tendencia hacia nosotros. De ninguna manera neutralizamos la Ley de Causa y Efecto; simplemente la usamos de una manera diferente.

La ley, al no tener propósito en sí misma, al no tener intención propia sobre nosotros, se ve forzada a tomar el color de nuestro pensamiento dominante y crear a partir de ese patrón. Nosotros, al ser personas, podemos cambiar nuestro pensamiento y de ese modo remodelar nuestras condiciones. En verdad, esta es la gran materialización de la libertad, y entender esto es entender cómo podemos liberarnos de la esclavitud. No entender esto nos obliga a mantenernos en la esclavitud hasta que llegue la iluminación.

La Ley, sin dirección, no hace nada. Es meramente una energía natural en un mundo espiritual o una energía espiritual en un mundo natural. Como sea que pensemos en ella, es la Ley de Causa y Efecto, y estamos usándola en cada momento en nuestra vida. Por supuesto, nuestro mejor uso de ella es a través de los canales subjetivos de nuestro pensamiento. De ahí que los canales subjetivos deban limpiarse y reorganizarse. La reacción mental inconsciente debe ser redirigida, ya que este lado subjetivo del individuo en cada momento se refleja en la Ley Creativa Universal, y la Ley a su vez da forma a la imagen y nos la devuelve como una experiencia diaria real.

Parece evidente que la Ley en sí misma nos reconoce como la suma total de lo que creemos que somos, y cuando añadimos esto al hecho de que lo que reconocemos que somos, o pensamos que somos, es mayormente subjetivo o inconsciente, nos damos cuenta de que la Ley reconoce a cada individuo desde el punto de vista de lo que el pensamiento de la raza proclama como cierto acerca de todos los individuos; esto es, acerca de cada individuo como perteneciente a una clase, más lo que el individuo ha aprendido a creer sobre sí mismo.

Debemos pensar en esto detenidamente y llegar a un entendimiento definido de lo que significa, pues es de suma importancia que alcancemos a ver que, como individuos, no nos hemos pensado en la limitación. Lo que ha sucedido es que la creencia en la limitación ha operado a través de nosotros, y nuestro *acuerdo* con esta creencia ha tendido a vitalizarla.

Debemos revertir el proceso definitiva y deliberadamente. Esto es exactamente lo que Jesús quiso decir cuando dijo que se haría en nosotros *según* nuestra fe. Los nuevos patrones de creencia deben cimentarse en una conciencia superior y en una profunda comprensión de la posición del hombre en el orden creativo como dispensador de dones divinos y como recipiente de la voluntad y la buena disposición infinitas.

Necesitamos repudiar la creencia de que estamos esclavizados. Necesitamos saber que el espíritu dentro de nosotros es ahora libre, completo y perfecto. No hay una sola persona viva que no pueda cambiar su pensamiento, al menos en parte. Nosotros podemos mejorar y ampliar nuestras reacciones mentales justo donde estamos, y con cada nueva y mejor actitud mental vendrá una correspondiente reacción en nuestro mundo objetivo.

En la práctica real debemos ser definidos. Uno de los principales problemas con nosotros es que no nos damos cuenta de que las abstracciones no son lo único que se necesita. El estudio de la filosofía, sin importar cuán espiritual pueda ser, nos apoyará muy poco desde un punto de vista práctico, a menos que definitivamente usemos el conocimiento que hemos adquirido. Comprender el funcionamiento de la Ley es conocimiento, pero usarlo constructivamente es sabiduría.

Diario debemos revertir conscientemente nuestra posición en la Ley, sabiendo que ya no estamos sujetos a las sugestiones de la raza en cuanto a la carencia, la limitación, la escasez o el temor; sabiendo que el Espíritu está con nosotros y para nosotros y que opera a través de nosotros; sabiendo que todo lo bueno es nuestro, y declarando específicamente que el bien particular que deseamos está ahora manifestado.

Una persona que tiene todo lo que desea en la vida excepto la amistad, debería aceptar el bien que ya tiene y añadir amistad a este bien. El individuo que puede estar disfrutando toda clase de amistades, pero carece de abundancia, debería aceptar estas amistades y añadir a esta idea de vida la creencia en la presencia de la abundancia. Aquel que quizás tenga amistades y abundancia, pero carezca del bienestar físico, debería aceptar la amistad, la abundancia y continuar especializando la Ley para la sanación física. No hay nada demasiado grande ni demasiado pequeño; lo que sea que necesitemos, debemos buscarlo a través de la especialización de la Ley.

Al enseñar a otros a hacer esto por sí mismos, se debe ser cuidadoso en explicarles que no deben aceptar esta filosofía meramente como una creencia científica o como un maravilloso sistema de pensamiento, o como una nueva actitud hacia la religión. El hecho de que sea así, jamás hará que haga nada en particular por nadie. Debe ser usado.

Cuando los primeros colonizadores descubrieron las praderas, no habría sido suficiente que exclamaran: "¡Qué tierra tan fértil, qué maravillosas cosechas producirá! ¡Qué generosa es la naturaleza! ¡Qué hermoso paisaje! ¡Cuán maravillosa es su vastedad y qué bueno es Dios por habernos traído aquí!". Todas estas exclamaciones habrían sido ciertas, pero nunca habrían producido una cosecha.

Hemos seguido los viejos patrones de pensamiento por tanto tiempo que la transformación de la antigua posición a la nueva ha sido más bien lenta, y el ascenso mental a la conciencia de la plenitud parece asediado por muchos obstáculos; de ahí que la fe y la esperanza sean necesarias, y sobre todo, tener una gran flexibilidad interior.

Si estás enseñando estos principios les debes reiterar a tus alumnos que deben usarlos y no deben recibir un no por respuesta. La Ley solo sabe estar de acuerdo. Reafirma nuestra negación y nos presenta la esclavitud con la misma facilidad que la libertad. Pero, ¿acaso no es el conocimiento de que podemos cambiar la esclavitud por la libertad, una de las mayores alegrías que podemos contemplar?

La ley de los equivalentes mentales

En nuestro campo escuchamos hablar con frecuencia sobre lo que se denomina la Ley de los Equivalentes Mentales. Algunas veces nos preguntamos qué significa, y seguiremos preguntándonoslo hasta que lo hayamos reducido a su máxima simplicidad.

La Ley de los Equivalentes Mentales se refiere a que todo lo que consciente y subjetivamente toma forma en nuestro pensamiento tiende a irradiar una atmósfera, una vibración, una corriente de pensamiento, una aceptación interna que automáticamente atrae hacia sí misma lo que es semejante a ella.

Estamos regresando nuevamente a la idea de que todo se mueve en círculos. La Ley de los Equivalentes Mentales significa que habrá dentro del cuerpo de nuestro pensamiento no solo una aceptación del bien que deseamos, sino una experiencia interior del significado de ese bien, un sentido real y un sentimiento real de que ahora lo poseemos.

Es sumamente fácil, entonces, ver que la Ley de los Equivalentes Mentales es una incorporación subjetiva más que una declaración consciente. Significa que cuando hagamos una declaración consciente ya no habrá nada en nosotros que la repudie o la niegue.

Pero esta incorporación subjetiva de ideas es algo que puede ser generado conscientemente. No solo podemos cambiar nuestro pensamiento objetivo, sino que, mediante un proceso de tratamiento cuidadoso podemos cambiar la totalidad del campo subjetivo de nuestro pensamiento, porque la mayoría de nuestro pensamiento es inconsciente. Por tanto, la incorporación mental de una idea o el verdadero equivalente mental de algo no es tanto la palabra que pronunciamos sino algo que sentimos en el corazón.

Todos tenemos un contenido definido de pensamiento inconsciente, de expectativa inconsciente, de frustración y deseo inconsciente. Esto forma parte tanto del proceso de nuestro pensamiento como de las palabras que usamos conscientemente, y es igualmente cierto que es operado por la Ley de la Vida. A veces perdemos de vista esto. Pero si estas cosas son ciertas, entonces lo primero que tenemos que cambiar es a nosotros mismos.

Esto es a veces un largo y arduo proceso, porque una persona no cambia los patrones de su pensamiento en un instante. Más bien ocurre poco a poco, hasta que gradualmente los viejos patrones de pensamiento se transforman en otros nuevos a través de alguna alquimia interna de la mente; el modo de operar no lo vemos pero sí la manifestación de lo que experimentamos.

Por ejemplo, un individuo que no ha tenido tanto bien y felicidad en su vida como quisiera debería seleccionar una hora definida cada día para tratarse a sí mismo. El tratamiento podría ser algo como esto:

> *Yo sé que todo el bien que existe me pertenece. Dios es el bien. El bien es Dios.*
>
> *Estoy rodeado por el bien. Estoy envuelto en Él; siento su presencia.*
>
> *No hay nada en mí que pueda rechazar ese bien. La totalidad de mi sentimiento interior lo recibe y lo experimenta. Toda mi expectativa es de alegría y placentera anticipación. Todos los viejos pensamientos de miedo, duda e incertidumbre han desaparecido. Dentro de mí está el lugar secreto del Altísimo; Dentro de mí está la Presencia, el poder y la Voluntad de saber, hacer y ser.*
>
> *No hay nada en mí que pueda negar esta declaración, o que se rehúse a aceptarla. No hay nada en mí que pueda limitarme. Mis recuerdos son de felicidad; mi anticipación es alegre; mi experiencia es de placer.*

Este podría ser un tratamiento general y, si se le practica por un periodo de varios días, será muy efectivo.

Lo mismo podría aplicarse a cada idea que deseemos incorporar, encarnar. Debemos pensar en ello y sentirlo, visualizarlo, y tratar de pensar en el significado de cada palabra. Aceptándola conscientemente, debemos dejar que se hunda en la profundidad del inconsciente, hasta que la subjetividad de nuestro pensamiento encuentre su significado; entonces habremos llegado al equivalente mental de la idea.

Principio y precedente

TODA LA HUMANIDAD sigue más o menos los patrones de pensamiento en los que está inmersa. Ya sea que elijamos llamar a esto conciencia colectiva, la mente carnal, o la influencia de la sugestión racial, no hace ninguna diferencia. La mayoría de nosotros sigue los patrones de pensamiento tal y como han sido establecidos a lo largo del tiempo. Decimos que las cosas deben ocurrir hoy y mañana porque ocurrieron ayer y el día anterior. Los psicólogos están de acuerdo en que un patrón de pensamiento neurótico se repetirá con monótona regularidad hasta que sea cambiado.

Los avances en la ciencia y la civilización se dan cuando se derrumba la creencia de que las cosas tienen que ser como son porque siempre han sido así.

Pero las leyes de la naturaleza o los principios que gobiernan la vida no saben nada sobre precedentes. En un tiempo usamos velas, ahora usamos luz eléctrica. No había nada en la naturaleza que prohibiera al mundo tener luz eléctrica hace diez mil años, pero nadie sabía nada sobre ella. Cuando llegó el día en que alguien descubrió la nueva posibilidad, las leyes de la naturaleza obedecieron y entregaron el secreto que hizo posible lo nuevo.

El mundo siempre ha dicho que las guerras deben continuar existiendo porque siempre ha habido guerras. La gente siempre ha creído que los países no podrían resolver sus dificultades por métodos pacíficos. Este precedente ha prevalecido durante tanto tiempo que es difícil vencerlo. Aun así, tarde o temprano tendrá que ser vencido si el mundo ha de sobrevivir.

Lo mismo ha pasado a lo largo de la historia de la evolución espiritual, o del desarrollo del pensamiento del hombre acerca de su relación con Dios. Las personas han orado a un poder superior a ellas y ocasionalmente sus oraciones han sido contestadas afirmativamente. Quizás siempre han sido respondidas de acuerdo con el modo en que han orado. Sin embargo, siempre se ha aceptado que algunos que oran reciben respuesta mientras que otros, no. Debido a esta creencia, se estableció un precedente y esto hace que la respuesta a la oración sea algo impredecible.

Este es uno de los precedentes que deben ser rotos, pues debemos permitir que la actividad espiritual tenga un mayor campo de acción. Cuando nos demos cuenta de que el poder espiritual que existe está a nuestra disposición, y que no importa cuán limitado haya sido el punto de vista que tuvimos ayer (con las limitaciones que son resultado de ese punto de vista), hoy podemos mejorar nuestro campo de conciencia interior y entonces haremos posible un mayor influjo de lo divino a través de lo humano, o sea, a través de nuestro propio pensamiento.

Pero jamás podremos hacer esto a menos que creamos que podemos hacerlo, porque la creencia de que no podemos nos esclaviza al viejo precedente y nos obliga a aceptar solo la misma cantidad de bien que hemos experimentado en el pasado. Si podemos grabar firmemente en nuestra mente que el principio nunca está esclavizado por el precedente, que el hacer nuevas cosas en la ciencia a través de nuevos descubrimientos siempre ha existido como una posibilidad, y que no había nada en la naturaleza que nos prohibiera tener mayores experiencias, dejaremos de estar hipnotizados por el pasado.

Es probable que la mayoría de nosotros vayamos por la vida más o menos hipnotizados por lo que todos han creído. Decimos que el bien que deseamos no puede llegar a nosotros porque nunca lo hemos experimentado. O decimos que el bien que deseamos es demasiado, o que no hay suficiente alrededor, o que Dios no escucha nuestras oraciones. Muy seguido volcamos las posibilidades de nuestra vida individual a lo que acepta la colectividad.

Debemos hacer exactamente lo contrario. Debemos romper las sugestiones hipnóticas que nos atan y crear nuevas avenidas en la mente para tener un abordaje fresco y una nueva perspectiva del espíritu. Esto es algo que cada persona debe hacer por sí misma, pero debe haber un método o una forma de empezar.

Debemos comenzar con la firme convicción de que estamos tratando con un poder que no está atado. Que no está limitado. Que no es solo *algún* poder, sino que es *todo* el poder. No es difícil convencer a la mente de esto, ya que el razonamiento puro nos lleva a aceptar este punto de vista.

A continuación, debemos sentirnos seguros de que tenemos acceso a este poder. Jamás podríamos hacerlo si sintiéramos que el poder es externo a nosotros, que está separado de nosotros o que es diferente de nuestro propio ser. Descubrimos que Dios es inmediato y personal, una posibilidad latente dentro del ser, pero lista para ser llamada y usada.

Nuestro próximo paso consiste en identificar al ser con este poder. *Yo soy aquello que tú eres, tú eres aquello que yo soy. Somos uno con este poder, estamos en él, con él, y formamos parte de él.*

Habiéndonos identificado con el poder que es la Ley, y con la Presencia que es el Espíritu, debemos incrementar conscientemente nuestra expectativa y profundizar nuestro entendimiento. Esto se hace mediante la meditación, a través de la comunión con lo Divino, hasta que gradualmente ampliemos tanto nuestros conceptos sobre la vida y las posibilidades de la vida, que ya no estemos atados por nuestros anteriores patrones de pensamiento.

Hay técnicas sencillas que nos ayudan a hacer esto. Como un ejemplo, podemos decir:

> *Yo soy Uno con todo el poder que existe;*
> *yo soy Uno con toda la Presencia que existe.*
> *Hay una sola vida; esa vida es Dios; esa vida es mi vida ahora.*
> *Este poder, esta Presencia, y esta vida son perfectos, completos,*
> *plenos, felices.*

Identificamos la mente con esta plenitud, con esta felicidad, con esta perfección, afirmando su presencia e incorporando un cierto sentimiento sobre ella, una conciencia interna. Esta práctica debe continuar hasta que la idea se vuelva real para nosotros; no como si se tratara de algo separado de nosotros o como si estuviéramos aproximándonos a la realidad, sino como si estuviéramos operando desde su propio centro, lo cual, por supuesto, estamos haciendo.

Entonces podríamos continuar diciendo:

Hay nuevos pensamientos, nuevas ideas que vienen a mí.
Yo abro toda mi conciencia al influjo de lo que es más grande y mejor.
Yo identifico mi mente con la paz y la alegría interna.

A veces podemos ser confrontados con argumentos negativos de patrones mentales que circunscriben, limitan y debilitan la mente. Nuestros sentidos pueden tratar de insistir en que sigamos los precedentes establecidos como nuestra verdadera guía, ya que la humanidad los ha acatado desde tiempos inmemoriales.

Justo en este punto debe ponerse en marcha cierta cantidad de aventura, de imaginación para poder crear un sentimiento de aceptación, el cual romperá esos viejos patrones. Debemos entender que no son la verdad del Ser de Dios, sino monótonas repeticiones del pensamiento negativo de todos los tiempos. Debemos saber que nuestras nuevas declaraciones de verdad tienen el poder dentro de sí mismas para destruir por completo los viejos patrones de pensamiento.

En tales casos es bueno utilizar un argumento similar al siguiente:

Ya no estoy hipnotizado por los viejos patrones de pensamiento; ya no estoy atado por estos precedentes; ya no estoy limitado por lo que todos han creído, porque ahora sé que no hay verdad, ni realidad, ni Ley alguna que lo sostenga. No es más que un fantasma.

Tal argumento en la mente tenderá a destruir viejas creencias y a darnos el margen de movimiento necesario si queremos iniciar nuevas ideas, más grandes, mejores y menos limitadas. La imaginación y el sentimiento jugarán un gran papel en la superación de las viejas limitaciones, y nuestra recientemente adquirida conciencia interna nos proclamará que somos y siempre hemos sido parte del universo de Dios. Las palabras que pronunciamos nos conectarán con aquello que es más grande que nuestras experiencias previas.

Debemos comprender que ninguna experiencia pasada necesita atar la posibilidad de nuevas y mejores experiencias, hasta que finalmente pensemos cada vez más y más desde el punto de vista de que Dios es todo lo que existe, y que todas las cosas son posibles para Dios, y también que, a través de nuestro nuevo conocimiento, una posibilidad aún mayor es nuestra hoy.

Al identificarnos con esta vida más completa, empezamos a especializar este concepto universal identificando las cosas que estamos haciendo con la posibilidad mayor. En cierto sentido, esto es "dejar que caiga fuego del cielo", o traer luz a nuestro cuarto oscuro.

En la práctica real se trata de un proceso constante de identificación del ser personal con el ser impersonal, del hombre con Dios, de la vida con el vivir, de la oración con la ejecución, del universo espiritual con nuestro propio ser espiritual, que es parte de ese Espíritu Universal; y luego hacer que estos patrones de pensamiento se apliquen a las cosas que hacemos en nuestra vida diaria.

El principio no está atado al precedente. No hay ley en el universo que busque perpetuar las viejas limitaciones, pero sí hay una Ley que responde a nuestra visión más amplia en el nivel exacto de esa visión. La mente debe mantenerse en una actitud optimista, expectante, entusiasta; todo el peso y la confusión deben ser eliminados, y debemos pensar nuevamente en lo ilimitado y libre.

Este es un secreto que nosotros mismos y la vida, o Dios, aprobamos. No le pidas a nadie más que te justifique en tu creencia, porque esto crea confusión. No preguntes con qué autoridad hacemos estas cosas, porque esto sería limitar nuestras actividades a la manera como lo han hecho otras personas. Aquí es donde la mente debe trabajar sola, incrementando su propia esfera, reafirmando su propia posición, despertándose al mayor influjo.

Con toda certeza, a medida que vayamos haciéndolo, descubriremos que las paredes de la prisión del ser inferior se derrumban, que el horizonte de las experiencias se expande cada vez más, y al adquirirse un mayor territorio espiritual, ciertamente te sobrevendrán mayores experiencias.

La enfermedad no es la primera causa

La base para un tratamiento espiritual correcto empieza con la idea de que el Ser es ya Perfecto. La idea de la Perfección es el poder espiritual que sana.

Desde el punto de vista del Espíritu puro, una falsa causa desconocida u oculta sería tan irreal como una causa sabida o revelada. Por tanto debemos saber que la enfermedad no es ni causa, ni medio, ni efecto. Desde el punto de vista del Espíritu puro, la acción equivocada no tuvo principio, no tiene duración y no tendrá clímax.

El tratamiento que damos es una actividad de la ley que aplica esta verdad. Tu uso de la Ley, la cual se encuentra en un plano superior de conciencia al estado en que se encuentra el pensamiento que produjo la discordia, debe por tanto borrarla, y tú debes saber que lo hará.

Sabes que la mente, o el espíritu, es puro, perfecto y completo, manifestándose en forma física en y a través de la naturaleza. El gobierno del bien se hace valer por medio de la ley de la propia divinidad del hombre.

El poder existe, y la acción de este poder está en tu palabra, o tu palabra actúa sobre el poder... nadie lo sabe. Para todo propósito práctico, el poder actúa sobre tu palabra.

¿Cómo sabe Dios lo que hago?

A MENUDO LA GENTE pregunta: ¿Por qué habría de estar Dios interesado en mis asuntos? Recuerdo que una vez, hablando con uno de nuestros consejeros, quien había estado enfermo por varias semanas, le pregunté por qué no había solicitado un tratamiento. Él dijo: "No quise molestar a Dios con algo tan pequeño".

Esta es una reacción muy natural, y sin embargo se basa en la ignorancia de las Leyes Cósmicas. Podemos preguntarnos: "¿Hay más vida en un elefante que en una mosca?". O desde el punto de vista del infinito: "¿Es de más importancia un árbol gigantesco que una rosa que florece al lado del camino?". Por supuesto que no. No hay nada grande ni pequeño para la Divina Presencia ni para la Ley que gobierna todo. ¿Acaso no está la rosa enraizada en la misma tierra en la que está el árbol? Es simplemente un tipo de manifestación de vida distinto que adquiere una forma separada, pero que se encuentra enraizada en una unidad común.

Deberíamos eliminar las ideas de grande o pequeño, o difícil y fácil, porque no existen en la mente creativa del universo. Las cosas existen ahí como ideas, y es la naturaleza de la Ley de la Mente hacer que estas ideas adquieran formas inherentes a esas ideas. Todas las ideas son traídas a la forma a través del Medio Único. Una persona que vende cacahuates en una esquina y afirma la presencia de la actividad en su negocio está invocando la misma Ley que el constructor de una vía de ferrocarril o del Empire State.

La Ley siempre toma la forma que le damos. Podemos calificarlo como grande o pequeño, importante o sin importancia, pero la Ley no sabe nada de grados comparativos. La naturaleza de la Ley misma es tal que no puede decir "Soy grande" en un lugar y "Soy pequeña" en otro. Solo puede decir: "Yo soy, y aquello también lo soy" incluyendo lo que llamamos grande y pequeño, y automáticamente fluye a través de todo, tomando la forma de todas las cosas.

En nuestros tratamientos tomamos una idea y aceptamos una forma, porque desde el punto de vista de la Ley una cosa es tan importante como otra.

Cuando nos preguntamos cómo es que Dios sabe quiénes somos y que nuestros asuntos son importantes, la respuesta es que Dios lo sabe todo, y no en términos de "grande y pequeño", sino solo de "acción y reacción", solo como la contemplación que produce su propia reacción.

Los grandes maestros espirituales nos han dicho esto, y tenían razón. Cada pensamiento de grande y pequeño, de difícil y fácil, de se puede y no se puede, deben apartarse de nuestro tratamiento. Recuerda que el mismo ingenio, el mismo poder Creativo que fluye hacia la forma más grande también crea la forma más pequeña.

Los comparativos no pertenecen al universo. Son solamente diferenciaciones de nuestra propia mente. Cuando los eliminamos por completo de nuestro pensamiento, no contemplamos ni lo grande ni lo pequeño, sino la cosa en sí misma que adquiere una forma particular.

Pondremos una gran carga sobre nuestra mente si nos detenemos a pensar en términos de grande y pequeño, de difícil y fácil. Si pones un hilo enfrente de un espejo, se reflejará; si te pones tú mismo enfrente del espejo, te reflejarás. La forma más grande se reflejará con la misma facilidad que la forma pequeña. El espejo no sabe de tamaños, sino que refleja automáticamente la forma que se le ponga enfrente.

Se nos dice que hay muchos cuerpos celestiales millones de veces más grandes que la Tierra; hay muchos que son más pequeños, pero la misma Causa los creó, no como grandes o pequeños, sino simplemente como expresiones de sí misma.

En cierto sentido esto hace que la creación de un pastel de lodo de un niño sea tan importante como la construcción de un imperio, no porque tengan el mismo significado para la experiencia humana, pero desde el punto de vista del Genio Creativo del universo, ambas son creaciones.

¿Es un atardecer de menor importancia que un poema épico? Y, en realidad, ¿la sanación de la tuberculosis o del cáncer serían de mayor importancia que la sanación de un resfriado común, o la extirpación de una verruga?

Se nos dice en la medicina psicosomática que las verrugas se quitan fácilmente mediante la sugestión, y aun así, una verruga es una forma definida arraigada en el cuerpo físico. ¿Qué tal que si nuestra perspectiva del cáncer fuese tan ligera como nuestra idea sobre una verruga, y una simple sugestión pudiera disolver el cáncer tan rápida y fácilmente como lo hace con la verruga misma? No lo sabemos. Desde el punto de vista del Supremo Espíritu de la creatividad, no hay razón para negar que la supresión de uno pueda ser tan fácil como la del otro.

Debe ser, entonces, que la obstrucción se encuentra en nuestra propia conciencia, o procede de nuestra resistencia inconsciente creada por los pensamientos de grande y pequeño, o difícil y fácil. Esto es lo que debemos superar.

Energía y masa

UNA DE LAS proposiciones de la física es que la energía y la masa son iguales, idénticas e intercambiables. Ahora bien, esta es una frase que suena inofensiva, pero muy poca gente comprende las matemáticas que la sustentan. Sin embargo, nosotros podemos entender su significado y aplicarlo a nuestra ciencia.

Decir que la energía y la masa son iguales, idénticas e intercambiables es muy diferente a decir que la energía energiza la masa o que la energía opera sobre, dentro o a través de la masa para hacerle algo. Cuando decimos que la energía y la masa son iguales, idénticas e intercambiables, estamos diciendo que la energía, que es invisible, es la sustancia real de la masa que es visible, y que lo visible y lo invisible son la misma cosa; son iguales, idénticas e intercambiables. Es lo mismo que decir que lo que ves viene de lo que no ves; y que lo que ves y lo que no ves son lo mismo en esencia.

Aplicando esto al principio invisible de la Creación, encontramos que no hay diferencia de lo que leemos en Romanos 1:20: "Porque lo invisible de Dios (...) se hace claramente visible desde la creación del mundo, y puede comprenderse por medio de las cosas hechas (...)". Esto es también igual a decir que lo que ves viene de lo que no ves.

Aproximémonos a esta proposición bajo una luz diferente. Emerson dijo que hay una mente común a los individuos, y que somos puntos de entrada de esta mente. Spinoza dijo que la mente no es una cosa y la materia otra; son la misma cosa. Quimby, sobre cuyas enseñanzas se fundó el Movimiento del Nuevo Pensamiento en los Estados Unidos, dijo: "La mente es materia en solución y la materia es mente en forma". Pero él agregó que existe una Sabiduría Superior, que él llamó Ciencia de Cristo; la mente como materia y la mente como forma son la sustancia que usa esta Sabiduría Superior.

Es de gran importancia que el estudiante de esta ciencia entienda el significado de estas aseveraciones bastante abstractas; que las reduzca al máximo y las acepte como parte de su principio básico. Debe tener mucho cuidado de no quedar demasiado absorto en algún concepto místico o imaginativo como para quedar confundido o muy alejado de la realidad para pensar correctamente.

Einstein era un matemático. Emerson era un pensador lógico y gran filósofo. Todas las grandes enseñanzas de la Biblia son inspiraciones e intuiciones. Quimby nos dio la clave para el tratamiento espiritual mental.

No podría haber existido la medicina psicosomática o las relaciones cuerpo-mente si la Sustancia Última sobre la que la mente trabaja fuera diferente de la mente que trabaja sobre ella. Un tratamiento espiritual mental no es un proceso mediante el cual el pensamiento espiritualiza la materia o materializa el espíritu. Tu pensamiento no puede tener ningún efecto dentro, alrededor o a través de nada si es diferente a aquello a lo que afecta.

Hace cincuenta años, decir que la mente y la materia eran lo mismo habría ocasionado que la gente pensara que teníamos un leve desequilibrio mental. Pero cuando un hombre como el Doctor Einstein proclamó que la energía y la masa eran iguales, idénticas e intercambiables, no pudimos reírnos de ello.

Recuerda de nuevo que Einstein no dijo que la energía energiza a la materia o influye en ella o la hipnotiza o le hace algo. La energía no le hace nada a la materia, ni la materia le hace nada a la energía. Son la misma cosa. Si una le hace algo a la otra, es porque ambas son una y no dos, y son todo lo que hay.

Apliquemos, entonces, esta proposición que es sencilla, pero abstracta; profunda, pero comprensible a nuestra propia ciencia. El pensamiento no energiza a la materia, ni restaura la materia o una forma material a una armonía material. No existe un universo material.

Esto es cierto, ya sea que estemos tratando con la Ciencia de la Mente o con la ecuación de Einstein. La ciencia física no trata con un universo material. Trata solamente con un universo de ondas ondulantes o corrientes de partículas que en alguna forma misteriosa están unidas en un interminable flujo de tiempo. La secuencia no está necesariamente limitada por alguna ley de causa y efecto, como acostumbraba la ciencia tratar el tema, ya que en cualquier momento puede cambiar.

Esto no es ningún intento por dar una explicación científica o técnica de la nueva física, sino una nueva imagen para nuestra imaginación, y nosotros también podemos tomarla y aplicarla a nuestra propia ciencia, porque nuestra filosofía no es más risible que la de ellos. El tiempo de reírse de aquel que maneja la Ciencia de la Mente pasó cuando los físicos descartaron la teoría de un universo material o mecánico.

Si trasladamos los términos *energía* y *masa* a los términos *mente* y *materia* tenemos la misma ecuación. Pero continuando con la teoría de Quimby de que la mente en solución y la mente en forma son la misma cosa, y que ellas constituyen la materia de una Sabiduría Superior a la cual él llamó la Ciencia de Cristo, vemos que estamos usando una Fuerza y una Energía que son tanto visibles como invisibles, y las estamos usando de una determinada forma para hacer que lo invisible se vuelva visible y lo visible, invisible.

La ecuación de Einstein hace lo mismo, en efecto, porque ve la energía y la masa como iguales, idénticas e intercambiables. Pero también debemos tomar en consideración a aquel que lo observa, el físico, la persona. Este es uno de los puntos más finos en la sanación espiritual mental y en el uso de la Ciencia de la Mente. Así como la energía no energiza la masa sino que es la masa (o energía en forma), así en nuestra ciencia se considera que no hay diferencia entre el pensamiento y la cosa pensada. Uno se vuelve la otra.

Sin embargo, debemos caer en la cuenta de que detrás de cada forma o en el centro de cada creación debe existir un Patrón Divino que es la realidad de esa cosa. Lo que cambiamos no es la realidad sino nuestra percepción de ella, o citando a Eclesiastés 7:29: "Lo único que he encontrado es que Dios hizo perfecto al género humano, pero este se ha buscado demasiados problemas".

Tus fuerzas invisibles

Se dice que el hombre promedio usa solo alrededor del 10 por ciento de su capacidad real; el otro 90 por ciento se queda sumergido y sin utilizar. Bien, tú y yo pensaríamos que sería maravilloso multiplicar nuestros talentos varias veces. No tengo duda de que lo podemos hacer si tratamos.

Tomemos una simple lección de la naturaleza. Quizás desde donde estás sentado puedes ver un árbol totalmente en flor. Si es así, recuerda que las raíces de donde el árbol atrae su vida están completamente invisibles. Y a menos que el árbol haga uso de esta fuente invisible, no podrá nunca florecer.

Nuestras raíces están en la mente de Dios. Nuestra individualidad, todo lo que somos y hacemos, es un efecto de nuestras fuerzas invisibles; fuerzas que continuamente hacen uso del infinito. Pero en nuestra ignorancia limitamos el flujo del divino poder en nuestras vidas.

Por supuesto, esto no es intencional, porque todos queremos tener éxito en la vida; queremos que la gente nos quiera, y deseamos ser valiosos. Pero con frecuencia, cuando hacemos un inventario de nuestras posesiones dependemos solo de las circunstancias que nos rodean. Decimos: "¿Cómo puedo superarme? No tengo la personalidad"; o "No tengo el atractivo natural necesario para tener éxito en la vida".

Es justo aquí donde nuestra fe en el poder mayor que nosotros tiene que salir a flote. Pues nosotros como individuos tenemos nuestras raíces en este poder. Fue el reclamo de un poder Superior lo que hizo que Jesús se volviera un hombre Divino mientras aún vivía en la tierra. Él dijo: "Yo por mí mismo no puedo hacer nada... el Padre que mora en mí es quien hace las obras".

Sí, debemos llegar a creer que el Padre verdaderamente mora dentro de nosotros, y que el mismo Espíritu Creativo que está detrás de las cosas fluye a través de nosotros. Jesús dijo: "Observen cómo crecen los lirios del campo: no trabajan ni hilan, y aun así ni el mismo Salomón, con toda su gloria, se vistió como uno de ellos".

Dios tiene necesidad de nosotros o no nos habría puesto aquí. El Divino desea expresarse a través de ti y de mí, o no viviríamos. No tenemos existencia por nosotros mismos. Es solo gracias a que vivimos en Dios que vivimos. Si pensamos que tenemos nuestras raíces en Dios y esperamos que el Divino poder fluya a través de nosotros, nuestros pensamientos y actos serán animados por la misma vida, poder y belleza que viste a los lirios del campo.

Una vez conocí a uno de los mejores caricaturistas del país. La naturaleza de su trabajo era tal que tenía que producir nuevas ideas diariamente y hacer imágenes de ellas para un periódico para que millones de personas las leyeran. Le pregunté cómo lograba hacer tanto, y me dijo que tenía un cuarto con cuatro paredes blancas y que los únicos muebles ahí eran una mesa y una silla y que cuando necesitaba ideas se metía a ese cuarto, se sentaba y se quedaba quieto.

Dijo que algunas veces se sentaba ahí durante dos o tres horas y nada pasaba. Luego, de repente, algo empezaba a surgir dentro de él, un nuevo pensamiento, una nueva idea, y tomaba un lápiz y escribía sus impresiones. Lo que escribía y lo que dibujaba eran como el florecer de una planta que hace uso de la tierra.

El artista creativo y el inventor hacen esto. ¿Por qué no habríamos de hacer lo mismo nosotros? Tenemos que empezar con la proposición de que las cosas son posibles para Dios; que Dios hace todo a partir de sí mismo mediante el sencillo proceso de transformarse en aquello que hace, tal y como el árbol crece de la tierra y las fuerzas invisibles de su vida se convierten en follaje, en flores y en frutos, a través de un proceso silencioso de la naturaleza.

¿Alguna vez te preguntaste: *Cómo es que puedo comer pastel de frutas y emparedados de jamón y tal vez una ensalada, y que estas se conviertan en carne, sangre, cabello y uñas?* He aquí el milagro de la vida: lo invisible volviéndose visible. Estamos tan acostumbrados al proceso que nunca lo cuestionamos, lo damos por hecho. ¿Por qué no hemos de dar por hecho que Dios nos dará ideas, que el Espíritu dentro de nosotros, como Jesús dijo, sabe lo que necesitamos aún antes de que lo pidamos?

Volvamos al árbol. Supongamos que cada vez que pensara en hacer brotar una nueva rama dijera: "¿Cómo voy a lograrlo? Solo tengo un número determinado de ramas. Yo no sé cómo hacer una nueva rama".

Ahora solo por diversión, supongamos que este árbol fuera una persona, y se está quejando de su destino porque le gustaría tener unas cuantas ramas más, pero no sabe cómo hacerlas.

Y pensando en el árbol como en una persona, asumamos que cada vez que dice: "No sé cómo hacer una nueva rama", está bloqueando la posibilidad de atraer vida a partir de la tierra. Si esto pasara, el árbol nunca tendría ramas nuevas; empezaría a morir desde ese momento.

Pero el árbol no es una persona. Lo que hace es depender de la naturaleza. Todo lo que sabe es crecer. Así que nunca impide el paso de la Energía Divina que le da la vida. Pero nosotros somos personas y podemos impedir el paso de la Energía Divina que debería estar fluyendo a través de nosotros. Impedimos el paso cuando negamos que está ahí. Y la razón por la que negamos que esté ahí es porque no vemos esa energía, y, por tanto, no creemos en ella.

Si creemos que el Padre está dentro de nosotros, y si creemos que todas las cosas son posibles para Dios, entonces ya no deberíamos negar que Dios sabe qué hacer con su propia creación, y deberíamos incluirnos en esa creación.

Muy bien, entonces, veamos lo que nos pasaría si nos incluyéramos en la creación de Dios. Lo primero es que deberíamos aprender a tener un mejor concepto de nosotros mismos. No estoy hablando de un concepto presuntuoso sobre nosotros mismos, porque hemos aprendido que no podemos hacer nada por nosotros mismos: vivimos porque estamos haciendo uso de la Fuente invisible de toda la vida. La única manera en que Dios puede trabajar para nosotros es trabajando a través de nosotros, y Dios no puede darnos nada a menos que lo tomemos. Él ha creado el don de la vida o no estaríamos aquí. Pero no estamos viviendo como el árbol, porque negamos el poder mismo gracias al cual vivimos.

Y ahora queremos cambiar esto. Deseamos hacer uso de estas fuerzas invisibles, dejar que nuestras raíces se anclen profundamente en esa vida que ya es Perfecta y Completa, y queremos vivir felizmente y sin miedo. Porque el miedo impide el paso de esta Divina Energía, mientras que la confusión y la inseguridad generan esclavitud en vez de libertad.

Si queremos cambiar esto empecemos por aceptarnos para bien o para mal. Pero en este caso asegurémonos de aceptarnos para bien, porque estamos pensando en ese yo profundo, que la Biblia nos dice está escondido con Cristo en Dios.

Aquí es donde la oración y la meditación hacen posible el milagro de la vida. Recuerda que estamos hablando de oración afirmativa, pues no debe haber nada negativo en nuestra comunión con Dios. Debe siempre ser afirmativa. Jamás debemos decir que Dios no puede, o que no lo hará, sino que Dios siempre puede, lo hará y lo hace. Y habiendo eliminado la duda de nuestra conciencia debemos aprender a afirmar que el poder y la Presencia, y toda vida que existe es para nosotros, está con nosotros y dentro de nosotros.

Y hay una cosa más que ciertamente no debemos olvidar agregar: Las Fuerzas superiores de la vida siempre trabajan constructivamente. Cuando las usamos así, parece no haber límite a sus posibilidades. Pero en el momento en que empezamos a utilizarlas destructivamente, parecen bloquearse.

Esta parece ser la única condición que ha puesto el Divino que puede ser considerada limitante, pero que no lo es. No podríamos esperar usar el poder del bien para propósitos del mal, ni podríamos esperar generar amor a través del odio, ni que Dios nos diera lo que nos rehusamos a dar a otros. Estas son las únicas condiciones que puso Jesús cuando nos dijo que siempre recibiríamos si orábamos correctamente.

Tomemos una simple ilustración para demostrar esto. Podemos amar sin límites —podemos amar a todos y a todo y tener una disposición generosa hacia la gente, las circunstancias y las situaciones— y esta actitud hacia la vida nunca nos hará daño, ni bloqueará el flujo de la vida a través de nosotros. Más bien, tenderá a acelerarlo. Pero en el momento en que empezamos a odiar bloqueamos el paso de la vida, y gradualmente esta actitud negativa nos ahoga; impide el paso del flujo de la energía desde las raíces de nuestro ser hacia las cosas que hacemos.

Cuando vamos por el camino correcto no hay límites, pero cuando tomamos el camino equivocado vamos por un rumbo en el que el camino se acaba y se detiene.

Tal parece que Dios nos ha otorgado su propia vida sin mayor limitación o condición que esta: la vida debe ser vivida constructivamente, en unidad y en amor, y en comprensión hacia todo lo que nos rodea si es que esperamos vivir en plenitud.

No hay otra condición impuesta a nosotros por la divinidad. Hemos nacido para ser creativos y para vivir en plenitud y disfrutar de la vida, para ser felices, prósperos y plenos. No creemos que Dios haya fallado. Dios nunca comete errores. Nosotros somos los que erramos.

Si estamos ciertos de que nuestra vida es constructiva, y si nuestro único deseo consiste en vivir de tal forma que no dañemos a nadie sino que bendigamos a todos, entonces no debemos poner límites a las posibilidades de nuestro futuro. Este gran regalo de vida debe de ser aceptado, así como lo hacen los lirios del campo y las aves en el cielo.

Intentemos este sencillo experimento, diciéndonos a diario:

> *Todo lo del Padre es mío. No hay nada en mí que pueda negar su presencia, su poder, su sabiduría, su guía y su amor protector. Hoy y todos los días viviré al máximo, cantaré y bailaré y estaré contento. Y siempre dentro de mí estará el poder y la presencia y la vida de Dios. Honor y gloria, dominio y poder a esta Presencia, hoy y siempre. Amén.*

Tu cuenta bancaria espiritual

TODOS SABEMOS QUE debemos tener dinero antes de que podamos gastarlo. Y qué cómodos nos hace sentir tener una jugosa cuenta de cheques, una cuenta suficientemente grande para lidiar con las emergencias sin empobrecernos cuando tenemos que hacer frente a nuestras necesidades ordinarias.

Hablemos ahora de otra clase de cuenta de cheques que es igualmente importante. Le llamamos *Tu cuenta bancaria espiritual*, porque creemos que hay grandes fuerzas espirituales que podemos depositar en nuestras mentes, y que pueden ser utilizadas en caso de emergencia, en cualquier momento de presión o tensión de la vida.

La vida contiene suficiente de todo. Contiene amor, fe, paz mental y alegría. ¿No sería maravilloso si pudiéramos desarrollar una cuenta bancaria espiritual y mantenerla en reserva, una cuenta que sepamos que es suficiente para resolver cualquier imprevisto de nuestra vida? Pues siempre se requiere que enfrentemos emergencias, tiempos en que necesitamos más amor y tolerancia, más amabilidad y comprensión, una fe más profunda y una mayor esperanza.

Estas son las verdaderas crisis de nuestras vidas. Y en esos momentos, a menos que tengamos un vasto almacenaje de bien, no solo nos empobreceríamos, sino que algunas veces nos veríamos desposeídos de esperanza, y el miedo tomaría el lugar de la fe. Esto es lo que tratamos de evitar.

¿Cómo sería si todos abriéramos una cuenta bancaria espiritual con el banco de la vida, y, estando conscientes de que estamos haciendo uso del infinito, depositáramos diario suficiente esperanza, felicidad y fe para cubrir cualquier emergencia que se pudiera presentar? La parte fabulosa de esto es que sabemos que la vida contiene estas cosas y quiere dárnoslas. Es la intención del esquema divino de lo que tengamos.

¿Cómo podríamos abrir esta cuenta y estar seguros de que tenemos suficiente de estas cualidades en depósito para que nuestros cheques sean cubiertos en cualquier emergencia que surja? Sabemos que debemos depositar dinero en el banco para poder girar cheques. Sabemos que el dinero está en un lugar seguro y que nuestros cheques serán cubiertos a menos que sobregiremos la cuenta. En nuestros asuntos ordinarios tenemos que ganar el dinero, y en cierto sentido esto también se aplica a nuestra cuenta bancaria espiritual. Pero ganarse la provisión o la sustancia para nuestra cuenta bancaria espiritual es un poco diferente, porque ganamos la capacidad de hacer uso del banco de la vida solo practicando el amor.

Aquí es donde muchos de nosotros caemos porque no nos damos cuenta bien a bien de que el amor es la base de todo. Hemos tenido tantas experiencias que parecen contradecir esto que nos volvemos escépticos y cínicos y algunas veces nos preguntamos si el amor, después de todo, es la mayor realidad en la vida. Y, no obstante, sabemos que no podríamos vivir sin amor, porque la vida no tiene el más mínimo sentido a menos que nuestra motivación esté cimentada en el amor y la generosidad.

Podemos pensar de este modo: Dios ya ha hecho el depósito inicial —y muy bueno por cierto— para quien nace en este mundo, porque Dios se ha dado a sí mismo a nosotros. Ha impartido su propia vida y, en un modo misterioso que está más allá de nuestra comprensión, nos ha dado la capacidad de amar. Si Dios es amor —y ninguna persona cuerda puede ponerlo en duda— y si cada uno de nosotros tiene, como debemos tener, acceso inmediato al amor de Dios, entonces podemos ganarnos la posibilidad de retirar del banco de la vida en la medida en la que seamos amorosos.

Obtendremos la capacidad de hacer retiros de este banco a través de la constante reflexión, oración y comunión con el infinito; usando decretos en nuestras meditaciones similares a los siguientes:

> *Dios es amor y todo el amor que existe es mío ahora. Veré algo amoroso en todos y en todas las situaciones en las que me encuentre, y así acumularé una gran cantidad de amor para ser depositado en mi banco. Y luego, cuando se presente alguna experiencia que parezca desagradable o donde esté ausente el amor, podré girar un cheque de mi banco de la vida que cubrirá toda propensión al odio o a la falta de amabilidad.*

Este es uno de los mayores secretos de la naturaleza: la persona que se ha tomado el tiempo para armonizarse con el amor descubrirá que, cuando algún incidente que parezca odioso o discordante surja en su experiencia, podrá contar con una Fuerza de reserva que ahora tiene. De hecho, puede aplicar esto a la situación cuando surja.

Si has acumulado cierta cantidad de amor y después te encuentras en una situación en la que la discordia y el conflicto parecen entrar, vuélvete hacia tu interior y di: "Yo traigo amor para lidiar con esta situación, un amor que abarca e incluye todo, un amor que no daña, un amor que no tiene miedo, un amor que es apacible y confiado y seguro de sí mismo".

Aquí es donde la Ley de la Mente en Acción aparece. Cuando aplicas tu pensamiento de amor directamente a las situaciones discordantes, y no hay nada en ti que tenga miedo, tu pensamiento de amor aplicado a esa situación la sanará. Si has depositado suficiente amor en tu cuenta de cheques encontrarás que puedes enfrentar esa situación, que tu cheque será cubierto por el banco de la vida, y la situación que te confronta se resolverá.

Antes que nada, debes tener una firme convicción de que Dios es amor, y una convicción igual de firme de que cuando tú apliques este principio de amor a cualquier problema humano las palabras mismas que tú pronuncies en tu meditación o tratamiento u oración operarán como una ley en la condición que te confronta, y neutralizarán o derrotarán todo lo que se les opone.

Este no es un acto de voluntad. No tiene nada que ver con sostener un pensamiento. No tiene tampoco nada que ver con concentrar tu mente o influir en la gente. Tiene que ver con esta idea: Dios es amor. Dios ha depositado amor en el centro del ser de cada hombre, ya sea que lo sepa o no, y este amor que ahora utilizo no es solo el mayor sentimiento en el mundo; es el poder Supremo, es la Ley Perfecta, es la realidad.

Y como has depositado un amor que puede ver más allá de todo lo que lo contradice, y como tienes una gran cantidad de amor en tu propio pensamiento, descubrirás que el amor que usas, el cual actúa como Ley, definitivamente derrotará al miedo y al odio y al sentido de inseguridad que se produce donde hay una sensación de ausencia de amor.

El amor perfecto por si solo puede eliminar todo tu miedo. El amor es siempre mayor que el miedo. El miedo no es realmente un enemigo del amor. Lo que el miedo puede hacer es generar una sombra en tu camino. Pero esta sombra se disipa cuando la miras con amor. No estás lididando con dos fuerzas opuestas sino con la única Fuerza que es absoluta, positiva y concluyente.

Pero primero tuviste que haber hecho un depósito en el banco de la vida. Debes haber pasado mucho tiempo contigo mismo corrigiendo los pequeños resentimientos y resolviéndolos en el gran amor que es Dios. Dios nunca falla y el amor nunca falla, y tú nunca fallarás si usas el amor que Dios es.

Pensemos ahora en algunas otras cosas que queremos depositar en el banco de la vida. Quizás la más importante, junto con el amor, es la fe: fe en Dios, fe en nosotros mismos, fe en lo que estamos haciendo, y fe en quienes nos rodean. Una persona sin fe es tan insegura, tan sacudida por las circunstancias, que se vuelve inestable para todo.

Veamos, entonces, si no podemos recurrir a la gran reserva de fe que viene solo a través de la implícita y completa rendición de nuestros miedos, ya sean grandes o pequeños. La fe es natural; el miedo es innatural. La fe es positiva; el miedo es negativo. La fe es afirmativa; el miedo es la negación de la vida. Y necesitamos una gran cantidad de fe si vamos a enfrentar nuestros miedos e inseguridades con los que seguramente vamos a encontrarnos.

Una fe pequeña no puede hacer esto. Así como no podemos pagar una deuda de mil dólares con solo quinientos, así es imposible enfrentar una circunstancia complicada a menos que tengamos suficiente fe para cubrir el miedo. De hecho, tenemos la misma cantidad de fe que usamos. Tenemos tanta fe como creemos que tenemos.

Cuando Jesús se paró frente a la tumba de Lázaro se confrontó con el miedo a la muerte. Se confrontó no con el sufrimiento y el luto de la familia. En cierto sentido, él se enfrentó con la creencia humana de la muerte. Y recordarás que ellos le dijeron que no se atreviera a girar la piedra de la tumba de Lázaro.

Esa piedra es un símbolo de la obstrucción que nos confronta algunas veces cuando intentamos utilizar nuestra fe para propósitos definidos. Con cuánta frecuencia vemos esa piedra. Con cuánta frecuencia pensamos en la tumba, con el muerto dentro, que rara vez nos damos cuenta de que no hay obstrucciones para el Divino poder.

Pero Jesús alzó su voz en comunión con Dios; él elevó su pensamiento por encima del miedo del momento. No podía haberlo hecho a menos que hubiera pasado mucho tiempo retirando del banco de la vida grandes cantidades de fe y depositándolas en su propia cuenta. En otra ocasión dijo: "Esta clase [de espíritu] no puede salir más que con oración y ayuno: en comunión con Dios". Jesús había pasado tanto tiempo a solas con Dios, que lo que para nosotros parece irreal para él era la única realidad duradera. Dios es vida, Dios es poder, y esta vida y este poder están disponibles *ahora*.

Jesús debió haber acumulado gradualmente una reserva de fe, y cuando la emergencia surgió, él fue capaz de permanecer en calma y seguro, sin ser tocado por los temores de los otros. Él miró hacia arriba, no hacia abajo, y ofreció lo que nos parece a nosotros la más grande oración corta de todos los tiempos: "Padre, te doy las gracias porque me has escuchado, y yo sé que me escuchas siempre". ¡Qué confianza tan sublime! ¡Qué confianza tan infinita! ¡Qué seguridad tan ilimitada!

Para Jesús, Dios siempre fue primero. *Padre, te doy las gracias.* Cuántos de nosotros tenemos suficiente fe depositada en el banco de la vida como para que cuando el miedo nos confronte podamos proclamar: "Mi fe es suficiente. Mi confianza es completa. Mi seguridad es absoluta. Padre, te doy las gracia porque me has escuchado". No hay duda aquí, ni inseguridad.

Y yo sé... Qué poder y cuánta posibilidad cabe en dos simples palabras: *yo sé*. No hay duda, *yo sé que me escuchas siempre*. No de vez en cuando, no rara vez, no ayer, sino aquí, hoy, al enfrentar esta tumba. En medio de la duda y miedo e incertidumbre. *Yo sé*.

Y ahora cuidadosamente pon atención en lo que pasó después. Está escrito que Jesús gritó en voz alta: *Lázaro, anda*. Él no pudo haber dicho esto con tal seguridad si estuviera dependiendo de su fuerza de voluntad humana. Él estaba parado tranquilo y contemplaba la gloria de la vida con la seguridad sosegada de que sus palabras eran honradas por un poder Mayor a él: ese poder al que todos tenemos acceso, la vida misma.

Hay muchas otras cosas que debemos acumular y depositar en el banco de la vida además de amor y fe. Importantes son también la alegría y la felicidad. Porque la intención de la vida es que seamos felices. Siempre hay una canción que sabemos cantar, y siempre habrá alegría si la podemos encontrar.

Y desde luego, necesitamos depositar una gran cantidad de paz, una paz que surge por encima de la tormenta de la confusión, la duda y la incertidumbre que tan frecuentemente nos confrontan. Si escuchas la paz, la oirás, y fluirá por todo tu ser. Así pues, cuando te encuentres con la confusión, solo escribe un cheque del banco de la vida y no tengas miedo de firmar en el nombre de Dios. Este es el banco de Dios. Y con la misma seguridad con que lo hagas descubrirás que tus palabras de paz, actuando como una Ley del Bien, actuarán como un poder mayor que tú y eliminarán la confusión.

Esto es practicar la Presencia de Dios, sabiendo que estamos en sociedad con el Banquero original, aquel que creó el banco de la vida, pero aquel que, en cierto sentido, debe esperar a que nos unamos con Él en Sociedad Divina.

Existe un poder que honra nuestra fe. Existe un amor que une amor con amor, y una Ley que une fe con fe y bien con bien. Nosotros no creamos esta Ley, este poder, esta Divina Presencia. No tuvimos nada qué ver con Él, igual que no tuvimos nada que ver con la creación del Viento del Norte o la Estrella del Norte. Estaban ahí antes de que las reconociéramos; estarían ahí si no existiéramos. Pero parece que no están ahí hasta que creamos en ellas y las usemos.

Tengamos la certeza, entonces, de abrir nuestra cuenta con este gran banco de la vida. Porque aquí, y solo aquí, está la sustancia real que podemos retirar para adquirir lo bueno y hermoso que la vida tiene guardado para nosotros. Solo aquí están la paz, la alegría y la seguridad. Solo aquí está la liberación del miedo y la duda.

Cierra deliberadamente tus cuentas con bancos menores; tira tus viejas chequeras y olvídalas, y aprende a acudir diariamente a la única Fuente Suprema, que es Dios.

Meditación

Creyendo que Dios es toda la Presencia que existe, estoy aprendiendo a sentir esta Presencia en todo y en todos.

Viviendo en el pensamiento de que Dios es amor, permito que mi mente se llene con la conciencia de este amor. Permito que este amor envuelva todo y a todos, trayendo consigo un sentido de paz, alegría y seguridad.

Entendiendo que Dios es vida, abro todo mi pensamiento a un influjo tan pleno de esta vida divina que la veo y la siento —la vida perfecta y única que es Dios— en las personas, en la naturaleza, animando cada acto, sosteniendo todo movimiento. Mi fe en esta vida es completa, segura y cierta.

Sabiendo que todas las cosas son posibles para la fe, le digo a mi propia mente: no tengas miedo.

La fe hace tu camino seguro. La fe va delante de ti y prepara el camino.

Creyendo que Dios está en todos, saludo a este Dios en las personas y soy uno con todos los que me encuentro.

Sabiendo que Dios es paz, abro mi mente a la calmada influencia y a la seguridad sosegada de esta paz.

Y sabiendo que Dios es alegría, recibo cada situación con alegría, y encomiendo mi vida a ese poder que puede hacer todas las cosas con absoluta seguridad.

Cómo crear una reacción espiritual en cadena

NADIE VIVE COMPLETAMENTE solo. Todos somos partes individuales de la humanidad, y ya sea que nos demos cuenta de ello o no, cada uno influencia a los que están a su alrededor, y cada uno está influenciado por otros. Sin duda los pensamientos, opiniones y acciones del mundo entero finalmente se basan en lo que cada uno piensa y cree.

Desde la explosión de la primera bomba atómica hemos leído bastante sobre la posibilidad de una reacción en cadena que pueda destruir a la civilización como la conocemos. El Dr. Einstein y muchos grandes físicos que entienden de estas cosas mejor que nosotros nos han dicho que existe esa posibilidad, y que, en consecuencia, las naciones deben aprender a vivir juntas en paz y armonía o enfrentar la otra posibilidad, cuyo solo pensamiento nos hace temblar.

Pero la ciencia también nos ha dicho que este mismo poder, si es usado apropiadamente, puede volverse el instrumento para el más rápido avance que la civilización haya conocido jamás. La energía ilimitada que ahora saben cómo obtener, puede ser usada para irrigar las tierras baldías del mundo. Puede incluso ser usada en el campo de la medicina para sanar las enfermedades. Ciertamente puede ser usada en la industria en todas partes. Esta energía puede algún día tomar el lugar del carbón y el petróleo y todas las otras energías naturales que usamos en la vida moderna.

Aparentemente, la naturaleza ha colocado ante nosotros la posibilidad de la mayor bendición que el mundo ha tenido o, si es mal usada, la mayor destrucción. Y así los científicos modernos nos dicen que antes de continuar descubriendo y utilizando las energías de la naturaleza, sería mejor que nos detuviéramos, observáramos, escucháramos, y nos aseguráramos de que cada nuevo avance en la ciencia es usado para el mejoramiento de la humanidad y no para su destrucción.

Resulta que conocemos otra clase de energía que consideramos es aún más importante que la energía física creada a través de la explosión del átomo. Se trata de la energía de la fe, de la oración afirmativa y de la meditación espiritual. No hay razón para dudar que en el campo de la conciencia espiritual pudiera crearse una reacción en cadena que bendeciría al mundo entero. Y como el mundo finalmente actúa de la forma en la que piensa, si la mayoría de las personas llegaran a creer en el poder Espiritual y en los beneficios que se pueden obtener de él, todos tendrían el gran deseo de probar un nuevo tipo de experiencia que pudiera bendecir en vez de maldecir a la humanidad.

¿Has notado cómo contagia una persona feliz que tiene una alegría entusiasta por la vida? Su espíritu se extiende a los que le rodean, y el contagio de su personalidad influye en su entorno en un grado tal que finalmente lo transforma. ¿Te has dado cuenta del efecto que una persona sosegada tiene sobre los demás? ¿Cómo se sienten seguros en su presencia?

Estamos seguros de que has estado más o menos frustrado y confundido y has comenzado a preguntarte qué te está pasando. Luego has tenido el privilegio de sentarte tranquilamente con alguien cuya atmósfera está permeada de paz y confianza, y gradualmente has sentido que la agitación dentro de ti desaparece hasta que finalmente tu propia atmósfera cambia, y te llenas de esperanza y confianza.

Una de las más notables evidencias de cómo esta Fuerza Espiritual silenciosa trabaja ocurrió en la vida de Mahatma Gandhi en sus últimos años, cuando se sentó en silencio frente a, quizás, un millón de personas. En estas grandes reuniones públicas se creaba una atmósfera combinada de confianza y fe a la cual llamaban *darshan*, que significa *la fuerza espiritual conjunta de una gran multitud de personas.* Vincent Seehan, quien escribió un libro sobre Gandhi titulado *Lead Kindly Light* (*Guíame bondadosa luz*), dijo que había sentido esta realización espiritual tan plenamente que era como si hubiera sido sumergido en un refrescante río de vida.

Este es un ejemplo de cómo la reacción espiritual puede funcionar. Alcanza a todos a su alrededor y pone en movimiento una reacción en cadena que no tiene límite.

Sabemos que el poder que hace esto es bueno; es un poder de vida, amor, verdad, belleza y paz. No es solo un poder; es el máximo poder en el universo porque es Dios. Y es Dios presente en todas partes en todas las personas. Pues así como existe una energía procedente del universo atrapada y encerrada en el átomo físico que puede desencadenarse, así hay una energía espiritual atrapada en la mente de cada persona y encerrada en la vida individual esperando ser usada.

La fe y la convicción son los instrumentos a través de los cuales se usa esta energía. Y así como en la ciencia física la energía natural es conectada para activar una máquina, o un auto, o para crear luz y calor para propósitos definidos, igualmente podemos usar este poder Espiritual que está dentro de nosotros para sanar, para bendecir y para hacer prosperar a aquellos que están en nuestra mente.

Es maravilloso darse cuenta de que podemos sentarnos en la tranquilidad de nuestro propio ser y conscientemente dirigir un poder mayor a nosotros con el propósito definido de ayudarnos a nosotros mismos y a los demás. Este poder debería ser usado para ambos propósitos. Porque tenemos que regresar a esta simple proposición: debemos usar el poder para ayudarnos primero, de modo que podamos establecer un entendimiento de nuestra capacidad para usarla con los demás.

Si deseas traer felicidad a los que te rodean, necesitas ser feliz tú mismo. Pero antes de que seas feliz, algo tiene que pasarte que haga que sepas que Dios está donde tú estás, que el bien es el poder final en el universo, y que el amor es la fuerza que lo conquista todo. Tienes que tener confianza y seguridad. Y este tipo de confianza y seguridad vienen solo al haberte probado completamente que existe un poder mayor que tú, que es un poder para el bien, que está disponible, y que tú, de hecho, sabes cómo usarlo. Y la única prueba que tendrás es lo que te hace a ti y a los demás.

Jesús entendió esto perfectamente. Lo explicó de manera sencilla. Es lo que quiso decir cuando dijo: "Tal y como es tu fe, así te sea hecho". En cierto sentido él era un hombre muy científico en cuanto a que ponía confianza absoluta en la Ley del Bien. Y era un hombre práctico cuando decía: "Estos signos aparecerán (...)" pues él sabía que cualquiera que usara la energía creativa de la fe recibiría una respuesta directa o vería un signo después del uso de este poder.

Jesús sacó las ideas de la fe y de la oración del campo de la especulación y la teoría, y las puso en el campo de los hechos y la experiencia. Él hizo que su religión y su convicción espiritual cobraran vida y se volvieran acción. A través de ellas, curó a los enfermos, resucitó a los muertos, multiplicó los panes y los peces, transformó el agua en vino, calmó los vientos y las mareas, y, por encima de todo lo demás, trajo una conciencia de paz y seguridad a aquellos a los que tocó.

Esta es la prueba que necesitamos y debemos tener, y afortunadamente para nosotros, tenemos esta prueba en un volumen siempre creciente. Podemos orar efectivamente si decidimos hacerlo. Podemos construir una fe dentro de nosotros si tenemos la voluntad. Podemos aprender a vivir con un sentido de confianza y seguridad si superamos nuestros miedos. Y podemos probar que el amor es el mayor poder sanador del mundo.

El laboratorio en el que trabajamos es nuestra propia mente, los instrumentos son nuestros pensamientos, y el método es la oración afirmativa y la meditación. La meditación nos acerca a la realidad divina para que sintamos su atmósfera y su presencia. Cuando pensamos en la paz, nos volvemos pacíficos. Y es a partir de este sentimiento de paz que pronunciamos nuestra afirmación de poder. Es desde esta paz que afirmamos la presencia del amor, la verdad y la bondad. Como nuestra oración de afirmación trabaja exactamente como cualquier otra ley de la naturaleza, a nuestra creencia le seguirán señales.

Necesitamos estas señales. Si un científico anunciara que ha descubierto un nuevo principio de la naturaleza, pero no fuera capaz de probarlo, ¿cómo sabríamos que es cierto? Él podría estar solamente soñando algo que no existe, y podríamos perder nuestra confianza en él. Pero si él lo prueba, sabríamos que es cierto.

Y lo mismo ocurre con la vida del Espíritu. Decimos que Dios es todo lo que existe, que el amor es la fuerza que todo lo vence, que la fe produce resultados. Esta es nuestra teoría. Ciertamente es la teoría más maravillosa del mundo: Dios, el amor y la fe. Pero ahora tenemos que probar lo que decimos. Y al hacerlo duplicaremos nuestra capacidad de utilizar este poder.

Deberíamos usar este poder en todo lo que hacemos. El poder que mantiene un grano de arena en su lugar es el mismo que mantiene a los planetas en sus órbitas. No hay nada grande o pequeño o difícil o fácil para el poder. Es el mismo poder trabajando dentro y sobre todas las cosas. Este es el poder que usamos.

No dudes en usar la oración afirmativa para cualquier buen propósito y para los propósitos que son constructivos, pues al hacerlo iniciarás seguramente una reacción en cadena en esa dirección en particular. No pienses que no es importante ser amigable con aquellos con los que te encuentras, porque tu amabilidad empezará una reacción en ellos que los hará ser amigables con quienes se encuentren, y eso se multiplicará y se expandirá. Puede incluso dar la vuelta al mundo. Hagamos, entonces, todo lo que podamos para incrementar nuestra propia fe y convicción, y asegurémonos igualmente de estar usando esta fe y convicción en lo que hagamos.

Si quieres empezar una reacción en cadena que ayude a quienes te rodean —con la comprensión de que debes empezar en el centro de tu propio ser— tómate un tiempo diariamente para repetirte varias veces estas palabras a ti mismo en una forma sencilla y muy sincera:

> *Yo sé que solo el bien puede salir de mí y que solo el bien puede regresar a mí. Es mi deseo interno que todo lo que toque y cada persona en la que piense sea bendecida y ayudada. Es mi oración afirmativa, la cual acepto completamente, que incluso cuando pase junto a una persona en la calle una influencia silenciosa del bien saldrá de mí hacia ella.*

Si practicamos esto descubriremos que algo nuevo y maravilloso empieza a ocurrir, porque silenciosamente estaremos transmitiendo nuestra propia convicción y silenciosamente empezaremos una reacción en cadena que finalmente cumplirá su propósito, porque está tratando con la Ley del Bien. Debemos tener cuidado de evitar pensar que no somos valiosos en el esquema de las cosas. Somos las personas vivas más importantes, en lo que a nosotros concierne.

Esto no es egolatría ni arrogancia; es una simple declaración de la convicción de que cada uno de nosotros tiene sus raíces en el Espíritu Viviente, de que tenemos acceso a la mente de Dios y al amor, al poder y a la paz del Espíritu. Es la simple convicción de que no importa qué tan humilde pueda parecer nuestra profesión, necesariamente debemos influir en nuestro propio entorno. Podemos no ser importantes para los hombres, pero ciertamente lo somos para Dios.

Si ponemos nuestra confianza, nuestra fe, nuestra convicción en este sencillo pensamiento, caminaremos con confianza y expresaremos nuestra convicción espiritual con completa certeza, sabiendo que existe una Presencia y un poder con nosotros, para nosotros y operando a través de nosotros: una Presencia y un poder que no conocen la derrota.

La sanación es una revelación

El practicante debe saber que en el centro del ser de cada hombre hay una vida absolutamente perfecta, una total plenitud y un principio inmortal. El trabajo del practicante consiste en descubrir mentalmente esta realidad siempre presente, esta perfección inmutable y eterna.

En el proceso de descubrimiento el practicante puede utilizar muchas formas de pensamiento. Su pensamiento puede tomar la forma del razonamiento, la lógica, el argumento, la afirmación, la negación o la realización. La forma del procedimiento mental no es relevante; lo que en verdad importa es que la mente del practicante crea, entienda y acepte la Naturaleza Perfecta y Espiritual de su paciente.

Supongamos que se nos dice que un hermoso anillo de diamantes se encuentra en el fondo de un camión lleno de basura y que es nuestro si lo desenterramos. ¿Nos importaría mucho el método usado para remover la basura? Lo principal es que encontremos el diamante. Deberíamos sentirnos justificados al usar cualquier método que nos permita lograrlo. Esto se aplica igualmente en la sanación espiritual mental. Debemos poner al descubierto al hombre perfecto; debemos eliminar toda obstrucción del pensamiento que niegue su presencia.

La sanación espiritual mental es una revelación aunque estemos en proceso de llegar a ella. Cada uno debe encontrar su propio método y seguir su propia lógica. Si este método y lógica lo llevan a la conclusión correcta, será recompensado con una respuesta afirmativa.

Un solo sanador

La creencia de que no tenemos la capacidad de sanar surge de la idea equivocada de que *nuestro* poder hace la sanación, o de que el intelecto hace la sanación. Lo único que la voluntad y el intelecto pueden hacer es observar el proceso. La mente fija su mirada firmemente en el principio y entonces declara que este principio opera en los asuntos humanos y, en particular, en los asuntos de la persona que está siendo tratada.

No hay más que un Sanador. Y es el espíritu de la verdad. No hay más que un principio de vida. Es Dios en nosotros. No hay más que una ley Final. Es la Ley del Bien. No hay más que un impulso máximo. Este impulso es el amor.

Aquello que realmente lleva a cabo la sanación no puede fluctuar nunca, no puede cambiar su naturaleza. No es más un día y menos el siguiente. Es en este momento en absoluto todo lo que es y siempre está disponible.

Debemos liberarnos para siempre de la idea de que es el hombre en lo personal el que realiza la sanación. Debemos saber que no soy yo *sino el Padre que mora en mí el que hace las obras.* El principio opera sin tomar en cuenta la opinión personal, y cuando a través del consentimiento estamos de acuerdo en que está operando, entonces necesariamente operará.

No es suficiente para el practicante saber esto o declararlo como su creencia o afirmarlo como una convicción. No es más que el fundamento sobre el cual construye el edificio de su fe. Estos son los materiales que él moldea y les da la forma de un deseo definido. Él no solo debe saber que Dios es todo lo que existe, sino que debe saber que Dios existe justo donde se encuentra la necesidad, no en la forma de la necesidad, sino en la forma de la respuesta a esa necesidad.

El Espíritu Divino es el único Actor, el verdadero Salvador, el Todo en Todo, y está ahora manifestándose a sí mismo. Al ser el Todo en Todo, no tiene oposición ni competencia.

La conciencia que sana

En Santiago 5, leemos: "La oración de fe sanará al enfermo, y el Señor lo levantará de su lecho".

Cuando analizamos el significado de la oración de fe descubrimos que se trata de una declaración de creencia en algún poder que es capaz de llevar a cabo la sanación, que está listo para realizarla y que está esperando hacerla. Al principio puede parecer un análisis a sangre fría, porque da la impresión de que analizar una oración es como quitarle la sensibilidad. Sin embargo, si deseamos llegar al estado de conciencia que sana debemos estar dispuestos a examinar algunas de las cosas que parecen tan íntimas y tan santas que nos incomoda incluso mencionarlas.

Puede pensarse en la oración de fe como una petición, como una súplica, como un grito agonizante del alma para ser liberada, pero sea cual sea el nombre que le demos o cualquiera que sea el punto de vista con que lo miremos, descubrimos que sigue siendo una actitud del pensamiento, una forma de pensar, un movimiento en la conciencia. Si la oración es de fe, entonces este movimiento mental es de aceptación, porque *la fe es la aceptación que no es calificada por la negación.*

La fe completa es absoluta y positiva. La fe es la actitud de alguien que hace una plena rendición mental. Puede surgir solo mediante la conciencia de abandono total. Para la conciencia de la fe no hay ningún argumento en contra de su convicción. La fe no tiene opuestos; es una actitud mental inflexible, y esto es exactamente lo que la oración de la fe es. Es una oración, una petición realizada en alguna forma de aceptación mental, una creencia no clasificada, una confianza incuestionada.

Aunque la carga de la petición y la necesidad de la fe descansan en el que hace la petición o en el que tiene la fe, la *respuesta* a esta petición y a esta fe es dada por una entidad creativa que tiene el poder y la voluntad de ejecutar el acto. Es Dios quien la hace surgir.

Esto no es más que una declaración de *causa y efecto espiritual*, pues claramente expresa que tenemos una parte que representar en la obra de la fe creativa, y que como resultado de nuestra creencia, algún principio en la naturaleza responde logrando el resultado deseado. Este resultado se obtiene sin ningún esfuerzo extra de nuestra parte. Otra declaración paralela a esta es: "Conoceréis la verdad y la verdad os hará libres", lo que implica que hay una verdad, la cual, cuando es conocida, automáticamente se demuestra.

Ciertamente en estas dos declaraciones, *La oración de fe sanará al enfermo y el Señor lo levantará de su lecho*, y *Conoceréis la verdad y la verdad os hará libres*, está involucrado un principio definitivo que todos pueden comprender y utilizar. Es el entendimiento de los principios con la habilidad de hacer un uso consciente de ellos lo que constituye el llamado método científico en toda investigación de los secretos de la naturaleza.

Varias cosas ocurren en el ejercicio de este método científico. Primero, alguien desarrolla la teoría de que en el universo existe cierto principio. Quizás por observación, posiblemente por intuición, concibe esta teoría. Habiendo concebido esta teoría, empieza a experimentar con ella, y si esta teoría es correcta descubre que existen ciertas leyes involucradas. Estas leyes brotan de este principio, por así decirlo.

Habiendo descubierto este principio, experimentará con él hasta que aprenda más sobre las leyes que lo gobiernan. A continuación utiliza estas leyes para propósitos definidos. ¿Qué ha hecho? Ha pronunciado lo que podría llamarse una oración de fe. Ha sentido que ciertas cosas deben ser ciertas, y tiene tanta fe en su creencia que ha comenzado a descubrir las leyes que gobiernan esta teoría. Si su teoría es correcta, su fe está justificada. Descubre las leyes naturales de causa y efecto relacionadas con su teoría. El investigador científico siempre encuentra que no hay variaciones en este resultado. Cuando descubre un principio de la naturaleza, es inmutable e invariable: siempre podrá depender de este principio.

Civilizaciones pueden ir y venir, imperios pueden florecer y entrar en decadencia, el tiempo puede pasar, y el cambio puede borrar la experiencia previa, pero la ley es eterna. Así aprenden los científicos a depender de la ley. Su oración de fe hacia este principio es una disposición de obedecer el funcionamiento de su ley. Su cooperación y su entendimiento le enseñan cómo usar esta ley para propósitos específicos. Podríamos decir que su oración de fe le permite usar el principio con inteligencia y con decisión. Así, su oración de fe provoca una respuesta por parte de la ley, y la operación de la ley completa el resultado deseado. ¿No es esto otra forma de decir que la oración de fe sanará al enfermo y que Dios lo levantará de su lecho?

Las dos ideas son idénticas, pero como hemos estado tan acostumbrados a pensar en las cosas espirituales de un modo tan antinatural, y como nos hemos acostumbrado a divorciar las cosas naturales de las espirituales, hemos creído en un universo dual y hemos fallado en darnos cuenta de que la Causa Espiritual es en realidad el fin invisible de todo hecho objetivo.

¿A quién le pertenece cualquier principio de la naturaleza? Nunca hemos escuchado que un científico cuerdo declare que un principio de matemáticas o química le pertenezca solo porque él tiene cierta convicción religiosa.

La ciencia no conoce de raza, ni de una generación particular de hombres y ni de mandatos separados. La única revelación que la ciencia conoce es la revelación que llega al oído atento, al pensamiento expectante, al descubrimiento inteligente de las leyes de la naturaleza. Cuando un principio científico es descubierto, no le pertenece al científico que lo descubrió, sino al Dios que se lo da a cualquier individuo que tenga suficiente juicio para usarlo.

Tomemos nuestro método científico y regresemos al pensamiento de que la oración de fe sanará al enfermo y que el Señor lo levantará de su lecho. La oración de la fe es una conciencia de aceptación, una conclusión en la mente de una persona, basada en la creencia de que el Espíritu Creativo le responde directamente.

En las palabras de Jesús: "Todo lo que pidan en oración, crean que ya lo han recibido, y se les concederá". Cuando tomamos las dos palabras *todo* y *lo* en tipografía resaltada, ¿qué tenemos? Tenemos lo que podemos llamar una especialización consciente de la Ley para propósitos definidos. La oración de fe es una oración que expresa *fe* acerca de *alguna cosa en particular*. La palabra *todo* incluye nuestros deseos específicos, nuestras necesidades definidas. Si un hombre ora para tener un hogar no estará pidiendo un auto. Si él ora para que su vecino sane no estará pidiendo dinero para hacer un viaje.

Cuando regresamos a nuestro pensamiento central de que la oración de fe sanará al enfermo y Dios lo levantará de su lecho, debemos recordar que la oración de fe es definida: es fe en *algo* y *acerca de algo*. Este tipo de oración no es generalizada, sino específica. Es consciente y definida.

Esto la alinea con el método científico, porque el uso científico de cualquier ley es siempre consciente y definido. El principio que gobierna la ley es universal, pero el uso de la ley es siempre individual. Es este elemento de la personalidad introducido a la ley universal lo que lo diferencia cuando lo usamos para un propósito específico. La conciencia que sana es definida y deliberada; es una especialización de la Ley Universal. Podemos tener una confianza completa, absoluta e incondicional en esta ley, pero debemos también recordar que la ley puede hacer *por nosotros solo lo que hace a través de* nosotros. Su energía y creatividad deben ser interpretadas a través de nuestra creencia e imaginación.

Debemos añadir otra propuesta a nuestra declaración general, que es: "Que se haga contigo tal y como has creído". Ahora tenemos estas palabras: *todo, lo* y *tal y como*. Esto no es más que otra forma de decir que si queremos que el principio de electricidad ilumine nuestra sala, debemos tener una instalación que haga posible que la electricidad se vuelva luz. Esto es lo que queremos decir con "tal y como". Cuando oramos con fe recibimos *todo lo que pidamos en oración*. Si creemos que *lo* recibiremos.

Hay una cosa específica, definida, que vamos a recibir, pero la vamos a recibir según *como* lo creamos. Digamos que estamos orando por abundancia.

Como sabemos que esto, al igual que todos los principios, está sujeto a una ley definida, y como ahora entendemos la ley, vamos a investigar nuevamente sobre la conciencia que sana. Es reconocimiento del principio, fe en el principio, convicción de que siempre responderá, más el conocimiento de que puede responder solo en correspondencia a nuestras actitudes mentales. Este es el secreto de la conciencia que sana.

Alguien podría preguntar si hemos dejado a Dios, la tibia, pulsante Divina Presencia fuera de esta discusión.

La respuesta es: "Por supuesto que no". Es imposible dejar a Dios fuera de cualquier cosa, pues ¿acaso no es Dios la inteligencia misma gracias a la cual entendemos esta ley, la conciencia misma mediante la cual la usamos? Nunca olvides que esta ley, al ser la Ley de la Causa y Efecto, es simplemente una fuerza mecánica en el universo, aunque inteligente. Cuando se trata de la Ley de la Mente, debemos pensar en ella de esta manera, porque ese es el modo en que trabaja. Dios no se queda fuera. La inspiración misma que hace que investiguemos acerca de esta ley es el siempre presente Espíritu de Dios que en todo momento busca expresarse a sí mismo a través de nosotros. A menos que el uso que demos a esta ley esté impulsado por el amor y la unidad, automáticamente seremos excluidos de su uso más efectivo.

Recordemos una vez más que el universo es a prueba de tontos y que al *sanctasanctórum* se ingresa solo por el santuario del corazón, purificado por el amor, dirigido por la razón. Mientras más sentimiento pongamos en nuestra convicción, y más fe tengamos en la generosidad divina, más perfectamente estaremos obedeciendo la ley, y así tendremos mayor poder sobre ella.

Debemos regresar, entonces, a nuestro tema central con una esperanza renovada y un mayor vigor y ciertamente con entusiasmo desbordante; con algo del espíritu del aventurero o el explorador que sale a descubrir nuevas tierras. El incalculable bien que el Espíritu Creativo ha puesto a nuestra disposición, espera el toque mágico de nuestra conciencia para convertirse en nuestra expresión, llenando la copa de nuestro deseo con sus múltiples dones. ¿Quién no desea estar bien, feliz y ser próspero? ¿Habrá alguna persona normal que desee estar inactiva, empobrecida y con dolor? ¡Por supuesto que no! ¿Y no hay una voz dentro de todos nosotros que siempre proclama e insiste en esta potencialidad Divina? Esta necesidad de expresión es natural.

Sentirse no expresado es frustrante, pero la energía convertida en acción es logro, y podemos tener la seguridad de que el Eterno está con nosotros y nunca en contra de nosotros, cuando nosotros no estamos en contra de nadie más. Más aún, podemos tener la seguridad de que la oración en la fe sanará al enfermo y Dios lo levantará de su lecho. Que cada uno, a su manera, levante el cáliz de la expectación para que el Espíritu se vierta en él, de modo que pueda recibir de Él todo lo que su alma pueda contener.

No nos engañemos a nosotros mismos

En la Ciencia de la Mente no decimos que todo está bien cuando todo está mal. No decimos que hay paz cuando no la hay, sino que tratamos de descubrir lo que está mal y el *por qué* no tenemos paz. No decimos que la gente no esté pobre, enferma o infeliz. Nos preguntamos por qué estas cosas pasan si la Causa Original de las cosas es armoniosa, perfecta, radiante y feliz.

En la práctica de la sanación espiritual mental no negamos que la gente esté enferma, ni minimizamos la necesidad de sanación o de ayuda médica o quirúrgica, sino que buscamos ayudar a estas personas uniéndonos a ellas en sus esfuerzos, estando agradecidos por su ayuda, y cooperando en forma posible con lo que están haciendo. Algún día, cuando estas cosas sean mejor entendidas habrá cooperación total entre estos organismos, porque el hombre es espíritu, mente y cuerpo.

El cuerpo debe ser apropiadamente cuidado, y debemos llegar a comprender la relación mente-cuerpo. Además, no debemos olvidar que el hombre es primordialmente un Ser Espiritual, con una mente y un cuerpo. Es solo cuando estos tres se juntan que podemos esperar tener salud, felicidad y éxito.

Una persona en nuestro ámbito se estaría engañando a sí misma si se rehusara a reconocer que algo puede estar mal en el cuerpo y en la mente aun cuando nada pueda estar mal en el Espíritu. Esto sería decir que hay paz cuando no hay paz, y debemos evitar semejante aseveración.

El sanador espiritual mental reconoce la necesidad del cuidado físico. Si es inteligente nunca negará o buscará minimizar el espléndido trabajo hecho en el campo de la medicina, la cirugía y la psiquiatría. Pero tiene algo que agregar a esto: tiene la seguridad de que el Hombre es Uno con el Espíritu Viviente.

Si muchos de nuestros problemas físicos vienen de un sentimiento interior de incertidumbre e inseguridad, entonces debemos encontrar una seguridad mayor que esa inseguridad que procede de la sensación de estar separado del universo, separado de la causa de nuestro ser, o lejos de Dios.

Uno de los principales objetivos de la sanación espiritual mental es aliviar a la mente del miedo, serenar el pensamiento y permitirle que refleje los profundos sentimientos que vienen de la unión consciente con el Espíritu. La ciencia y la religión deben caminar de la mano para lograr este propósito.

No tenemos nadie a quien denunciar o nada hacia lo cual crear un antagonismo. Como buscamos la cooperación con todos, debemos procurar liberar a la mente de la carga del miedo, la duda y la incertidumbre. Todas estas actitudes podrían ser envueltas en un paquete y etiquetadas como *falta de fe en nosotros mismos, en los demás y en la vida.*

No nos hagamos tontos pensando que unas cuantas afirmaciones vagas lo harán. Esto requiere una determinación serena e insistente para reorganizar la totalidad de nuestro pensamiento, hasta que, al fin, las pequeñas irritaciones y disgustos de la vida, las severas diferencias en las creencias y los desacuerdos con todo y con todos sean redimidos. Esta redención puede venir solamente a través de una percepción consciente de nuestra unión con Algo mayor que nosotros.

Cuando hagamos esto descubriremos que el amor es la piedra imán de la vida. No hay nada frío o insensible en la filosofía de la Ciencia Religiosa y la práctica de la Ciencia de la Mente. Para que sea efectiva, debe vibrar con un sentimiento profundo. Como se remonta a la Fuente Original, debe traer algún conocimiento del Reino de los Cielos a la conciencia del hombre. La frialdad, la crítica, la falta de amabilidad no tienen cabida en esta filosofía o en esta ciencia.

El sanador espiritual mental es siempre humilde ante el Gran Todo, aun cuando hable con la autoridad de la fe en esa Totalidad. Debe estar dispuesto a ponerse en los zapatos de la otra persona y, con verdadera compasión, entrar en los pensamientos y sentimientos de los otros, no como atrapado en ellos o afligido por ellos, sino como alguien que viene como un redentor, como un salvador, para traer la luz de la verdad a aquellos que han perdido el camino.

Si pensamos que podemos acercarnos a otros en su necesidad y ayudarlos sin este sentimiento y deseo profundo, estamos haciéndonos tontos. Estaremos murmurando un montón de palabras vacías que no encontrarán correspondencia en el corazón de aquellos que sufren.

Quienes participen en esta práctica deben tener un profundo deseo y disposición de simpatizar con el sufriente.

No hay lugar en esta práctica para la arrogancia o para la actitud de santurronería. Los grandes siempre han sido humildes. Los grandes siempre han sido amables. Los grandes siempre han amado a la humanidad.

Una nueva mirada a la psicosomática

Una vez conocí a un hombre que había desarrollado artritis en sus pies al grado de que no podía ni siquiera ponerse los zapatos. Después de algunas preguntas averigüé que uno de sus deberes consistía en cobrar la renta a personas que no la podían pagar. Él era una persona muy sensible, e inconscientemente había desarrollado una condición física que le hacía imposible caminar a los lugares donde debía enfrentar situaciones tan desagradables.

Tengo en mente a una mujer que estaba tan anémica que estaba al borde del agotamiento. Su verdadero problema emocional era la soledad. Sus familiares habían crecido, se habían casado y habían establecido sus propias casas. Ella se quedó sola, en un lugar hermoso pero no tenía interés por la vida. Podríamos decir que la vida se le había ido de las manos, como si hubiera volado.

Pues bien, estas son relaciones cuerpo-mente de las que escuchamos hablar mucho bajo el nombre de Psicosomáticas. *Psicosomático*, es más bien un término de sonido ominoso hasta que entendemos lo que significa. *Psique* significa mente, y *soma*, cuerpo. Pero los griegos, de quienes viene este término, también hablaron del *pneuma*, que quería decir el espíritu. De esto no escuchamos mucho en la psicosomática, pero los griegos evidentemente lo consideraban como algo importante. Ellos sentían que el hombre era, como dice nuestro Nuevo Testamento, espíritu, alma y cuerpo, y que estos tres elementos juntos constituían al hombre completo: el hombre que es un espíritu con una mente y un cuerpo.

Uno de los antiguos filósofos de China enseñó que el hombre tiene un cuerpo espiritual, un cuerpo mental y un cuerpo físico. Y para mostrar cómo la intuición con frecuencia precede al descubrimiento científico —y por miles de años en este caso— este filósofo chino dijo que el cuerpo físico no puede tener salud a menos que haya circulación física. Hoy sabemos que debe haber apropiada circulación, asimilación y eliminación si el cuerpo ha de ser normal.

Nuestro antiguo filósofo dijo que el hombre también posee un cuerpo mental, y que a menos que el cuerpo mental circule por el cuerpo físico habría una circulación inapropiada, físicamente. Esto, también, precede nuestro conocimiento moderno de las relaciones mente-cuerpo, particularmente en lo que concierne a nuestras reacciones emocionales frente a la vida. Sabemos que la mayoría de las congestiones mentales y emocionales con sus represiones internas y conflictos inconscientes, se deben a la falta de asimilación adecuada de las ideas emocionales.

Pero regresemos a la antigua idea china. Esta concluye que no puede haber una adecuada circulación en el cuerpo mental a menos que el cuerpo espiritual, al cual está unido el cuerpo mental, circule por el mental; que no podemos ni siquiera ser físicamente sanos hasta que haya circulación del espíritu por la mente, y de la mente por el cuerpo. Es por esto que los griegos dijeron que el hombre sano está compuesto por *pneuma*, que es el espíritu; *psique*, que es la mente; y *soma*, que es el cuerpo; y esa es la razón por la que los chinos dijeron que los tres son uno y deben tener una interacción apropiada.

Echemos un vistazo a las ideas de uno de los principales exponentes del Platonismo, un hombre llamado Plotino que vivió alrededor del siglo III d. C., y que es considerado una de las almas más iluminadas de todos los tiempos. Plotino dijo que nuestro organismo físico está pegado a una Idea Espiritual, a la cual dio el nombre de Prototipo o Patrón Divino, y que cuando un órgano físico se aleja de este Patrón, empieza a doler y anhela regresar a aquello que lo sanará.

Y tenemos esta idea expresada de otra manera en nuestras propias Escrituras, donde dice que debemos ser perfectos exteriormente, así como el Espíritu Divino ya es perfecto al interior. "Sed por tanto perfectos tal y como vuestro Padre que está en el cielo es perfecto".

Esto es lo que llamamos tener una nueva perspectiva de la idea moderna de la psicosomática, sobre la cual tantos libros se han escrito, libros que bien vale la pena leer sobre la relación mente-cuerpo. Y veamos si no descubrimos que le falta algo a este punto de vista de la vida. No es que no sea maravillosa tal y como es, y también verdadera, pero resulta que el hombre es un espíritu que tiene una mente y un cuerpo. Así que no es suficiente decir que debe haber una apropiada relación entre la mente y el cuerpo. Debe haber una relación apropiada entre el espíritu y la mente también. Y yo creo que podemos acuñar una nueva expresión (que es enteramente inteligente y sin la cual la idea de la psicosomática no podrá nunca estar completa), que es la *psicosomática espiritual.*

Creemos que el hombre tiene sus raíces en el Espíritu puro; que es una Entidad Espiritual, en este momento, aquí en este mundo, y que es imposible que una persona esté por completo bien en lo físico a menos que sea feliz mentalmente. Asimismo, creemos que es difícil para él estar feliz mentalmente a menos que su mente tenga la seguridad de que está enraizada en algo estable y permanente, en algo trascendente y sano en sí mismo.

El hombre es espíritu, alma y cuerpo. Tratar de vivir en el organismo físico sin la mente es imposible. Tratar de vivir a base de pensamientos intelectuales sin sentimientos es igualmente imposible. Pero no darse cuenta de que la mente, tan maravillosa como es, depende de algo más grande que ella misma, es desastroso. Pues si muchos de nuestros problemas físicos son resultado de un conflicto emocional interno basado en un sentimiento de incompetencia o derrota, y un sentimiento inconsciente de culpa y rechazo, entonces nada es más cierto que la mente y el sentimiento deben tener la seguridad de un poder más grande que ellos, que los gobierne, los guíe y los desarrolle.

Regresamos al antiguo pensamiento, tan simple y, sin embargo, tan directo, y uno de los conceptos más exaltados que la mente humana haya concebido. "En Él (en Dios) vivimos, nos movemos y tenemos nuestro ser".

No negamos el cuerpo, y tampoco la mente. Lo que hacemos es afirmar el Espíritu. Creemos que el cuerpo debe ser apropiadamente cuidado: esa es la función del médico. Creemos que la mente debe ser orientada: esa es la función del sabio consejero. Pero además creemos que el Espíritu debe gobernar a la mente. En consecuencia, hemos desarrollado lo que llamamos un nuevo orden de meditación espiritual, donde un individuo toma un tiempo definido cada día para recordarse que es un espíritu, que es uno con Dios, y para tratar de alcanzar una profunda toma de conciencia de que existe un poder mayor que él que lo sostiene; un Sabio Consejero que lo guía; un Proveedor generoso que está listo y dispuesto a cubrir las necesidades de la vida diaria.

No, no negamos ni el cuerpo ni la mente, pero afirmamos que el Espíritu es la Suprema Presencia y el Principio Superior de toda vida. Procedemos de esto que llamamos vida o Dios, y somos fundamentalmente Seres Espirituales aun mientras estamos en la carne. ¿Cómo entonces, podemos esperar estar sanos a menos que establezcamos una correcta relación dentro de esta trinidad de nuestro ser, que es pensamiento, sentimiento y acción?

La psicosomática espiritual es una realidad, y nuestros sistemas modernos, con todo y lo maravillosos que son, están por debajo de la meta final a menos y hasta que el hombre íntegro sea reconocido. Tratamos de vivir desde el punto de vista del Gobierno Divino en los asuntos humanos: vida divina que fluye por el cuerpo físico; inteligencia divina que gobierna los pensamientos de la mente. Porque es en Dios, y solo en Dios, que hay absoluta seguridad. Cada alma grandiosa y benévola que ha vivido ha reconocido esto y lo ha enseñado.

Pensemos entonces, en la *psicosomática espiritual*, y consciente y de forma deliberada unamos la mente con el Espíritu. Porque si tantos de nuestros problemas, físicamente hablando, se deben a los conflictos internos que surgen como resultado de sentirse aislado, indeseado, no necesitado y no amado, con el acompañante sentimiento de culpa, ¿cómo podemos encontrar la salud sin primero descubrir algún manantial de vida dentro de nosotros, alguna seguridad interna divina de que estamos todos en el camino de la evolución eterna? Creo que sería imposible.

Quizás Jesús tenía esto en mente cuando dijo que no solo de pan vivimos. Y, sin embargo, reconoció la necesidad del pan, pues alimentó a la multitud. Él nunca negó ninguna de las cosas objetivas, ni ninguna de las cosas que ahora llamamos subjetivas e inconscientes, que él entendió mejor que nosotros. Él incluyó lo menor en lo mayor, y dijo que si buscamos el reino primero, todo lo demás nos será dado por añadidura.

Es evidente que puesto que fue a sanar a los enfermos y a hacer el bien, Jesús nunca rechazó la idea de nuestras vidas objetivas como si se trataran de ilusiones. Él sabía que el cuerpo debe ser alimentado y vestido y la mente, confortada. Pero él sabía además de dónde procedía la sustancia real. Así que enseñó el método más sencillo de práctica: ir a la cámara interna de nuestros pensamientos y sentimientos, meditar en la Presencia Divina hasta que se convierta en realidad, y entonces adecuar todo nuestro pensamiento a este Patrón invisible de nosotros mismos, que dice la Biblia está oculto *con Cristo en Dios*.

La psicosomática y el niño

Este obviamente no es un tratado completo en la materia. Hay muchos libros disponibles que exploran por completo las diversas teorías de la psicosomática.

Cuando leas estos libros toma nota de los pocos principios fundamentales que subyacen a la mayoría de ellos. Es la síntesis de las ideas lo que andamos buscando más que las explicaciones elaboradas de algún autor. Aunque son lecturas interesantes, constituyen solo las opiniones de quienes los escriben. Lo que nos interesa es reunir el sentido de ellos de forma precisa. Cuando hagamos esto descubriremos el hilo de consenso que todos mantienen.

Para empezar, toda la gente nace con un deseo predeterminado de expresar vida, de llegar a la autorrealización a través del amor y el logro, y de vivir creativamente. Llamamos a esto la Necesidad Cósmica de expresar algo que parece ser inherente y fundamental en el hombre, en los animales y en toda la naturaleza.

Al leer estos libros descubrirás que dos de los principios básicos detrás del impulso emocional que tenemos son que el ego no debe rechazarse, y que la libido debe encontrar un objeto.

Por *libido* queremos decir la necesidad emocional de autoexpresión. Esto se basa en la idea de que el amor busca un objeto sobre el cual derramar sus afectos, y así encontrar la satisfacción en el objeto de su deseo. Este impulso parece surgir con la vida misma, y se nos dice que desde el nacimiento, e incluso antes de nacer, el niño debe estar rodeado de una atmósfera de amor y atención.

Desde luego el niño no razona estas cosas, simplemente las siente. Este sentimiento nace con el niño; es puesto ahí por la naturaleza. El niño que nace en un hogar donde no es deseado siente un rechazo inconsciente, y todo en su vida queda condicionado por este sentimiento. Con frecuencia estos niños retroceden cuando sienten que una mano los toca. Es por eso que muchos hospitales ahora colocan al bebé junto a la madre para que ella pueda tocarlo.

La atmósfera del hogar debe ser de deseo, de necesidad y de amor hacia el niño. De otro modo, la reacción emocional del niño es que no es deseado, necesitado o amado. Su libido, que es su necesidad emocional de encontrar un objeto de amor, es empujada hacia atrás en la mente del niño, e inconscientemente se siente como un extraño en su propio ambiente. Este condicionamiento temprano es una gran influencia durante su vida, porque estas son las primeras impresiones que el niño recibe.

Esta ley de nuestro ser emocional, de que el ego no debe ser rechazado, es fundamental. Si esto es verdad, el niño debe ser recibido en el momento de su nacimiento como si fuera un regalo del cielo, un regalo de Dios, una ofrenda de amor a la humanidad, el mayor tesoro de la tierra y la esperanza del futuro.

El niño debe ser sostenido no solo en el regazo de su madre sino también en los brazos de su padre. No hay peligro de malcriar al niño a través del amor. Al contrario. La vida futura del niño estaría lastimada sin él. Qué más maravilloso concepto podríamos tener que el de Jesús, que dijo: "Dejad que los niños se acerquen a mí, porque de ellos es el Reino de los Cielos".

Es mejor no tener niños que tenerlos sin ser deseados y sin ser amados. Los padres asumen una tremenda obligación cuando se permiten tener niños. Desde el punto más temprano de la concepción debe haber una preparación en la mente de los padres, una atmósfera de pensamiento, sentimiento y deseo por el recién nacido. Debe haber meditaciones definidas y diarias centradas alrededor de la idea de que el niño es concebido en amor y recibido con alegría. Tal meditación diaria aliviará tensiones y asistirá a la naturaleza para lograr un nacimiento normal, natural y fácil. No debe haber confusión ni ansiedad. Todo debe fluir con una expectativa gozosa y calmada de cosas maravillosas que están por ocurrir.

La madre debe sentir que lleva un tesoro divino, el mayor regalo de la vida. Ella debe percibir diario la formación de su embrión en un Ser Perfecto, y siempre con gran ternura en su corazón y en su mente.

El padre debe tener la misma actitud mental, pues él es parte de la vida mental y emocional de la familia y sin él el niño no podría nacer. Una parte de él interviene en este nacimiento ya que es un instrumento de la naturaleza para su logro.

El ego no debe rechazarse, y eso significa que en los primeros años de formación, en particular, el niño debe sentirse como parte de la vida familiar. Esto no significa que el niño debe salirse con la suya, sino que no debe ser rechazado con rudeza, como si no fuera importante. Los padres deben buscar la opinión del niño, de modo que pueda sentirse parte de una comunidad de intereses y del espíritu, porque todos están resolviendo la vida familiar. Todos son parte de ella.

En particular cuando otro niño nace, el niño mayor debe sentir que también está formando parte relevante del nacimiento. El nuevo bebé no ha venido a tomar su lugar en el afecto de los padres, sino que todos pueden disfrutarlo. Esto es de vital importancia. Muy a menudo este proceso se revierte y los hermanos mayores sienten que algo está ocupando su lugar. Con este sentimiento interior viene el sentimiento inconsciente de antagonismo hacia el recién llegado.

Todo esto, también, debe retomarse en la meditación sosegada, en la unificación espiritual de la vida familiar. Si estas dos necesidades fundamentales se cubren, el niño será condicionado tempranamente en la vida para enfrentar cualquier cosa que pueda presentarse en su experiencia. Es por esto que la gente que habla con autoridad sobre el tema sostiene que esos primeros años formativos son de vital importancia.

Para demostrar qué tan cierto es esto, hay casos registrados en los que un resentimiento inconsciente de la esposa hacia el esposo se centra en el niño, y se sabe que los bebés sufren continuamente de diarrea cuando este tratamiento inconsciente existe. Se sabe también que en la vida temprana, los niños con frecuencia tienen ataques de asma para obtener notoriedad, afecto y atención de los padres.

Vale la pena tomar nota de esto cuando leemos libros sobre medicina psicosomática. Estamos totalmente de acuerdo con los descubrimientos de aquellos que están entregando toda su energía al tema. No solo estamos de acuerdo con ellos; iremos un paso más allá e introduciremos la idea de los valores espirituales, el profundo sentimiento interno de que la familia es el hogar de Dios, el Reino de los Cielos en la tierra en el que los padres buscan hacer el papel del Padre Celestial. ¿Cómo podría ocurrir esto a menos que los padres mismos crean en esa Divina Presencia, a menos que ellos mismos crean que toda concepción es inmaculada y que cada nacimiento es santo?

La medicina psicosomática es maravillosa. Lo que enseña es de vital importancia para todos nosotros. Pero queremos agregar este otro pensamiento: estamos en una sociedad con la vida, con el amor, con Dios, con la verdad y con la belleza. Educar una familia sin algún concepto espiritual adecuado, sea cual sea la forma religiosa que adopte, es ir en contra de la primera Ley de nuestro ser, que es que tenemos nuestras raíces en el Espíritu Divino, en la vida perfecta. Todos somos hijos de Dios.

El doctor, el psicólogo y el metafísico

Cuando el médico y el metafísico lleguen a entenderse mejor uno a otro, cooperarán entre sí. Es evidente que ambos buscan aliviar el sufrimiento humano. Ninguna persona inteligente negaría la necesidad de tener médicos, cirujanos y hospitales. Por otro lado, es generalmente aceptado que un gran porcentaje de nuestros problemas físicos tienen un origen mental, y que todos guardan alguna relación con procesos mentales. Es importante, entonces, que entendamos y apreciemos el trabajo del metafísico sincero.

No es en absoluto probable que el psicólogo pueda tomar el lugar del metafísico. Porque tal y como la sanación del cuerpo sin un ajuste de los estados mentales y emocionales es insuficiente, así el ajuste de los estados mentales y emocionales sin la introducción de valores espirituales sería ineficiente. De ahí que los metafísicos ocupen un lugar muy importante, y debe buscarse su cooperación.

En los primeros días de la terapéutica espiritual se creía que el practicante no podría tratar pacientes exitosamente si estaban siendo atendidos también por un médico, y si estaban usando métodos materiales para aliviarse. Ahora sabemos que esto se basaba en la superstición. Ya no le damos mayor importancia. El metafísico se siente privilegiado de ser llamado a una consulta con el médico o con el psicólogo. Ha aprendido a apreciar los campos de la medicina y de la cirugía.

Es seguro que llegará el día cuando el campo de la medicina reconocerá, apreciará profundamente y cooperará gustoso con el campo de la metafísica. Tal cooperación es aún más común hoy de lo que la persona promedio piensa. Cuando el metafísico deje de negar que su paciente está enfermo, encontrará una mayor inclinación hacia la cooperación por parte del mundo médico.

Hoy en día la mayoría de los médicos reconocen el poder del pensamiento en relación con el cuerpo. Todos comprenden la energía dinámica de las emociones. Tal y como la psicología y la psiquiatría han sido incluidos en el mundo médico, pronto el campo de la metafísica será gradualmente comprendido, aceptado y apreciado.

Ya existe la tendencia entre muchos psicólogos de afirmar la necesidad de una vida espiritual. Los valores espirituales deben ser incluidos en el arte de la sanación, y ¿quién va a satisfacer esta necesidad si no los metafísicos?

En nuestra experiencia, aquí en el Instituto de Ciencia Religiosa hemos sido afortunados en este aspecto. Nuestros practicantes han tenido la oportunidad de cooperar con muchos de los mejores médicos en nuestra comunidad, y esta experiencia ha resultado afortunada y benéfica para todos los involucrados.

En esta cooperación amistosa el metafísico tiene la oportunidad de recibir un diagnóstico correcto que le permite hacer un mejor trabajo mental. También hay un consuelo extra en la mente del paciente cuando sabe que está teniendo la atención médica adecuada, una dieta apropiada y buena atención médica y quirúrgica si fuera necesaria. Su mente está más serena, y esto le permite al practicante hacer un trabajo más efectivo. Es más fácil trabajar para alguien cuya actitud mental está equilibrada, que para alguien cuyo pensamiento está turbado. Si un paciente debe pasar por una operación física seria, ¿qué es más importante que el hecho de que su mente esté en paz? Solo esto reducirá el elemento de riesgo.

El progreso es inevitable, y la cooperación entre todas las personas honestas en las artes sanadoras es cierta. Hagamos todo lo que podamos para eliminar la superstición, la intolerancia y el fanatismo que son el resultado de la ignorancia.

Todos deberían unirse no solo para aliviar el sufrimiento físico sino, en la medida de lo posible, para eliminar su causa. Si gran parte de esta causa yace en el reino oculto de la mente, entonces seguramente aquellos que están equipados para trabajar en este campo están contribuyendo a cubrir una necesidad humana.

No solo el médico debe reconocer esto, sino también el clérigo y las instituciones religiosas deberían tener un departamento para este propósito. La razón de que esto no haya ocurrido es que pocas de estas instituciones han reconocido las posibilidades de este trabajo.

Cuando se comprenda más a fondo que los trabajadores entrenados en este campo deben ser reconocidos como hombres y mujeres profesionales que ameritan compensación por sus servicios, entonces algo muy interesante ocurrirá. Esto ya se ha hecho en algunas instituciones religiosas, pero muchas no han reconocido la necesidad de hacer una profesión definida del trabajo sanador del practicante, para que los hombres y mujeres puedan aportar su tiempo completo, así como los médicos y los psicólogos.

Esperamos el día en que haya completa cooperación entre médicos, metafísicos y líderes religiosos. Cuando la confusión y la superstición que separan estos tres campos se eliminen, se logrará un bien incalculable. La energía dinámica de la convicción espiritual definitivamente puede ser usada con el propósito de sanar, pero esto debe ser hecho por trabajadores entrenados que deben ser compensados por su trabajo si es que van a aportar todo su tiempo y pensamiento a él.

Algún día, esta visión más o menos incipiente, se volverá una realidad, donde los médicos, los metafísicos, los psicólogos y los clérigos trabajarán juntos para el bien común, cada uno en su campo, cada uno cooperando con el otro. Hoy en día, la iglesia donde se manifiesta la inclinación hacia esa cooperación desde su púlpito, se llena de gente expectante y entusiasta, deseosa de apoyar a dicha institución que les está trayendo esta nueva esperanza a través de la restauración de la fe.

La historia de la palabra perdida

Se dice que una vez al año, durante la gran celebración en el templo de Jerusalén, el sumo sacerdote se paraba sobre los escalones del templo y, en medio de los gritos de la multitud, proclamaba el sagrado nombre de Dios, que era la palabra de poder. Pero pronunciaba el nombre solo cuando había tanto bullicio que nadie podía escucharla.

También se dice que esta palabra de poder fue depositada en el Arca de la Alianza en el *sanctasanctórum*. Con frecuencia alguien la descubría. Sin embargo, dos leones guardaban la entrada al templo y cuando el que había descubierto la palabra de poder pasaba por la puerta, los leones rugían de una manera tan terrorífica que le daba tanto miedo que la palabra se le olvidaba.

Y aún hoy en día es habitual para nosotros pensar que algunas personas poseen poderes más allá de los demás. En realidad ha habido quienes a lo largo de la historia han ejercido un poder mucho mayor al ordinario, tanto, que es destacado casi como el de los dioses.

Jesús nunca aseguró tener algún secreto que estuviera oculto a los demás. Él dijo claramente: "Lo que yo hago ustedes lo pueden hacer si aprenden cómo". Él, sin duda, poseía la palabra secreta, la palabra perdida, o la llave que abría la puerta de la cámara secreta que revela los misterios del Reino de los Cielos. Pero el secreto que Jesús conocía y enseñaba era tan simple que por su misma simplicidad ha tomado miles de años en sernos revelado.

Moisés dijo que la palabra de poder no estaba lejos sino en nuestra propia boca, y que deberíamos conocerla y usarla. Muy pocos creyeron que Jesús quería decir exactamente lo que expresaba y expresaba exactamente lo que quería decir, o que sabía de lo que estaba hablando. Tanto las enseñanzas de Jesús como las de Moisés nos han eludido porque ¿quién iba a creer que la palabra perdida estaba en su propia boca? ¿Quién iba a creer que el poder que estaba buscando ya lo poseía, o que el secreto no era ningún secreto en absoluto?

La Biblia, de principio a fin, es un método elaborado para revelar exactamente cuál es la palabra perdida y cuál es el poder que estamos buscando.

Nuestra primera conclusión, entonces, debe ser que existe tal palabra de poder. Hay una verdad que puede liberarnos del mal. Existe una manera de conocer esta verdad y usar esta palabra, de tal modo que solo el bien y nada más que el bien le siga.

La aproximación a esta palabra perdida es, antes que nada, una aproximación que nos lleva de regreso a un Dios de amor e inteligencia. No hay más que un poder y Presencia final en el universo, que es el bien; y no hay más que una fuerza final en el universo, que es el amor. Es solo a través del amor que encontramos la presencia en toda su grandeza y que podemos usar el poder en su totalidad.

Lo siguiente que descubrimos es que, habiendo comprendido que solo el amor abre la puerta de la cámara secreta, debemos entender que este poder debe ser usado afirmativamente. No podemos utilizarlo mientras lo negamos. No podemos usarlo mientras nuestras mentes estén llenas de dudas e incertidumbres. El amor es un sentimiento. La fe es la llave para usar ese sentimiento. El amor no tiene nada que pueda lastimar a nadie; la fe no tiene nada que pueda negar el bien. Este es el punto de partida; un amor que no puede dañar y una fe que no puede ser negada.

Cuando, a través del amor, usamos la fe afirmativamente, una Ley del Bien opera sobre nuestra palabra y trae a nuestra experiencia, o a la experiencia de aquellos en los que pensamos, el bien que aceptamos. Jesús, quien reveló la Divina Presencia en todo, descubrió la palabra perdida y encontró el Reino de Dios, que es el Reino del Amor.

Jesús ubicó este Reino de los Cielos en el único lugar donde cualquiera puede encontrarlo: en nuestro propio corazón y mente; en nuestra propia alma y espíritu. Así como Einstein descubrió la energía secreta atrapada en el átomo, así Jesús descubrió el poder dinámico y creativo del Reino de Dios en el átomo humano, en tu vida y en la mía.

Es en el uso de este poder en el que estamos interesados porque existe una posibilidad aquí, más allá de nuestros más caros sueños y de nuestras mayores esperanzas: la posibilidad de conocer la verdad que puede liberarnos del miedo, la carencia y la limitación. Y, la Biblia nos habla, finalmente de la muerte misma.

Pero habiendo descubierto el poder y habiendo aprendido a utilizarlo, debemos a continuación aplicarlo a cada problema en la vida. No debemos ser soñadores vanos, perdidos en un laberinto de teorías que, aunque sean hermosas, pueden no tener resultados prácticos en nuestra vida diaria.

Antes que nada, debemos asimilar que el poder existe y que opera desde el centro de nuestro ser, en nuestra propia mente; después, debemos abordarlo con amor, y luego, debemos usarlo afirmativamente. En la práctica real el método sería como se describe a continuación:

Debemos tomar ciertos momentos definidos a diario para reconocer la Divina Presencia dentro y alrededor de nosotros. Pero hasta esto debe ser más que un pensamiento vago. Debe resumirse en declaraciones definidas como:

> *Dios es el único poder y la única Presencia que existe, y Dios está justo en donde yo estoy. Yo vivo, me muevo y tengo mi ser en Dios. El ser de Dios se mueve a través de mí y se manifiesta en lo que hago.*

No debe haber ninguna idea que lo condicione o que lo contradiga, ni ninguna confusión. Debe ser simple y directo.

Estas son las condiciones que Jesús puso. Pero para ser efectivas deben ser ahora seguidas por otra instrucción, que es: cuando ores, cuando declares tus deseos, hazlo afirmativamente.

En vez de decir: "Quizás el bien llegue a mí", o "Es posible que pueda venir a mí", o "Quizás venga; eso espero", debemos decir:

> *El bien que deseo ya lo poseo. Lo que pido, lo recibo ahora. Lo que quiero y necesito, ya lo tengo.*

Lo que ocurre cuando oramos correctamente es simple. Creamos una actitud de completa aceptación en nuestras mentes. Cuando hacemos esto, la Ley del Bien, que es Todopoderosa, empieza a operar sobre la base de esta aceptación y comienza a reacomodar los hechos y actividades de nuestras vidas de tal modo que lo que hemos aceptado se manifestará en nuestra experiencia.

Es importante que recordemos esta parte de las instrucciones de Jesús, porque en realidad, es lo mismo que decir: si quieres un jardín, planta uno; siembra la semilla en la tierra y la naturaleza se hará cargo y producirá la planta. Es como si Dios dijera a la gallina: siéntate en el huevo y yo te daré un polluelo.

Qué maravilloso es darse cuenta de que la palabra perdida ha sido encontrada, y que ha sido hallada en el único lugar donde tú y yo podríamos usarla: en nuestra propia boca. Qué maravilloso es darse cuenta de que al fin hemos localizado la Divina Presencia en el único lugar donde podíamos reconocerlo: dentro de nosotros mismos, y dentro de todo. Y qué maravilloso es saber que, al fin, hemos alcanzado nuestra meta.

Pero esto no significa que hayamos llegado al término de todas las cosas. En realidad, esta verdad que hemos encontrado marca tan solo el principio de un nuevo día, de una nueva experiencia, de una nueva vida; una vida que ya no será perturbada por el miedo o acosada por las dudas y que no estará llena de los lamentos del pasado o incertidumbres sobre el futuro. Una vida que puede ser vivida en su plenitud hoy, y una vida que se extenderá a través de nuestros mañanas en un campo de experiencia siempre creciente; en una comprensión cada vez más profunda de una presencia, un poder y una paz que nos brinda completa seguridad y una visión cada vez mayor de lo que está aún por venir.

Tú eres una estación transmisora espiritual

¿Alguna vez te detuviste a pensar que eres una estación transmisora mental y espiritual, y que salen mensajes de ti en varias direcciones quizás incluso mientras duermes; mensajes que tienen una influencia en tu entorno y en la gente que te rodea? Y como todo se mueve en círculos, los mensajes que transmites regresan a ti.

Se ha dicho que la atmósfera mental de un hogar puede influir en el perro, en el gato o en el canario hasta el punto de que se vuelven neuróticos cuando están rodeados de infelicidad o crítica. Hay un lugar donde nuestros cuerpos físicos empiezan y terminan, pero la mente no tiene esas limitaciones, y nuestros pensamientos penetran a nuestro alrededor.

Somos estaciones transmisoras, ya sea que lo sepamos o no. Nuestros pensamientos, sentimientos y emociones; nuestra fe y nuestros miedos, tienden a dejar una impresión en nuestro ambiente. También somos estaciones receptoras, pero no necesariamente tenemos que sintonizarnos con cada programa que está siendo transmitido. Cuando queremos escuchar cierto programa, sintonizamos nuestros radios en su longitud de onda. El programa ya está en el éter de la habitación, pero no afecta nuestro aparato hasta que lo sintonizamos.

Es fascinante pensar que somos tanto estaciones transmisoras como aparatos receptores. Y esto será aún más maravilloso cuando aprendamos a transmitir solo la clase de mensajes que deseamos que regresen a nosotros.

Si la mente de una persona está llena de animadversión y resentimiento, las personas lo sienten, aunque no digan una sola palabra. Esta animadversión se despierta en aquellos que también tienen antipatías similares. Sus pensamientos se sintonizan con los de aquellos, y los suyos responden inmediatamente fluyendo de regreso a ellos. Uno acentúa el otro.

Por otro lado, si estás rodeado de gente que tiene resentimientos y animadversión, pero tú no tienes nada de eso, no te sintonizarás. Su vibración te bordea, y su antagonismo no despierta un antagonismo igual en ti porque tú no estás transmitiendo en la misma longitud de onda mental.

Es lo mismo en la vida: una persona cuyos pensamientos están llenos de miedo o fracaso se sintoniza y recoge vibraciones de fracaso dondequiera que las contacta. A sus propios pensamientos negativos se agregará una masa de pensamientos negativos, hasta que finalmente parezca que la única cosa en la que puede pensar es en el fracaso. De cierto modo su voluntad y su imaginación se hipnotizan porque se está sintonizando con demasiada negación. Cuando la mente de una persona está molesta, preocupada e infeliz, todo lo que esta persona escucha mentalmente es discordia porque su oído interno está escuchando un conflicto continuo.

Y por el contrario, una persona cuyo pensamiento está lleno con la idea del éxito, que tiene fe y confianza en sí misma y en lo que hace, se sintonizará con los pensamientos de éxito a su alrededor, los pensamientos de fe y optimismo y expectativa confiada.

Una persona que espera con confianza que ocurran buenas cosas, que espera caerle bien a todo el mundo y que espera encontrar felicidad en la vida donde quiera que vaya, no solo estará transmitiendo estos pensamientos que harán felices a otras personas, sino que estará recibiéndolos de regreso. Como se siente amigable, la gente responderá con amistad.

Todos queremos ser así. No solo queremos estar sanos nosotros, pues nadie puede ser feliz sin estar sano, sino que además queremos ayudar a otros. No solo queremos transmitir buenas noticias, sino que también queremos recibir buenas noticias.

Debemos decidir pensar en el lado afirmativo de la vida, o acentuar lo positivo y eliminar lo negativo. Al hacer esto debemos determinar que no vamos a recibir la crítica o el estado negativo o la hostilidad de nadie. Y no olvidemos la importancia de mantener nuestra mente en un estado de flexibilidad amable. Si un árbol no se dobla con la brisa se romperá con un viento fuerte.

Tenemos que ser flexibles y tolerantes, así como positivos y afirmativos. Y aún si alguien nos arroja un ladrillo, no tenemos que atraparlo. Es mucho mejor solo hacerse a un lado. Cuando atrapamos los ladrillos que nos son lanzados es generalmente con un solo propósito; para lanzarlos de regreso. Y lo primero que sabemos es que el aire está lleno de ladrillos, y el desorden que provocan. Ayudaría mucho si decidimos jugar el juego de la vida de forma feliz.

Otra cosa que debemos aprender es a no sufrir por las noticias de las muertes. Recuerda que cuando una persona se va de este mundo, otra llega. La vida es un río que fluye siempre, y la vida nunca se cansa, se agota o queda exhausta. Nunca se vacía. Sí, hay muchas cosas en los periódicos además de los obituarios. No debemos revisar morbosamente todos los accidentes, así como no escuchamos las conversaciones negativas. Cada vez entendemos más lo que significa acentuar lo positivo y eliminar lo negativo.

Es verdad que los pájaros de una misma parvada vuelan juntos y que juntos regresan al nido. Pero si usamos la mente que Dios nos ha dado, podemos construir nuestros propios nidos. Podemos incluso cambiar el color de nuestro plumaje, si queremos. La mente divina ha creado un plumaje para cada uno de nosotros y ha construido un nido en el lugar secreto del Altísimo para cada alma viviente.

Todos tenemos nuestras raíces en la mente de Dios. No lo planeamos así, pero así es. Dios sigue siendo el poder Supremo y el Espíritu Divino sigue estando presente en nosotros sin importar dónde estemos. Debemos aprender a sintonizarnos con la mente de Dios, y cuando lo hagamos estaremos sintonizados con la realidad más dinámica en el universo.

No tengas miedo de hablar con Dios, y recuerda siempre que Dios habla cierto tipo de idioma y que no hay nada negativo en él. Creemos en la meditación ferviente afirmativa por sobre todo lo demás. Creemos en hablar realmente con Dios y en dejar que él responda. Pero tal vez en nuestra confusión hemos hablado *a* Dios y no *con* Dios. Le hemos dicho lo terrible que es todo, y lo infelices que somos.

Prueba esto: siéntate o recuéstate en completo reposo, y luego dile a Dios lo maravilloso que es, y lo feliz que eres; lo agradecido que estás. Es en momentos como este, cuando realmente nos sintonizamos con el Divino, y el Divino siempre nos responderá. Siempre recibiremos el consuelo que necesitamos, ese sentido interno de seguridad y bienestar que debemos tener para ser felices y plenos.

Encontremos una nueva longitud de onda para nuestros instrumentos mentales y tan pronto como lo hagamos empezaremos a transmitir por medio de ella. Descubriremos que no solo nos estamos ayudando a nosotros mismos, sino a los que nos rodean. Sintonicemos nuestros instrumentos mentales con el éxito y la felicidad, con la idea de la salud física, y sobre todo, con el reconfortante pensamiento de que hay un amor en el universo cuya presencia disuelve el odio; que hay una fe que neutraliza el miedo; que hay una confianza que borra toda duda.

Dios nunca nos abandona, y nunca tendremos que convencerlo de que sea bueno. Lo que tenemos que hacer es revertir nuestra perspectiva mental y espiritual de la vida y entonces el milagro se hará, porque lo que sale tiene que regresar.

Los escépticos pueden llamar a esto una actitud optimista a ultranza y dicen que estamos viviendo en un mundo de irrealidad. Bueno, he lidiado con escépticos toda mi vida y no me intimidan en modo alguno. Ellos son gente infeliz y desesperada que no tiene ninguna guía, ningún mapa, ninguna brújula y ningún piloto. Aprende a repetir con Samuel Salter Foss:

Deja que el aullador aúlle
Y que el gruñón gruña
Y que el que frunce el ceño lo haga
Y deja que la multitud grosera grite.
Porque detrás de la noche
Hay mucha luz
Y el mundo está bien
Y yo lo sé

No, este no es un sueño vacío e improductivo. Se trata de una intensa realidad. En algún lugar debemos encontrar una fe más grande que todas nuestras dudas, miedos e incertidumbres. En algún lugar debemos encontrar un amor más grande que cualquier animadversión. Y debemos encontrar una paz más allá de nuestra confusión. Este es el camino que estamos todos buscando, lo sepamos o no, y estamos siendo guiados por una inteligencia amorosa que siempre busca traernos paz y comodidad, alegría y buena voluntad, felicidad y éxito, salud y abundancia.

Antes que nada debemos estar seguros de que estamos bien por dentro, y entonces aprender a confiar en nosotros mismos porque tenemos fe en Dios. Debemos aprender a poner nuestra propia estación transmisora en orden. Debemos volver a sintonizar nuestro aparato receptor. Puede tomar tiempo y esfuerzo, pero la meta que buscamos bien vale la pena, y vale la pena el esfuerzo por el premio que se ofrece. El cielo se pierde solo porque carecemos de la idea de la armonía; estaba destinado desde la fundación del mundo que lo correcto ganaría al final, y que el amor conquistaría todo.

Somos estaciones transmisoras espirituales y mentales. Hay una fuerza silenciosa que fluye desde nosotros en varias direcciones a cada momento. Qué necesario es que asumamos el rol del locutor y de la estación. Qué necesario es que escribamos nuestro propio programa y nos entreguemos a él.

Cuando una persona habla por un micrófono en una estación transmisora sus palabras son llevadas hasta los rincones más lejanos de la tierra, donde son reproducidas. Pero la fuerza que las transporta es mecánica. Es una ley, una vibración. Y es una ley que reproduce las palabras que la persona pronuncia, las entonaciones, las inflexiones.

Y ahora, junto con esta palabra que es transmitida va una imagen, una imagen de su personalidad. Esto es lo que vemos en la televisión, como si de repente estuviera presente por todos lados, y la imagen se parece a él porque es su imagen, su semejanza, el que la crea.

Y lo mismo ocurre con la reacción de la Ley del Bien que procede de un poder mayor a nosotros. Siempre tiende a traernos de regreso exactamente lo que sale. Pero nosotros somos los transmisores, y podemos cambiar las imágenes a voluntad.

Meditación

"Desde la abundancia del corazón la boca habla".

Hoy pongo especial cuidado en pensar y hablar únicamente aquellas cosas que yo deseo transmitir desde mi mente para que regresen a mí.

Deseo que todo lo que piense salga tanto del corazón como de la cabeza. Deseo transmitir amabilidad y amor, simpatía y entendimiento, paz y alegría. Nada de condenación, juicio o miedo saldrán de mí hacia nadie ni hacia nada.

Al sintonizar mi mente con el Divino, atraigo hacia mi propia alma la esencia de todo lo que es bueno, verdadero y hermoso.

Atraigo a mi propia mente el entendimiento de la Divina Presencia y el poder del bien hasta que todo mi ser responda.

Y esto es todo lo que quiero transmitir al mundo, algo que ayude y cure y bendiga, algo que provoque en todos los que me reciban un sentimiento de fortaleza renovada, de una nueva esperanza.

Deseando recibir la Bendición Divina en mi propia vida, deseo transmitirla al mundo entero. Y por eso digo a todo el mundo:

Que el Señor te bendiga y te guarde.

Que el Señor haga que su rostro brille sobre ti, y sea misericordioso contigo; que el Señor eleve su rostro sobre ti, y te dé paz, ahora y siempre. Amén.

Tu palabra opera instantáneamente

ALGUIEN DIJO, "TEN fe en que tu pensamiento llegará a la persona o condición a la cual ha sido enviada". Ahora sabemos que la persona, lugar o condición objetivo son los efectos de la causa invisible, que es la mente. Y sabemos que el pensamiento es el instrumento de la mente. Sabemos que la mente es omnipresente y nunca dividida. Es una unidad completa y perfecta. Por lo tanto, cuando damos un tratamiento decimos: "Esta palabra es para esta persona", o "Es para esta condición".

Desde este punto de vista la palabra no tiene que alcanzar un lugar específico, tan solo describe el lugar. Identificándose en la mente con el lugar, de manera instantánea está en ese lugar.

Algunos antiguos han dicho que la verdad es aquella cuyo centro se encuentra en todos lados y cuya circunferencia no está en ningún lado. Esta es una buena idea a tener en mente. Nos ayudará a tener una convicción plena de que nuestra palabra alcanzará siempre la condición deseada; nunca fallará en objetivarse donde debe, cuando debe y de la manera correcta.

Nada más que la fe absoluta en la Ley de Causa y Efecto puede darnos esta confianza. Si no tenemos esta confianza debemos empezar por el principio de nuevo y hacernos esta simple pregunta: "¿De dónde es que viene todo?".

Es evidente que las cosas parten del invisible, son proyectadas por él y permanecen dentro de él. Nuestro pensamiento es una actividad de esta causa invisible, y cuando decimos: "Esta palabra se manifestará en este lugar", podemos y debemos estar seguros de que así será.

El principio de la mente en acción

A menos que quien estudia la sanación espiritual mental practique este principio no comprenderá su naturaleza ni apreciará su valor. Por lo tanto su aplicación práctica se vuelve un asunto de suma importancia, y cada uno de nosotros debe convertirse en practicante aunque uno mismo sea su único paciente.

Como cualquier otro principio en la naturaleza, debemos usarlo consciente y deliberadamente. El practicante reduce las cosas a pensamientos, pues parece lógico que solo el pensamiento puede alcanzar aquello que es resultado del pensamiento. No esperamos que el pensamiento alcance alguna condición física independiente de la mente. Si existe tal cosa como la sanación mental debe estar basada en la suposición de que toda forma es una manifestación de la mente y que la mente controla esa manifestación.

El practicante mental debe ver la enfermedad primordialmente como una cuestión del pensamiento, y la condición de enfermedad como una declaración mental de discordia, como un argumento de confusión, o como una experiencia mental de negación. Es la forma equivocada de manifestación, y creamos o no que se origina en la mente, el practicante mental debe confinar su trabajo a la operación del pensamiento, porque este es su campo.

El practicante mental reduce las cosas a pensamientos y procede a desenmarañar el pensamiento equivocado a través del reconocimiento de la omnipresencia de Dios o la verdad. La mente no puede operar jamás fuera de la conciencia, y si el practicante cree que la enfermedad o condición son externas a la conciencia, y las trata como si lo fueran, pronto descubrirá que está tratando de bombardearlas desde fuera. Está tratando de hacer que la mente alcance algo que no es mental, o tratando de hacer que el pensamiento alcance algo que está fuera de la mente. Está condenado al fracaso.

Cuando se da cuenta de que todo es mente en estado absoluto, o mente en una forma concreta, no tiene dificultad para reacomodar el pensamiento de manera positiva en vez de negativa. Esto es exactamente lo que hace el practicante espiritual mental. Él hace esto deliberada y conscientemente. El nombre de una enfermedad representa para él simplemente el pensamiento sobre la enfermedad, ya sea que la persona crea que es curable o incurable, o que tomará mucho tiempo o poco tiempo para sanarse, y representa la reacción mental de la conciencia de la raza. Este es el único significado que el nombre puede tener para el practicante, porque en este campo él no puede tratar una enfermedad como orgánica y otra como funcional, ya que desde el punto de vista de nuestra práctica, la enfermedad es una declaración negativa en la mente.

Ahora bien, estoy completamente consciente de que es bastante difícil comprender el pensamiento de que cualquier enfermedad es una declaración negativa en la mente, y es probable que produzca considerable confusión en las mentes de aquellos que lo escuchan por primera vez. Pero recordemos que este campo es enteramente diferente de los demás. Aquí tenemos un practicante que trata solo a través del instrumento del pensamiento. No está suscitando un antagonismo con otras prácticas o método; no está negando a su paciente el derecho de utilizar otra forma de tratamiento mientras está siendo atendido mentalmente.

Él es un practicante espiritual mental, y desde su punto de vista, no importa cuál sea la condición y no importa lo que se ha dicho que es, esto debe permanecer como un objeto del pensamiento, porque como ya se dijo, si no es algo del pensamiento, ¿cómo va a alcanzarlo el pensamiento? El practicante está por completo convencido de que el pensamiento lo alcanzará, que la mente pura existe en todos lados, y que la mente pura está justo en el centro de la condición de la enfermedad.

El practicante debe concebir que la mente pura se encuentra en un estado de armonía. En vez de sentir que está tratando una enfermedad terrible, siente que está explicando por qué esta condición negativa no tiene necesidad de existir. Su explicación es para sí mismo sobre el paciente, nunca para el paciente. ¿Qué es, entonces, lo que hace? Está limpiando su propia conciencia, y para lograrlo debe reducir la enfermedad a un estado de objeto del pensamiento.

El practicante usa cualquier declaración sobre un caso en particular que deshaga los nudos mentales en su propia conciencia acerca de su paciente. Por lo general, es confrontado con la idea del miedo, y debe empezar su tratamiento eliminando el sentido de miedo. Debe saber que no hay nada que temer y debe hacer una declaración definida de que no solo no hay nada que temer, sino también de que no hay nadie a quien temer. Debe decir esto para su paciente, no *a* su paciente, sino *acerca* de él. Cuando da un tratamiento nunca se dirige al paciente por su nombre ni le habla directo a en la mente; solo identifica su tratamiento con su paciente al decir: "Este tratamiento es para tal y tal", y luego se olvida de todo lo referente a su paciente objetivamente y hace su tratamiento dentro de su propia conciencia.

Si Dios es Todo en Todo no hay nada que temer, porque el amor perfecto echa fuera el miedo; donde está el amor, el temor no puede entrar. El practicante sabe que el miedo no puede operar a través de su paciente ni a través de nadie más a su alrededor. El hombre es una entidad espiritual; por tanto no tiene ninguna enfermedad; nada que se oponga a su vida la ataca; nada opera a través de él que pueda producir muerte, ya que la muerte no existe.

Si está usando el método argumentativo de tratamiento, él trae una serie de argumentos para apoyar su posición de que Dios es Todo en Todo, y rechaza la creencia de que es necesario que su paciente sufra esta enfermedad en particular, o cualquier otra. La forma del argumento y el poder del argumento son solo para producir entendimiento. El argumento en sí mismo no es entendimiento así como la técnica musical no es armonía. El argumento simplemente le da forma, intención definida, dirección específica al tratamiento. El argumento lleva a un entendimiento de la totalidad del bien. Es probable que más gente se ayuda con el argumento que con cualquier otro método, aunque en todos los casos uno debe buscar una convicción y una comprensión cada vez mayor del significado del propio argumento.

El principio de la vida en sí mismo es el sanador, o, si uno decide ponerlo de este modo, Dios es el sanador. El paciente es una entidad espiritual y no hay nada en una entidad espiritual que necesite ser sanado. La enfermedad en sí misma no es una persona, lugar o cosa, y no tiene ubicación. No empezó en el tiempo, no tiene duración en el tiempo, no termina en ningún punto en el tiempo. Ya no está siendo experimentada en la conciencia del que ha sido afectado por ella. Estos son simplemente argumentos sugeridos con el propósito de limpiar la mente del practicante, porque su pensamiento es el único pensamiento que puede sanar en esta práctica.

El practicante asume que el cuerpo de Dios es perfecto, incluyendo la manifestación de sí mismo. El hombre es el cuerpo de Dios. Por ejemplo, la idea de la visión, del habla o de cualquier otra facultad u órgano del cuerpo es una idea eterna, una idea infinita y una idea omnipresente.

El practicante trata para saber que solo hay un modelo perfecto de pulmón o corazón; solo hay una idea de pulmón o corazón, porque solo hay un Espíritu, un YO SOY absoluto, un Dios eterno, o una realidad perpetua. El corazón que Dios hizo es un corazón perfecto, el pulmón que Dios hizo es un pulmón perfecto. Puede ser que ayude a entender esto mejor cuando uno sabe que la vibración física del corazón o del pulmón es la misma dondequiera que la manifestación del corazón o del pulmón ocurra, ya sea en un animal, un ave o un hombre. Demuestra la universalidad de la idea del corazón o del pulmón y ayuda al practicante a comprender que cuando declara la unidad de cualquier Idea Divina, está declarando la verdad sobre esa idea.

El practicante, entonces, trata la unidad de la manifestación, y es sobre esta unidad que él hace su declaración, siempre declarando que su unidad es verdad sobre su paciente. No sería suficiente decir que el corazón de Dios es perfecto y que solo existe un corazón, sino que debe completar esta declaración diciendo: "Este corazón de Dios es el corazón de este paciente. Nada nunca le pasó, no creció; no hubo nunca ninguna tensión alrededor de él, no hubo nunca ningún dolor en él, nunca causó dolor y no ha habido nunca ninguna situación emocional en él que le causara dolor. Nunca fue reprimido, deprimido o suprimido. Nunca se cansó ni se desgastó; jamás se rompió, y todo el sistema circulatorio, al ser una parte del impulso de la vida divina, nunca fue afectado.

El corazón es una idea divina, y el corazón de la realidad es el corazón de esta persona específica que estás tratando. La realidad divina debe ser considerada perfecta, completa, siempre presente, siempre activa, siempre disponible, y la negación de esto debe ser revertida en la mente del practicante; esto es, debe entenderse que la negación no tiene poder.

Así, el practicante espiritual convierte cosas en pensamientos. Él puede pensar no solo en el *Padre Nuestro que está en los cielos*, sino en nuestro cuerpo perfecto y organismo perfecto que está en el reino de la realidad ahora, y para el practicante esto debe ser una realidad intensa. Él debe creer en lo que dice. Debe comprender que el Reino de los Cielos está a la mano. No puede hacer esto a menos que contradiga mucho de lo que se ha experimentado. Mentalmente él nunca se ocupa de una condición material o de una condición de enfermedad, sino que sabe que como el Espíritu es el único poder que existe, no hay mente que haya sido hipnotizada para creer que hay o puede haber algo opuesto al Espíritu.

El practicante debe saber que la mente creativa escucha y contesta su pensamiento porque la mente creativa está siempre presente. Él sabe que la idea correcta es la operación del verdadero principio, ya sea en la ciencia matemática o en la Ciencia de la Mente. El principio no puede evitar escuchar. La mente que hace la petición es la mente que cumple el deseo, ya que no hay más que Una mente. Si el practicante puede tener presente que lo que está destruyendo es una creencia, tendrá éxito.

Ahora bien, el no instruido preguntará: "¿Quieres decirme que yo no experimento discordia o enfermedad?". No negamos que el hombre experimente discordia o enfermedad. Lo que afirmamos es que la experiencia es la creencia en forma y que la desintegración de la creencia producirá una correspondiente desintegración de la forma. Es por esto que continuamente decimos: "Convierte las cosas en pensamientos y sana el pensamiento". En la práctica mental el practicante debe ocuparse de la creencia o del pensamiento, y debe tratar con la forma como si fuera creencia y pensamiento, pues de otra forma, como ya hemos mencionado, ¿cómo puede concebir que el pensamiento pueda alcanzar aquello que no es de la naturaleza de la mente o del pensamiento?

Por ejemplo, si alguien dibujara una imagen de un caballo en un pizarrón, y otros al verlo creyeran que es un caballo, aun así no sería nada más que un dibujo. Ahora bien, te acercas, tomas el borrador y borras el dibujo. ¿Dónde está el caballo? Nunca fue una cosa en sí misma; solo parecía ser una entidad. Tu conocimiento de que podía ser borrado y tu acto de borrarlo son solo dos extremos de la misma cosa. Así pues, el practicante mental debe darse cuenta de que su argumento o su entendimiento borra la idea de la negación que proyecta discordia. Él no puede hacer esto a menos que comprenda que la proyección de la discordia es tanto una cosa del pensamiento como lo que llama el pensamiento detrás de tal proyección.

Es quizás un poco difícil explicar esto con claridad, pero significa que el practicante trabaja en el campo de la mente y del pensamiento, y lo único que tiene que neutralizar es el pensamiento, nunca las cosas. Es una de las partes más sutiles de todo este sistema de práctica, a la cual debemos poner la más cuidadosa atención, pues la raíz del mal se encuentra en la convicción mental, no en el mal en sí mismo. El hacha de la verdad debe caer sobre la raíz del mal y de la condición falsa, cortándola de tajo, por así decirlo. Por tanto, la iluminación espiritual en la mente sana el cuerpo porque el cuerpo es mente en la forma y porque la iluminación espiritual cambia la forma del pensamiento en la mente.

Si esto es verdad no hay adversario, ni oponente, ni oposición. Cuando en el argumento mental el practicante llega al punto donde percibe o comprende la verdad de su argumento, este deja de ser un argumento y comienza a ser entendimiento. Ha pasado del análisis a la conclusión. Es este entendimiento lo que constituye el poder Creativo en el tratamiento. ¿Y qué es lo que debe comprenderse? La perfección del paciente, la perfección de las personas y la armonía de la condición. Es más, ya sea que uno esté en tratamiento para sanar un desorden físico, para sanar un desorden financiero, o cualquier otro desorden, el principio opera de manera idéntica.

La sustancia es provisión. No hay más que una sustancia, y esta sustancia es omnipresente, y está justo donde la necesidad parece estar, y cubre la necesidad de acuerdo con la aceptación de quien experimenta la necesidad. No podría hacer ni más ni menos que eso. Uno debe aceptar la provisión si la sustancia ha de interpretarse a sí misma como la provisión en la propia experiencia. El practicante comprende la omnipresencia de la sustancia; de ahí la permanente disponibilidad de la provisión.

Esto de ninguna manera convierte al Espíritu en materia, ni materializa al Espíritu. Solo le da forma a la sustancia. Como el universo físico ha sido equiparado a la meditación de Dios, así nuestras experiencias individuales se equiparan a nuestras meditaciones de la vida. Y nuestras meditaciones de la vida son nuestra conciencia, nuestro entendimiento: un sentimiento y convicción interior que trasciende la experiencia que ocurre en un mundo objetivo. Desde el punto de vista del practicante, no hay más que una sustancia, pero esta sustancia es por siempre activa como provisión. Así como solo hay un corazón, que está siempre activo como circulación perfecta y como impulso perfecto, así hay una sola sustancia que siempre opera como provisión.

El practicante no necesariamente tiene que tratar a su paciente por cosas específicas. Se hace consciente de la actividad de la sustancia en la experiencia de su paciente, y de que cualquier equivalente mental que tenga su paciente será automáticamente satisfecho. Es bueno que entendamos esto, porque es evidente que el paciente lleva consigo su recipiente de aceptación. En otras palabras, tiene pensamientos y deseos que espera que se cumplan, que son personales e individuales para él. El practicante vierte la comprensión que tiene abundancia sobre cada situación, y dondequiera que haya un molde, este se llena automáticamente, pues como la sustancia es omnipresente puede llenar todos los moldes sin agotarse.

Así que el practicante declara que no hay más que una sustancia y que la necesidad de su paciente es cubierta por esta sustancia hoy; cualquier cosa que el paciente necesite es ampliamente atendida. La actividad ilimitada del infinito ahora se manifiesta en forma en la experiencia de este hombre. Su actividad siempre produce buenos resultados; siempre produce abundancia porque la sustancia infinita es provisión ilimitada.

Ahora, esta sustancia no puede agotarse. Permanece justo como es y su naturaleza es fluir eternamente. Por tanto, donde quiera que haya aceptación habrá manifestación. Dondequiera que haya creencia que inhiba la manifestación, ahí la manifestación estará limitada a la aceptación. Esto es por nuestra incredulidad, ya que todavía creemos en una forma limitada de aquello que negamos. El practicante trata la forma de la carencia como una creencia en la carencia. Él sana la creencia. Trabaja para reconocer que la sustancia es omnipresente, que siempre está fluyendo hacia la experiencia de su paciente como provisión, como acción correcta.

El paciente mismo trae el molde de dinero o de casa, de automóvil o de guardarropa, de posición o de ambiente. El practicante no tiene que proporcionarle el molde a su paciente. Asumir que tiene que hacerlo sería asumir que debe tener el control sobre los pensamientos de su paciente, lo cual sería como intentar hipnotizar al paciente. Naturalmente, no tendría éxito.

El practicante no proporciona el molde del pensamiento al paciente en ningún caso. Él simplemente tiene la conciencia de que el molde del paciente es llenado con la sustancia que por siempre fluye a la forma. Por tanto, el practicante no tiene responsabilidad personal. Su obligación consiste en comprender el flujo de la sustancia; es privilegio del paciente recibir la sustancia en la forma de su propio deseo.

Cómo dar un tratamiento espiritual

Para la sanación física

APARTA UNA HORA definida al menos dos veces al día para estar solo, sentarte, calmar tu mente, y pensar en Dios. Trata de alcanzar un sentimiento profundo de paz y calma. Entonces asume una actitud de fe en un poder mayor a ti.

Repite: *Las palabras que pronuncio son la Ley del Bien y producirán el resultado deseado porque son operadas por un poder más grande que yo. Solo el bien sale de mí y solo el bien regresa a mí.*

Ahora estás listo para dar un tratamiento específico para ti. Empieza diciendo: *Esta palabra es para mí mismo. Todo lo que digo es para mí y sobre mí. Es la verdad sobre mi yo verdadero. (Estás pensando en tu naturaleza espiritual, tu realidad divina, el Dios en ti).* Di: *Solo hay una vida, esa vida es Dios, esa vida es perfecta, esa vida es mi vida ahora.* Di esto lentamente y dándole un significado profundo.

Luego di: *Mi cuerpo es una manifestación del Espíritu Viviente. Es creado y sostenido por la Presencia Única y el Único poder. Ese poder está fluyendo en y a través de mí ahora, infundiendo vida a cada órgano, a cada acción y a cada función de mi ser físico. Hay perfecta circulación, perfecta asimilación y perfecta eliminación. No hay congestión, no hay confusión, y no hay inacción. Soy uno con el ritmo infinito de la vida, que fluye a través de mí con amor, con armonía y paz. No hay miedo, ni duda, ni incertidumbre en mi mente. Yo permito que la vida perfecta fluya a través de mí y se convierta en mi vida. Es mi vida ahora. Solo hay una vida, esa vida es Dios, esa vida es perfecta, esa vida es mi vida ahora.*

A continuación, niega todo lo que contradiga esto. Sigue cada negación con una afirmación directa de su opuesto. En cierto sentido estás presentando un argumento lógico a tu propia mente, basado en la creencia de que no hay más que una vida, que es perfecta y que es tu vida ahora. La evidencia que presentas en tu argumento debe llegar a una conclusión que haga que tu propia mente acepte el veredicto de la perfección. Recuerda que no estás hablando sobre tu cuerpo físico como si estuviera separado del espíritu, sino sobre Dios en ti; por tanto, no te será difícil convencerte de que este Dios en ti es perfecto.

Ahora has llegado a un punto de entendimiento en el que entras en un sentimiento de seguridad que procede de la conciencia de la Divina Presencia en, alrededor y a través de ti. Este periodo de toma de conciencia debe durar varios minutos, durante los cuales estás sentado en silencio aceptando el significado de lo que has dicho. Luego di: Está ahora hecho. Está ahora completo. Es ahora perfecto. Existe una sola vida, esa vida es perfecta, esa vida es mi vida ahora.

Entre estos periodos de meditación trata de mantener tu mente equilibrada, de tal manera que no contradigas lo que has dicho en su tratamiento. Mantén la mente abierta a cada momento al influjo Divino de nueva inspiración, nuevo poder y nueva vida. Acepta lo que has dicho con alegría y gratitud.

Para mejorar las condiciones

En el tratamiento de mejoramiento de condiciones usarás el mismo principio, pero para un propósito diferente, para lo que dirás algo como esto: (Cuando trates a otro di: "Esta palabra es para (él o ella)", entonces continúa exactamente como si te estuvieras tratando a ti mismo):

Todo lo que hago, digo o pienso está gobernado por la inteligencia divina y es inspirado por la sabiduría divina. Estoy siendo guiado a la acción correcta. Estoy rodeado de amistad, amor y belleza. La alegría entusiasta, la vitalidad y la inspiración están en todo lo que hago. Estoy consciente de mi sociedad con el infinito.

Todo pensamiento de desamor, miedo, incertidumbre y duda han sido eliminados de mi mente.

Mi memoria regresa solamente a Dios, en quien vivo, me muevo y tengo mi ser. Un completo sentimiento de felicidad, paz y certidumbre me inunda con su luz. Tengo confianza en mí mismo porque tengo confianza en Dios. Estoy seguro de mí porque estoy seguro de Dios.

El Espíritu dentro de mí conoce la respuesta a cualquier problema que confronte. Yo sé que la respuesta está aquí ahora. Está dentro de mi propia mente porque Dios está en donde yo estoy. Ahora me regreso del problema al Espíritu, aceptando la respuesta. En tranquila confianza, en perfecta confianza, en una fe permanente y en completa paz dejo ir el problema y recibo la respuesta.

Yo sé exactamente qué hacer en cada situación. Toda idea necesaria para vivir exitosamente es traída a mi atención. La puerta de entrada a las oportunidades siempre crecientes para que yo me exprese se abre ante mí. Estoy continuamente conociendo nuevas y mayores experiencias. Cada día trae un bien mayor. Cada día trae más bendiciones y una mayor autoexpresión. Soy próspero en todo lo que hago. No hay inconvenientes ni retrasos, ni hay obstrucciones, ni obstáculos; nada que impida el progreso de la acción correcta.

Me identifico con la abundancia. Abandono todo miedo y duda. Dejo ir toda incertidumbre. Sé que no hay confusión, ni falta de confianza. Sé que lo que es mío me reclamará, me reconocerá y correrá hacia mí. La Presencia de Dios está conmigo. La mente de Dios es mi mente. La Libertad de Dios es mi libertad.

Hoy confiero la esencia del amor a todo. Aquellos con los que me encuentro son amorosos conmigo. Mi alma se encuentra con el alma del universo en todos. Este amor es un poder sanador que toca todo hacia la integridad. Soy uno con el ritmo de la vida. No hay nada que temer. Nada sobre lo cual tener incertidumbre. Dios está sobre todo, en todo y fluye a través de todo. Dios está justo donde yo estoy. Estoy en paz con el mundo en que vivo. Me siento a gusto en el Espíritu Divino en el que estoy inmerso.

El tratamiento se ocupa del pensamiento

El tratamiento se ocupa del pensamiento más que de las personas. Debemos tener cuidado de nunca asociar una condición negativa con la persona que la sufre. No pertenece a tu paciente ni a nadie más.

La perfección ya se ha alcanzado; fue, es y será. Hay una Idea Perfecta detrás de cada órgano y hay un Actor Perfecto detrás de toda vida. Mientras más plenamente comprendas esto, más efectivo será tu tratamiento espiritual mental, porque este tratamiento es un pronunciamiento consciente sobre el Ser Espiritual y su relación con el universo o Dios.

El tratamiento debe ser simple, sencillo, sereno, pero diseñado para convencer al pensamiento del que lo da. La persona que da el tratamiento debe *creer* que hay un cuerpo perfecto de Dios y que este cuerpo se manifiesta a través de su paciente.

El practicante no siente que debe crear este cuerpo perfecto; su trabajo consiste en *revelarlo*, anunciarlo, pronunciarlo. Él sabe que su tratamiento llegará a la persona para quien trabaja sin ningún esfuerzo de su parte más que la declaración de que es para cierta persona.

Una mente triple

El hombre tiene una sola mente, pero por conveniencia la separamos en tres clasificaciones: la mente consciente, la mente subjetiva (o subconsciente) y la conciencia Crística. Debemos tener cuidado, sin embargo, de no dividir al hombre en tres partes, pues su mente consciente es el uso que hace de sus facultades "Espirituales", mientras que su mente subconsciente es el uso inconsciente que hace de la Ley Universal de Causa y Efecto.

Es un hecho interesante que podamos contactar al subconsciente y darle dirección mediante el uso de nuestras facultades conscientes. La facultad consciente es lo que imprime la reacción subconsciente.

El subconsciente en sí mismo, al ser meramente una parte de la Ley de Causa y Efecto, puede ser reorganizado por la dirección consciente que se le da. Es por esto que el tratamiento mental es un acto definido de pensamiento, y no el acto caótico.

La teoría entera del control de las condiciones a través del uso consciente del pensamiento descansa en la proposición de que la actividad consciente del pensamiento puede reorganizar reacciones subjetivas, y que las reacciones subjetivas regresarán como situaciones objetivas tal y como fueron dirigidas.

Por consiguiente, el tratamiento mental es definido. Siempre tiene un propósito consciente en mente. Creerlo, comprenderlo y saber cómo usarlo nos permite elevarnos por encima de viejas situaciones y crear nuevas.

Técnica mental para el tratamiento espiritual

A MENOS QUE HUBIERA un método definido de procedimiento en la sanación espiritual mental, no sería considerada como científico. A menos que una técnica precisa pudiera ser entregada, no habría un enfoque inteligente acerca del tema. A menos que uno pudiera aprender esta técnica y, de manera consciente aplicarla, no sería universalmente utilizada. Pero la Ciencia de la Mente es en definitivo científica y tan positivamente basada en un principio real, como cualquier otra ciencia.

El hecho de que estemos tratando con fuerzas invisibles no las hace más intangibles que cualquier otra fuerza de la naturaleza con la que tratemos. La vida es invisible, la energía es invisible, toda causa es invisible. El principio de la mente es invisible y su práctica es invisible, pero sus resultados son la Palabra hecha carne.

Ya que el abordaje moderno a la ciencia mental se ha desarrollado simultáneamente en el frente psicológico y en el metafísico, sería bueno analizar nuestra posición y determinar dónde coincidimos con el método psicológico y en dónde nos separamos de él, pues estemos conscientes o no del hecho, el caso es que más o menos combinamos ambos métodos.

Desafortunadamente, mucha gente en el campo de la metafísica no comprende esto, y en su ignorancia del tema niegan a la psicología un lugar en su sistema, y también lamentablemente muchos psicólogos no comprenden el punto de vista metafísico, y en su ignorancia le niegan un lugar en su campo. Con un mayor entendimiento de ambas áreas habrá una cooperación más consciente, porque cada uno a su manera está buscando ayudar y ser ayudado.

La aproximación de la psicología a la sanación mental ha pasado ya por diversas etapas. Empezando con el mesmerismo, se evolucionó en hipnotismo; después en sugestión mental, y finalmente pasó a la explicación mental, que es el método empleado por la mayoría de los psicólogos; esto es, si reducimos sus métodos a la más simple interpretación.

Ni la psiquiatría ni la psicología analítica son hipnóticas, ni practican la sugestión mental. Su campo entero es el de la explicación. En la psicología analítica la explicación se toma de la conciencia del paciente, de tal modo que él mismo ubique sus problemas, y mediante esta ubicación, se presume que la dificultad se disipa.

En las primeras etapas de la psicología analítica se pensó que era necesario que el analista sacara de la conciencia de su paciente cada incidente trivial que pudiera haber llevado a su desorden mental y físico. Esto ha hecho del análisis uno de las artes más sutiles, así como una de las prácticas más difíciles. Si uno espera obtener de la conciencia del paciente los incidentes más triviales de su vida, el método se vuelve doloroso, laborioso y más o menos imposible; por lo general el tratamiento debe cubrir un largo periodo de tiempo.

Hay una tendencia en nuestros días entre muchos practicantes analistas y psiquiatras de acortar este método de alguna manera, y drenar más rápidamente la confusión mental de la memoria inconsciente del paciente, produciendo así una respuesta más rápida.

En la sanación espiritual mental no tenemos que descubrir cada causa inconsciente de la confusión mental con su correspondiente afectación física. Sabemos que las afirmaciones amplias y generales, frecuentemente logran la sanación de un mal sin que el practicante o el paciente tengan conocimiento específico de su causa. Sabemos que entre más clara sea la propia conciencia, y entre más seguridad y más certeza tengamos de que el Espíritu es la Causa Absoluta de todo, y que solo el bien gobierna, más rápidamente ocurrirá la sanación.

Sabemos que el reconocimiento y el entendimiento silenciosos elevan la conciencia a un punto de mayor poder y hace posible una manifestación más inmediata. Jesús no analizó; anunció.

En la práctica real combinamos el análisis con la toma de conciencia. Algunas veces usamos una y otras veces la otra, pero con mayor frecuencia combinamos ambas. Probablemente es seguro decir que, en la mayoría de las consultas, la combinación de ambos métodos ha sido más efectiva que el uso de uno y la exclusión del otro.

Parece ser que nadie está en un continuo estado de poder Espiritual consciente, pero todos tenemos la capacidad de dar tratamientos mentales científicos. Debemos recurrir a nuestra técnica definida para la práctica, y a través de declaraciones mentales llegar a una conclusión espiritual, a una conciencia de la totalidad de Dios y de la siempre presente disponibilidad del bien.

Afirmamos tener una ciencia que puede ser utilizada por personas inteligentes. La persona promedio puede utilizar de manera efectiva esta ciencia siempre y cuando cumpla con su principio y su Ley.

Es por lo tanto necesario establecer una técnica y un método consciente para este procedimiento. Para ello empezamos con la proposición del Dios Perfecto, del Hombre Perfecto y del Ser Perfecto. Este es el principio espiritual que la mente, a través de las ideas correctas, busca demostrar, y al hacerlo probablemente combine el argumento con la toma de conciencia. ¿Qué es exactamente lo que queremos decir con argumento en un tratamiento espiritual mental? Nos referimos a las fases del pensamiento a través de las cuales la mente llega a una conclusión. El siguiente ejemplo puede ayudar a aclarar este punto:

Una persona puede, de repente, sentirse muy desilusionada y mentalmente deprimida. Sabe que Dios no es desilusión ni depresión. Sabe que nada le ha ocurrido a la realidad divina. Puede, después de unos momentos de contemplación sosegada, llenarse tanto del espíritu de la realidad, que su negación podría desaparecer como neblina en el sol. Esto por supuesto sería lo ideal. Pero supongamos que falla en su contemplación. Su siguiente paso es recurrir a su técnica mental. Empieza a hacer declaraciones definidas, similares a la siguiente:

> *Dios no está triste ni deprimido. No hay vida separada de Dios; por lo tanto mi vida es Dios. En consecuencia, no estoy triste ni deprimido. Dios no tiene miedo de nada. Mi mente y la mente de Dios son Una mente; por lo tanto mi mente no puede tener miedo.*

En este punto de su tratamiento, la imagen del miedo o alguna memoria del miedo puede surgir; de inmediato, él diría:

El miedo no es una persona, lugar o cosa. No tiene una ley que lo sustente, ningún poder que lo sostenga, ninguna conciencia que lo conciba, ninguna ley que lo ejecute, ninguna persona que lo exprese.

Estaría repudiando la negación, y seguiría tal repudio con la afirmación:

> *Mi mente es la mente de Dios —calmada y apacible, sin miedo y cierta—. Toda la Presencia, todo el poder, toda la paz y la alegría son mías hoy. No tengo miedo de nada porque ahora veo que no hay nada que temer. Las imágenes de miedo no pueden operar a través de mí. Estoy completamente separado de cualquier creencia en el miedo. No recuerdo nada en el pasado de lo que tenga miedo. No anticipo nada en el futuro a lo cual tener miedo y no estoy consciente de nada que esté ocurriendo hoy que deba temer.*
>
> *No hay desilusión. Estoy protegido por el único poder que existe. Vivo en la única Presencia que existe. Esta palabra neutraliza completamente, anula, expulsa y expele todo pensamiento de miedo y toda creencia de que hay algo que temer.*

Es probable que una persona que hace declaraciones similares a estas se vea elevada gradualmente en su mentalidad a un lugar en su pensamiento donde empiece a sentirse en calma. Las imágenes de duda no la acosarán más. La calma y la paz se acumularán en su pensamiento. A tal grado ha incorporado el significado de las palabras que acaba de pronunciar, que una sensación de comprensión llenará su conciencia con paz. Debe mantener esta sensación de comprensión mentalmente en su conciencia por un periodo de tiempo, y finalmente se volverá permanente.

Una cosa, sin embargo, debemos tratar de evitar, y es engañarnos a nosotros mismos. Nuestro trabajo se fundamenta en la demostración, y cualquiera que sea el método que usemos, la cantidad de argumentos que usemos, o cualquier estado de comprensión que alcancemos, debemos probar nuestra postura. Debemos demostrar realmente que el pensamiento se manifiesta en la forma, en las condiciones reales, en la vida objetiva.

Si el pensamiento no se está manifestando de esta manera en nuestra experiencia, debemos trabajar en nosotros mismos hasta que lo haga.

No debemos aceptar un *no* por respuesta. Hacerlo sería repudiar el principio en el que creemos y arruinar nuestra fe en él.

Por lo tanto debemos persistir en nuestros esfuerzos hasta que el propósito que tenemos en mente se vuelva un hecho real y no meramente una fantasía. Debemos recordar siempre que el uso apropiado de la Ciencia de la Mente no es una práctica a través de la cual caemos en ilusión mental como un escape de la vida objetiva. Nuestro trabajo no se llevará a cabo apropiadamente a menos que algo ocurra como resultado de él.

Siempre se puede medir objetivamente este algo que ocurre. Por ejemplo, si estamos tratando a alguien que tiene la presión arterial alta nuestro trabajo no se ha completado hasta que el paciente pueda ir al médico a un examen formal y meticuloso y reciba el veredicto de que la presión sanguínea es normal.

El tratamiento no tiene como propósito ayudarnos a evitar la realidad o soportar situaciones infelices. Tiene el objetivo expreso de cambiar situaciones, y a menos que las situaciones o condiciones cambien como resultado de nuestro tratamiento, no habremos dado en el blanco. Siempre debemos insistir en demostrar nuestro propósito, porque nuestro lema es: "Hacer es saber, y saber es hacer".

El pensamiento correcto siempre se exterioriza

TODO TRATAMIENTO DEBE ser una Ley en sí mismo. Cuando das un tratamiento debes saber que tu palabra es la ley para aquello sobre lo cual se habla. Como estamos tratando con un principio mental o espiritual, se deduce que el que lo usa debe hacerlo mentalmente; esta operación es un objeto del pensamiento; por lo tanto su pensamiento solo puede tener tanto poder como él sepa que tiene.

Las palabras de duda no tienen poder afirmativo. Debemos saber que nuestro tratamiento es bueno y exitoso. Cada palabra que pronuncias es la Presencia, el poder y la Actividad de la Ley dentro de ti. Es la Ley para aquello de lo cual hablas. No puede y no volverá a ti cancelado, sino que logrará el propósito que tienes en mente. Puede sanar, y de hecho sanará y lo demostrará; puede y producirá el resultado deseado.

No estás deseando que esto ocurra, simplemente tienes la voluntad de que debe ocurrir, la voluntad de creer. Debe haber una creencia persistente en el poder de tu propia palabra. Debes saber que la Ley del Bien es todopoderosa, y que ningún mal se ha ordenado ni planeado. Debes comprender que tu conocimiento de la Ley del Bien disipa el mal y toda manifestación del mismo.

Debes saber que el pensamiento correcto siempre encuentra una forma objetiva y siempre se exteriorizará. Debes creer que la Voluntad de Dios siempre está dirigida hacia el bien, la verdad y la belleza. El bien, la verdad y la belleza no pueden ser revertidos porque no tienen opuestos, pero tu conocimiento de la verdad puede revertir, la así llamada, Ley del mal.

Dirección e intención

NADA ES MÁS definido que el trabajo mental. El trabajo mental no es soñar despierto o deseo fantástico. Es un acto deliberado de la mente, una acción consciente y en movimiento del pensamiento en cierta dirección definida, y debemos pensar en ella desde esta perspectiva. La mente consciente escoge aquello sobre lo cual desea que la Ley subjetiva actúe. Le da dirección a un poder que es infinito comparado con su propia capacidad consciente.

Pero ¿acaso no es así con las leyes de la naturaleza? Siempre estamos usando leyes que por sí mismas no hacen nada por nosotros hasta que las usamos conscientemente. Si pensamos en las leyes del pensamiento de la misma manera práctica como pensamos en otros principios en la naturaleza, y si nos liberáramos de toda superstición al usar las Leyes Espirituales, dándonos cuenta de que también son naturales, tendríamos a nuestras órdenes el poder del que tanto sentimos necesidad y que tanto deseamos saber cómo utilizar.

Esto es lo que diferencia a un trabajador práctico, experimentado y científico en este campo de aquel que solo espera, desea o quiere que las cosas pasen. Un trabajador científico siempre sabe lo que está haciendo. Siempre tiene un método de procedimiento. Tiene una técnica definida y la sigue de modo específico. Usa el pensamiento, no como fuerza de voluntad, no como concentración, no como coerción, sino siempre con una dirección clara y una intención consciente.

El uso y significado de las palabras en el tratamiento mental

La base de la sanación espiritual mental en su totalidad consiste en asumir que estamos viviendo en un universo espiritual y Mental; que la Ley es Mente en Acción; que el pensamiento y la acción son lo mismo. Y si el pensamiento y la acción son lo mismo, ciertas clases de pensamiento deben constituir cierta clase de acción. La consecuencia lógica es que si una clase de pensamiento produce cierto efecto, entonces un pensamiento opuesto debe producir un efecto opuesto.

El tratamiento mental es mente en acción. Una persona debe usar las palabras que transmitan un significado a su propio pensamiento. Por ejemplo, si dice: "Esta palabra es la ley de la eliminación", deberá sentir que cualquier condición que no corresponda realmente se está eliminando.

Como es imposible para él creer que la mente puede operar sobre una materia o sustancia que es diferente a la mente, debe primero haber reducido las cosas a pensamientos. Porque el practicante no trata un cuerpo separado de la conciencia; él trata solo la conciencia. De ahí que el estado de inacción que trata de eliminar, en lo que concierne al tratamiento mental, no es un estado de inacción material ni física, pues él ha reducido todo el proceso a un estado de inacción mental. Es evidente que a menos que pudiera hacerlo no podría dar un tratamiento mental efectivo.

El pensamiento por sí solo puede revertir el pensamiento; el pensamiento por sí solo puede manejar el pensamiento, y solo el pensamiento puede demostrar aquello que es resultado del pensamiento. Por lo tanto el practicante mental teóricamente reduce a la mente y procede sobre la base de que la mente es forma, o toma forma, y que la forma que toma sigue siendo mente. Nuestro trabajo se lleva a cabo solo en el reino de la mente. Las palabras que usamos deben ser simples y directas, y deben tener un significado para nuestra propia conciencia.

El proceso de razonamiento en el tratamiento debe establecer al hombre sobre una base espiritual, consagrarlo en un reino del bien, y darle dominio sobre todo mal aparente.

Si dices que cuatro y cuatro suman ocho, y ocho tiene un significado porque ya has experimentado manejar ocho canicas u ocho naranjas u ocho sillas, entonces cuando tú dices cuatro y cuatro suman ocho tú entiendes lo que estas palabras significan. Pero ¿entiendes lo que significa decir cuatro millones y cuatro millones, aunque tu intelecto anuncie ocho millones como respuesta?

Las palabras deben tener valor para la comprensión interna. Estoy seguro de que Jesús comprendió esto cuando dijo que su palabra era espíritu y vida. Hablaba de sus palabras como si fueran entidades. El pensamiento y el objeto no pueden estar separados. *Las palabras que les hablo, son espíritu y son vida*, implica que las palabras poseen no solo poder sino casi un grado de personalidad.

En matemáticas una persona puede usar un principio correcto solo en la medida de su entendimiento. Esto se aplica también al tratamiento mental. ¿Qué entendimiento debe tener y debe verter en las palabras que habla? Él debe entender su relación con el Ser mismo, con Dios, con el universo y con la realidad. Debe haber una conciencia interior, una comprensión de que el bien es todo el poder que existe.

Un practicante usa palabras que implican para su propia imaginación la idea de movimiento, de explicación, de acción o reacción, o lo que sea que desee. Esto es, cuando él usa la palabra *eliminación* debe saber que algo está siendo eliminado. Debe tener una fe incondicional en que hay un movimiento hacia la eliminación simultánea deseada con la palabra que usa. El practicante debe llegar a tomar conciencia de que los pensamientos y las cosas no están separados; son idénticos.

Si dice: "Sustancia es provisión y provisión es dinero", y si desea manifestar dinero, cuando use la palabra *sustancia* él debe sentir la presencia de la sustancia. De otro modo, solo está usando un montón de palabras sin ningún significado.

Ciertamente, no podemos separar los pensamientos de las cosas en nuestro tratamiento y esperar demostrar cosas a través del pensamiento. Pues a menos que los pensamientos fueran cosas, los pensamientos no podrían cambiar lo que llamamos *cosas*. De hecho no tendrían poder sobre ellas de ningún modo. Es sobre esta proposición que se fundamenta la ciencia. Como los pensamientos son cosas, diferentes clases de pensamientos son diferentes clases de cosas. Cuando el practicante usa la idea de sustancia y provisión en su imaginación, la idea no debe estar divorciada de la presencia real de lo que él piensa que es la provisión, o de lo que la provisión signifique para él.

Supongamos que estamos concibiendo la idea de *hogar*. No sería suficiente para él decir: "No soy más que un extraño aquí; el cielo es mi hogar". En este mundo *hogar* significa casa, techo, un lugar de residencia, un lugar donde vivir. Por lo tanto si desea demostrar un hogar, cuando use la idea *hogar* debe haber una reacción correspondiente a la palabra que significa la presencia real del lugar correcto en el cual vivir.

Las palabras que podemos usar realmente con un significado espiritual, sentido y realidad constituyen el estado de conciencia que tenemos en un momento particular. De hecho, nuestro estado de conciencia es lo que somos, y si resulta que tenemos un negocio y deseamos dar un tratamiento para la acción correcta debemos darnos cuenta de que la acción correcta significa estar ocupado en aquello que estamos haciendo. El negocio es la actividad de la conciencia, y el negocio de la mente nunca está inactivo. El negocio de la mente tampoco está restringido a dos, cuatro, seis, ocho, diez, doce, etc. Es tan ilimitado como sea nuestro concepto de él. El espíritu es el bien, por tanto el negocio es bueno, y debemos saber que nuestro negocio representa nuestra unidad con la provisión, con la Causa Creativa, con la Generosidad Creativa, con la ilimitada actividad del Creador.

Nuestro negocio o empresa es la demanda que hacemos para la provisión, y como la demanda es respondida solo en términos de la demanda hecha, y como no hay brecha de por medio, porque tanto la provisión como la demanda son mentales o espirituales, entonces el resultado es que la provisión sigue a la demanda, mientras que la demanda no limita la provisión sino que la mide de acuerdo al nivel de la demanda hecha.

Un hombre que trabaja por el éxito puede tener la idea de suficiente dinero con el cual pagar la renta; otro puede pensar que después de que la renta se ha pagado podría tener algunos pesos sobrantes, mientras que otro más puede tener la idea de que pagar la renta es solo una parte, y que de esta abundancia ilimitada él debería tener suficiente dinero de sobra para compartir con otros.

Si el universo en el que vivimos es inteligente debe haber alguna razón por la que algunos logran el éxito y otros fracasan. Es imposible concebir que la mente alguna vez ha dejado de estar expresada, y la abundancia y la pobreza son expresiones de la mente consumando una idea. El pensamiento del éxito creará éxito. Lo que la mente piensa se logra. El negocio de Dios es el negocio del hombre y el negocio del hombre es el negocio de Dios, y solo hay un negocio, que es el negocio de la vida. La vida nunca está inactiva, nunca es inadecuada; es siempre perfecta y tu conciencia de la acción correcta es perfecta. Tu palabra es perfecta y aquello a lo que la palabra da forma es perfecto, y la abundancia es la única ley que existe, pero tus palabras deben tener un significado, y su significado es su poder.

Si estás tratando de sanar una enfermedad física, debes darte cuenta de que la apariencia material es una formación mental más que una ley en sí misma. No es necesario que te hagas consciente de esta formación, y el significado de las declaraciones que haces al decretar que tu palabra es la ley de eliminación de la condición, debe tener la misma reacción en tu propio pensamiento que el que se produciría si desapareciera algo que estuvieras viendo. De inmediato reconocerías la omnipresencia y la omnipotencia de Dios, y en el grado en el que tu reconocimiento de la omnipresencia del bien signifique para tu propio pensamiento la aniquilación de la condición física negativa, la condición dejará de existir.

Cuando el practicante dice: "Esta palabra es para tal y tal" o "para tal y tal propósito", su intención definida especifica el lugar o el propósito, y esto es todo lo que necesita hacer. A partir de ahí su trabajo es consigo mismo, y su trabajo es una combinación de pensamiento, el cual, a través del argumento o la comprensión trae una aceptación completa del hecho deseado. Sería imposible hacerlo a menos que los hechos pudieran ser reducidos a estados de conciencia.

Aquello que necesita ser cambiado en lo exterior no es una cosa en sí misma sino un estado físico de conciencia. Este es el meollo del asunto; es el punto más fino de la práctica metafísica; es la esencia del tema, pero desafortunadamente muy a menudo es pasado por alto. La condición externa no es una cosa, sino pensamiento exteriorizado, y el pensamiento exteriorizado sigue siendo pensamiento. Una conclusión mental manifestada sigue siendo una conclusión mental.

Este es el significado del argumento cuando damos tratamientos mentales. El argumento tiene como propósito convencer a la mente del practicante de que la condición que necesita ser cambiada no es una cosa en sí misma; que detrás de ella está un universo perfecto, Dios, todo lo que existe. Pero a menos que las palabras usadas por el practicante en tal argumento tengan un significado definido para él, que impliquen vida y acción, no tendrán ningún poder.

Si podemos entender que la naturaleza objetiva es una cosa del pensamiento, un lenguaje Divino, aún plástico en la imaginación del que la concibe, sabremos cómo comparar las leyes de la naturaleza con las leyes del pensamiento, pues esto es algo que el metafísico debe hacer.

Su trabajo es específico en cuanto a que se encuentra con la demanda o la rechaza —la niega donde está y afirma lo opuesto—, porque debe enfrentarse al argumento falso, ya sea con un argumento directamente opuesto a él, o con una comprensión que niega el argumento sin controversia alguna. Esto se llama *realización espiritual*. Por tanto, la condición debe ser enfrentada como si se tratara de la forma superficial de un argumento mental o estado de conciencia; una sugestión más que una cosa misma.

Afirmaciones y negaciones en el tratamiento

EXISTEN DOS MÉTODOS para dar un tratamiento mental, dos formas en las que uno puede aproximarse a la sanación espiritual mental en su aplicación práctica. Estos dos métodos reciben el nombre de *argumentativo* y *realización*.

El método argumentativo es en el que una serie de argumentos mentales son usados para borrar una convicción mental negativa. En el método de realización no se usa ningún argumento, sino que se induce un estado de conciencia cuyo resultado es una reacción tan armoniosa que la discordia física desaparece. Consideremos entonces el uso de afirmaciones y negaciones en la sanación espiritual mental.

Tal como lo hemos declarado en repetidas ocasiones, la Ciencia de la Mente está construida sobre la suposición de que el hombre espiritual es Perfecto, que la Naturaleza es Perfecta, que Dios es Perfecto, que el Ser es Perfecto. El hombre espiritual es parte del ser espiritual. El hombre espiritual es la manifestación del Ser Espiritual. El hombre espiritual es la conciencia de Dios como hombre.

En la sanación espiritual mental es necesario establecer una conciencia de este fundamento de la verdad. El tratamiento busca regresar al hombre al principio de su ser, a la Perfección de su ser. Al hacer esto el practicante se encuentra con lo que llamamos el argumento de la negación.

Puede parecer extraño hablar del argumento de la negación, pero esta idea está siendo rápidamente aceptada por muchos psicólogos. A partir de sus años de experiencia han aprendido que la inercia de los patrones del pensamiento es tan grande y tan difícil de eliminar de la conciencia de los pacientes, que algunas veces dicen que estos patrones de pensamiento realmente contestan con otro argumento, negándose así a ser desalojados.

Cuando hablamos del argumento de la negación estamos hablando de una actividad mental muy real, y el practicante debe enfrentar este argumento de la negación con un argumento opuesto. Si un niño dice que dos por dos es igual a seis, el maestro le explica que dos por dos es igual a cuatro, nunca más y nunca menos. No hay una presión emocional cuando se le da este mensaje al niño, pero sí hay la necesidad de convencer a la mente del niño de que, bajo las circunstancias, dos por dos realmente es igual a cuatro.

Así pues, el practicante que comienza con este principio de perfección, argumenta que la enfermedad no es ni una persona, ni un lugar ni una cosa. No hay ninguna ley que la sustente. La condición por la cual el paciente sufre no tiene ubicación, ni duración, ni principio, ni desarrollo, ni fin. Su argumento es tan definido en su propia mente como si se le estuviera explicando que dos por dos es igual a cuatro. Nunca hubo un tiempo en que dos por dos fuera igual a cinco. Dos y dos nunca ha sido igual a seis, y no importa cuántas personas crean lo contrario o experimenten el resultado negativo de tal creencia, dos y dos nunca fueron igual a siete.

Es obligación del maestro señalar dónde está el error en el resultado de un trabajo equivocado. En eso consiste el tratamiento argumentativo. Es la actividad del pensamiento que establece no solo una premisa correcta sino una conclusión igualmente correcta.

El diagnóstico en el tratamiento mental tiene como propósito poner al descubierto por qué la persona piensa como lo hace, sobre qué falsa premisa se basa su pensamiento, qué creencia en el opuesto del bien está manteniendo. Por supuesto la creencia negativa que mantiene es en su mayor parte subjetiva. Como es subjetiva, la persona no está consciente de ella; esta creencia está operando a través de la persona. Para la inteligencia que todo lo abarca, para la mente infinita, el hombre es concebido como perfecto y completo, y dos y dos nunca son nada más que cuatro en esta inteligencia. No hay negación de la mente en esta inteligencia, y cuando el practicante revierte la negación, el argumento equivocado desaparece de la mente del paciente.

Por argumento equivocado nos referimos a aquello que lo acompaña, que es la condición negativa. El practicante no siente que está luchando con un adversario o compitiendo con un oponente real. Él reacomoda los hechos que su paciente ha desarreglado. Él revierte el proceso mental sabiendo que dos y dos son cuatro; él conoce la verdad al respecto.

Cada individuo que se presenta con un practicante representa un problema individual a resolver, o el encuentro con una oportunidad individual. El practicante niega que la Perfección pueda producir imperfección. Él declara que su paciente es una Idea Espiritual por siempre perfecta. Él sabe que la salud es indestructible, mientras que la enfermedad es una negación. Él sabe que la creencia de que dos y dos son cinco nunca fue verdad, por lo tanto no tiene que desaparecer y tampoco puede reaparecer: no tiene apariencia alguna. Él sabe que desde el punto de vista del hombre espiritual, la enfermedad nunca empezó; la carencia, la necesidad y la limitación nunca tuvieron un principio, operación o fin en el espíritu de la verdad.

El practicante maneja la experiencia de la negación como si se tratara solo de una creencia en la negación. Y este es un punto importante en la sanación mental, pues a menos que el practicante de esta ciencia pueda reducir las cosas a pensamientos no tendrá un método mental de procedimiento que pudiera sonar razonable, cuerdo o científico. A menos que la enfermedad se origine en la conciencia, la conciencia no puede cambiarla. Que estemos o no conscientes del hecho, no hay diferencia: no tiene nada que ver con la verdad del asunto.

Al tratar con la negación el practicante no siente que está separando lo negativo de lo real como si fueran dos cosas diferentes, pues eso sería caer bajo la sugestión hipnótica de que *No* es lo mismo que *Sí*; que el mal está por encima del reino del bien, y que el infinito tiene un rival igual en poder a sí mismo.

El practicante trata con lo que es, y no con lo que no es. Por tanto, cuando Lo que Es aparece en la forma de negación, incluso esta negación forma parte de la actividad de Lo que Es, pero es un uso equivocado de él. Este uso equivocado de Lo que Es, no implica la negación de Lo que Es, ni la separación de Lo que Es, y ninguna desunión con Lo que es. Implica meramente un uso negativo de él. Así pues, el practicante nunca trata con lo negativo como si fuera una cosa en sí misma, pues no es más que un estado de conciencia.

Al analizar un caso por medio del argumento (esto es, por el método de procedimiento de afirmación y negación en la sanación espiritual mental), el practicante empieza con esta premisa: un paciente se ha presentado en busca de ayuda. Por lo tanto, algo anda mal. El argumento es que hay un lugar donde esta negación se está experimentando. Hubo un momento en el cual él empezó a percibir esta negación. Existe una sustancia real que toma la forma de esta negación. Esta sustancia está separada de la mente, del espíritu o de la perfección. En consecuencia, está realmente experimentando una negación y la negación que él siente tiene una forma. Esta forma es vista por otros. Es un hecho aun cuando no es una verdad, o una verdad eterna. Esta negación puede haber tomado la forma de una enfermedad, infelicidad, pobreza, infelicidad en el hogar, soledad, miedo o cualquier otra de las miles de formas que niegan el bien. Esto es lo que el paciente presenta al practicante.

Habiendo aceptado la premisa, ¿cómo es que procede el practicante? Él empieza por negar que cualquier cosa esté mal. Él sabe que la negación no es una persona, lugar o cosa. Él sabe que la negación nunca tuvo inicio, tal como dos y dos nunca empezaron a ser cinco. Él lo sabe de la misma manera, desapasionadamente, pero con absoluta certeza. Él sabe que no hay lugar donde la negación pueda ser verdad, y que tampoco existe un lugar donde pueda pensarse que sea verdad. No hay nadie que lo sustente, nadie que crea en ella, y nadie a través de quien pueda operar. Es exactamente nada y se cancela sabiendo que es nada.

No hay tiempo más que el Presente, y el Presente es Perfecto. El practicante sabe que la omnipresencia de la verdad excluye la posibilidad de cualquier opuesto. Entonces, él pone especial atención en su pensamiento, para afirmar la presencia del bien deseado. Desde este punto de vista la negación específica se encuentra con su afirmación opuesta y específica. La negación es usada para limpiar la conciencia; para barrerla, por así decirlo, y para hacer espacio en el pensamiento para la afirmación opuesta, que reconoce a Dios como la Única Presencia, el Único poder y la Única Persona.

El practicante trata con el argumento de la negación que aparece como cosas o condiciones equivocadas, usando el argumento opuesto de la verdad basada en la realidad de que Dios es todo lo que existe. El argumento mental continúa hasta que la mente del practicante está satisfecha con la evidencia que ha producido. En esta práctica es claro que el practicante trata con la negación más como si se tratara de una sugesción hipnótica que como si fuera una realidad. El practicante está consciente de que su paciente está padeciendo esta condición, pero está igualmente consciente de que no necesita padecerla.

Supongamos que un paciente llegó con el practicante y le dijo: "Soy un elefante". El practicante no creería que fuera un elefante; él no creería que empezó a ser un elefante o que alguna vez se desarrolló en un elefante. Él no creería que exista una ley que lo obligue a ser un elefante.

Pero supongamos que el paciente le dijera al practicante que existe tal ley y que le fue heredada; que ha heredado una tendencia para volverse elefante. ¿Qué es lo que trataría el practicante? ¿Al elefante o la creencia falsa en la mente del paciente? Es obvio que manejaría el concepto equivocado. El practicante sabe que su paciente no es un elefante. Él sabe que no ha heredado ninguna tendencia para convertirse en elefante, pero sabe que padece de una idea equivocada. Él lo sana, no de ser un elefante, sino de la ilusión de que es un elefante.

Ahora supongamos que el paciente le dijera al practicante que es un elefante porque nació el segundo día de julio y que las estrellas lo controlan todo: es un asunto del destino. ¿Tratará el practicante con el destino o con la creencia en el destino? La respuesta es evidente. Él podría negar que las estrellas tuvieran algo que ver con que este hombre sea un elefante o no. Él sabría que el único signo es el signo de Dios o el signo de la Perfección. Él eliminaría deliberadamente la alucinación; no trataría de eliminar la influencia de los planetas, porque no tienen ninguna influencia.

Pero supongamos que al leer la historia de la humanidad descubriera que muchos millones de personas han creído en ciertos momentos de su vida que se volverían elefantes por el momento del año en que nacieron. ¿Estaría de acuerdo el practicante con esta sugestión hipnótica? Para nada. Se diría a sí mismo: "No importa cuántas personas crean que este hombre es un elefante, o que porque nació bajo cierto signo se volverá un elefante; yo sé que esto es una mentira. Él no es un elefante, nunca lo fue, nunca lo será".

Llevemos esta proposición a un campo más sutil de argumento y supongamos que millones de personas dijeran: "Podemos probarte que esto funciona matemáticamente: la gente nacida bajo cierto signo tiene inclinación a volverse elefante". ¿Qué haría nuestro practicante en un caso como este? ¿Cómo podría detectar este sutil argumento de negación? Siguiendo esta línea de argumentación: "Me doy cuenta de que cualquier cosa que la raza entera sostenga como verdad sobre sí misma parece ser cierta, porque el pensamiento trabaja con poder creativo y precisión matemática. Pero aun así, yo sé que todo es una ilusión; que aunque el pensamiento trabaje con precisión matemática y con poder creativo, y aunque incontables millones de personas hayan actuado como si fueran elefantes y creído que lo eran, jamás, en ningún momento, han sido elefantes". Esta línea de argumentación puede ser usada para sanar cualquier creencia en los horóscopos, en tendencias heredadas, en la influencia prenatal, o en la sugestión de raza.

El practicante no debe ser nunca tentado a creer que la condición negativa es una cosa en sí misma o que alguna vez tuvo una causa. Él niega todo aspecto de creencia sobre ella. En el método argumentativo él afirma que el hombre, siendo perfecto, no nace bajo la creencia de la raza y no sufre por los signos en los cielos. Dos y dos son siempre cuatro sin importar lo que alguien crea. Su argumento total es la afirmación y negación que oscila alrededor del tema central del Ser Espiritual y la Perfección, y que Dios es todo lo que existe, ha existido o existirá.

El practicante reconoce que somos víctimas de la conciencia de la raza y que millones de personas han creído que opera en cierto grado a través de nosotros. Pero esto no significa que así sea. Él debe aprender que mucho de lo que parece ser verdadero en la experiencia no es verdadero en el principio, y debe revertir el uso del pensamiento hasta que la experiencia sea trascendida. Al hacer esto él reduce todo a la mente: los planetas, la gente, los cacahuates, los reyes y las coles. La experiencia humana entera y el último evento en la experiencia de su paciente son reducidas de manera teórica a la mente y al pensamiento.

A continuación, él sabe que la única actividad de la mente es el pensamiento. Sabe que la actividad de su pensamiento destruye la actividad del pensamiento negativo, y que lo que queda es Perfecto. Así, mientras más pronto reconozca que lo que queda es Perfecto, más pronto su negación se convierte en una afirmación. La afirmación siempre sigue a la negación para que se pueda construir la realización. Esta realización es una realización de la Presencia y de la Perfección de Dios.

El practicante trata solo con la mentalidad. Habiendo reducido teóricamente el universo físico a una cosa del pensamiento, él maneja el pensamiento. El pensamiento negativo no es malo como tal y no es una ley en sí misma. Es solo un tratamiento equivocado del principio y no pertenece a nadie. Por tanto debe ser manejado como si fuera una fuerza impersonal del pensamiento que opera a través de la creencia de alguien. La práctica mental correcta implica manejar esta fuerza negativa de pensamiento como si fuera una creencia, y eliminarla como si fuera simplemente una conclusión equivocada.

El practicante, entonces, maneja la condición negativa, ya sea que se trate de empobrecimiento o de una enfermedad física, como si fuera un argumento objetivo o una combinación de pensamientos equivocados. Viéndolo bajo esta luz él desenmaraña el pensamiento equivocado, dejando el camino a la naturaleza que es Perfecta. Él busca llegar a la realización y al reconocimiento de la omnipresencia de Dios, la omnipresencia del bien.

En este proceso el practicante no trata nada más que con su propio pensamiento. Sus afirmaciones, negaciones y realizaciones ocurren en el centro de su propia conciencia, y nunca intenta proyectar o sugerir. No hace el intento de concentrarse. Su tratamiento es una cosa animada, consciente, en movimiento.

Esta práctica sería imposible a menos que el practicante redujera sincera y verdaderamente las cosas a pensamientos en su propia imaginación y procediera sobre la base de que toda vida manifestada es una cosa del pensamiento en la forma. Debe estar completa y sinceramente convencido de que hay un hombre espiritual y que este hombre espiritual es perfecto; que el Reino de los Cielos existe ahora, y que la declaración de verdad tiene un poder real.

Es más, debe tener la seguridad de que en lo que a él concierne la respuesta se saca de ahí, y no se pone ahí. De otro modo estaría probando una forma de coerción mental, fuerza de voluntad, sugestión y concentración.

Argumentos lógicamente presentados a la mente

LOS ARGUMENTOS LÓGICAMENTE *presentados a la mente producen resultados concretos.* ¿Qué significa esta declaración? Significa que estamos rodeados por una mente universal que es creativa, que recibe la impresión de nuestros pensamientos y actúa conforme a ellos. Recibe la conclusión de nuestro pensamiento y actúa como si fuera verdadera. De ahí que un argumento mental presentado con lógica a la mente de una forma tal que su conclusión sea evidente debe producir un resultado definido.

El argumento debe ser hecho con una conciencia de armonía, de plenitud, de paz, de poder y de perfección. Cuando hacemos la declaración de que Dios es todo lo que existe, nuestro argumento debe apoyar esta declaración con una prueba mental sólida de que como Dios es todo lo que existe, no existe nada más. Debemos saber que tanto la Causa como el Efecto son espirituales, y nuestros argumentos deben tender a demostrar esta posición en nuestro propio pensamiento. Porque todo lo que demostremos en nuestro propio pensamiento es lógicamente presentado a la mente para que actúe conforme a ello y lo proyecte en la forma.

La mente creativa en sí misma no tiene intenciones específicas en lo que a nosotros como individuos respecta. Nosotros le damos la única intención que tiene para nosotros, y el hecho de que nos encontremos en circunstancias confusas y limitadas es una prueba de ello.

Estas circunstancias inciertas en las que nos encontramos son en sí mismas un resultado directo del pensamiento confuso. Cuando revertimos el proceso y comenzamos con la proposición de la omnipresencia del bien y presentamos de manera lógica a la mente la idea de que el bien es el único poder, veremos que ocurren cambios evidentes en la manifestación externa.

Simple aceptación

Hasta que una persona haya demostrado la verdad tan rotundamente que nunca más su convicción al respecto pueda ser sacudida, no debe hablar demasiado con otros sobre su creencia, ya que la reacción consciente y subjetiva de sus dudas podrían confundirlo, a menos que su mente ya esté tan firme en el entendimiento y en la fe, que permanezca calmada en medio del humo de la confusión y la duda.

Esto es particularmente cierto cuando uno está haciendo una demostración para uno mismo. Eso parece disipar la fuerza. Algún poder parece salir de él. Parece como si hubiera grietas en su mente a través de las cuales la convicción se escapara. Otros verán la evidencia de su demostración cuando tome una forma real.

Recuerda: la inteligencia argumenta, pero el Espíritu *sabe*. El intelecto examina; el Espíritu no tiene opiniones. Por eso Jesús comparó el Reino de los Cielos con un niño, porque el niño espera que sus padres cubran todas sus necesidades. Cuando pide a su madre agua para beber, él espera que le den agua, y sería la persona más sorprendida del mundo si no la recibiera de inmediato. De igual forma, la madre espera dársela.

Es la naturaleza de la mente creativa respondernos, dándonos lo que pedimos cuando lo pedimos, y como lo pedimos. Así, la mente infantil de la aceptación absoluta es comparada con el Reino de los Cielos. En la práctica real debemos abandonar las imágenes mentales que no nos gustan, y aferrarnos solo a aquellas que están más cercanas a los deseos de nuestro corazón.

Cuando das un tratamiento mental debes sentir que el poder que existe en el universo fluye dentro de tu palabra. Es imposible sentirlo si piensas que estás tratando con la fuerza de voluntad, con la coerción mental o incluso con la sugestión mental. Es igualmente difícil hacerlo si sientes que estás manejando alguna concentración mental maestra, pero es muy fácil si lo simplificas en tu pensamiento y te das cuenta de que estás tratando con una Presencia Eterna que responde cuando la llamas.

Porque Dios sabe, yo sé

La mente que expone un problema es la mente que conoce la respuesta. Lanza el problema a la mente en busca de solución y la respuesta surgirá a la conciencia.

En la práctica real uno hace esto al declarar que ya conoce la respuesta al problema. La inteligencia dentro de Él sabe, y esta inteligencia dentro de Él que sabe, hace que Él *conscientemente* sepa. No es suficiente con solamente declarar que la inteligencia sabe. Debemos combinar nuestra declaración de que hay una inteligencia que sabe, con una aceptación consciente de que la inteligencia está ahora funcionando en nuestro pensamiento consciente, haciendo que sepamos.

Es sabio decir: "Yo sé. Yo sé porque sé que Dios sabe; y como Dios sabe, yo sé". Usa cualquier declaración que te convenza de que realmente sabes. Estamos dirigidos no por una fuerza ciega, sino por una inteligencia infinita que no solo está dispuesta, sino cuya naturaleza misma la compele a guiarnos.

Todas las oraciones que el hombre ha pronunciado, sin importar bajo qué denominación espiritual o religiosa se hayan dado, han sido efectivas no debido a la peculiaridad de su teología o creencia religiosa, sino porque a través de esta aproximación individual utilizaron un principio que existe en el centro del ser de todo ser humano.

Natural, y humanamente, nos han dicho que dieron resultado por su creencia particular. Pero nosotros sabemos que fue porque contactaron un principio impersonal. Sabemos que está involucrado ese principio y sabemos cómo hacer un uso consciente de ese principio.

El sentimiento, organizado y dirigido, es creación

La mente debe saber todas las cosas, siendo omnisciente; de ahí que, sea lo que sea, la mente lo sabe, y la mente es el principio detrás de todo tratamiento. El tratamiento es reforzado por el principio. Las palabras, los pensamientos, las frases y los decretos son la forma en la cual uno hace saber su percepción de la omnipresencia de Dios en cualquier momento particular.

La mente comprende todo. La mente se encuentra en el centro del cuerpo humano y en el centro de sus asuntos, y comprende tanto al cuerpo como a sus asuntos. Debemos demostrar que esta comprensión es perfecta, armoniosa, plena, próspera, feliz, completa y eterna.

Cuando usamos tales palabras debemos sentir su significado. El sentimiento sin las palabras puede tener un significado, pero no una dirección, y el significado sin dirección no producirá creación. El sentimiento, organizado y dirigido, es creación inteligente.

El practicante sabe que nada está oculto, y que las ideas de la mente son perfectas. Sabe que la inteligencia absoluta no le esconde nada; no hay nada cubierto que no le sea revelado. Todo es visible para ella.

El practicante sabe que su palabra, siendo la presencia, poder y actividad de la mente, descubre, revela, da a conocer, proclama y se manifiesta a sí misma. Su palabra es la ley de la mente en todo caso. Por consiguiente, si el practicante siente que no sabe qué palabra usar él deberá inmediatamente saber que sabe qué palabras usar.

El diagnóstico espiritual expone al pensamiento que es eternamente Verdadero y declara que la Totalidad está *ahora presente* y *ahora manifiesta*.

Tratamiento y sentimiento

Lo que se siente no puede ser enseñado, mientras que aquello que es enseñado puede ser sentido. Este es uno de los puntos vitales en la ciencia mental y espiritual. Un tratamiento no tiene poder a menos que tenga un significado para el que lo da, así como sabemos que un orador no puede transmitir un mensaje que él mismo no entienda.

Si deseamos comunicar un mensaje debemos sentirlo, así como un músico siente la atmósfera de la armonía detrás de su técnica. Sin embargo, la técnica es igualmente necesaria para que pueda dar forma definida a su sentimiento.

El practicante reconoce la condición como una cosa del pensamiento y en su propia mente endereza su pensamiento acerca de su paciente. Al hacerlo revela la eterna armonía detrás de la apariencia negativa. El enderezar el pensamiento es una técnica. Puede ser enseñada, analizada, separada, y juntada de nuevo. Consiste en palabras, frases, pensamientos, ideas, las cuales son comprensibles, enseñables y pueden aprenderse.

La *esencia* del tratamiento, el sentimiento que el practicante tiene, su sentido interior de la omnipresencia divina, de ese Espíritu que está más cerca de él que su propio aliento, no puede ser puesta en palabras, ni puede ser pensada. Solo puede ser sentida.

Al usar palabras, declaraciones y frases correctas, y al internarse en su sutil significado, uno puede llegar a sentir el significado detrás de las palabras.

Qué se debe sentir

¿QUÉ ES ESO que debe sentirse en la práctica espiritual, el sentimiento que está más allá de las palabras, las declaraciones y las frases? Es la esencia de la vida, el Espíritu a partir del cual la mente de forma automática saca una conclusión intelectual. Este sentimiento da como resultado palabras que son una actividad del sentimiento, el cumplimiento del principio detrás de este. De este modo, la palabra se vuelve espíritu y vida.

El practicante asume que la verdad es todo lo que existe; de aquí que las apariencias del mal no sean más que interpretaciones equivocadas de la verdad. No son la verdad invertida, ni necesitamos considerarlas como opuestas a la verdad, porque la verdad no tiene opuestos. La negación es una falsa declaración de la verdad, una falsa creencia sobre la verdad.

El tratamiento corrige el uso equivocado a través del conocimiento correcto. El conocimiento correcto es una actividad inteligente de la mente que se zambulle bajo la superficie y revela el Espíritu Puro como la causa invisible de la creación. Las palabras que un practicante usa deben implicar un sentimiento que lo eleva por encima de la apariencia que desea cambiar.

El practicante hace una serie de declaraciones sobre la verdad. El sentimiento que él tiene debe ser que la verdad es todo lo que existe y debe sentir que las palabras que pronuncia son el cumplimiento de esta omnipresencia. Por lo tanto, él debe sentir algo que no puede ser explicado en palabras; él debe sentir la plenitud de su tratamiento, no como sugestión mental sino como realización espiritual.

En la medida en la que sienta esta plenitud, su palabra tendrá poder.

El practicante aclara su propio pensamiento

POR EXTRAÑO QUE parezca, después de que has escuchado las declaraciones negativas de tu paciente en las que él expone el caso a favor de la materialidad y produce evidencias para probar que está condenado, tú como practicante eres el primero que necesita ser sanado de la creencia de que él debe necesariamente permanecer en su prisión.

La totalidad de la condición de carencia, mal y limitación que él ha descrito debe ser repudiada. Tú debes silenciar su creencia en tu propia conciencia. Debes reconocer que lo que ha estado operando a través de él no es una persona, lugar o cosa; no es una causa, no es un medio, no es un efecto. Y tú debes saber que tu palabra lo expulsará por completo de su conciencia.

Pero tu palabra no puede expulsarlo de su conciencia a menos que al mismo tiempo expulse la misma condición de tu propio pensamiento. De nuevo debemos reiterar el hecho significativo de que el practicante se trata a sí mismo para remover la falsa creencia de la propia mente del paciente.

Sería imposible para cualquier practicante hacer esto efectivamente a menos que primero fuera él convencido de que la mente sola es el factor creativo final del universo, y que todo el movimiento ocurre en la conciencia.

Por lo tanto, aclara tu propia conciencia acerca de tu paciente. Y cuando tu declaración haya esclarecido tu propia conciencia (sanado tu propio pensamiento sobre él), él vendrá a ti y te dirá que ha recibido el beneficio.

Observa este simple proceso mientras lo practicas silenciosamente, y te asombrarán los resultados dinámicos que le seguirán.

Ideas divinas

Debemos saber que la puerta de entrada a la oportunidad jamás se cierra. El hombre siempre está receptivo a las Ideas Divinas. Nunca es demasiado tarde para que él manifieste la oportunidad; nunca le es negada ni por un solo momento; no hay un sentido de oportunidad limitada o restringida.

Da el tratamiento sabiendo que tu paciente está en la puerta de la oportunidad ilimitada, siempre expandiéndose en su experiencia. Dondequiera que él vaya, una mejor oportunidad de autoexpresión se abre delante de él; está obligado a reconocer esta oportunidad y a actuar inteligentemente frente a ella. Su imaginación está en constante crecimiento, nuevas ideas le llegan cada día, y él sabe cómo ejecutar.

Y justo ahí, asegúrate de recordar que nada puede salir de un tratamiento que no haya sido puesto primero ahí; así pues, no es suficiente declarar que Dios es ilimitado, porque aunque este pensamiento abstracto es sin lugar a dudas verdadero, ninguna manifestación física de él puede ocurrir en la experiencia de tu paciente hasta que tú específicamente indiques qué está ocurriendo.

Comprende que tu paciente es receptivo al influjo de ideas. Siente que él es ahora el objeto de toda súplica infinita, que los amigos son impelidos hacia él, que él está obligado a reconocerlos, que sus talentos son apreciados y que él está siendo adecuadamente compensado.

Libera la creencia sobre él que él mismo haya traído a ti. Pregúntale por qué piensa que no está mejorando y entonces rechaza toda negación que él dicte utilizando inmediatamente una afirmación que sea opuesta. Maneja el caso específica y definidamente; formula tus declaraciones de modo tal que si las palabras fueran cosas reales y se formaran delante de ti, la forma que tomarían sería la deseable.

Haz cada tratamiento completo

SIEMPRE SIENTE QUE el primer tratamiento que das cubrirá el caso, y al mismo tiempo nunca aceptes un *No* por respuesta aun en una serie de tratamientos.

Cada vez que un tratamiento es dado, el practicante debe sentir que es completo y perfecto; que está terminado y hecho. Su tratamiento no está completo hasta que su propia conciencia acepte el veredicto como final y perfecto.

En la experiencia real, el practicante quizás tenga que hacer esto día tras día por un tiempo, pero debe tener cuidado de evitar el sentimiento de que la ejecución debe seguir por siempre.

Debe ser igual de cuidadoso en saber que el pensamiento correcto continuamente vertido en la conciencia, sanará. Así que lo que hace en la práctica es asegurarse de que cada tratamiento sea completo; sacar una conclusión final de cada tratamiento, y estar dispuesto a continuar hasta que el caso esté terminado.

No niegues lo físico

EN LA SANACIÓN espiritual mental no negamos que el paciente tiene un estómago, pulmones, brazos, etc. Afirmamos que son Ideas de la mente divina; que son sustancia espiritual. Lo único que negamos es el sentido material del cuerpo físico. El cuerpo espiritual está en la mente divina y es espíritu puro.

El practicante no niega el cuerpo. Él afirma que el cuerpo es una combinación de ideas divinas; que la acción correcta ocurre en cada órgano. Él provee el sentido material con una realización espiritual opuesta. El cuerpo es la suma total de las ideas divinas, y esas ideas son eternas, universales y perfectas. Por lo tanto Dios, o el espíritu es la vida del cuerpo real y su esencia.

Debemos tener cuidado de decir a nuestros pacientes que no condenen al cuerpo humano, ciertamente nunca negar su realidad o la realidad de cualquiera de sus órganos o sus funciones. No hay nada de malo con la suma de las ideas divinas que conforman el cuerpo real, que es espiritual. Cada órgano y cada función del cuerpo humano tienen un prototipo universal detrás de sí. Es una idea en la mente de Dios, y una idea perfecta.

Obsesionarse mórbidamente con cualquier órgano o función del cuerpo es condenarlo, retardar su acción, congestionar su movimiento, impedir la circulación a través de él, y, desde luego, dondequiera que la circulación sea impedida, la eliminación es imposible. Debemos saber que hay circulación divina, asimilación perfecta y eliminación correcta.

La función del cuerpo no está separada de Dios, sino que es algo que está *dentro* de Dios. Debemos aprender a amar estas funciones como atributos del espíritu, y sentir la armonía divina universal en ellas.

El tratamiento mental espiritual no tiene como propósito desear el bienestar

Cuando das un tratamiento espiritual mental no estás deseando, esperando o pidiendo que alguien se sane. Estás haciendo declaraciones definidas en el principio Mental acerca de una persona o situación, o estás generando un estado de realización en tu propia conciencia para algo o para alguien. No estás haciendo una petición a Dios para que por favor haga esto o lo otro.

No es que haya algo malo con eso, porque cualquier petición sincera a Dios tendrá un poder igual a la convicción del peticionario. El principio de la Ley de la Mente en Acción debe actuar sobre la actitud mental generada y sobre las palabras usadas, porque esa es su naturaleza. Al hacer esto debe corresponderse con la aceptación del que hace la petición.

Cuando decimos que el tratamiento espiritual mental no es la expresión de buenas intenciones, no estamos, en lo absoluto, criticando la sinceridad o el poder espiritual de ninguna forma de petición. Lo que estamos haciendo es replantear nuestra posición diciendo que no podemos creer en un poder Supremo que actúa más favorablemente para unos que para otros. Tal creencia nos llevaría de inmediato fuera del Reino de la Ley y el Orden al Reino del caos. Jamás debemos criticar ninguna forma de oración de ninguna persona, ni debemos tratar de convencer a alguien de que nuestro método de comunión con lo invisible es superior al suyo.

Pero cuando se trata del uso consciente del principio de la mente no debemos olvidar que estamos tratando con ese principio. Por lo tanto, nuestro método de procedimiento es diferente. En vez de pedir algo, estamos aceptando algo. En vez de esperar que algo pase, nos estamos esforzando por saber que ya pasó o que está pasando. Este es un punto fino en la Ciencia de la Mente que no debe ser pasado por alto.

Creemos en la comunión espiritual, que es atraer la esencia de la realidad hacia nuestra propia mente a través de mantener el pensamiento en alto y en sintonía con la armonía última. Creemos que la Divina Presencia es inmanente a todo y a todos. Esto, por supuesto, es la base de nuestra hipótesis. Es la piedra fundamental sobre la cual se construye nuestro edificio. El hombre no solo puede hablar con Dios sino que puede recibir una respuesta directa a través de su intuición. A través de esa comunión entra al reino de la realidad y absorbe el espíritu de la verdad.

Al dar un tratamiento asumimos que hay un principio creativo inteligente en todo y en todos, el cual responde a nuestra palabra exactamente de la forma en como la hablamos. No podría haber Ciencia de la Mente a menos que esto fuera cierto. Por lo tanto, un tratamiento espiritual mental en operación es una serie de declaraciones lógicas presentadas al principio basadas en la asunción de un Dios perfecto, un hombre perfecto y un ser perfecto.

Apartándonos de la apariencia, sin importar qué aspecto pueda tener, y volteando hacia la realidad, nuestras declaraciones son hechas para que se ajusten a las realidades sentidas. Dios es todo lo que existe; por lo tanto esta condición negativa no necesita existir y no debe existir y no existe.

En el método argumentativo de tratamiento el argumento procede sobre esta base hasta que el practicante llega a la conclusión lógica de que, como Dios es todo lo que existe, y como la armonía constituye la única realidad, esta persona o esta condición necesariamente se ajusta a la realidad; esta palabra es la ley de la eliminación de todo lo que entra en disputa o niega aquello que es perfecto.

La combinación de sentir la Divina Presencia y hacer declaraciones en la Ley de la Mente constituye el tratamiento espiritual mental, tanto de inspiración como científico. Por lo tanto queda claro que el tratamiento no consiste en expresar buenas intenciones, en tener esperanza o en esperar. No es una petición, es una declaración audaz, definida, rotunda, predeterminada, concisa, clara y dinámica.

Pero nos apresuramos a agregar que no es como si una gran cantidad de bien fuera arrojada a la misma cantidad de mal. No es atacar las puertas del Cielo con una petición afirmativa. Es más como la calmada contemplación de la mente que dice que hay una luz, y como la hay, la oscuridad desaparece.

No cuestionamos el diagnóstico físico del doctor o el diagnóstico mental del analista, dado que son verdaderos. No negamos ni la mente ni el cuerpo. Afirmamos que el Espíritu es trascendente y que posee la capacidad de crear nuevos pensamientos al tiempo que los nuevos pensamientos crean nuevas situaciones.

El practicante siempre debe saber que sus declaraciones trascienden no solo las condiciones físicas u objetivas, sino también las causas subjetivas o inconscientes. Trascienden tanto la causa como el efecto de la condición negativa, elevándose a una posición en la mente que es nueva, limpia y fresca.

Esto es a lo que Jesús se refería cuando dijo, en efecto, que hay una verdad que al ser conocida se probará a sí misma: "Conoceréis la verdad, y la verdad os hará libres". Él reconoció una verdad que trasciende la negación.

La mente, la única energía creativa

No importa qué tan aparentemente imposible pueda ser una situación o qué tan difícil parezca un problema, el practicante nunca debe desanimarse. Debe seguir haciendo su trabajo, sabiendo que está tratando con la esencia invisible, la sustancia invisible, la gran realidad detrás de todo.

Sería imposible que una persona hiciera esto a menos que estuviera convencida de que la mente es la única agencia creativa en el universo y que él tiene acceso directo y consciente a su creatividad. Aún más, debe estar consciente del pensamiento correcto y las declaraciones verdaderas con el cumplimiento de esta Ley de la Mente.

El pensamiento del hombre es la actividad de la mente, porque la mente sin el pensamiento o la conciencia dirigida no tendrían existencia real. No puede haber existencia sin conciencia, o si hubiera alguna existencia separada de la conciencia, entonces no habría ninguna persona, ninguna cosa y ninguna inteligencia que estuviera consciente de dicha existencia. Es evidente que sin autoconciencia no solo no hay comprensión de la vida, sino que no hay vida para ser comprendida. De ahí que afirmemos que la mente en acción es ley.

El practicante que comprende esto no se desanimará. Sabrá que si persiste en declarar la verdad, el camino a la realidad será despejado, y las formas equivocadas serán disueltas.

En consecuencia él será entusiasta y feliz en su trabajo. Será feliz porque está seguro; ninguna duda lo asaltará, el miedo no lo poseerá, la negación ya no obsesionará su pensamiento. Él continúa haciendo sus declaraciones con confianza serena, y con seguridad divina.

El tratamiento es independiente de la persona que lo da

La sanación espiritual mental se basa en un principio definido que trabaja matemáticamente. De ninguna manera este concepto interfiere con su belleza, o determina si es espiritual. El universo es un sistema de ley y orden más la Infinita Presencia o Persona y, desde el punto de vista del ser humano, de personalidades. Somos personas viviendo en el principio de la mente que reacciona de forma matemática a nuestra aceptación. A través del tiempo este ha sido el secreto de la fe y la respuesta a la oración.

¿Cuál es la posición de la persona en este principio y cómo es que el tratamiento espiritual mental opera de forma que sea independiente incluso del que lo da? Esta consideración tiene una profunda importancia, porque nunca debemos sentir que cuando damos un tratamiento debemos obligarlo a que este suceda, al igual que cuando sembramos una semilla no la obligamos a que se vuelva un árbol. El elemento personal es la voluntad, que hace posible que plantemos una semilla de roble en vez de un manzano con la completa certeza de que la respuesta será un árbol de roble y no de manzanas.

En lo que concierne a la creación del árbol nosotros no tenemos nada que ver con eso. Simplemente hemos usado una ley de la naturaleza que responde a nosotros y opera sobre el concepto particular o la semilla que pusimos en la tierra, de modo que alguna fuerza invisible pueda operar sobre esta semilla para producir la correspondencia exacta con la idea de nuestra semilla, y no algo diferente. Plantamos y cultivamos la tierra, pero en realidad no hacemos crecer el jardín. La naturaleza lo hace por nosotros.

Cuando entramos en el campo del tratamiento espiritual mental, no entramos en un campo de caos donde nada ocurre de acuerdo con la ley. Si esto fuera verdad, no podríamos tener ninguna confianza en nuestro tratamiento o en el principio que opera sobre él. Estaríamos tratando con algún capricho de alguna ley en la naturaleza que podría o no respondernos matemáticamente y con entera certeza. Es en este sentido que el tratamiento es independiente de la persona que lo da.

Tú puedes plantar un jardín para alguien más en su terreno y crecerá si ese alguien lo cultiva y lo riega. Tú puedes plantar uno en tu propio terreno y crecerá. Puedes esparcir semillas al lado del camino y crecerán. A nuestro alrededor en la naturaleza vemos las variaciones de lo que se planta. Quizás los vientos han volado la semilla; quizás ha sido dejada caer por accidente; posiblemente ha sido plantada de manera consciente, pero siempre la Ley creativa produce de manera completamente independiente a las avenidas a través de las cuales la semilla ha sido plantada.

Una persona que da un tratamiento espiritual mental debe saber que está usando esta Ley. No puede haber argumento alguno en contra de la existencia de esta ley porque es invisible, ni puede haber un argumento válido en contra de la operación de cualquier ley en la naturaleza. Todas las leyes son invisibles. Solo vemos el efecto, nunca la causa. Sabemos que ciertos efectos siguen a ciertos usos de las leyes de la naturaleza, y ponemos confianza absoluta en la operación, no de nuestra voluntad o deseo, sino de la operación misma de la ley.

Ahora bien, hay una Ley que es la Mente en Acción, y es esta la ley que usamos cuando damos un tratamiento correcto. Nuestra palabra funciona sobre la base de un poder mayor a nosotros, una inteligencia superior a la nuestra, que es totalmente independiente a nosotros como personalidades. Por lo tanto, un practicante, cuando ha dicho que su palabra es para cierta persona o para cierta situación o condición, da su tratamiento sintiendo que es enteramente independiente del precedente o de cualquier cosa que haya ocurrido con anterioridad; que en cierto sentido se vuelve una entidad real en el campo de la mente universal que opera sobre él.

Todo sentido de responsabilidad personal u obligación individual, fuera de la obligación de hacer nuestro trabajo de la mejor manera posible, debe ser desechado de la mente. No debe haber duda o ansiedad, ni debe haber ningún sentimiento de inseguridad. La Ley opera sobre la palabra que pronuncias, no porque lo deseaste o lo quisiste, sino porque así es como la Ley trabaja.

Este es el principio con el que estás tratando. Este es el poder que estás usando, y esta es la certeza en la cual puedes confiar.

Hay una vasta diferencia en nuestra reacción mental cuando sabemos que estamos tratando con una Ley que opera sobre nuestra palabra en comparación con la que habría si sintiéramos que tenemos que presionar esa palabra para que haga algo o vaya a algún lado o sea alguna cosa.

Y así, de nuevo, regresamos a la base misma de la teoría sobre la cual nuestra práctica se construye: vivimos en un universo que se sostiene a sí mismo, por sí mismo, fuera de sí mismo y dentro de sí mismo.

Todo científico debe seguir la misma regla. Él utiliza cierta ley; es la naturaleza de la ley que él usa responder en la manera que lo hace. Tenemos la obligación de hacer lo mejor que podemos. La responsabilidad recae en la Ley del Bien.

Curación mental espiritual y sugestión mental

AUNQUE ES EVIDENTE que algún grado de sugestión mental interviene en la relación humana, debemos ser cuidadosos de no confundir la sanación espiritual mental con el concepto popular de la sugestión mental. En esta práctica, la sugestión desaparece y la explicación toma su lugar.

Alguien podría sostener que la explicación misma es una forma de sugestión. Nosotros admitimos que hay cierto fundamento en esa afirmación si la sugestión mental significa cambiar el pensamiento propio después de recibir instrucción por parte de otra persona. Desde este punto de vista, ¿diríamos que un maestro está practicando la sugestión mental cuando muestra a un alumno su error al trabajar en un problema matemático, y luego le explica cómo debe ser resuelto? No consideraríamos esto sugestión mental, sino explicación.

Es cierto que la sugestión juega un rol sutil a lo largo de toda la vida. Si vamos al desierto recibimos la sugestión de su calma; si vemos un espléndido atardecer tenemos una sugestión de infinita paz y belleza. Es imposible leer el diario o un libro sin recibir cierta sugestión. Cuando leemos anuncios en los diarios o revistas, el principio de la sugestión está operando.

No es tanto un asunto de si la sugestión está jugando este rol sutil en la vida humana; más bien, es una cuestión de si las sugestiones dominantes de la vida humana son constructivas. En este análisis es necesario entender si consideramos que la explicación mental es una sugestión. Por ejemplo, si alguien dice que dos y dos son cinco y le explicamos que dos y dos son cuatro, ¿consideramos nuestra explicación una sugestión? Si es así, entonces toda enseñanza de la verdad se vuelve una sugestión. Sin duda, todos estaríamos de acuerdo en que la enseñanza de la verdad es una explicación más que una sugestión, y cuando trazamos una línea nos damos cuenta de que si la enseñanza de la verdad es una sugestión mental, entonces es sumamente deseable. Las únicas sugestiones que necesitamos evadir son las destructivas, aquellas que ejercen coerción sobre la mente.

Puede surgir la pregunta: "¿La curación por medio de la fe es sugestión mental? ¿La atmósfera de algún santuario en particular sugiere una convicción positiva que pueda sanar?". Otra pregunta casi inevitable viene a continuación: "¿Es esto cambiar una creencia por otra?". Como somos finitos, yo supongo que estamos generalmente intercambiando una creencia por otra, pero si hacemos un buen trato y canjeamos creencias inferiores por superiores, presumo que hacemos bien.

Ha habido largas y variadas discusiones con respecto a si la sanación espiritual mental se basa en un principio de sugestión mental o no. Aquellos que ponen su interés en el campo de la psicología afirman que este campo en su totalidad es de sugestión mental. Lo llaman sugestión espiritual. Por otro lado, el metafísico promedio niega todo elemento de sugestión en su trabajo y te dirá que sana a través del conocimiento de que Dios es Todo.

Es cierto que en la práctica de la sugestión mental, el que hace dicha sugestión debe estar presente con su paciente, y el paciente debe estar conscientemente receptivo a su sugestión. En nuestro campo, el practicante no tiene la más mínima necesidad de saber dónde está el paciente cuando lo trata. En su tratamiento él no se dirige mentalmente a su paciente. Por ejemplo, no dice: "John Smith, tú eres esto o lo otro", o "Tú vas a hacer esto o lo otro".

Sabemos que el terapeuta sugestivo promedio debe estar en el mismo cuarto con su paciente, pero en nuestra forma de sanación no nos interesa dónde se encuentra el paciente o qué es lo que puede estar haciendo cuando damos un tratamiento para él. Por lo tanto la sugestión, como se practica comúnmente, podría no ser efectiva en lo que llamamos tratamiento en ausencia; sin embargo sabemos en nuestro campo que el tratamiento en ausencia es tan efectivo como el tratamiento en presencia del paciente.

En los métodos ordinarios de sugestión mental se considera recomendable que el paciente esté relajado, receptivo, conforme, pero el practicante en nuestro campo no considera estos puntos en su práctica. En algunos casos el paciente no sabe que es un paciente, y la razón de esto es que, en este campo, el practicante hace el trabajo dentro de sí mismo.

Cuando da un tratamiento él reconoce a quien necesita ayuda al decir: "Esta palabra es para John Smith o para Mary Jones o Martin Andrews". Él especifica la persona a la cual está dirigido el tratamiento; identifica el tratamiento con la persona. Su trabajo se lleva a cabo dentro de su propia mente, en su propio pensamiento, con completa independencia de donde se encuentre el paciente o lo que esté haciendo, o lo que pueda estar pensando en ese momento en particular. El practicante aclara su propia conciencia. En eso consiste la práctica espiritual. Jesús no sugirió nada al hombre paralizado cuando le dijo que se levantara y caminara.

Por supuesto, no negamos que muchas de las enfermedades pueden ser resultado de la sugestión; ya sea que la sugestión sea autosugestión o que surja espontáneamente a partir del consenso de la opinión humana, a la cual podríamos llamar sugestión colectiva. No negamos que la sugestión juegue un rol sutil y poderoso en la vida humana, tanto individual como colectivo, y que muy probablemente sea imposible escapar a algunos de sus efectos.

Lo que afirmamos es que en esta forma de práctica no tratamos de sugerir nada al paciente. El practicante no dice: "Estás mejorando", aun cuando dicha declaración pueda ser benéfica. El practicante debe saber que está tratando solo con el hombre espiritual, y el hombre espiritual no mejora, él ya es perfecto.

Esta forma de tratamiento es una revelación del Ser al ser y se llega instantáneamente a ella por medio de la realización, o mediante etapas a través de la inversión de la conciencia.

Ya sea que reconozcamos la verdad al instante para alguien o que a través del proceso de afirmación y negación lleguemos a la misma conclusión, no hay diferencia. En ningún caso tratamos de sugerir algo al paciente, y, sin embargo, entendemos que el reconocimiento que hacemos debe operar a través del paciente para sanarlo.

Nadie sabe cómo opera esto, pero de que opera sin ningún esfuerzo por parte del practicante para llegar a una realización para su paciente, es seguro. El tratamiento no contiene ningún elemento de coerción mental, ni practica ninguna forma de sugestión consciente o concentración mental.

El tratamiento consiste en una serie de declaraciones acerca de alguien, en un argumento en la mente o una realización de lo que llamamos la verdad sobre alguna persona. Pero ya sea que adopte la forma de una serie de declaraciones, un argumento en la mente, o la realización, es efectivo en el grado en que el practicante se vuelva interiormente consciente de lo que llamamos la verdad acerca de su paciente; es decir que el paciente está ahora completo y perfecto.

Es nuestra creencia que dondequiera que una sanación mental ha sido exitosamente practicada o demostrada, un principio unificador e idéntico ha recorrido toda la práctica; un elemento tanto de convicción como de aceptación.

Ahora bien, podría surgir la pregunta: ¿Pasó la fe por la certidumbre del entendimiento? La respuesta es *Sí* y *No*. La fe en la electricidad pasa por el entendimiento de que la energía existe, y podemos usarla. Pero aun entendiendo que existe, es la fe de que siempre nos responderá de acuerdo con lo que hemos descubierto lo que es la ley de su ser.

Las ciencias en última instancia se reducen a la fe en leyes naturales descubiertas y demostradas. La fe puede pasar por el entendimiento. Aplicando este principio a la sanación espiritual mental, anunciamos que la fe en Dios o el bien, ha demostrado de manera definitiva a través del tiempo, la Presencia de un Principio Universal Divino. Así pues, la fe puede pasar de la experimentación a la certeza científica; que es conocimiento.

Desde este punto de vista no diríamos que la fe, según ha sido expuesta a través del tiempo, es solo una sugestión mental, porque en definitiva es más que eso. Ha sido y es una unión mental inconsciente con la realidad. Sería absurdo que un metafísico moderno negara que esta experiencia le ha ocurrido históricamente a la gente de diversas convicciones espirituales, y parecería inteligente reconocer que el Principio Universal siempre funciona en todas partes, en cada momento y en la medida en que alguien, consciente o inconscientemente, en ignorancia o sabiduría, por superstición o por miedo, provea un camino a través del cual pueda trabajar.

Así llegamos a un concepto de la universalidad y la impersonalidad, a la realidad inmutable de los principios naturales. La fe ha sido el poder más dinámico a lo largo de las eras, y no debe ser denigrada a considerársele simple sugestión; sin embargo, con el entendimiento de que la fe ha demostrado un principio debemos buscar comprender ese principio, y hacer lo necesario para reproducir a voluntad las poco frecuentes experiencias que son resultado de una actitud de fe.

Estamos de acuerdo en que aunque la sugestión mental juega un papel sutil en la sanación espiritual mental, no es el factor dominante, y en lo que se refiere al practicante, no se involucra con él en lo absoluto pues no hace ningún intento por sugerir nada a su paciente en ningún momento y bajo ninguna circunstancia.

Si alguien nos dice que el practicante de esta ciencia hace su trabajo en el campo de la explicación mental, podemos estar de acuerdo con él, pero debemos apresurarnos a agregar que esta explicación opera a través de algún campo universal que no necesita ninguna coerción; que es independiente del tiempo, lugar y las circunstancias; que no sabe de grande o pequeño, difícil o fácil, pasado o futuro, sino que parece existir en un eterno *ahora* y en un perpetuo *aquí*. En la práctica, este *aquí* y *ahora* se encuentran en la mente del practicante.

Más aún, cuando aplicamos el concepto ordinario de la sugestión mental a otra fase de nuestro trabajo, que es el control de las condiciones a través del pensamiento correcto, descubrimos que es imposible aceptar la sugestión como una explicación, pues aunque podemos sugerir a un individuo que él es exitoso, ¿cómo podría esto hacerlo exitoso en los hechos reales y objetivos, a menos que el pensamiento también operara en un campo enteramente independiente del ambiente inmediato?

Por ejemplo, ¿a qué o a quién podría un abarrotero dar sugestiones si estuviera trabajando para tener prosperidad? Supongamos que no tiene clientes; entonces, no habrá quién reciba sus sugerencias. Podríamos caer en la idea de que sus sugestiones se hicieron a costales de papas o a bolsas de frijoles. Estos objetos inanimados, los productos que él quiere vender, junto con los estantes donde exhibe sus mercancías, son en apariencia las únicas cosas abiertas a la sugestión, y ¿quién ha escuchado hablar de algún hombre que haga una sugestión a una lata de frijoles sobre que podría venderse sola o que fuera y encontrara un cliente?

Desde luego no estamos negando que la publicidad, en su mayor parte, es sugestiva, o que se usan muchos métodos de sugestión en los negocios. No estamos negando que alguien pueda, hasta cierto grado, influenciar a otros. Lo que hacemos es afirmar que no es este el método que se usa en esta forma de práctica. Nuestro abarrotero que no tenía compradores que recibieran sus sugestiones debe saber algo para atraer clientes. Esto lo hace a través de la actividad de las ideas correctas, al darse cuenta de que la actividad de las ideas correctas es la verdadera actividad y no hay hechos sólidos, sino que los actos son fluidos. Él reduce las cosas a pensamientos y maneja los pensamientos, no las cosas.

Supongamos que alguien desea atraer nuevas amistades. Inicia sin tener amigos a quienes pueda ofrecer sugestiones de amistad. No hay nada sobre lo cual ejercer coerción porque no hay nadie que pueda ser coercionado. Él no puede influenciar a nadie porque no hay nadie en su ambiente para ser influenciado. Empieza de cero, y a menos que hubiera un principio que actuara de manera independiente, no podría atraer nuevas amistades a su vida. Es evidente, entonces, que esta parte de su práctica no es sugestión mental. Es realización mental lo que nos lleva de vuelta al tema central de nuestra filosofía.

Regresamos de nuevo a la proposición fundamental de que la autorrealización se basa en la autoexistencia, y que la autoexistencia, desde el punto de vista universal, significa que el poder Generativo, Productivo y Proyectivo del universo se encuentra en el punto del autorreconocimiento del hombre, y responde a él.

El amor disuelve el miedo

ENTENDER QUE EL amor supera al odio y al miedo es uno de los principales requisitos del practicante científico mental. El amor no vence el miedo y el odio por medio del argumento o de la fuerza, sino mediante algún sutil poder de transformación, transmutación, sublimación invisible en su esencia, pero evidente a través de sus actos.

Así como la luz vence a la oscuridad, como la presencia del calor hace que la atmósfera de una habitación cambie hasta que esté tibia y confortable, así la radiante presencia del amor y de la paz disipa el miedo, el odio y la confusión.

En cualquier serie de tratamientos el practicante debe resaltar estos aspectos del Ser relacionados con su paciente: Su paciente está dominado por el amor y apreciado en el amor por todos los que lo contactan. El miedo y el odio no pueden motivarlo, no pueden operar a través de él, no pueden hacerle nada, no le pertenecen, y no son parte de él. Nada entra en su conciencia más que un sentimiento de paz.

El practicante no lucha contra el mal. Él sabe que no existe el mal. Él sabe que no hay un volver atrás en su pensamiento; que las declaraciones que ha hecho acerca de su paciente son la verdad acerca de él. Él sabe que la verdad arranca de raíz, echa fuera y anula absoluta, tajante, inmediata y permanentemente la negación acerca su paciente. Él sabe que su paciente no es controlado por leyes materiales o gobernado por los pensamientos de otros. Él lo cubre con amor.

El amor es el triunfador en todos los casos. El amor derriba los barrotes del pensamiento, derrumba las paredes de la creencia material, rompe las cadenas de la esclavitud que le ha impuesto su pensamiento, y libera al cautivo.

Quita la piedra

NUESTRA PALABRA TENDRÁ poder en la medida que sintamos que es la actividad del Espíritu en nosotros y la Ley para aquello a lo cual se dirige. Debemos tener una percepción del Espíritu que mora en el interior, omnipresente y omnipotente en nosotros.

Si surge algún pensamiento que nos dice que no sabemos o que no podemos lograrlo, debemos silenciar este argumento negativo usando uno que sea directamente opuesto. Debemos de nuevo asegurar a nuestra conciencia que no hay más que una Única Presencia, Una Ley y Un poder. Esta Presencia, Ley y poder son completamente nuestros.

Un tratamiento no está completo hasta que se sepa que el poder que existe está fluyendo a través de él. No debe haber sensación de duda al respecto. Cuando Jesús, parado ante la tumba de Lázaro, dijo, "quiten la piedra" estaba comulgando con el Espíritu dentro de él y estableciendo la conciencia de que Lázaro no estaba muerto. Entonces pudo decirle a Lázaro que se levantara.

El practicante está continuamente de pie frente a la tumba de algún pensamiento inactivo, alguna esperanza muerta, alguna causa en apariencia perdida cuya puerta está sellada con miedo, duda, desesperación e incertidumbre. ¿Quién moverá la piedra y quién le dirá a la esperanza muerta que se salga, resucite y nazca de nuevo? Ese es el trabajo del practicante que habla con seguridad y certeza.

No debe haber desazón o inseguridad, ni suplica, ni reverencia, porque la tumba entrega a sus muertos no a los muertos, sino a los vivos.

No te condenes

Conocer la verdad es un tratamiento espiritual. Saber que no hay ningún hombre ajeno a la imagen y semejanza de Dios es parte del tratamiento. El tratamiento debe elevarse en conciencia por encima de la condición que espera sanar. Si estás haciendo un tratamiento para sanar un dolor debes llegar a una conclusión de paz que sea mayor que la experiencia del dolor que tu paciente está sufriendo. En la medida en la que logres hacer esto, el dolor cesará.

En tal caso uno debe hacer el tratamiento hasta disolver el miedo. El amor perfecto echa fuera el miedo. Toma el pensamiento de paz, de amor, de perfección. Trabaja con ello desde cualquier ángulo que puedas imaginar hasta que llegue una conciencia interna de su significado. La paz es perfección, mientras que el dolor no lo es; el dolor es una experiencia que ahora se ha eliminado, que ahora ha sido por completo revertida. Una y otra vez tranquiliza tu mente con la idea de la Perfección del Hombre.

No te condenes a ti mismo o a tu paciente. La verdad sobre el hombre es que es Dios hecho manifiesto: él es la personalidad de Dios. Tu conocimiento al respecto se vuelve su libertad. Tu conocimiento de esto es más que un indicador del camino: es el camino mismo. Jesús dijo: "Yo soy el camino, la verdad y la vida; ningún hombre llega al Padre si no es a través de mí", lo cual significa que llegamos a la realidad directamente a través de nuestra propia naturaleza espiritual. Este es el único mediador real y verdadero entre Dios y el Hombre. No hay otro.

El hombre verdadero y el cuerpo verdadero son perfectos en este instante. Tu conocimiento de esto establece su manifestación en la experiencia de tu paciente al nivel de tu propia comprensión del significado de las palabras que usas.

Tratamiento para la persona sensible

EL MIEDO Y la fe son actitudes mentales idénticas. La energía usada en una es la misma que se usa en la otra, ya que no hay más que una energía última en el universo y esta energía última es la Energía del Espíritu. El miedo es una aceptación positiva de que experimentaremos lo que nos disgusta. La fe es una aceptación positiva de que experimentaremos lo que nos gusta. Pero son idénticas en su contenido mental. La diferencia está en la dirección.

No debemos luchar contra el miedo, sino debemos convertir el miedo en fe. Si reconocemos que se trata de una actitud mental podemos hacerlo más fácil. Observando lo que nos da miedo y examinándolo cuidadosamente, transformemos este pensamiento de miedo en uno de fe; comprendamos que la energía del miedo convertida en fe producirá un efecto opuesto.

A modo de ilustración podemos tomar a una persona que tiene miedo de ser malinterpretada. Es muy sensible y rehúye el contacto humano. Esta persona debe convertir la energía de este miedo en fe. Usando la misma energía debe declarar que la gente ahora le comprende, que nadie le malinterpreta, que el mundo le ama, que todos desean su presencia.

Si esta persona observara la cosa a la que le tiene miedo hasta que la comprendiera, ya no habría ningún elemento que ella temiera. Puede hacerlo en la medida en que esté convencida de la Perfección, y debe ser activamente consciente de ella. Debe declarar esta conciencia de perfección de una manera definida.

La vida familiar

Cuando se hace un tratamiento en contra del caos familiar, hay que trabajar hasta saber que no hay confusión. La familia es un conjunto de ideas perfectas.

Puede ser difícil a veces sentir esto, pero el practicante no está lidiando con la manifestación de discordia como si fuera una cosa en sí misma, sino solo como si fuera una combinación equivocada de pensamientos que operan a través de las personas que están ya unificadas en lo espiritual unas con otras, deseándose mutuamente el bien, y que tienen una disposición amable entre sí.

Lo que el practicante maneja o disuelve es la creencia de que el bien puede ser dividido contra sí mismo. La idea de la discusión y la crítica no pueden entrar en la vida de esta familia. Con certeza no puede afectar el equilibrio del Espíritu que mora en cada miembro, uniéndolos en una comunidad del mismo Espíritu. Tienen una sociedad unos con otros y con el Eterno.

El practicante debe también saber que no hay celos o cualquier otro pensamiento semejante que pueda operar en la vida de la familia. Reduce a las personas al Espíritu Único y las vuelve a moldear en su propia mente a la imagen de la Perfección. Él los ve emerger como manifestaciones unificadas de la plenitud. El hogar de Dios es de paz y felicidad, y nada entra en él más que el amor, la alegría y el entendimiento.

Tratamiento grupal

Cuando un grupo de personas se reúne de común acuerdo y con un único pensamiento, se genera un poder mayor. No porque el principio creativo responda a un número de personas más de lo que responde a una, sino porque la fe combinada de un grupo alcanza un nivel superior de aceptación. Por lo tanto y en definitiva, los tratamientos en grupo deben practicarse, con el propósito en mente de llegar a una convicción más profunda.

Una de las dificultades consiste en lograr que un grupo de personas piense igual y al mismo tiempo. Para poder hacer esto de la manera más efectiva, las necesidades y deseos individuales del grupo deben ser temporalmente puestos a un lado, pues el tratamiento más efectivo no es aquel donde cada miembro individual está haciendo un tratamiento para sí mismo o para otra persona. No hay la necesaria fusión de pensamiento. No se da suficiente reunión en unidad de propósito cuando todos están haciendo tratamientos a diferentes individuos.

Los mejores resultados se obtienen de un tratamiento de grupo cuando los miembros se reúnen para hacerlo no con el propósito de adquirir un bien específico sino para alcanzar un estado de conciencia más elevado. Habrá menos confusión a causa de un mayor grado de unidad.

En ese tratamiento de grupo probablemente meditarías sobre ideas como la paz, la alegría, o la integridad general. Meditarías sobre el concepto de que hay una sola presencia que es Dios, una vida perfecta que está aquí y ahora, una inteligencia divina que guía y gobierna, no para un propósito particular o específico en este caso sino simplemente para imbuirse del Espíritu de Integridad mismo, para entrar de mejor manera en una aceptación completa de paz, aplomo y poder.

Otra forma en que un tratamiento grupal es efectivo es cuando todos están de acuerdo en trabajar por un propósito específico y, olvidándose por completo de sí mismos y de sus deseos personales, fusionan su atención entera para el bien común.

Tenemos la seguridad de que en tu práctica y cuando trates con la gente encontrarás un método que será el correcto para ti. Si observas el trabajo verás que se alcanza un mayor grado de conciencia cuando existe un concepto por completo unificado. Por ejemplo, un grupo de personas podría trabajar en conjunto para una organización, o para un propósito mundial, o para su país, o para cualquier bien público, o podrían trabajar juntos con el propósito de adquirir una conciencia más profunda de la realidad. Y como lo mayor debe incluir a lo menor, sin duda el grupo entero sería personalmente beneficiado durante este proceso.

No estamos dando ningún tratamiento específico para este propósito porque sentimos que tú debes encontrar el método definido para ti, siguiendo las inclinaciones de tu propio corazón. Sigue tu propia intuición, pero al hacer esto descubrirás que en ese tratamiento de grupo los mejores resultados se obtienen cuando cada miembro cede el deseo personal por el bien común.

Mucho de nuestro campo está aún en la etapa experimental, y es probable que tú desarrolles nuevas técnicas y quizás mejores formas de las que se han descubierto hasta ahora. Si esto no fuera cierto, tu trabajo se volvería estático y pesado. Debes depender de cierta inspiración que surge de tu propia alma, pero siempre mantén esta inspiración controlada a través del propósito, porque sin importar qué grande sea el poder que se genere, no producirá resultados a menos que esté ligado a un propósito.

Estamos hablando ahora acerca de propósitos grupales más que de deseos individuales. Ambos son importantes y deben ser resueltos bajo la inspiración de tu propia conciencia interior.

La generosidad de Dios

MANTÉNGANSE, PUES, FIRMES en la libertad con que Cristo nos hizo libres, y no se sometan otra vez al yugo de la esclavitud. Esta es una declaración directa de que mediante el uso correcto de la ley podemos llegar a ser libres, pero mediante un uso incorrecto de la ley estaremos de nuevo en la esclavitud. No podría darse una declaración más simple de la Ley de Causa y Efecto que esta. Podemos cablear el edificio, encender el interruptor y tener luz. Pero si el cableado tiene un corto circuito algo saldrá mal y estaremos una vez más sometidos a la oscuridad.

La oscuridad nunca es algo en sí misma; es solo un estado confuso. La fuente de nuestra provisión nunca estuvo suspendida, simplemente se detuvo en el punto donde nos confundimos y dejó de funcionar para nosotros. Esta es una declaración perfecta de la Ley mental de Causa y Efecto y una vez más nos previene de que debemos tener cuidado con el uso que estamos haciendo de la Ley; debemos mantener nuestro pensamiento correcto.

No siempre es fácil hacer esto, pero la Ley de Causa y Efecto que no hace distinción entre las personas y trabaja siempre automática y mecánicamente y con precisión matemática debe fluir a través de cada uno de nosotros en términos de nuestra propia aceptación. Cuando estamos confusos y provocamos un corto circuito en esta aceptación, cortamos nosotros mismos su provisión, pero no destruimos el suministro; está todavía ahí.

Es maravilloso comprender que la Generosidad Eterna puede sufrir un corto circuito solo en relación con nosotros; no puede ser ni agotada ni reducida. Nunca nos desilusionará porque la Ley está siempre operando.

Relaja la conciencia

Es cierto que ninguno de nosotros recibe tanto beneficio de esta ciencia como podría. No le permitimos a nuestra conciencia que se extienda en el campo de mayores posibilidades.

Debe tomarse cierto tiempo cada día para la amplificación de la conciencia. Esto se hace al recordarle a nuestra imaginación que el campo con el que trata es ilimitado, que la mente es el creador y el sustentador, que la mente es infinita, siempre está disponible y siempre nos responde.

Nunca debe haber ningún sentimiento de terminación en nuestro autodescubrimiento. Sin importar cuánto bien experimentemos hoy, debemos esperar más mañana. La expectativa siempre acelera el progreso; la anticipación de que lo mejor está por venir ayuda a disolver las excesivas cargas que llevamos con nosotros.

Debemos aprender a soltar nuestra conciencia. Nada es demasiado bueno para ser verdad. El reino de la armonía es una realidad, pero en cuanto a lo que a nosotros se refiere, espera ser percibido, y solo puede llegarnos la cantidad de bien que recibamos mentalmente.

Debemos incrementar nuestra receptividad, continuamente extendiendo y expandiendo nuestra comprensión. Debemos declarar cientos de veces al día:

> *Poseo un bien cada vez mayor y mayor. Un bien que siempre está en expansión. No hay límite para mi bien. Dondequiera que vaya veo, siento y experimento este bien. Se aglomera a mi alrededor, fluye a través de mí, se expresa en mí y se multiplica en torno mío.*

Sustancia y provisión o la ley de la opulencia

NATURALMENTE, TODOS QUEREMOS lo que queremos cuando lo queremos. Una de las muchas críticas que se le ha hecho al Nuevo Pensamiento ha sido que es materialista, ya que los interesados quieren mejorar materialmente hablando. Esta crítica tiene una base aún más materialista, porque divide a la sustancia de la provisión, a Dios del hombre, y a la vida de vivir. Hace que el Reino de los Cielos sea un suceso Divino remoto, y separa a la tierra de la Gloria Eterna. Es exactamente lo opuesto a la sencilla pero directa declaración de Jesús cuando dijo: "Todo lo que desees" y "El Reino de los Cielos está a la mano".

La idea de que está mal que el hombre ore o haga un tratamiento para obtener lo que llamamos bienes materiales se basa en la creencia de que esa realidad y la realidad están separadas por un mar que puede ser superado solo a través del sufrimiento, el empobrecimiento y la miseria del individuo; que el hombre puede ser redimido de su miseria en algún futuro incierto, pero no aquí y ahora. Pero Jesús se colocó en medio del *aquí y el ahora* y proclamó que el Reino de los Cielos está dentro de ti y a la mano.

Vemos, entonces, que la enseñanza de Jesús está totalmente en desacuerdo con la idea de que está mal pedir lo que deseamos, pues ¿acaso no dijo: "Todo lo que pidas en oración, cree que ya lo has recibido, y lo tendrás" (Marcos 11:24)? Él estaba anunciando un principio, y los principios son universales, inmutables y siempre presentes. Los principios universales están disponibles para quien los comprenda, e inmediatamente responden a cualquiera que se sujeta a la manera en la que operan. Por ejemplo, el agua alcanza su propio nivel por su propio peso: el agua fluirá colina abajo. Nosotros obedecemos este principio. Lo usamos. Lo aplicamos, pero no podemos ir en su contra y forzar al agua a que fluya colina arriba.

Ocurre lo mismo con la electricidad. El electricista puede hacer lo que quiera con su principio siempre y cuando entienda que fluye de un potencial mayor a uno menor, pero no puede hacer que actúe contra su naturaleza. Así, Jesús estaba proclamando la naturaleza de cierto principio, y enseñando cómo usarlo.

Jesús anunció el Principio de la Sustancia y la Provisión, o la Ley de la Opulencia. Él claramente enseñó que está bien que tengamos lo que queremos siempre que sujetemos nuestros deseos a la Voluntad Divina y a la Necesidad Divina, ¿Qué significan exactamente la Voluntad Divina y la Necesidad Divina? La Voluntad Divina es la naturaleza de Dios o el Espíritu, y la Necesidad Divina es la Ley de Causa y Efecto.

Jesús anunció que cuando nuestra voluntad se ajusta a la armonía infinita, la Ley de Causa y Efecto no tiene otra opción más que obedecer nuestra voluntad. Hemos discutido en otro apartado la idea de que la Voluntad Divina tiende hacia la vida, y al ser el principio mismo de la vida no puede contradecirse a sí mismo; debe tender hacia la vida. Tiende a la generosidad, ya que se expresa a sí mismo, dando. Por lo tanto, sabemos que en lo que concierne a lo divino, es siempre su voluntad que nos expresemos, pues Dios se expresa a través de la expresión del hombre.

No cabe la menor duda de que la Voluntad Divina se inclina a darnos lo que queremos de la manera como lo queremos, siempre que primero hayamos cumplido con la Voluntad Divina, que es armonía, paz, amor, bondad, verdad y belleza. Si nos hemos ajustado a la voluntad divina, la ley de causa y efecto, que no tiene propósito propio que ejercer, pero es una fuerza ciega e Inteligente, debe traer el patrón de nuestro deseo a nosotros

Jesús hizo esta proposición en sus términos más simples cuando dijo: "Busca primero el Reino de Dios, y su justicia; y todo lo demás vendrá por añadidura". Estaba describiendo la necesidad de unirnos con la Voluntad Divina, a la cual lo demás será añadido; y en el *todo lo demás*, incluyó *todo lo que desees*. Sean estas cosas automóviles, ropa interior o sacos de frijoles; no hay diferencia. Incluido en *todo lo que desees* deben estar las cosas, pasadas, presentes y futuras. De este modo, Jesús nos dice que nos ajustemos a la Voluntad Divina.

A continuación, él establece el modo en el que la Ley nos responderá. Esta es la Necesidad Divina, la Ley de Causa y Efecto. Él dijo: "(...) cree que ya lo has recibido y lo tendrás", y, vuelve a repetir, "porque a aquel que tiene, le será dado". Aquí está afirmando la Ley de Causa y Efecto y de cómo opera a través de la conciencia humana. En ningún lugar este augusto maestro, este genio sorprendente, negó al hombre el derecho de poseer y usar los regalos de Dios, plenitud de vida y de su manifestación.

Cuando alguien nos dice que está mal utilizar métodos espirituales para promover el bienestar material, no debemos confundirnos. Tal filosofía contradice la evolución de la ciencia, la inspiración de la revelación, del conocimiento divino y del desarrollo de la personalidad humana. Es una filosofía del materialismo basada en la superstición de que hay un Dios y algo más. No tenemos que entrar en discusiones teóricas con nadie, pero si somos inteligentes removeremos las barreras de nuestra imaginación y llegaremos al espíritu de la verdad con una mentalidad como de niño, esperando recibir el bien.

Abordemos esta idea de sustancia y provisión y de la ley de la opulencia con la firme convicción de que el Eterno está siempre diciendo a lo temporal, que el Padre está siempre proclamando al hijo: "Todo lo que tengo es tuyo".

Aunque el maná caiga del cielo, debemos aceptarlo. El maná es sustancia, y nuestra receptividad de él es nuestra provisión. La Ley de la Opulencia está en nosotros, un equivalente mental del bien que deseamos siempre en expansión. La Ley de los Equivalentes Mentales dice que podemos poseer cualquier cosa objetiva siempre y cuando primero hayamos tenido una imagen mental subjetiva de ella, y siempre y cuando esta imagen subjetiva sea una encarnación real dentro de nuestros pensamientos.

Por lo que sabemos de cualquier ley en la naturaleza podemos decir con seguridad que mientras más generalicemos un principio, más capaces seremos de especializarlo. Esto significa que mientras más sabemos de la naturaleza del principio y de la manera como funciona, más ampliamente lo podremos usar.

Jesús proclamó que dentro del Reino de Dios están contenidos todos los dones. En otras palabras, él generalizó el principio que ha de ser especializado. Proclamó que la idea correcta de la sustancia puede ser aplicada a las necesidades diarias. Así, encontró dinero en la boca del pez, alimentó a cinco mil, llevó el bote inmediatamente a la orilla e hizo muchas otras cosas que la gente vio como milagros o como interferencia Divina con la ley universal, pero que Jesús entendió como natural y normal.

Fue tan natural para Jesús convertir el agua en vino como sería para nosotros obtener un vaso de agua del grifo. Él no sentía que estuviera concentrando ningún poder, ni forzando algún favor divino. Ni siquiera le pidió a Dios; el comprendía la Ley de Causa y Efecto. Él sabía que la sustancia adquiere forma a través de la fe, es moldeada por medio de la convicción, y proyectada sobre la pantalla de la experiencia humana a través del molde de los equivalentes mentales.

Debemos echar fuera duda, miedo y desesperación, y disfrutar alegremente de nuestra herencia. Pero la misma Ley que estamos usando debe enseñarnos que llegaremos a la consumación de nuestro deseo solo empezando desde el punto donde nos encontramos. Se nos dice que no despreciemos el día de los pequeños comienzos. Cada uno debe empezar con el equivalente mental que tiene hoy, y, al aumentarlo, incrementar su capacidad de recibir.

En relación con esto, debemos recordar que la Ley de Causa y Efecto, la Subjetividad Universal, no tiene intención o propósito propio en relación con ningún individuo. Nosotros decidimos por ella. En lo que a nosotros se refiere, ella no tiene otro pensamiento para nosotros que el que nosotros mismos tenemos acerca de la vida. No sabe que un millón de dólares es más dinero que diez dólares. No sabe que el océano es más grande que un estanque de peces; que una montaña es más que tres pies de alto. Y, sin embargo, crea la forma a través de la idea, porque como ya hemos mencionado, no hay grande ni pequeño en la Ley.

Este es el meollo del asunto: no dos poderes, sino UNO. Lo que necesitamos cambiar no es la Ley, sino el uso que hacemos de ella. No tenemos poder o limitación contra lo cual luchar, ni mal que combatir, ni infierno que enfriar. ¡Qué maravilla! ¡Qué afortunados somos! Y, ¡qué feliz perspectiva! Si crecemos en nuestra conciencia interna, tendremos más en nuestro ambiente externo.

La Ley, al no tener una mente propia en relación con nosotros, y siendo obligada por su propia naturaleza a seguir los patrones de nuestro pensamiento, es y debe permanecer como nuestro siervo obediente. Pero hemos afirmado una negación, hemos declarado que no hay suficiente bien para todos. Por lo tanto carecemos de la experiencia de ese bien que no logramos percibir.

Debemos saber que no solo hay suficiente bien para todos, sino que debemos específicamente anunciar este bien. Es lógico que si la Ley sabe de nosotros solo lo que nosotros sabemos de nosotros mismos, y que si aquello que sostenemos que es la verdad acerca de la vida misma nos proporciona nuestros patrones mentales, entonces la Ley conoce en relación con nosotros solo lo que nosotros creemos acerca de la vida. Por lo tanto, la creencia misma en la realidad del mal crea el mal en que cree. O, como dijo Jesús: "Quien esgrime la espada, muere por la espada". La creencia de que no hay bien suficiente para todos, hace difícil, si no imposible, que el bien sea experimentado por quien tiene tal creencia.

Debemos revertir estas ideas y aceptar la simple proposición de que Dios es el bien, pues esto es fundamental para la correcta comprensión de la sustancia y la provisión, y para la operación de la Ley de la Opulencia. Dios es el bien. Este bien es nuestro ahora. Esta debe ser nuestra expectativa permanente y creciente. Debemos esperar tanto bien que podamos concebir que es mucho más del que incluso tendríamos tiempo para disfrutar. Debemos sentir la presencia de este bien, apreciar su significado y dar gracias por su manifestación. Debe haber una combinación de gratitud, expectativa y alegría. Debe haber un reconocimiento entusiasta de que estamos en sociedad con lo Divino y que *Dios y Compañía* no pueden fallar (Véase pág. 424).

En lo que concierne a la práctica real y específica, en definitiva debemos reconocer que aquello que deseamos en particular, ya lo tenemos. De este modo formamos un molde definido en nuestro pensamiento alrededor del cual la energía creativa de la mente puede moverse. Este es nuestro recipiente de aceptación para tomar del cuerno de la abundancia lo que somos capaces de recibir.

Esta ley de los equivalentes mentales nunca debe ser pasada por alto porque es la ley que decide cuánto de este infinito vamos a experimentar. No podemos experimentar más de lo que podemos aceptar, pero podemos esperar más de lo que hemos experimentado. Si estamos dispuestos a comenzar desde donde nos encontramos hoy, creando un equivalente mental un poco más grande, amplio y mejor que el que tuvimos ayer, avanzaremos progresivamente.

Como estamos tratando con un principio infinito, no puede ponerse ninguna limitación posible al uso que hagamos de él, tal y como no podemos concebir un número al que no podamos sumarle otro, o que no pueda ser multiplicado por sí mismo. Y así como no hay un punto donde estas secuencias numéricas acaben, no hay un punto donde las posibilidades infinitas puedan dejar de extenderse. El único lugar donde en apariencia deja de desplegarse es donde nuestra propia expectativa y entendimiento inhibe su acción en nosotros, pues la operación de la Ley siempre es matemáticamente correcta. La Ley de Causa y Efecto, al no tener mente propia en lo referente a nosotros, debe seguir los modelos de nuestro pensamiento individual.

En la práctica real hacemos declaraciones definidas, como hemos enfatizado repetidas veces. Si quieres un hogar, haz un tratamiento por un hogar. Si quieres un automóvil, haz un tratamiento definitivo por un automóvil, y si quieres cierta suma de dinero, haz un tratamiento por esa suma de dinero. Esto no tiene nada de materialista, ya que las cosas emanan del Espíritu puro y regresan de nuevo a él.

En la práctica real, habiendo primero cumplido con la Ley y con el Espíritu, no dudes en trabajar definitivamente por lo que quieres. No hacerlo sería negar el principio mismo que has afirmado; inhibir la operación de la propia Ley que has llegado a comprender.

Cualquier perspectiva inteligente de la operación de esta Ley debe hacer que sepamos que cuando trabajamos debemos hacerlo definitivamente para lo que queremos. No hay otro modo. El Espíritu puede darnos solo lo que tomamos, y nuestra toma es mental. ¿Cómo puede la mente aceptar lo que rechaza, abrigar lo que se niega a escuchar, poseer lo que elimina, o tener lo que no tomará? Esto no es solo impensable, sino imposible.

Recibiendo y dando

Una de las leyes de la radiación dice que el poder de absorción de una sustancia es igual a su poder de emisión, lo cual significa que el que más absorbe es el que más emite. O expresando la proposición de otra forma, solo podemos tomar lo que damos. Jesús dijo: "Da y se te dará".

Esta es una ley natural comprobada por la ciencia, y creemos que la ley en la naturaleza física se reproduce en las leyes de la mente. Esto tiene que ser así si el universo es un sistema y no dos, y si la unidad se mantiene en el todo.

Hay una razón para estas cosas, y la razón es que todo se mueve en círculo. Regresa a sí mismo. Así como un hombre siembra para cosechar, eso cosechará a menos que siembre algo diferente. Whitman dijo que el regalo es mejor para el que lo da porque le regresa más, y todos sabemos que como el universo está en equilibrio nada puede dejar un punto sin que algo igual regrese a él.

Cada uno de nosotros es un punto en la mente infinita, un centro en la conciencia de Dios o el Espíritu Viviente. No vivimos porque entendamos la vida o porque pongamos vida en nuestro vivir; vivimos porque la vida vive en nosotros. No podríamos cometer mayor error que pensar que nosotros creamos ya sea la vida o la ley, y sería un error igual suponer que podemos escapar de la vida o de la Ley. Estamos sujetos a ella pero no en un sentido predeterminado, porque no importa lo que pasó ayer, podemos cambiar su secuencia hoy.

Si hemos dado solo un poquito y recibido también poquito, podemos empezar a dar más, y tan pronto lo hagamos, más regresará a nosotros. El dar y recibir está en el centro de nuestro ser; lo que sale de nosotros no es más que el otro extremo de lo que regresa a nosotros, y lo que regresa a nosotros es simplemente el otro extremo de lo que damos.

Esto es tan sencillo que su misma simplicidad nos elude y buscamos una razón más profunda de por qué el universo está en equilibrio, y por qué al estar equilibrado proclama automáticamente la ley de la justicia.

Si la salida y el regreso son iguales entonces, en cierto sentido, así como la energía y la masa de Einstein, son iguales, idénticos e intercambiables. Rehusarse a dar es negarse a vivir en plenitud. Rehusarse a dar amor es negarse a recibir amor. Porque lo que nos negamos a dar no solo cierra la puerta a dar sino también a recibir.

Todo esto suena como una proposición dura hasta que nos damos cuenta de que si fuera de otro modo no seríamos libres, sino que estaríamos atados por las circunstancias externas. La libertad puede existir solo sobre la base de que, antes que nada, es individual.

Si sabemos que nosotros mismos somos centros de distribución y centros de acumulación, y que los dos son igualmente idénticos e intercambiables, y si sabemos que nada interfiere con esto más que nosotros mismos, somos libres de actuar como nos gustaría que se actuara sobre nosotros. Es por eso que Jesús dijo: "Todo lo que quieran que la gente haga con ustedes, eso mismo hagan ustedes con ellos, porque en esto se resumen la ley y los profetas".

Recibir es tan importante como dar

JAMÁS NECESITAMOS SUPLICAR a la Ley que funcione para nosotros, pues si no existe más que Una mente en el universo, entonces nuestra mente es parte de ella, y es su naturaleza responder a sí misma. Nada puede impedir que lo Divino fluya dentro de nosotros excepto nuestro propio libre albedrío.

El sol puede estar brillando aun cuando nosotros persistamos en quedarnos en un oscuro sótano. El maná puede estar cayendo, pero nosotros nos rehusamos a recogerlo. Ahora debemos salir de nuestro sótano de la desesperación hacia la la luz de la verdad, hacia el calor y color del reconocimiento Divino, la conciencia instantánea de la plenitud del bien.

Dios es vida y la vida misma se da a nosotros. No da parte de sí; se da totalmente. Pero el regalo sin un receptor no puede completarse en la vida individual. Emerson nos dice que estamos obligados a percibir que somos beneficiarios; que estamos en la luz y que la luz es todo. Luego nos dice que quitemos nuestra inflada insignificancia del camino del Circuito Divino.

Esto de quitarnos de nuestro propio camino es lo que el tratamiento espiritual mental hace por nosotros, ya que declara que no hay nada en nosotros que pueda mantener nuestro bien alejado. El tratamiento siempre declara la Presencia del bien y la acción de la Ley del Amor. Es un reconocimiento consciente y activo de la Presencia Espiritual, de la Fuerza Espiritual, de la Ley Espiritual y del Orden Espiritual.

El esclavo puede convertirse en heredero

ASÍ QUE YA *no eres esclavo, sino hijo; y si eres hijo, también eres heredero de Dios por medio de Cristo.* ¿Cuántos de nosotros hemos reclamado nuestra herencia Divina? ¿Cuántos de nosotros entendemos que la Voluntad o la Naturaleza de Dios fue escrita desde antes que se pusieran los cimientos de este universo físico, y que en esta voluntad cada uno de nosotros fue dotado con la facultad de Percepción Verdadera, y se nos ha legado una vida de perfección y se nos ha garantizado inmunidad contra el mal? Porque con seguridad la voluntad de Dios no podría ser menos que esto.

La Voluntad de Dios ha sido escrita por la mano invisible de la realidad. Está todavía a prueba en lo que a la mayoría de nosotros concierne; nunca ha sido completamente ejecutada. No hemos echado mano de nuestra herencia Divina. Quizás hemos estado escuchando el consejo equivocado. Hemos aceptado la falsa evidencia de los sentidos. Hemos sido metidos en prisión por deudas que podrían haber sido pagadas si hubiéramos reconocido que la sustancia ya nos pertenecía. Hemos sido esclavos y no hijos; de aquí que no hemos entrado en la herencia.

En otro lugar se nos dice que ya es tiempo de que despertemos de nuestro sueño. Quizás hemos soñado que somos esclavos y no herederos. Ahora debemos despertar de este estado hipnótico. El heredero debe reclamar su herencia; de otro modo le seguirá siendo retenido y no tendrá acceso a ella. Él debe dar un paso al frente ante la barra de la justicia, que es la Ley de Causa y Efecto, y declarar que ya no es más un esclavo, un sirviente, sino un señor, un hijo, un heredero. Debe anunciar que todo lo que el Padre tiene es suyo.

Así reclama su verdadero estado, en el nombre de Dios por medio de Cristo, y la herencia es entregada inmediatamente. Aquello que le ha sido retenido le es dado en sus manos.

El hombre contra sí mismo

La naturaleza puso un laboratorio químico dentro de nosotros para cuidar de nuestra salud. En cierto sentido podemos decir que hay pequeñas inteligencias dentro de nosotros que actúan como si fueran duendes y cuyo trabajo consiste en digerir nuestra comida y asimilarla; hacer circular la sangre y deshacerse de las impurezas. Hay millones de estos pequeños seres dentro de nuestro cuerpo cuyo propósito es mantenernos físicamente sanos. Pero existen también otros pequeños seres que no son tan bien intencionados y tratan de destruir y arruinar el trabajo de los buenos.

Todo doctor sabe que cuando podemos hacer que esos buenos seres dentro de nosotros trabajen con él, las cosas van a salir bien. Nos rompemos un hueso y la naturaleza se ocupa y esos pequeños seres buenos comienzan a reparar el hueso hasta juntarlo, y en cada momento hacen que la sangre circule para que no haya ninguna infección. Pero hemos aprendido que podemos interferir con estos pequeños seres dentro de nosotros porque están sujetos a una inteligencia mayor a ellos, que somos nosotros mismos.

Uno de los psicólogos más importantes en los Estados Unidos me dijo que una vez sufrió de indigestión, y se le ocurrió que podía hablar con estos pequeños seres dentro de él y decirles que era su deber ocuparse de su indigestión. Así que habló con ellos por algunos momentos todos los días y les dijo lo maravillosos que eran y cuánto apreciaba lo que hacían, y que ya no interferiría con ellos porque era feliz al saber que ellos cuidarían de él. Los alabó, los bendijo y en unas pocas semanas su condición física se corrigió.

Bien, esta es una relación cuerpo-mente. Es reducir la psicosomática a su común denominador más sencillo. Hay una inteligencia escondida en el centro de todo, y nosotros somos inteligentes, y la forma inferior de inteligencia responde a la forma superior. La inteligencia en el cuerpo físico es una inteligencia subconsciente. Trabaja creativamente, pero dentro de ciertos límites. Es como un empleado al que se le envía a hacer una diligencia y se le dice qué hacer, y que solo sabe hacer lo que se le dice.

Estos pequeños seres dentro de nosotros deben estar trabajando para nosotros y con nosotros, pero podemos perturbarlos al grado de que casi los hipnotizamos y hacemos que trabajen en forma destructiva en vez de hacerlo de manera constructiva.

Esto puede ser llevado a tal extremo que la dirección equivocada dada a estos pequeños seres produzca una gran parte de nuestros problemas físicos. Pero la dirección correcta puede revertir este proceso y producir bienestar físico en lugar de enfermedad. Y ahora sabemos que mientras el odio, la animadversión y la confusión pueden producir discordia, el amor puede sanarla.

Es de información sencilla, pero de gran alcance, como es esta, que aprendemos algunas de las más grandes lecciones de la vida. Y la primera lección que debemos aprender es que la vida, que es Dios, quiere que estemos bien, felices y seamos exitosos. Cuando se trata de relaciones cuerpo-mente, es de gran ayuda imaginar y sentir que estos pequeños seres interiores están trabajando para nosotros y con nosotros, y sentir que ellos están conectados con la inteligencia divina que los dirige, el poder mismo que los creó. Esto nos remonta a la necesidad de tener fe, una seguridad calmada y una sensación interna de bienestar.

Seguramente, eso que tuvo la inteligencia para crear, tiene tanto la voluntad como la capacidad para sustentar. Y si en nuestra ignorancia hemos usado mal el poder Creativo dentro de nosotros, lo que tenemos que hacer es revertir el proceso y cooperar con él. Al hacer esto, una de las primeras lecciones que aprendemos es bendecir todo, ser agradecidos y reconocer con gran alegría la Divina Presencia, no como algo lejano, sino como algo cercano e íntimo.

No solo hay una inteligencia que dirige las actividades de nuestro cuerpo físico, sino que esta misma inteligencia dirige también lo que hacemos. El hombre no solo opera físicamente en contra de sí mismo, sino que lo hace en cada actividad de la vida. ¿Cuántos de nosotros esperamos realmente ser felices mañana? ¿Cuántos de nosotros, cuando nos recostamos por la noche, nos relajamos y dejamos que la cama nos abrace? ¿Cuántos de nosotros tenemos suficiente confianza en Dios para dormir en paz, despertar alegres, y esperar el nuevo día con regocijo?

Lo que necesitamos es una cooperación consciente y alegre entre nosotros y el poder mismo que, si se lo permitimos, gobernará correctamente todo. Sin embargo, el hombre está tan acostumbrado a operar en contra de sí mismo, tan acostumbrado a pensar en sí mismo como un ser alejado y separado de la divinidad; a llevar solo la carga de la vida sobre sus hombros, que casi ha perdido la capacidad de cooperar con la Divina Presencia, la cual busca ser un socio de cada uno de nosotros. En nuestra ignorancia no solo hemos atentado contra nosotros mismos sino que hemos contradicho la "Supremacía" de Dios. Nos hemos negado el privilegio de trabajar con el poder que nos puso aquí.

Tú y yo sabemos que no fuimos nosotros los que pusimos a las estrellas en su curso. Ni hicimos que el sol brillara y que la lluvia cayera. Pero sí podemos cooperar con este poder que está detrás, dentro y a través de la gente.

No podemos unificarnos y cooperar con algo en lo que no creemos. Así pues, el punto de partida, el principio mismo de la reeducación de nuestra mente, debe ser una profunda convicción, y una fe firme. Y como, en cierto sentido, la vida es un escenario en el cual cada uno actúa un papel, no hay razón por la que no debamos poner en la escena nuestra relación con el infinito.

Solo piensa en esos seres pequeñitos que trabajan dentro de nosotros. Dios los puso ahí. ¿Por qué no conectarlos en nuestra imaginación con el Espíritu viviente, reconocer su presencia, alabarlos y bendecirlos, e incluso decirles lo que queremos que hagan? Cada día debemos pensar en lo maravilloso que es cooperar con Dios. Ciertamente es la mayor obra dramática de todas. No nos pavoneamos por el escenario de la experiencia humana como personajes separados o aislados, sino como actores en la gran obra de la vida, el drama de la existencia humana.

Pero no debemos olvidar al Director de la obra, aquel que sabe cómo hacer que cada línea y cada acto se vuelvan parte de la obra entera hasta completar la producción. Dios es el gran productor y director aunque sea invisible. No vemos a los pequeños seres dentro de nosotros, pero ahí están, y podemos sentirlos y observarlos en nuestra imaginación.

No vemos la ley de la fuerza gravitacional que mantiene todo en su lugar, y no vemos la inteligencia divina que hace que una rosa florezca o que un pollito salga de un huevo.

Dejemos de actuar en contra de nosotros mismos, en contra de otros y del mundo, pues sabemos que nuestros pensamientos dejan impresiones en nuestro entorno y en la gente que tratamos y, silenciosamente, moldea las condiciones. Aquí, de nuevo, la imaginación puede combinarse con la voluntad, y cada uno puede pensar que representa un papel en el juego de la vida, uno bueno. En el teatro, cuando un actor representa un papel que nos convence, él mismo debe creer el papel que actúa. Hace poco pregunté a un director lo que pensaba sobre cierta obra que habíamos visto y contestó: "No he pensado mucho en eso. No le puse mucha atención", y cuando le pregunté cuál era el problema me dijo: "La gente que leyó las líneas no se las creía".

Si nuestras palabras proceden del intelecto solo, y no del corazón, la audiencia no responderá. Así es también en la vida. Y es por eso que en sus enseñanzas Jesús puso tanto énfasis en la sencilla capacidad que tiene un niño para creer, para sentir, para aceptar, y para actuar como si el Gran Dador de vida estuviera todavía dándola, como si el Gran Creador estuviera todavía creando en nosotros y a través de nosotros.

Nos hemos preguntado mucho sobre la vida de Jesús y las cosas maravillosas que hizo: cómo sanó a los enfermos, resucitó a los muertos y transformó el agua en vino. Pero ¿se nos ha ocurrido pensar que quizás Jesús fue la única persona en la historia que nunca negó la Divina Presencia y siempre estuvo seguro que le respondería? Y como siempre hemos visto a Jesús como una persona separada de las demás, como alguien diferente de los demás, lo hemos aceptado a él sin reconocer sus enseñanzas.

Y sin embargo, él dijo que lo que él hacía, nosotros lo podíamos hacer también. Y nos dijo cómo hacerlo: deja de actuar en tu contra; deja de actuar en contra de todo, y aprende a cooperar con lo que es mejor —siempre sintiendo la Presencia del Divino— y luego *deja que la obra continúe.*

El fruto del bien y el mal

El mal como algo en sí mismo nunca tuvo un origen, a menos que Dios lo hubiera creado, porque como dicen las Escrituras: "Todas las cosas fueron hechas por Él, y sin Él no se habría hecho nada de lo que fue hecho".

Y, sin embargo, el mal es una experiencia del ser humano, si por mal entendemos enfermedad, carencia, empobrecimiento, infelicidad o deterioro físico. Aquí nos confrontamos con el problema de que algo es y no es al mismo tiempo. ¿Cómo puede algo ser y no ser? Entender cómo algo puede ser y no ser realmente es un problema.

Nos parece que este problema se resuelve en la medida en la que nos demos cuenta de que el mal nunca es una cosa en sí misma. Es solo un uso limitado o quizás un mal uso del poder Creativo que es completo y perfecto dentro de sí.

No negamos la experiencia humana que llamamos mal, porque tal negación sería absurda y nos ubicaría en una posición de decir que todo lo que no nos gusta es irreal. Esto está lejos de ser una posición inteligente, pues es tan real como se supone que sea, y la gente de verdad sufre de dolor físico y mental. Pero si este sufrimiento fuera diseñado por la Sabiduría Creativa Total, entonces no sería posible escapar de él. Más aún, Dios mismo sería el mal. Leemos en Habacuc 1.13: "Tus ojos son tan puros que no contemplan el mal, y no pueden mirar iniquidad".

La experiencia del mal es más que imaginación. Es una experiencia real, y no tendría sentido que la negáramos. Si podemos sentir que eso es algo que el ser humano ha creado a través de la ignorancia, en vez de algo ordenado y predeterminado, estaremos en mejor posición para combatirlo. Debemos llegar a saber y sentir ese cierto Algo que es Perfecto y Completo, y que, siendo omnipresente, debe estar en el centro de todo, incluyéndonos a nosotros mismos.

El origen del mal está en la mente humana, y la creencia en el diablo, el infierno, el purgatorio y el limbo tiene su origen en la mente humana, en ningún otro sitio. Esta creencia debe ser borrada de la mente. Debemos saber que no puede haber un mal último. Debemos tener la seguridad de que el mal desaparecerá de nuestra experiencia al grado que ya no lo alimentaremos más con nuestra imaginación, ni, a través de nuestros actos, crear situaciones que lo alienten.

Recordarás que, de acuerdo con la historia del jardín del Edén, Dios creó al hombre y a la mujer y los puso en ese jardín, que era un paraíso terrenal. El río de la vida corría por el jardín, regándolo, y contenía toda clase de frutos y plantas necesarias para el bienestar físico del hombre.

A Adán y Eva se les dijo que disfrutaran este jardín, que vivieran en él y que fueran felices. Pero les advirtió que, aunque podían comer de los frutos del jardín, había un árbol del cual no debían comer. Recibía el nombre de *Árbol del conocimiento del bien y el mal.*

De inmediato vemos el significado de esto. Podemos comer del árbol que da frutos de amor, y mientras más comamos de él, mejores seremos. Pero si comenzamos a mezclar amor con odio entramos en confusión. El fruto no se digiere porque el odio es contrario a la naturaleza del amor.

Es natural que preguntemos: ¿por qué Dios, siendo omnisapiente, omnipotente y pura bondad creó un árbol que pudiera contener el fruto del odio? La respuesta es simple: el hombre tiene elección propia, o no sería una persona, y tener la opción implica que debe haber más de una cosa de la cual escoger. La misma libertad con que fue dotado le hace posible usar esa libertad, al menos temporalmente, de una manera que lo restringe; de otro modo no sería libre. Por lo tanto el hombre recibe el derecho de elegir, pero con ese derecho de elegir debe venir tanto la responsabilidad como la recompensa de su elección.

Pues bien, el hombre es una criatura curiosa. Nace con un deseo innato de explorar todo. Tiene gran curiosidad, y algunas veces quiere saber por qué no puede hacer exactamente lo que le place y salirse con la suya. Eso es lo que tenía prohibido hacer. Se le había dicho que tenía libertad de hacer lo que quisiera, siempre y cuando no usara su libertad para autodestruirse. ¿Y quién puede dudar de la sabiduría de esto?

Y ahora otro símbolo aparece, la serpiente. Sería bueno buscar el significado original de la palabra *serpiente*. Fue usada en la antigüedad para designar el principio de la vida y la forma como funciona. La serpiente significaba el principio de la vida. Aunque fue la serpiente la que tentó a Eva, fue también la serpiente la que Moisés levantó en el desierto, la cual vieron los hijos de Israel y fueron sanados de sus enfermedades físicas. Jesús se refirió a esto cuando dijo: "Así como Moisés levantó la serpiente en el desierto, así también es necesario que el Hijo del Hombre sea levantado".

Los grandes principios de la naturaleza existen para ser utilizados, y las leyes de la naturaleza están a nuestro servicio cuando las usamos correctamente. Pero estas mismas leyes, mal empleadas, imponen sufrimiento sobre nosotros. Podemos usar nuestra mente para ser felices o infelices; podemos pensar en paz o en confusión; podemos ser amables y amorosos, o desagradables, porque tenemos esa libertad.

Si hubiéramos sido creados sin esta libertad, estaríamos eternamente esclavizados. La vida no tendría significado. Dondequiera que miramos en nuestra propia vida y en la de los demás vemos el uso y abuso de este poder. Por ejemplo, la bomba atómica podría destruir a la civilización, y al mismo tiempo la energía atómica podría mover la maquinaria del mundo. El mismo poder que puede ser usado tan destructivamente puede ser convertido en un instrumento que ayudaría a traer libertad a todos en el planeta.

Estamos por fin descubriendo que el mismo poder que nos enferma puede sanarnos, que lo mismo que nos ata puede liberarnos, y que la imaginación que usamos para destruir nuestra felicidad, correctamente usada, podría crear situaciones que nos harían a todos felices. Bien, este es el significado de la serpiente y el salvador, y ese gran símbolo que se encuentra a lo largo de la Biblia, que describe los usos correctos e incorrectos del poder que está dentro de nosotros, el poder que es mayor que nosotros.

Pero de nuevo debemos detenernos y hacernos una pregunta muy importante, una que descubrimos que se encuentra en la mente de casi todos. ¿Es el bien igual al mal? La respuesta es *No*, pues ya hemos descubierto que, aunque podemos amar sin límite, sin ser heridos, el odio finalmente se destruye a sí mismo y nos destruye con él. Pero el amor no daña a nadie. El bien se protege a sí mismo porque Dios es el Bien.

Se nos da la libertad de mal usar el poder de la vida, pero solo hasta cierto punto. Es por eso que el símbolo continúa para mostrar que, cuando Adán y Eva decidieron comer del fruto del Árbol del conocimiento del bien y del mal, y después de que lo habían hecho, fueron expulsados del Jardín del Edén y forzados a ganarse la vida con el sudor de su frente.

Si revisamos la historia con más cuidado descubrimos que fue Eva quien primero comió la fruta, y después se la dio a Adán. Si recordamos que la Biblia es la historia del hombre y de su relación con la vida, debemos esperar encontrar en el símbolo de Adán y Eva una gran verdad psicológica común a los seres humanos. Porque Adán y Eva no eran realmente un hombre y una mujer, sino que representaban los dos lados de nuestra naturaleza. Podemos equiparar a Adán con el intelecto, nuestra propia elección consciente, y a Eva con la reacción subconsciente, porque esto es lo que la historia originalmente significó. Y es solo en los últimos cincuenta años que hemos descubierto su importancia.

Todos somos Adán y Eva, y cuando nuestro intelecto se ve reprimido o mal dirigido todavía encuentran una reacción subconsciente. Cuando la reacción subconsciente es lo suficientemente fuerte, controla al intelecto a causa de los patrones de pensamiento inconscientes que yacen en la mente. Asimismo, cuando estos patrones de pensamiento se vuelven dominantes, controlan hasta al intelecto. Esto es lo que produce la mayoría de la locura y las relaciones psicosomáticas entre el cuerpo y la mente.

Nuestro actual conocimiento de la mente nos dice con exactitud cómo funcionan las leyes de la mente, y ahora sabemos que nuestras reacciones mentales y emocionales ante la vida deciden lo que nos va a pasar. Debido al mal uso que el hombre hace de su poder interno es conducido al camino que lleva a la esclavitud y la debilidad.

Y así llegamos al otro extremo de esta gran historia que dice: "Pues así como en Adán todos mueren, también en Cristo todos serán vivificados". Así el símbolo del salvador es presentado: el hombre de Dios, el Cristo dentro de cada uno de nosotros. Y se nos dice que miremos a este Cristo, porque él es uno con Dios, si queremos la salvación.

Desde luego, todos queremos la salvación. Queremos ser felices, nos gustaría estar bien. Nunca hemos conocido a nadie que no quiera ser exitoso. Queremos caerle bien a la gente. Deseamos grandemente amar y ser amados. Y, sobre todo, queremos y necesitamos un sentido interno de seguridad y paz mental.

Es cierto que todos deseamos experimentar el Reino de Dios en la tierra, lo sepamos o no. Y la gran batalla del hombre es hacia la libertad, hacia la emancipación de la carencia, el miedo y la enfermedad, y de todo lo que pueda lastimar. Anhelamos regresar a nuestro paraíso perdido. Al hombre se le pone en la tierra para disfrutar la vida y se le ha dado la libertad de decidir cómo vivirla; siempre se coloca delante de él la posibilidad de dos cosas: ser o no ser.

Finalmente, el poder real debe descansar del lado del bien, y al final el mal será derrotado por el bien. Este es el significado de la historia del salvador, la elevación del principio de la vida sobre el árbol de la vida: la comprensión de que somos uno con Dios para siempre.

Así como nos relata el Antiguo Testamento la caída del hombre por su mal uso de las Leyes de la Vida, así el Nuevo Testamento nos habla de la redención del hombre, el triunfo del Espíritu, y el regreso a ese hogar celestial del que todos procedemos. Es por eso que Jesús dijo, *Yo soy el camino, la verdad y la vida*, y lo que quería decir era que Dios en mí y Dios en ti es el camino, la verdad y la vida.

La historia del Jardín del Edén se completa con el triunfo de la cruz, por un hombre que sabía que el hombre es divino y que Dios quiere que el bien llegue a nosotros. Así Jesús exaltó el principio de la vida en vez de devaluarlo. Él descubrió el significado de la vida en el centro de su propio ser y mostró a la humanidad, para siempre, lo que puede pasar cuando alguien vive como si Dios fuera real para él, como si el amor fuera el poder último, y el bien el árbitro decisivo del destino.

¿Qué vamos a hacer con esta, la más grande de todas las Verdades, la relación que nosotros como individuos tenemos con el Espíritu Divino que ya es Perfecto, y que desea solo nuestro bien? Hemos llegado a la encrucijada del tiempo, y la decisión es nuestra. Pero, como ocurre con todo lo demás, esta decisión tiene que comenzar con la vida individual. Si estamos cansados de nuestros problemas hay algo que podemos hacer al respecto. Podemos empezar a exaltar el principio de la vida dentro de nosotros. Podemos elevar la serpiente hasta que contemplemos el rostro del salvador.

El contagio del miedo

John Smith canturreaba una alegre canción y parecía rebosar de una gran confianza en sí mismo y en el mundo mientras abordaba el tranvía. Se sentó junto a un hombre que estaba lleno de miedo y aprensión. Para cuando John Smith se bajó del autobús era presa de una terrible ansiedad que no podía explicar.

Es posible que nos contagiemos del miedo de otros como si nos contagiáramos de un resfriado, porque somos estaciones transmisoras mentales, emocionales y espirituales inconscientes. Esto nos lleva a un pensamiento en la Biblia que dice que los enemigos del hombre serán los de su propia casa, porque nuestros verdaderos enemigos son nuestros miedos y fobias, nuestras dudas e incertidumbres, nuestras ansiedades y conflictos internos.

Hace muchos años descubrí —y por supuesto otros lo habían descubierto antes que yo— que los niños nerviosos, inquietos y agitados que tienen pesadillas y que no pueden retener el alimento, están afectados por una agitación interna procedente de los pensamientos y sentimientos de sus padres.

Ampliemos este campo y digamos que el mundo está lleno de los pensamientos de la gente que vive en él, y que quizás todos estamos más o menos sujetos a las emociones que suceden en la mente de la raza humana. Un destacado psiquiatra nos ha dicho que el miedo puede dejar a una persona completamente inconsciente, en lo que a su cerebro se refiere; que el miedo paraliza la memoria, y si una persona tiene miedo de olvidar algo, es probable que lo haga. Sabemos que en casos de amnesia la persona siente tanto miedo provocado por un pensamiento inconsciente que olvidan hasta su propio nombre, quiénes son y de dónde vienen.

El miedo produce un químico misterioso que se libera en la sangre, pero este químico desaparece cuando la ansiedad se acaba. Tenemos nuestros pequeños miedos y ansiedades. Y queremos superarlos. La sanación del miedo y la ansiedad no se encuentra en ningún medicamento o manipulación física. La sanación se halla solo en nuestra mente. Cuando el miedo es la enfermedad, tenemos que ser nuestros propios doctores.

La Biblia dice que el amor perfecto elimina el miedo, y que donde hay amor, el miedo no puede prevalecer. Podemos aplicar este principio de fe y confianza a nosotros como individuos, a nuestras familias como la primera unidad con la que tratamos, y a la gente que contactamos en las sendas diarias de la vida. ¿Alguna vez has notado el efecto de simplemente estar con una persona calmada, serena y sin miedo? Qué diferente te sientes, qué animado y confiado te vuelves. ¿Por qué no nos convertimos en estaciones transmisoras de fe?

El mundo está primordialmente gobernado por el miedo. Tenemos miedo de esto, de aquello y de lo demás allá. Tenemos miedo de lo que ha pasado, de lo que está pasando y de lo que creemos que va a pasar. Si el miedo es contagioso y secreta de alguna misteriosa forma un virus que actúa negativamente en el cuerpo físico, yo pienso que no es demasiado decir que también secreta alguna clase de virus mental en la mente de toda la raza que nos afecta con un sentimiento de confusión, inseguridad y ansiedad.

No hay duda de que esto es cierto, y que debemos hacer algo al respecto. No que tengamos que volvernos figuras heroicas que se consideren libertadoras de la humanidad, porque probablemente no estemos en posición de hacerlo. Lo que quiero decir es que cada uno de nosotros debe analizar su propio pensamiento para determinar lo que está mal, y reemplazar el miedo con fe y confianza.

Pero ¿de dónde vamos a sacar esa fe y esa confianza? No de nuestra debilidad de nuestra experiencia pasada, y quizás no de los pensamientos que tuvimos ayer; esos pensamientos que estaban tan llenos de ansiedad. Me parece que tendremos que empezar de nuevo. Y debemos descubrir alguna razón para tener una fe que sea más fuerte que nuestros miedos. Hasta ahora el mundo no ha encontrado esta razón fuera de lo que llamamos una idea religiosa o espiritual. Y con esto quiero decir una fe directa en Dios.

Para Dios no hay nada qué temer. Y si podemos y nos sintonizamos con los pensamientos de otros, y si nos afectan, como seguramente lo hacen, ¿por qué no habríamos de aprender a sintonizarnos con la mente de Dios que está libre de miedo y duda?

Este es el significado de la oración y la meditación. Porque en el acto de la oración y la meditación estamos en comunión con el Espíritu invisible; atraemos su fuerza, su paz, y su serenidad para nuestra alma. Y como resultado nos fortalecemos y confiamos en nosotros mismos porque hemos construido una confianza en la vida, una fe y una convicción que repele el miedo. Tal y como es menos probable que un virus de una enfermedad física infecte un cuerpo fuerte, del mismo modo el virus del miedo mental es resistido por una mente plena y feliz.

Sería interesante que un día leyéramos en el encabezado de un diario: "El virus del miedo está activo ahora en cierta localidad, o infectando a toda una comunidad". Y sería interesante si el mismo artículo nos dijera que un grupo de personas está trabajando para atacar este virus del miedo difundiendo la fe. Y que luego, después de un tiempo, pudiéramos ver otro periódico con un encabezado: "Estamos vacunando con fe, y el virus del miedo ha desaparecido".

Bueno, tal vez esto suene algo loco en este momento, pero tengo entera confianza de que llegará el tiempo en que veamos tales encabezados en los periódicos.

El método más rápido y efectivo para deshacerse del miedo es permanecer tranquilo y elevar el pensamiento con confianza y fe hacia Algo más grande que nosotros. Es como ir de un cuarto frío y oscuro a la luz del sol y simplemente sentarse ahí, dejando que los rayos del sol penetren nuestro ser con calor y color hasta que la oscuridad y el abatimiento se hayan ido. Lo mismo ocurre con la vida de oración y fe, de meditación afirmativa y de comunión con ese Espíritu Divino que está más cerca de nosotros que nuestro propio aliento.

No olvidemos que si el miedo es contagioso, la fe lo es doblemente. Qué maravilloso es darse cuenta de que podemos influir tanto en nuestro entorno que quien se acerca se beneficia. Si es esto lo que hacemos, las estrellas mismas en su trayectoria conspirarán para ayudarnos.

Y podemos estar seguros de algo más: en el centro de nuestro ser existe un sólido castillo de fe, colocado ahí por un poder mayor que nosotros, por una inteligencia que sabe todo, y para siempre se mantendrá en su lugar por la Divina Presencia que es Dios en nosotros. Es a este Dios que mora dentro de nosotros al que debemos acudir. Así pues ¿cómo serían las cosas si encontráramos un método para hacerlo?

Para empezar, podrías seguir algunas sencillas reglas. En primer lugar, si estás lleno de miedos, no los guardes como un gran secreto en tu vida, sino que busca algún amigo o confidente con quien puedas aligerar tu alma de sus cargas. Esto liberará la tensión que has acumulado en tu cuerpo. El simple hecho de hablar con una persona de confianza, calmada, que pueda encontrar la razón por la que no necesitas guardar esos miedos, constituye un gran alivio.

Esto es, sin embargo, solo un asunto temporal, porque después debes aprender a enfrentar los miedos. No debes tener miedo de analizarlos y debes explicarte a ti mismo exactamente por qué sabes que no hay nada que temer. Cuando te encuentres cobijando un miedo o abrigando alguna ansiedad, empieza en el acto a hacer algo al respecto.

Y lo siguiente que hay que hacer es convencerte de que no estarías aquí si no hubiera un poder más grande que tú que te puso aquí. Y aprende a tener confianza en este poder. Nunca tengas miedo de decirle a este poder y a esta Divina Presencia: "Ahora entrego todos mis miedos, mis dudas y ansiedades. Se las entrego a esa vida perfecta de la que soy parte". Confiésate tus miedos a ti mismo delante de este poder, y entonces muévete a un nivel un poquito más alto de fe que el que tenías en el miedo y descubrirás que ocurre un milagro: los miedos disminuirán, hasta que finalmente se vean como un puntito en el horizonte de tu mente, y parezcan caminar hasta desaparecer por completo, como la oscuridad que huye de la luz.

Esto no es tan difícil como suena, si te vuelves como un niño pequeño. Todos necesitamos resucitar a este niño pequeño dentro de nosotros, quien desafortunadamente ha quedado tan enterrado en nuestras experiencias infelices que casi hemos olvidado que estaba ahí. Pero no lo hemos olvidado por completo, ¿o sí? Necesitamos resucitar la confianza en la vida que teníamos en nuestra juventud.

Recapturar este sueño de juventud es lo más sabio y lo más inteligente que alguien puede hacer. El miedo ha traído confusión. La fe hará nacer la confianza. La ansiedad ha traído días llenos de conflicto y noches llenas de temor. Solo la fe puede sanar esta confusión y sacar de nuestra mente los temores y disipar la ansiedad. Solo el amor puede traer armonía a tu vida. Así que repite para ti mismo:

> *Hago a un lado todo miedo, y con confianza y fe absoluta vuelvo mis ojos a la perfecta Divina Presencia, sabiendo que la luz de la verdad brilla en mi camino y el Amor Divino me guía al lugar secreto del Altísimo, donde moro bajo la sombra del Todopoderoso.*
>
> *Yo sé que no hay nada que temer en el mundo de Dios. El miedo no puede operar en mí, ni puede emanar de mí. En el centro mismo de mi ser hay completa confianza, completa fe. En el centro mismo de mi ser hay una conciencia de la protección del Amor Divino, la guía de la Divina Sabiduría y la fuerza del Divino poder.*
>
> *Me vuelvo en pensamiento al mundo entero y sé que mi palabra está trayendo a todos luz y vida y un sentimiento de fuerza y confianza. Me vuelvo en pensamiento hacia los líderes de todo el mundo y sé que el amor y la guía inteligente están dirigiendo sus pensamientos y sus acciones.*
>
> *Me vuelvo en pensamiento a todas las naciones de la tierra y despierto en ellas la comprensión de que hay bien suficiente para todos; que hay un Gobierno Divino bajo el cual todos estarán protegidos del miedo de unos hacia los otros.*
>
> *Me vuelvo en pensamiento a la gran imaginación creativa de la raza humana y le aseguro que hay un sentimiento y una Presencia en el centro de todo esperando darse a conocer.*

El temor y el castigo

TODOS SABEMOS LO que el miedo puede hacer; cómo puede marchitar la esperanza y apagar la pasión por la vida, y cómo, al final, puede cerrar los caminos de la autoexpresión. Cuando es llevado al extremo nos puede arruinar, física y mentalmente. Y hemos observado lo que la fe puede hacer. Hemos visto gente tan llena de miedo que nada en la vida parecía valer la pena para ellos, y los hemos visto aprender a tener fe en la vida, y hemos observado la transformación que ocurrió en sus vidas.

El psicólogo podría decir que tal hombre tiene una fobia, un complejo de inferioridad, lo cual significa que se siente incapaz de hacer frente a la vida. O el psiquiatra podría decir que está neurótico. Pero nosotros debemos mirarlo y decir: "He aquí a un hombre espiritualmente completo que no está haciendo algo para lo que no haya sido entrenado. Ha tenido la inteligencia y la capacidad emocional para aprender estas lecciones de miedo, y aprenderlas bien".

Si es posible que aprendamos a tener miedo, podemos revertir el proceso y aprender a tener fe.

En el estudio de la sugestión mental se ha descubierto que si una madre teme que su hijo no digiera la comida, afectará su proceso digestivo. Si tiene miedo de que él no duerma bien en la noche, su sueño será inquieto. Si el niño está rodeado de pensamientos de irritación y emociones de enojo, se registrarán en él. Innumerables ocasiones ha escuchado advertencias como: "¡Aléjate de ese perro porque puede morderte!" o "¡No te acerques a la orilla, porque te puedes caer!" o "No olvides lavarte las manos, hay microbios en ellas".

Las señales en el camino hacia el miedo son demasiado numerosas como para mencionarlas, pero cada una deja una impresión en la mente en desarrollo y en la memoria plástica del niño. No es raro que el niño llegue a la madurez en un estado de miedo perpetuo. Lo ha aprendido en el hogar, en la escuela y desafortunadamente, en su religión. A veces nos preguntamos si no se teme más a Dios de lo que se le ama y se confía en él.

Es desafortunado que se hubiera hecho tanto énfasis en la idea de un futuro *estado de castigo* en nuestro entrenamiento religioso, pues de ella han surgido los más mórbidos miedos que la mente humana haya concebido. ¿Cómo podemos creer que un Dios Bueno, un Dios de amor y de sabiduría, busque destruir a su propia creación? Esto no significa que no seamos responsables por nuestro proceder. No podemos escapar al resultado lógico de nuestros pensamientos y actos. El castigo por cualquier acto fluye del acto mismo. Jesús dijo: "Perdona y serás perdonado". En esta declaración maestra encontramos una enseñanza de justicia pero no de castigo. En el momento en que perdonamos somos perdonados. Dios es el eterno indulgente.

Recordarás que en la parábola de Jesús sobre los jornaleros, unos llegaron temprano por la mañana para trabajar en el viñedo, otros a medio día, algunos por la tarde y varios no llegaron sino hasta la onceava hora. Pero el dueño del viñedo les pagó a todos por igual. Esta parábola tiene un mensaje de gran importancia. Lo que Jesús quiso decir es: no importa lo que pase durante el día, no importa qué tan equivocados hayamos estado en nuestra experiencia previa, cuando el tiempo llegue en que realmente entremos al viñedo, que significa la vida que vivimos, entonces el dueño del viñedo, que representa a Dios, nos recibe. No hay condenación, no hay juicio. No se nos envía a la perdición eterna o al castigo futuro. Jesús enseñó que no hay pecado sino error, y que no hay castigo sino consecuencias de los errores.

De nuevo, encontramos a Jesús perdonando al ladrón que fue crucificado con él, diciendo: "Hoy estarás conmigo en el paraíso". Él le dijo a la gente que cuando fueran al templo a orar, el perdón debería ser su primer acto. ¿Podemos ignorar que este perdón significa perdonarnos a nosotros mismos, así como, perdonar a todos los demás? Jesús claramente enseñó que Dios es el gran dador, y como es el gran dador, es también el gran indulgente.

Aquí otra ilustración: supongamos que una habitación ha estado en la oscuridad por años y que llevamos una luz. ¿Qué pasa con la oscuridad? Simplemente no está ahí. No hay ninguna diferencia en lo que se refiere al tiempo que ha estado en la oscuridad, cuando la luz aparece, la oscuridad desaparece.

Quizás nuestras ideas de ser buenos y hacer el bien se han basado en la esperanza de recompensa o en el miedo al castigo en vez de en el sentido común. La bondad debe ser natural y espontánea. La bondad es normal; la maldad es anormal. Debemos vivir con fe y no con miedo. Pero como hemos tenido tantos miedos y como hemos desarrollado un sentido inconsciente de culpa, buscamos una liberación de la tensión emocional de este sentimiento de culpa proyectando el pensamiento de que necesitamos ser castigados por nuestros errores. Esto, sin duda, es el origen de la creencia en el infierno.

Muchos creen que la Biblia enseña que, literalmente, hay un infierno. Nada más lejos de la verdad. Lo que la Biblia enseña es la Ley de Causa y Efecto. La enseña una y otra y otra vez, en muchos lugares y formas diferentes.

La Biblia enseña que las reacciones desagradables y negativas deben ser purgadas de la mente. De ahí sacamos la idea del purgatorio, pues significa purgar la mente. Nos dice que el dolor de esta purga mental puede ser comparado con los Fuegos de la Gehenah, que era un lugar fuera de la ciudad de Jerusalén donde quemaban la basura. Esta enseñanza la podemos aceptar porque es lógica. Si nuestra mente está llena de odio hacia los demás, en realidad nos odiamos a nosotros mismos. Si carecemos de confianza en la vida, es porque primero carecemos de confianza en nosotros mismos. Y si tenemos miedo de Dios y del futuro, es porque no estamos familiarizados con el amor y la confianza.

Por desafortunado que sea, no hay duda que uno de los grandes miedos fundamentales de la humanidad es la creencia en el infierno y en el castigo futuro. Y probablemente más tristeza, sufrimiento humano y morbidez han venido de esta creencia que de todas las demás combinadas. Es hora de aclarar la situación y darnos cuenta de que el Dios de amor no puede odiar, que el Dios de vida no puede destruir, que el Dios del bien no puede desear el mal.

Es basándonos en esto que debemos crear una gran esperanza y fe. Debemos estar dispuestos a admitir que somos castigados por nuestros propios errores y, por sentido común, reconocer que mientras continuemos cometiendo esos errores debemos, necesariamente, continuar sufriendo, pero siempre con la certeza en mente de que cuando la luz entra, la oscuridad desaparece, cuando el perdón viene a nuestra mente, somos perdonados, cuando estemos dispuestos a dar, recibiremos, cuando aprendamos cómo entrar en el cielo dejaremos detrás lo ajeno a él.

La paz divina no es perturbada por ningún himno de odio, ni la majestad o poderío de la Eterna presencia es perturbada por nuestros pensamientos de discordia.

Hay otro pensamiento que Jesús nos dio que no debemos pasar por alto. Él dijo que el Reino de los Cielos está a la mano; que está aquí ahora. No es algo que se tenga que esperar, algo que va a pasar en el futuro. Está a la mano. La pregunta es, ¿lo estamos viendo? ¿Estamos realmente contemplándolo como él lo hizo, en el aquí y ahora?

La razón de que Jesús perdonara los pecados de la gente fue que reconoció el miedo y la morbidez que se habían formado a lo largo del tiempo porque las personas le tenían miedo a Dios. Le temían en vez de amarlo. Y entonces Jesús les perdonó estos errores y les dijo que meditaran al respecto hasta que finalmente se dieran cuenta de que Dios es amor, que Dios es vida, que Dios es paz, que Dios es Alegría, que Dios es Generosidad, que Dios es Perdón.

Pero al mismo tiempo les advirtió que existe una Ley de la Vida que reacciona a la persona según la manera en que la use, y que mientras se rehúse a perdonar no podrá ser perdonado; que mientras se rehúse a ver en cada persona la imagen divina que espera esté dentro de sí mismo, no podrá encontrar al hijo de Dios en el centro de su propio ser. Jesús enseñó justicia sin juicio, libertad sin libertinaje, y mostró que hay un equilibrio perfecto entre nuestros pensamientos, nuestros actos y lo que nos ha de ocurrir. Y es sobre esto que debemos cimentar nuestras creencias y actos.

Recordemos la historia del Hijo Pródigo que había perdido en una tierra lejana todo lo que poseía. Y cuando, enfermo y desilusionado, regresó a la casa de su Padre, su Padre no le condenó, sino que lo recibió con los brazos abiertos. Ni siquiera le preguntó en dónde había estado o qué había hecho, sino que le dijo: "Regocijémonos juntos".

Qué maravillosa es esta idea de estar envuelto en los eternos brazos de la paz y del amor en el mismo día en que abandonamos nuestra desconfianza, nuestro odio, nuestros miedos y dudas. Y qué simple debería ser nuestra salvación. Lo que significa es cambiar de lo equivocado a lo correcto, de la oscuridad a la luz, del miedo a la fe, del odio al amor, del infierno al paraíso. Qué gratificante es saber que nadie puede estorbarnos salvo nosotros mismos, y excepto por la ayuda de nuestro extraordinario y bondadoso Dios, nadie puede ayudarnos más que nosotros mismos.

Algún día, tan seguro como que vivimos, este es el Dios que será presentado a la humanidad, una Divina Presencia Universal que siempre bendice a su creación; un océano infinito de amor en el que estamos inmersos, el Padre nuestro que está en los cielos, el Único Dios, que no es un Dios de ira o castigo sino un Dios de paz, alegría y plenitud. El día llegará en que el otro Dios sea olvidado, y la humanidad aprenderá a vivir como si la Tierra fuera el Reino de los Cielos, con Dios mismo como anfitrión.

Superación del miedo y del complejo de inferioridad

NO TEMÁIS, PEQUEÑO rebaño, porque a vuestro Padre le ha placido daros el reino. Aquí está explícito que el reino sobre el cual debemos tener pleno dominio ya nos ha sido dado y si existe tal reino, y si debemos tener dominio sobre él, entonces podemos actuar como reyes, no como vasallos, no como esclavos, y no como esos que se acobardan ante un inexorable destino.

Si estamos hechos a imagen y semejanza del Divino Ser, entonces no debemos temernos unos a otros. Y si la vida misma es una unidad del bien, entonces ¿por qué debemos tener miedo a la vida?

La experiencia nos ha probado que algunas personas tienen miedo de la vida, tienen miedo unos de otros, y rara vez encontramos algo que refleje una actitud digna de un rey. Es más, esos verdaderamente raros casos donde encontramos una actitud regia es frecuente que vayan acompañados de arrogancia. Es de la mayor importancia resolver este desconcertante problema con el que ministros, médicos, metafísicos y psicólogos se enfrentan en su contacto diario con la gente.

Bajo análisis se ha observado que el complejo de inferioridad se basa en el miedo a la vida. El miedo básico es una incapacidad de ajustarse de forma adecuada al diario vivir.

Una persona demasiado sensible siempre está en desventaja y muy seguido asume una actitud de arrogancia o de fanfarronería para cubrir su dolor interior. Por lo general no admite que ese dolor existe. Y aunque entrene su voluntad y estudie el método psicológico conocido para enfrentar la vida, a menos que haya superado los miedos fundamentales de la vida, solo los habrá enterrado profundamente mediante sus maniobras mentales.

Cualquiera que esté familiarizado con las reacciones mentales sabe que un hombre que se jacta diciendo que no tiene miedos, que proclama que es tan bueno como cualquiera, y que demanda siempre la atención de los demás, está enfermo interiormente. Está intentando cubrir alguna parte de sí mismo, aunque esto sea imposible. Hay un dicho chino que dice: ¿Cómo puede un hombre ocultarse *de* sí mismo?

Aunque empujemos nuestras emociones hacia atrás al inconsciente, siempre surgen de otra forma. Es imposible enterrar un manantial vivo. Podemos solo cambiar su curso. Es igualmente imposible destruir esa necesidad dinámica que algunos llaman libido; otros, el deseo de poder, y otros, más correctamente quizás, la designan como la fuerza de la vida que busca expresarse.

Si deseamos sanar el complejo de inferioridad tenemos que llegar a conclusiones más básicas que solo enseñar a nuestro estudiante o paciente a gritar que es autosuficiente. Porque mientras más alto lo grite más miedo tendrá, hasta que finalmente su grito sea un chillido y su actitud hacia la vida se vuelva histérica.

Se nos dice que el complejo de inferioridad con frecuencia surge de la frustración juvenil y represiones de la primera infancia, o de reacciones emocionales que han conmocionado las sensibilidades más finas cuando por primera vez entraron en contacto con las duras realidades de la vida.

Esto puede ser cierto, y si continuamos con esta teoría se hace necesario poner al descubierto la corriente psíquica de las experiencias previas y los recuerdos inconscientes. En este proceso de poner al descubierto, en este análisis del alma o de la psique, si el incidente que inició el flujo de la conciencia en la dirección incorrecta (que la devolvió sobre sí misma) es traído a la superficie y es visto por la persona, por lo general se disipa.

Analizar a cada persona psicológicamente es imposible, y parece también imposible convencer a todos sobre la verdad de ciertos dogmas religiosos. No todas las personas desean volverse religiosas ortodoxas, ni desean creer en alguna forma particular de filosofía espiritual. ¿Qué vamos a hacer entonces? La respuesta es tan simple que nos sorprende cuando llegamos a su correcta conclusión.

No debemos pasar por alto el hecho de que hay un sinnúmero de personas que, como decimos, han nacido dos veces. A través de las convicciones religiosas su vida entera ha sido al instante transformada y la corriente psíquica de las experiencias previas se ha revertido. El miedo ha sido superado por medio de la fe y la convicción espiritual, y las neurosis mórbidas han cedido el paso a alguna fuerza espiritual que no podemos analizar también, pero que nadie que haya investigado los hechos pensaría en negar.

Las religiones que han ayudado a la gente, lo han hecho porque hay un común denominador en ellas, que es la fe en algo mayor que el yo aislado. Igualmente los procesos psicológicos que han resultado benéficos para quitar el miedo y el complejo de inferioridad han sido capaces de hacerlo por el común denominador que recorre el proceso, concretamente, el regresar el ser al ser seguido del reajuste del ser y el reajuste del ser a la vida, con confianza, con fe y con seguridad en uno mismo.

Esto debe enseñarnos que existe una negación básica, considerada una negación del principio de Vida, y una afirmación básica, que es una aceptación del principio de vida, y que la afirmación reduce a la negación a su inexistencia original.

Sería imposible que un hombre permaneciera lleno de miedo si su confianza en el Espíritu interior fuera mayor que su miedo, pues esa confianza automáticamente neutralizaría al miedo. Esto es lo que ha ocurrido en ese tipo de conversión religiosa particular que ha hecho que un individuo "nazca dos veces". Cuáles eran sus convicciones religiosas no tiene importancia si por medio de ellas llegó a la verdad y se produjo un efecto saludable.

Al reconocer esto no deshonramos su convicción religiosa. Más bien, la afirmamos. Pero en la medida en la que entendamos la operación de un principio ya no necesitaremos abordarlo desde la espasmódica y más o menos incierta vía de alguna forma peculiar de observancia. Lo mismo puede decirse de las diferentes escuelas de psicología aplicada. Todas llegan a resultados prácticos, y estos resultados por lo general dependen más del practicante que de los métodos involucrados, ya que el principio subyacente a estos métodos deben ser de fe.

Sin embargo, la fe religiosa tiene cierta superioridad sobre la psicológica, pues naturalmente si se puede lograr que un hombre tenga fe en Dios, esa fe será mayor que cualquier fe que pudiera haber estado en un individuo o en un grupo de personas.

No es solo importante, sino necesario, descubrir qué clase de creencia debemos tener. ¿De qué manera utilizaremos la fe para superar el miedo y sanar el complejo de inferioridad? La respuesta es obvia: fe en Dios, fe de uno en el otro, fe en la vida, fe en el destino, y sobre todo, fe en la eternidad de nuestras almas.

El desinformado puede complacerse en sonreír cuando hablamos de tener fe en la eternidad del alma. Sin embargo, si se ocupan de investigar el asunto ampliamente descubrirán que sin esta fe en la eternidad del alma los demás tipos de fe de los que hablamos, se debilitan. La razón, creo, es evidente. No podríamos tener una fe verdadera en Dios o en la Integridad del universo a menos que dicha fe incluyera una relación firme entre el alma individual y el universo.

Ahora, si esa relación es solo temporal, como la relación de una vela con su flama, entonces no tiene ninguna importancia. Tal convicción llevaría a la mayoría de la gente a la desesperación, por lo que exclamarían: "Pues, ¿de qué le sirve a un hombre ganar el mundo entero y perder su alma?" (Marcos 8:36). La fe en la inmortalidad es necesaria para una verdadera sanación del complejo de inferioridad y el miedo. Nuestra fe en la vida debe ser tan grande que en nuestra imaginación sea un puente en el océano que llamamos muerte.

Un análisis cuidadoso de los grandes personajes de la historia que han tenido esta fe pronto nos probaría que con su advenimiento el sentimiento de inferioridad y el miedo han disminuido. Los capítulos de la historia religiosa están llenos de los relatos de aquellos que han pasado de la debilidad a la fuerza, de la timidez al valor como resultado del poder transformador de la fe. Decidamos o no llamar a esto una reacción psicológica no hace diferencia, ya que las reacciones mentales son psicológicas.

Si, por otro lado, deseamos llamar a tales experiencias espirituales, es igualmente correcto. La experiencia espiritual ha venido a la mente, ha convencido al intelecto y ha penetrado las emociones. Cuando dichas experiencias se han hundido tan profundamente, se han vuelto subjetivas, lo cual significa que se han vuelto permanentes.

Entonces, lo que queremos hacer es encontrar una fe mayor a nuestros temores, ya sea a la gente, a las condiciones, a la vida o a la muerte. Esa fe nace de una convicción total en el destino eterno de la propia alma y de todas las otras almas.

No podemos dejar de entender que el miedo y el complejo de inferioridad siempre son un regreso del pensamiento al ser. Por eso se les ha considerado una forma de egoísmo, pero es más que eso. Es centrarse en uno mismo más que en un egoísmo en el sentido ordinario del término. Todos hemos conocido muchas personas desinteresadas que han hecho grandes sacrificios por buenas causas, pero que se han sentido mártires al hacerlo; personas que han dedicado su vida entera a otros y que han estado demasiado conscientes de ello.

Este egocentrismo con frecuencia acompaña al complejo de inferioridad y también debe ser sanado. Esto se logra mediante el entendimiento de que solo hay un Ser Último en el que todos los seres convergen. El infinito no desea ni mártires, ni alguien que sacrifique nada de su naturaleza verdadera. La Ley del Infinito está a favor de la autoexpresión, y autoexpresión significa la expansión del individuo, su evolución y su evolución eterna. Por lo tanto, a la persona egocéntrica debe dársele una meta, o un ideal mayor que el de su ser individual. Debe entregar su pequeño ego al Ser superior.

Este es el sacrificio que está llamado a hacer. Debe morir al concepto que tiene del ser limitado y resucitar a la conciencia de ese Ser que es uno con las personas, lugares y cosas; uno con los tiempos; uno con Dios. Debe abandonar sus miedos y sus heridas. Después de que ha aprendido a ver a todas las otras personas como se ve a sí mismo, entonces sabrá que el Ser Verdadero no puede ser herido, ni desea herir. Su alma habrá entrado en esa atmósfera mental donde lastimar no es ya posible.

En la medida en la que la venganza, odio y animadversión desaparezcan, se descubrirá a sí mismo fusionándose con la atmósfera espiritual de otros. Aprenderá a respetar y a admirar a otros, y esperará que los otros le respeten y le admiren. Superará sus miedos a la vida, comprendiéndola y no luchando contra ella. Superará su miedo a la gente entendiéndola más que rechazándola.

Este tipo de entendimiento va más allá del concepto ordinario de la tolerancia. No aprende a tolerar a la gente; aprende a entenderla. Hay una enorme diferencia. Él ve más allá de la debilidad y fragilidad e inconsistencia de la vida humana, incluso de sus miedos y sus morbos. Ya no se acobarda. Con una quietud serena enfrenta su inevitable salida de este mundo, sabiendo que por gloriosa como haya sido esta vida, está seguro de que irá a un lugar mejor.

Si deseamos eliminar el miedo y el morbo esto es lo que debemos comprender. La experiencia humana nunca ha encontrado un mejor camino. De hecho, es el único camino que con seguridad producirá los resultados deseados.

En la experiencia real este trabajo se hace más o menos de esta manera, en el entendido de que si estás haciendo un tratamiento para ti dices: "Yo soy esto y aquello", o si lo estás haciendo para alguien más dices: "Él o ella es esto y aquello". Este es el método de procedimiento para todo tratamiento:

> *Yo sé que soy uno con la vida. Ahora entiendo que la vida misma es perfecta, completa; que hay una presencia espiritual y una unidad divina que fluye a través de todo. Entiendo cómo es que esta unidad divina se representa en todas las personas. Veo claramente cómo es que esta unidad divina dirige toda forma y da vida a todo suceso. Estoy consciente de esta divina presencia en el centro mismo de mi propia alma. Es la realidad de mi ser. Esta realidad es fuerte, positiva, cierta, confiada y plena.*
>
> *Veo que la realidad dentro de mí es la misma que la realidad en toda la gente que habré de conocer, y que la realidad de ellos responde a la realidad dentro de mí; por lo tanto en nuestro saludo humano hay una unidad divina. Todas mis relaciones humanas se establecen sobre la base de esta unidad divina. Todas mis relaciones fluyen a partir de ella. No hay miedo, ni sentimiento de inferioridad. Estoy consciente de mi capacidad de enfrentar toda situación. Estoy consciente de mi capacidad para encarar a cada persona con perfecta franqueza, perfecta apertura y en completo entendimiento.*
>
> *Es más, sé que cada persona me desea el bien. Toda situación que experimento tiende a promover mi bienestar, a aumentar mi felicidad y autoexpresión, y todo el bien que existe, me pertenece hoy.*
>
> *Mi fe en el bien es completa, mi unión con la vida es perfecta, y siempre encontraré aprecio, ayuda, apoyo y seguridad. Esta es la ley que se manifiesta en mi experiencia hoy, mañana y siempre.*

Vivir sin miedo

EL MIEDO ES el gran enemigo del hombre. Es imposible que una persona dé lo mejor de sí, si está lleno de ansiedad. Estamos hablando de un miedo mórbido, el tipo de miedo que nos quita la vitalidad mental, emocional y física.

Son estos miedos mórbidos de los que deseamos deshacernos, y no de la precaución ordinaria necesaria para la vida inteligente. Por ejemplo, una persona parada en lo alto de un acantilado naturalmente tendrá la precaución de no acercarse demasiado al borde. Pero si alguien teme a los lugares altos por el miedo a caer o a que se apodere de él un irresistible impulso de brincar, entonces tiene un miedo mórbido a las alturas. Y si pudiéramos rastrear este miedo hasta su causa original podríamos descubrir que en algún momento, en una experiencia previa, fue amenazado por alguien que quizá sugirió que lo lanzaría por un acantilado.

O tomemos el caso de un niño encerrado en un clóset como disciplina. Puede ser que, después en la vida, después de convertirse en adulto, tenga un miedo mórbido de estar en lugares cerrados. Esto se llama claustrofobia, que significa un miedo terrible de ser encerrado solo. En la vida adulta, a quien ha sido castigado encerrándosele en un oscuro clóset le puede resultar emocionalmente imposible estar solo incluso en un cuarto ordinario donde haya varias salidas.

Nos dicen que un infante tiene solo dos miedos: el miedo a los sonidos altos y el miedo a caer; los demás miedos son adquiridos. Nunca se planeó que transitáramos por la vida llenos de miedos, dudas e incertidumbres.

Quizás es por esto que Jesús puso gran énfasis en nuestra necesidad de tener fe y por lo cual dijo a sus seguidores que no debían tener miedo de lo que fuera a suceder mañana. Sino, más bien, que debían vivir el hoy con un sentido de confianza, paz y expectativa alegre. Cuando el mañana venga se hará cargo de sí mismo. El hoy es el único día en el que podemos vivir. Porque cuando el mañana venga será otro hoy, y así sucesivamente hasta la eternidad.

Pero a menos que hoy vivamos sin miedo temeremos el mañana. Aquellos que viven con el temor del mañana generalmente viven con los pensamientos mórbidos de lo que pasó ayer. Sus mentes están llenas de cosas que fueron desagradables en sus experiencias previas y de los eventos infelices que temen sucederán en el futuro. El día presente en el que viven carece de paz y alegría, y se convierte en una cámara de tortura atrapada entre el ayer y el mañana. Esto altera tanto la mente que un sueño tranquilo se vuelve imposible. Estas personas rara vez se levantan en la mañana llenas de esperanza boyante, expectativa alegre, y el entusiasmo natural y las ganas de vivir que todos necesitamos si queremos sacar lo mejor de la vida.

El ayer ya se fue para siempre. No podemos revivirlo. No importa cuánto podamos lamentar lo que pasó ayer, es de verdad imposible vivirlo de nuevo; pero con demasiada frecuencia en la imaginación lo vivimos una y otra vez, y al hacerlo traemos la miseria del ayer al hoy. Aprende a olvidar el ayer. Después de que lo hemos analizado y hemos aprendido de nuestros errores, lo que hay que hacer es corregir esos errores y perdonarnos por lo que sea que hayamos hecho.

Y debemos aprender a perdonar a otros. Esto no es siempre lo más fácil de hacer, pero se puede lograr. Si se convence a una persona de que debe perdonar para poder sanarse de infelicidad, por lo general hará el esfuerzo de hacerlo.

Usualmente damos a las personas algunas afirmaciones u oraciones afirmativas que les ayudarán a lograrlo. Y, en particular, los impulsamos a repetir que esta noche dormirán en paz y despertarán con alegría y vivirán en una conciencia del bien. Tratamos de hacerlos sentir que no hay nada en el universo que busque dañarlos; que aunque todos hemos cometido errores no hay ningún Dios de venganza, ningún poder Divino que quiera o desee el daño para nadie. Somos el producto del universo; somos la descendencia del Espíritu Divino; somos una parte de su vida que está moldeada como hombre, que está formada como hombre y que actúa como hombre, como individuo, como una persona. Y ¿cómo podría la Causa Divina de nuestro ser buscar destruir o dañar en modo alguno esa vida que es la progenie de su propio ser?

Este pensamiento mórbido de que existe un poder deifico que siempre nos está probando para ver cuánto podemos aguantar, o siempre nos está restringiendo para que no dejemos de reconocer su supremacía, es uno de los mayores crímenes psicológicos de los tiempos. Es realmente el hombre contra sí mismo. Pero hemos llegado a interpretarlo como si fuera Dios actuando en contra del hombre; como si fuera el Creador que busca eliminar a su propia creación.

La persona que ha aprendido a perdonarse a sí misma, sencilla y directamente, y quien ha llegado a creer que Dios perdona eternamente, y que ha aprendido a perdonar a otros, al final llega a un punto donde sabe que el divino está a su favor, y no en su contra. Llega a un punto donde sabe que el amor es la gran realidad.

Si quieres deshacerte del miedo no necesitas tomarte el tiempo para considerar cada tipo de miedo por separado. El miedo a la gente, el miedo a las cosas, el miedo a las condiciones, el miedo al ayer, al hoy y al mañana, pues estas distintas formas de miedo tienen su origen en una negación fundamental: no sabemos que pertenecemos al universo en que vivimos. No nos damos cuenta de que Dios nos necesita o no nos hubiera puesto aquí.

Aunque es verdad que podemos seguir la pista de miedos específicos a ciertos incidentes que ocurrieron en los inicios de nuestra vida, y aunque es cierto que si hacemos esto podemos eliminarlos, la mayoría de ellos al final se reducen a unas cuantas actitudes de la mente, la mayoría de las cuales se basan en la creencia de que "nadie me quiere, ni me necesita, ni me ama; probablemente no valgo, soy inútil e inservible; no tengo la capacidad de enfrentar la vida, no tengo la fuerza o el poder o la voluntad de vencer los obstáculos, y no tengo cabida en ningún lugar".

La mayoría de nuestros miedos pueden ubicarse en estas actitudes inconscientes de la mente que surgen de nuestros deseos reprimidos de vivir con mayor abundancia, y de nuestro sentido interno de inferioridad porque estamos inseguros del futuro.

Bien, la forma de deshacernos del miedo es mediante el cultivo de la fe; una fe fundada en el pensamiento de que Dios es todo lo que existe. Si aprendemos a ver a Dios en las personas, en las circunstancias y en las situaciones, lo encontraremos. *Busca y encontrarás.* Cuando nos entreguemos con una confianza y una fe sencilla, como de niño, a la vida misma, ella siempre nos responderá.

No importa cuál haya sido la historia de alguna mala experiencia, o durante cuánto tiempo hayamos albergado miedos o resentimientos o dudas. En el preciso instante en que nos alejamos de ellas, se irán de nosotros. Como ves, la Eternidad está *aquí* y *ahora*. Dios está en todos lados. El Espíritu Divino está en todas las personas. Y el movimiento de la Ley del Bien está en todos los acontecimientos humanos. Nosotros solos bloqueamos nuestro bien, y nosotros solos lo reafirmamos. Nosotros mismos podemos reajustar nuestras vidas hacia una nueva forma de pensar hasta que nuestros patrones de pensamiento cambien.

Al hacer esto estaremos haciendo el mejor trato posible, porque estaremos cambiando miedo por fe, duda por certeza, el infierno por el cielo. Está destinado que todos hagamos esto, tarde o temprano, así que ¿por qué retrasar el día de nuestra liberación del miedo? Este es el día en el que debemos aceptar el Reino que se nos da para siempre. Este es el día que debemos tener una limpieza completa de nuestros ayeres. Este es el día que Dios ha hecho. Seamos felices en él.

Meditación

Este día contendrá alegría y felicidad; estará lleno de paz; y a través de ella fluirá el silencioso poder de la fuerza espiritual, que armoniosa y felizmente gobierna nuestros pensamientos, decisiones y aceptaciones, de modo que todo se hará sin ningún esfuerzo.

Así pues, hacemos a un lado todo cansancio y aceptamos el poder dador de vida, vigorizante y dinámico del Espíritu, sabiendo que infunde vida a cada órgano de nuestro cuerpo, que fluye con fuerza y determinación a través de todo lo que hacemos, incluso cuando nos lleva amablemente por el camino de la vida.

Hoy es el día que Dios hizo, y estamos contentos en él. Y cuando llegue la tarde, las frescas sombras de la paz caerán en nuestro camino y la quietud de la noche entrará en nuestras almas, la beatitud del Espíritu fluirá a través de nosotros como un río de vida. Dormiremos en paz y despertaremos alegres, y viviremos en la conciencia del bien, porque Dios está sobre todo, en todo y fluye a través de todo.

Inseguridad

Se cree que hay cuatro diferentes componentes subjetivos o inconscientes detrás del complejo de inseguridad y ansiedad. Para poder entender esto regresemos a la idea de que el ego no debe ser rechazado.

Cuando el niño o el adulto sufre de una sensación inconsciente de ser rechazado, no querido, o necesitado o amado, inconscientemente recibe la impresión de que debe haber algo malo en él. Como las facultades objetivas no están conscientes de ello, discute consigo mismo más o menos de esta forma: "A nadie le caigo bien, nadie me quiere cerca; soy un estorbo para todos. Debe haber algo malo en mí o esto no pasaría". De ahí en adelante desarrolla una sensación inconsciente de culpa y autocondena.

Pero la naturaleza ha facilitado que ciertos procesos de la mente, que buscan proteger al ego, mantengan este sentimiento interno cubierto para que nunca llegue a la superficie, pues la mayoría de nuestros conflictos internos nunca salen a la luz del día. Si salieran dejarían de existir. De este sentimiento de no ser querido, necesitado o amado, y de este sentimiento inconsciente de culpa y autocondena, al cual no se le permite llegar a la superficie, porque el ego no debe rechazarse a sí mismo, surge una sensación de inseguridad, un sentimiento de que "no estoy a salvo en ningún lado, no tengo cabida en ningún sitio, todo en mí está mal". Y a partir de este sentimiento de rechazo, culpa e inseguridad, se genera un sentimiento de ansiedad.

Puedes comprobar esto fácilmente por ti mismo al hablar con personas que tienen complejo de ansiedad continuo. Nunca parece haber una razón específica para este sentimiento. No pueden señalar algún punto en su experiencia y decir: "Esto es". Más bien, el conflicto interno, que busca liberarse de sus tensiones, proyecta la ansiedad primero en una situación y después en otra, como si fuera un reflector buscando un objeto por sí mismo.

Hace esto para deshacerse de las tensiones, porque los conflictos internos son un resultado del empuje del deseo para expresarse que ha sido acumulado sobre sí mismo a través de la represión. Ya que el ego no debe ser rechazado porque perdería su propia estima si así fuera, un cierto mecanismo de la mente empuja la corriente de deseo de regreso a la mente. El conflicto está entre el deseo de expresarse y la represión que lo empuja de regreso hacia el inconsciente donde el conflicto silenciosamente continúa.

Esta es una sencilla, y al mismo tiempo, breve explicación de la naturaleza de nuestros conflictos interiores, y, sin embargo, aunque es muy sencilla, es también fundamental. Observarás en cualquier libro que puedas leer sobre la materia, que se hacen algunas referencias a estos simples hechos. En psiquiatría y en el psicoanálisis, y en la mayor parte de la asesoría psicológica, el propósito es poner al descubierto estos conflictos internos y hacerlos que salgan a la luz del día donde serán descubiertos y comprendidos por la propia persona, bajo la teoría de que cuando son vistos, desaparecen. Esto es, entenderemos por qué nos sentimos como lo hacemos, y por qué no necesitamos sentirnos así.

Este proceso es engorroso, tardado y, por lo tanto, caro. Sin embargo, es científico y las técnicas para exponer los conflictos internos, cuando se usan exitosamente, deben y a menudo lo hacen, aliviar por completo la presión y así rehabilitar al individuo, haciendo que sea una persona normal, feliz y espontánea.

Pero creemos que ahí no termina todo. El hombre tiene su origen en el Espíritu puro; es una parte de la vida; es una encarnación de Dios, y no importa cuáles sean sus conflictos internos, o qué los haya ocasionado, hay una manera en la que puede eliminarlos por completo sin el proceso elaborado del análisis. Si lograra perdonarse a sí mismo por los errores que pudiera haber cometido; si eliminara de su mente el miedo de que hay un Dios que lo condena, de que un terrible mal lo espera después de esta vida, tendría un alivio completo.

Este es uno de los propósitos saludables del confesionario, y quizás esa es la razón por la que Jesús frecuentemente decía a la gente que sus pecados le eran perdonados.

Si es cierto que en el centro de la neurosis hay un sentimiento de *ser rechazado*, acompañado por una *conciencia de culpa* de la que surge un sentimiento de inseguridad y una actitud de ansiedad, ¿por qué no podríamos nosotros con nuestro método, tener una limpieza completa atacando estas cuatros actitudes fundamentales innatas, y asegurándonos silenciosamente a nosotros mismos que no hay nada en el universo que tenga algo en contra de nosotros? No hemos hecho nada tan terriblemente malo, después de todo. ¿Por qué habríamos de sentirnos inseguros en el universo en que vivimos, o tener cualquier ansiedad, si nuestra confianza completa está puesta en Dios o el bien?

Esto nos lleva de vuelta a la proposición fundamental sobre la cual nuestro pensamiento entero se fundamenta: Dios es Uno, Dios es Bueno, Dios desea solo el bien, Dios está exactamente donde estamos, Dios está dentro de nosotros y a nuestro alrededor.

Si la autocondena es algo inconsciente, y como resultado de ella nos protegemos de conflictos internos al proyectar la condenación en otros, en consecuencia, si pudiéramos aliviar la tensión de la carga de la culpa y la condenación de nuestro propio pensamiento inconsciente, ya no la proyectaríamos en otras personas.

Quizás esto parezca demasiado sencillo para ser verdad, pero las grandes verdades son sencillas, y los métodos más efectivos son los más directos. El punto de partida para la eliminación de las cargas internas que son demasiado pesadas de soportar, y de los conflictos que separan a tantas personas, es limpiar nuestra propia mente con respecto a nosotros mismos y nuestra relación con Dios.

Algunos podrían pensar que esta es una forma de excusarnos a nosotros por el mal que hacemos. Nada podría estar más lejano de la verdad, porque mientras permanezca el sentido de condenación hacia otros, no hemos alcanzado la claridad en nuestra propia mente. Una conciencia de amor debe ser la base para la seguridad que necesitamos; un sentimiento de que el amor divino da de sí mismo, de que damos de nosotros mismos, y de que no hay algo en nosotros que pueda proyectar otra cosa que no sea amor y paz y alegría a otros.

Ha sido mi experiencia que cuando un individuo se perdona a sí mismo por completo, y al mismo tiempo comprende también que cualquier causa que ponga en movimiento hacia otros recaerá sobre él mismo, esta persona ha llegado a un punto donde sus juicios ya no son severos. Se vuelve una persona agradable y amable y experimenta paz dentro de su propia mente. No puede haber paz hasta que esta limpieza se lleve a cabo. En uno de los grandes libros de sabiduría del oriente dice que el ser debe elevar al ser por el ser. No hay otra forma, porque el ciego no puede guiar al ciego. Debe haber unos ojos que vean.

No solo puedes hacer esto para ti mismo, sino que lo puedes hacer para otros usando el mismo método. La única diferencia entre hacer un tratamiento para ti mismo y para otros es que cuando es para ti dices: "Esta es la verdad para mí", mientras que cuando lo haces para otros dices: "Esta es la verdad para él/ella". Perdonar y ser perdonado, amar y ser amado, vivir y dejar vivir, es la sencilla base para todo. Simplemente ser tú mismo en Dios, ser sencillo y espontáneo. Vivir como si hoy fuera el día de Dios y pudieras regocijarte en ello.

Me gustaría hacer esta otra sugerencia para tu cuidadosa consideración: ¿No será posible que la creencia en el demonio o en los demonios y en un futuro estado de juicio terrible que debemos temer sea el resultado de proyectar en el universo nuestras propias vidas no redimidas, juzgando a Dios según nuestros propios infortunios, nuestras propias carencias, nuestros propios miedos, dudas e inseguridades? Yo creo que la imaginación inconsciente del hombre ha hecho esa proyección, porque no puede haber nada qué temer de Dios. Los problemas del hombre solo residen dentro de sí mismo, y son para él y proceden de él. El sufrimiento no es un designio de la sabiduría omnicreativa.

Hay otra reflexión más que debemos hacer. Jesús dijo: "No juzguéis, para que no seáis juzgados. Porque con el juicio con que juzgáis seréis juzgados; y con la medida que medís, seréis medidos" (Mateo 7:1,2). ¿No es esta una declaración velada de una inmutable Ley de Causa y Efecto de la que no tenemos esperanza de escapar?

Esta no es una filosofía fácil. Es la más dura que haya confrontado la mente e imaginación del hombre. Mucha gente podría tener el concepto equivocado de que la filosofía metafísica atrae a la gente porque dice que *Dios es Bueno y todo está bien*; *por tanto, no hay nada que temer*. Pero eso está muy lejos de ser cierto. Lo que sí dice es esto: ¿Deseas ser amado? Entonces deja de odiar. ¿Quieres ser feliz? Entonces asegúrate de no ser nunca causa de infelicidad para otros. ¿Deseas dejar de derramar lágrimas? Entonces asegúrate de no ser nunca el instrumento que haga que otros las derramen.

¿Estoy seguro de que no hay nada en mí que pueda lastimar a alguien? Entonces tan seguro como que Dios es Dios y la justicia es la justicia nada puede dañarme; solo el daño que hiciera a otro yo mismo habré de sufrir. La redención solo viene a través de una limpieza del ser.

Regresión

Desde el punto de vista de la Ciencia de la Mente, la regresión emocional significa retirarse a un lugar a salvo y seguro. Cuando algo regresa, va hacia atrás. Hoy en día hay una tendencia en la mente de evitar encontrarse con situaciones objetivas que son desagradables retirándose de la actividad objetiva, y, en la imaginación, volviendo a un patrón cronológicamente anterior o menos adaptado de conducta y sentimiento.

Es bastante fácil ver cómo alguien que está rodeado de situaciones confusas puede sentirse incapaz de enfrentarlas, e inconscientemente puede buscar un lugar de paz o retiro donde nada lo pueda molestar.

Una persona por completo integrada es la que ha aprendido a enfrentar todo tal y como le llega y sacar el mejor provecho de ello. En nuestra ciencia esta no es una situación sin esperanza. Cuando decimos que se debe sacar lo mejor de las cosas, no queremos decir que uno tenga que sonreír y aguantar, o siquiera soportar las cosas como son, porque sabemos que hay una forma de enfrentar cualquier situación a través del uso del poder mayor a nosotros.

Sin embargo, no debemos cerrar nuestros ojos a la realidad si hay una tendencia hacia la regresión en nosotros mismos o en los que buscamos ayudar. Debemos reconocerla como haríamos con cualquier otro error, y enfrentarla con una callada, pero firme determinación.

Si una persona se da cuenta de que en apariencia es incapaz de enfrentar las situaciones objetivas, y en consecuencia descubre que su mente regresa con cierto anhelo mórbido al pensamiento de alejarse de todo, está en un mal estado emocional y debe ayudársele. Esto se hace sabiendo que no hay nada que temer; que somos uno con un socio infinito; que no hay nada en el universo diseñado para dañarnos. Debe generarse la confianza y la fe en un poder mayor a nosotros.

Frecuentemente, aun en los poemas que nos atraen tanto, encontramos este sentido inconsciente de regresión entrando a hurtadillas.

Por ejemplo, las palabras de Elizabeth Allen: ¡*Hacia atrás, vuelve hacia atrás, oh tiempo en tu vuelo, hazme una niña de nuevo, solo por esta noche!* muestran que al escribir estas bellas palabras ella tenía un deseo inconsciente de alejarse de todo. Observa el primer verso de "El Grito de un Soñador" ["The Cry of a Dreamer"], de John O'Reilly:

Estoy cansado de planear y esforzarme
en las pobladas colmenas de los hombres;
cansado de construir y estropear
y estropear y construir otra vez.
Añoro el amado viejo río
donde pasé mi juventud soñando,
pues un soñador vive para siempre
y el que se esfuerza muere en un día.

En ambos casos notarás un deseo inconsciente de alejarse de la realidad objetiva. Algo le ha pasado al individuo que le hace desear regresar a alguna existencia anterior donde no había preocupaciones o cargas u obligaciones.

Qué maravilloso es aceptar el pensamiento de Jesús cuando dijo:

Venid a mí, todos los que estáis trabajados y cargados, y yo os haré descansar. Llevad mi yugo sobre vosotros, y aprended de mí; que soy manso y humilde de corazón; y hallaréis descanso para vuestras almas. Porque mi yugo es fácil, y ligera mi carga.

(Mateo 11:28-30)

Esto no es resignación; es justo lo opuesto. Es una proclamación de que la mente encuentra un santuario en el Espíritu, y que no hay cargas cuando nos unimos con la vida.

En cierto sentido, la amnesia, u olvido repentino de la propia identidad, es una forma de regresión porque es un medio para alejarse de la realidad. Pero en la base de la amnesia hay miedo, un sentido de separación, una desunión que solo la fe puede sanar.

El enfoque psicológico, aunque científicamente correcto, nunca resolverá por completo el problema de la regresión, porque aunque pueda descubrir la causa de la regresión, hablando en lo general, carece de la fe espiritual para proporcionar lo necesario para hacer que seamos completamente íntegros.

No hay nada que temer en el pasado, el presente o el futuro. Nuestra fe debe basarse en la única roca de la salvación que hay, esto es, que Dios es todo lo que existe, y no hay nada más.

En Él vivimos, nos movemos, y tenemos nuestro ser. No hay nada que temer. *Debajo están los brazos eternos.* Somos mecidos en el amor.

Declaraciones como esta despejan la trayectoria de la mente directo hasta la eterna fuente de la vida, donde no hay miedos, dudas ni incertidumbres. *El señor es mi pastor, nada me falta. Él habita en el lugar secreto del Altísimo y mora en la sombra del Todopoderoso.* Estas declaraciones son maravillosas y ayudan a establecer la fe y la estabilidad, sin las cuales la vida no es más que una confusión de esperanzas frustradas y deseos insatisfechos.

Tal vez te preguntes por qué mencionamos estos estados emocionales negativos. La razón es que en la Ciencia de la Mente nunca tratamos de evitar ningún asunto, porque cualquier condición que es psicológicamente evitada se sepulta en el inconsciente. Y, desafortunadamente, se sepulta viva. De este modo, el conflicto sigue bajo la superficie de la conciencia, donde hace más daño que si hubiera sido dejado en el campo objetivo. Debemos enfrentar toda situación tal y como llega con fe y confianza, y así evitar regresiones, escapes y frustraciones.

Si un ciego guía a otro ciego

Jesús debe haber sido el hombre más sabio que jamás haya vivido. Hoy podemos conectar muchas de las cosas que dijo con nuestra nueva perspectiva sobre la vida emocional y mental.

Por ejemplo, en psicoanálisis se cree que si un médico, al analizar al paciente, descubre un odio inconsciente hacia su padre, y el médico tiene la misma aversión por su propio padre, entonces el análisis podría detenerse ahí. Esto es porque el médico no es capaz de ver con claridad un bloqueo en el otro si él tiene el mismo tipo de bloqueo.

En términos psicológicos esto se expresa diciendo que dondequiera que hay un sesgo emocional hay un punto ciego intelectual. Esto significa que no podemos pensar con verdadera claridad sobre las cosas que nos afectan demasiado emocionalmente. Jesús entendió esto, y es por eso que dijo que si un ciego guía a otro ciego, ambos caerán en la zanja.

Todos tenemos estos sesgos emocionales, y es por eso que nos resulta raro cuando alguien, a quien consideramos altamente inteligente, parece irracional en ciertos puntos. Y decimos "¿Cómo puede creer tal cosa cuando esa creencia contradice el sentido común y la razón?". Pero si pudiéramos descubrir su vida mental deberíamos revelar sus sesgos emocionales ahí en lo profundo de su inconsciente, donde tiene un bloqueo que le hace imposible pensar lo correcto sobre ese punto en particular.

Es de ahí de donde proceden muchos de nuestros conflictos teológicos. Es por eso que la gente es propensa a decir que solo ellos están bien, o que solo su sistema de pensamiento es correcto. No han logrado una limpieza que los lleve de regreso a la proposición fundamental de que Dios es Uno, y de que cada hombre es una encarnación de ese mismo Dios.

Por eso proyectan intolerancia y crueldad, rudeza y crítica, frialdad e indiferencia. Este es uno de los trucos que la mente nos juega.

Cuando comprendamos estas cosas nos volveremos más tolerantes, más amables, más compasivos, porque nos daremos cuenta de que todos estamos en el camino de la evolución, no del Espíritu, que ya es Perfecto, sino de la mente que muy a menudo anda a ciegas dando tumbos en la oscuridad.

Recibiremos ayuda en muchos momentos de dificultad si nos damos cuenta de que un sesgo emocional crea un punto ciego. Entonces si aprendemos a ignorar las diferencias porque las entendemos, no atraeremos condenación que añadir a la condenación, o juicio que añadir al juicio, y nuestras propias vidas se verán enriquecidas, como siempre debieron haber sido, con un nuevo conocimiento.

Vivir es tanto un arte como una ciencia. Es tanto un asunto de belleza como de forma; un asunto del corazón y del intelecto. Es una combinación de todo esto lo que conforma los factores de una vida completa.

Y de nuevo regresamos a nuestra proposición fundamental de que los problemas que enfrentamos no son externos, sino internos. No son culpa de otra persona, ni necesariamente nuestra propia culpa. Son culpa de la ignorancia, de la cual solo la iluminación nos puede liberar.

No, un ciego no puede guiar a otro ciego, y todos somos ciegos en algún punto. Por lo tanto ninguna persona debe ponerse como el gran ejemplo, sino siguiendo con humildad el camino de la verdad según lo ve, con una tolerancia flexible y amable hacia sí mismo y hacia los demás, aprender a pasar por alto los errores y a abrirse paso a través de la confusión de regreso a la llama central que ilumina la vida del hombre.

Transferencia

El análisis mental y emocional, según se practica en la psicología, particularmente en el campo analítico, debe llevar al paciente de donde se encuentre en ese momento, de regreso a la historia de su vida, incluso al lugar de su nacimiento; algunos han promovido la teoría hasta el periodo de la concepción.

En el proceso de limpiar el pasaje de la mente a partir del presente, retrocediendo directo por las experiencias hasta el lugar del inicio de la experiencia individual, se llega a un punto en el análisis donde el sentimiento que alguna vez el paciente tuvo hacia sus padres, se transfiere a quien conduce el análisis. En otras palabras, el paciente reacciona al analista como lo hizo con sus padres, ya que el analista por sustitución, o por poder, toma el lugar de los padres.

Si el sentimiento original del paciente hacia sus padres fue de hostilidad, puede haber lo que se llama una transferencia negativa; de hecho, puede incluso despreciar al analista y hasta tratar de lastimarlo. Es evidente que esto puede volverse una situación difícil. A menos que este sentimiento pueda ser superado, el análisis puede volverse fútil.

Por otro lado, si el sentimiento original del paciente hacia sus padres fue de confianza y seguridad, la transferencia es lo que se llama positiva, y el paciente puede incluso enamorarse del analista. Es por esto que se sugiere que los hombres sean analizados por mujeres y las mujeres por hombres.

Hablando de manera general, el paciente es propenso a tener o bien un sentimiento de odio hacia el analista o uno de cálido afecto. La teoría es que el paciente se sentirá ahora como se sintió en su vida temprana hacia sus padres; por lo tanto las emociones que tuvo hacia ellos saldrán más rápidamente a la superficie para que los pueda ver.

Se cree que esta transferencia de la reacción emocional de la vida temprana hacia el analista es necesaria, pero de inmediato nos enfrentamos con otra proposición, que es difícil. El paciente no podría ir por la vida con el sentimiento de que debe depender del analista, así que llega un momento en que la transferencia debe romperse.

Esto significa que la posibilidad de la felicidad del paciente debe regresar a sí mismo y no imponerse en el analista, porque donde el tesoro está también estará el corazón. En consecuencia, la transferencia debe romperse para que el paciente sea íntegro psicológicamente, que, en este caso, significa emocionalmente íntegro. Debe encontrar dentro de sí la estabilidad y seguridad que necesita. Esto se llama *romper la transferencia*, y el análisis no está completo sin ello.

Ahora bien, no tenemos duda de que esta teoría, en lo fundamental, es verdadera, pero a partir de ella debemos obtener una generalización más amplia, que es esta: no importa cuál sea el objeto externo en el que coloquemos nuestra seguridad o posibilidad de felicidad, nunca seremos íntegros hasta que hayamos separado las reacciones negativas de ese objeto, porque la integridad (plenitud) está dentro del ser y no en otro lado.

Incluso la idea de la salvación a través de alguna religión particular constituye, en cierto sentido, una especie de transferencia no rota. La gente cree que puede ser salvada o sanada solo a través de ciertas fórmulas, de ciertos métodos de procedimiento, de ciertas oraciones o encantamientos. Esto no es integridad, sino más bien lo opuesto, porque es una completa dependencia de una forma, o una palabra, o una persona, o incluso una institución, más que del ser.

Hay personas que dependen de ciertos libros, quizás incluso de la Biblia, para su felicidad. Sin el deseo de desacreditar el valor de estos libros o el valor supremo de los grandes libros del mundo, o de aquellos grandes maestros que nos han traído lo más elevado y lo mejor que el mundo conoce, aun esas transferencias deben romperse si queremos ser íntegros, porque nada debe interponerse entre nosotros y el universo.

No es necesario que alguien más haga esto por nosotros. Simplemente tenemos que recorrer de regreso nuestra vida entera y decir:

> *Bendice a mi padre y a mi madre, a mis hermanos y hermanas, a todos aquellos de quienes haya yo dependido. Los amo y los aprecio. Reconozco el bien recibido de ellos en el momento en que fue*

necesario que recibiera ese bien. Pero ahora, sin pensar menos en ellos, sé que soy íntegro en mi interior. Al final, hay un solo Padre y una sola Madre, que es Dios, y en este Uno todos somos hermanos y hermanas.

Amo a todos pero no dependo de nadie. Nada me puede quitar este amor que siento por otros. No puede ser negado, porque Yo soy amor y aquello que nunca rechaza a su propia creación.

La gente, las cosas, las instituciones, los métodos, las ciencias, las filosofías, todas son buenas. De cada una aprenderé todo lo que pueda, y con profunda gratitud reconozco el bien que recibo de cualquier medio, pero sigo siendo íntegro en mi interior, sin depender de nada, y, sin embargo, siendo siempre interdependiente de todas las cosas.

Romper la transferencia no significa aislarse de la vida. Todo lo contrario. Significa ser pleno en la vida, para que podamos descubrir el amor y la amistad de las personas sin buscar destruirlas y sin permitirles que nos destruyan.

La seguridad individual está dentro del ser. Al reconocer la misma seguridad dentro de los demás, trabajamos y jugamos con ellos con alegría. Somos íntegros y ellos son íntegros (plenos), porque Dios en nosotros es íntegro.

La generosidad divina

Es la naturaleza del espíritu dar. El espíritu es la esencia de la vida así como la inteligencia detrás de todo. Es completo y perfecto en sí mismo. Es omnipotente y omnipresente. No tenemos otra cosa que ofrecer a la naturaleza, que la disposición de cooperar con sus leyes. Si hemos de demostrar que la Generosidad Divina es un principio en el universo, entonces debemos establecer un centro de recepción; porque no importa cuán abundantemente el cuerno de la abundancia pueda verter sus regalos universales, debe haber un receptáculo de aceptación, un cáliz de expectativa, o el regalo no puede completarse.

La Generosidad Divina es de la eternidad para toda la eternidad. Nuestra recepción puede ser intermitente, pero muchas grandes almas, a través de la fe, han ido detrás de la apariencia a la causa de las cosas y recibido directa y constantemente de la Generosidad Divina. La razón por la que no todos logramos esto es porque no *creemos* que exista la Generosidad Divina.

El Espíritu no solo da sino que también crea el canal a través del cual este dar se vuelve nuestro recibir. En otras palabras, el receptáculo de la aceptación que sostenemos debajo del cuerno de la abundancia es, en sí mismo, una parte de la Generosidad Divina, pues ¿cómo puede haber un dar a menos que haya un recibir igual? Es el recibir lo que completa el dar, y la interacción se finaliza solo cuando nuestro receptáculo de aceptación está lleno.

No necesitamos tener una sensación de no ser valiosos, ni caer bajo la ilusión de que es espiritual ser pobre, o bajo el igualmente equivocado pensamiento de que la gente que posee suficientes bienes de este mundo que hacen su vida confortable son por lo tanto profanas.

Es la Voluntad Divina que recibamos, pero como somos individuos, ni siquiera la Voluntad Divina puede obligarnos a recibir aquello que nos rehusamos a aceptar. Por lo tanto, nuestra parte en la Generosidad Divina consiste en tener fe y cooperar con la Ley de la Abundancia. *En el principio*, significa antes de que cualquier creación particular ocurra. Antes de que nuestra petición fuera hecha —en el principio, antes de que el tratamiento fuera dado— el estado del ser ya existía, lo cual hizo posible la satisfacción de nuestros deseos. No había condiciones previas que se impusieran sobre la creación de nuestro deseo.

El Espíritu es absolutamente ilimitado; nada le ha impuesto nunca ninguna restricción; no conoce barreras, ni circunstancias limitantes. Nosotros imponemos la atadura de nuestra creencia sobre la Ley. Por eso está escrito: *Así vemos que no pudieron entrar a causa de su incredulidad*, y porque ellos *limitaron al Santo de Israel*. De esta forma nuestra incredulidad se convierte en nuestra aceptación. Nuestro miedo se vuelve una fe inapropiada. Estamos limitados por el mismo poder que puede liberarnos.

Debemos del mismo modo recordar que la Ley Creativa es una ley de reciprocidad, de acción recíproca, y que responde mediante reflejo. Ya que la imagen que imprimimos en ella restringe nuestro uso de la misma a las cosas que imaginamos, o a nuestra expectativa, se deduce que para asegurar mejores resultados debemos volver a imaginar, crear una nueva fe, incrementar nuestra receptividad, expandir nuestro concepto mental y mantener una expectativa más entusiasta. Cuando lo hacemos estamos iniciando una nueva cadena de causa y efecto.

Cree en la Generosidad Divina; cree que es la Voluntad de Dios que recibas esta Generosidad Divina, y entonces conscientemente acéptala. Esto suena sencillo, pero el significado es profundo y describe un método de procedimiento perfecto. Con frecuencia, cuando reducimos un pensamiento abstracto a una declaración simple, sentimos que hemos perdido su significado. Este no es el caso. El hombre más sabio que haya vivido jamás, dijo: "Según has creído, así te sea hecho".

De este modo, Jesús estableció una ley de fe para aquellos que no pudieran entender el funcionamiento de la Ley, sabiendo que los que obedecieran la ley recibirían un beneficio directo aunque no entendieran completamente su intrincada mecánica. No toda persona que maneja un automóvil es un electricista o un ingeniero mecánico, pero está planeado que esa persona pueda hacer ciertas cosas simples y obtener ciertos resultados: puede manejar un auto y puede llegar a algún lugar en él. Así pues, Jesús entendió que incluso la fe ciega basada más o menos en la superstición seguía siendo una actitud afirmativa hacia la ley. Él sabía que la ley, que es perfecta, es libertad, es generosidad, y debe responder a la fe. Sin embargo, es mejor cuando la fe se convierte en entendimiento, porque es entonces cuando la fe se vuelve perfecta.

Este es el secreto de la respuesta a la oración a lo largo de todos los tiempos. Poca gente tiene algún conocimiento consciente de lo que debe ocurrir como resultado de su oración. Tienen fe en Dios, así su actitud de receptividad cierra el círculo del dar divino. La ley y la fe se juntan. El receptáculo de la aceptación se sostiene en alto y la efusión del Espíritu se mide en la experiencia personal de acuerdo con la Ley de los Equivalentes Mentales, que dicen que lo que sea que se conciba interiormente, se experimentará exteriormente. Esto es porque lo externo es solo un reflejo de lo interno.

La fe no está tratando de obligar a la mente a aceptar algo que niegue. Está simplemente haciendo que la mente vea por qué puede creer en lo que afirma. Lo que tenemos que hacer es observar a la naturaleza para asegurarnos de que hay un poder Creativo en funcionamiento y que el universo físico entero procede de un origen invisible.

Es evidente que lo visible procede de lo invisible de acuerdo a la Ley, y es igualmente evidente que el principio creativo puede expresarse solo en términos del instrumento a través del cual fluye. En nuestro caso el instrumento es nuestra fe, nuestra creencia, nuestra aceptación, nuestro equivalente mental, nuestra encarnación espiritual, nuestro entendimiento del significado de las palabras que usamos en el tratamiento.

Nuestra actitud mental hacia la generosidad divina debe ser simple y directa. Debemos *aceptar el regalo*. Debemos esperarlo con anticipación y con atención entusiasta. Debemos mantener una alegría interna. Y ¿por qué no? Si comprendemos que la generosidad divina es el regalo de una Ley Perfecta de Libertad, hecha para siempre, y si la Voluntad Divina es la efusión del Espíritu hacia la autoexpresión a través de nosotros ¡recibamos, entonces, el regalo!

El perdón divino

Así como hay un principio de generosidad divina en el universo, así también hay un principio de perdón divino. Es evidente que si no fuera ese el caso jamás podríamos trascender la limitación de los errores pasados. Es esta capacidad de trascender los errores pasados lo que puede describirse como perdón, desde el punto de vista de un sistema espiritual de pensamiento. El pecado no le pertenece a nadie; es solo un *error que está operando a través de alguien*. El mal en sí mismo no es una persona, lugar o cosa.

Jesús perdonó a la gente sus pecados para demostrar que el principio creativo dentro de nosotros es mayor que cualquier uso que hayamos hecho de él, y también para demostrar que cuando revertimos nuestra posición en la Ley, ella simultáneamente revierte su posición hacia nosotros. La naturaleza misma de la Ley de la Causa y Efecto, y la realidad de la voluntad personal, nos empujan a ver que el perdón divino es un principio en la naturaleza y que este principio es la esencia del amor. Esa es la razón por la que aquellos que han sentido el amor de Dios también han experimentado el Perdón Divino y, a través de la alquimia del pensamiento, han transmutado la energía de la desesperanza en la energía de la esperanza. De este modo han renacido. No podemos cometer mayor error que suponer que este renacimiento ha sido una ilusión.

No debemos pensar que Dios concibe el pecado o discute sobre los errores. Pensar que el Espíritu Creativo concibe el pecado y los errores es pensar que Él es malo y limitado, y si es malo y limitado, entonces es autodestructivo, y si es autodestructivo, entonces tú y yo no podríamos existir. Esto es tan evidente que no necesitamos discutir el punto. Está escrito: "Tus ojos son tan puros que no contemplan el mal, y no pueden mirar iniquidad".

El pecado es un error y el castigo es la consecuencia. Nada le ocurre a la Ley de Causa y Efecto. La usamos y abusamos de ella, pero aun cuando abusamos de ella, la seguimos utilizando. Cuando abusamos de ella nos topamos con consecuencias indeseables que llegan a nosotros y sentimos que un espíritu vengativo está castigándonos por nuestros errores. Pero las Leyes del universo no son vengativas. Cuando deseamos escapar de la rueda de la Ley que parece esta lista para aplastarnos, debemos deliberadamente alejarnos del error.

Para aquellos que sienten que están rodeados por una Ley que los volverá polvo para la eternidad, esto puede ser un golpe espiritual que retumba en la puerta de sus mentes. Porque ellos sufren solo como los hombres engañados sufren. ¿Cómo podemos dudar que la misma Ley que crea pueda recrear? ¿Creemos que el artista entra en su lienzo o que el barro responde al alfarero?

Como creemos que el espíritu tiene algo en nuestra contra, buscamos propiciación a través de ofrendas, sacrificios, peticiones, oraciones de redención procedentes del amplio repertorio de miedos y dudas que han plagado el camino de la mayoría de los sistemas religiosos. Sentimos que nuestros errores previos deben ser castigados para que Dios pueda estar feliz y nuestras almas se salven. Podemos saber bien esto ahora: El espíritu del hombre es parte de Dios y no puede perderse. Lo que necesita salvarse es una *situación* no un *principio*.

La naturaleza del Perdón Divino está escrita en la constitución misma del Ser, y el Perdón es simultáneo a nuestro nuevo uso de la Ley. Cuando dejamos de cometer el error, automáticamente estamos perdonados; pero, desde luego, seremos castigados por un error mientras continuemos en él. Sin embargo, que ninguna persona inteligente diga, que como el espíritu no conoce el pecado, no hay error cometido por el humano o la mente individual.

El acto de iluminación se vuelve el papel que jugamos en el Perdón Divino. Porque el Perdón Divino no puede completarse hasta que hayamos recibido la ofrenda de su amor, no con miedo o morbidez, sino con alegría. Y cuando hemos trascendido los errores previos, estos ya no existen, ni hay ningún efecto de ellos. Esto significa una completa salvación del *pecado* que fue el *error*, y del *castigo*, que fue la *consecuencia*. Esta secuencia particular de causa y efecto se transmuta ahora en algo más. Esto debe ocurrir cada vez que se da un tratamiento científico.

La cuestión se resume en la idea de que, en la medida en que encarnemos al espíritu del amor, la verdad, la generosidad, etc., trascendemos el odio y la fealdad. No podemos continuar en el error sin proseguir en el castigo, pero en el momento en que el error cesa el castigo se detiene. Así, el apóstol nos dice que la Ley del Espíritu del Amor nos libera de la ley del pecado y la muerte.

Jesús claramente declaró que el hijo del hombre tiene el poder de perdonar los pecados, y para probar su posición dijo a uno que estaba paralítico: "Levántate, toma tu lecho y ve a tu casa". Él probó su habilidad de trascender, no la ley misma, sino un uso en particular, un uso limitado de la Ley. Él debe haber estado consciente de que el hombre estaba sufriendo de ignorancia y que de algún modo esta ignorancia estaba conectada con la creencia en la condenación. Él eliminó el sentimiento de condenación que limitaba al cuerpo físico; entonces el cuerpo físico pudo levantarse y andar. Él sabía que era solo *una manifestación del pensamiento*. Él alivió la tensión en su origen —quitó el sentido de separación— porque ese era el pecado del hombre.

La limitación es pecado, pero, desde luego, algunos errores son más viciosos que otros. Algunos afectan al individuo personalmente, mientras que otros afectan grupos mayores, y la Ley de Causa y Efecto dice que el hombre debe sufrir mientras él se imponga sufrimiento. Solo en el concepto del amor infinito que trasciende el error humano, el mundo encuentra un equivalente mental, una percepción espiritual adecuada para satisfacer su necesidad. En nuestro sistema de pensamiento de ninguna manera minimizamos este concepto.

En este pensamiento lo explicamos más racionalmente cuando anunciamos que *la Naturaleza de Dios es la Generosidad y el Perdón;* que el universo no tiene nada en contra nuestra y que solo desea nuestro bienestar. La ignorancia de la Ley no excusa a nadie. La raza humana trabaja bajo un sentimiento de condenación, que ha sido pasado de generación en generación y opera a través de la conciencia de la mayoría de la gente. Así, el sentido del pecado es a la vez individual y colectivo.

Muchos individuos han estado agobiados con este sentido de la condenación de la raza. Algunos de ellos han sido fanáticos, otros han sido personas buenas, destacadas e inteligentes. Muchos de ellos han hecho bien, otros han hecho mucho daño. No nos toca a nosotros juzgar, ni debemos permitir que se nos juzgue. Nuestro juicio debe ser el criterio de la razón, la evidencia de la inteligencia, la lógica de la secuencia construida sobre el conocimiento de que estamos viviendo en un universo de ley y orden, un universo que tiene lógica, un universo que puede parecernos lógico.

Cada uno de nosotros existe en relación directa con este Todo Cósmico. Al final, no hay ninguna ley más que aquella establecida por nuestra propia alma, ya que cada uno individualiza la Ley Universal de Causa y Efecto. Si hemos sido pecadores podemos volvernos salvadores, y lo primero que debemos salvar es nuestro propio pensamiento. Debemos elevar nuestra vida sobre la cruz de la unidad divina, y ahí, donde los vientos de Dios soplan libremente, debemos permitir que el alma se purifique.

La generosidad divina y el perdón divino, que son eternos en la naturaleza de la realidad, deben ser aceptados. Así, la acción de la Ley, según se ha establecido, será transmutada de esclavitud a libertad. Esto debe hacerse consciente, definitiva, y científicamente a través de una inversión directa del pensamiento, y debe ser considerado una parte definitiva de todo tratamiento que demos.

Nuestra necesidad de ser perdonados

Somos humanos y hemos cometido errores. Llevamos una carga inconsciente de culpa y necesitamos una sensación de ser perdonados. Una de las cosas más reveladoras de la nueva Ciencia de la Mente es nuestra necesidad de sentir que estamos bien con Dios, con la vida y unos con otros.

Sabemos que un continuo estado de resentimiento puede producir muchos tipos de enfermedades físicas. Esto no significa solo enfermedades de la imaginación. Significa enfermedades que la imaginación crea en el cuerpo a través de relaciones psicosomáticas entre la mente y el cuerpo. Un continuo estado de resentimiento en contra de los demás puede afectar severamente el sistema digestivo. Puede producir muchas formas de irritación física. Puede obstaculizar totalmente nuestro estilo de vida y bloquear el flujo espontáneo del entusiasmo, sin el cual hay poca alegría en la vida.

Mucha de nuestra incapacidad de perdonar a otros viene de un profundo complejo de inferioridad. Con frecuencia nuestra actitud antagónica hacia los demás surge de una necesidad en nuestra mente de ser liberados de un sentimiento de autocondena, como si lleváramos tanta carga de culpa dentro de nuestra mente que apenas la podemos tolerar. Y así la proyectamos a los demás solo por el alivio que ello nos da.

Esto nos lleva a uno de los pensamientos fundamentales de Jesús: "Perdona y serás perdonado". Por supuesto, Jesús sabía que no podemos andar regateando con Dios, pero mientras más cuidadosamente estudiamos su método, más claro vemos que él eliminaba bloqueos emocionales antes de sanar a la gente. En una ocasión perdonó a un hombre paralizado, para gran consternación de algunos que decían que él no tenía derecho a perdonar a otros. La única respuesta de Jesús fue preguntarles qué pensaban que era más fácil: perdonar a un hombre o decirle que se levantara y caminara; pero, dijo, para demostrar que el Hijo del Hombre sí tiene el poder de perdonar, le diré al hombre que se levante y ande.

Hay una tensión definida que acompaña el estado emocional de condenación, y así Jesús perdonó al hombre y eliminó su tensión. En vista de lo que sabemos hoy, él estaba practicando una ciencia espiritual perfecta. Él debe haber sido capaz de ver dentro de las personas, mentalmente, y él quizás sabía con exactitud cómo pensaba la gente, y por qué, y desde luego sabía que cualquier cosa que detenga el flujo de la vida, cualquier cosa que bloquee el derecho otorgado por Dios de vivir felizmente y con fe en el universo, debe afectar el cuerpo físico.

Probablemente, Jesús sabía más acerca de la psicosomática espiritual que nadie que haya vivido jamás. También sabía algo que la mayoría de nosotros aún tenemos que descubrir: no podemos dar lo que no poseemos. Y él sabía que todos tenemos una necesidad de sentirnos uno con Dios.

Nadie puede sentirse uno con Dios si se odia a alguien o a algo. Recordarás que en el Padrenuestro se dice: "Perdona nuestras deudas como nosotros perdonamos a nuestros deudores". Porque sabía que solo si perdonamos podemos ser perdonados.

Lo primero que se piensa es que parece como si estuviéramos regateando con Dios, pero no es el caso. Dios es vida y amor, ¿y cómo pueden la vida y el amor fluir a través de nosotros si se lo impedimos a cada paso? No es porque regateemos con el Todopoderoso que Jesús dijo: "Perdona nuestras deudas, así como nosotros perdonamos a nuestros deudores". La razón real es que es imposible que tengamos la sensación de ser perdonados mientras condenemos a otros.

Y así colocamos la proposición en el único lugar donde puede ser manejada: dentro de nosotros mismos. Porque cuando no hay nada dentro de nosotros que condene a los demás, entonces no quedará ninguna condenación, ya sea hacia nosotros mismos o hacia los demás. Es entonces y solo entonces cuando desbloqueamos la corriente de vida que fluye tan libremente a todos y a través de todos, cuando se lo permitimos.

Jesús también dijo: "Da, y recibirás". La vida planea y quiere darnos todo el bien, pero cuando el circuito es detenido en algún punto, se retrasa en todos sus puntos. Una buena ilustración es la circulación de la sangre en nuestro cuerpo físico. Detén la circulación en un punto y se retrasará en los demás puntos, y donde sea que se bloquee el flujo se da un estancamiento, y es probable que lo que siga sea una infección. Nunca bebemos de aguas estancadas porque sabemos que están envenenadas. Buscamos el agua corriente que se purifica mientras fluye.

Nuestras mentes son estanques mentales a través de los cuales fluyen los pensamientos del bien, que son pensamientos de amor y generosidad, buena voluntad y paz, equilibrio y poder. Descubriremos que dondequiera que haya estancamiento en nuestra vida mental, la razón es que no hemos permitido este flujo.

Todo se mueve en círculos. Así funciona la vida, y lo que nos rehusamos a dar, nos rehusamos a aceptar. Nada es más importante que aprendamos a perdonarnos a nosotros mismos y a los demás. Jesús llevó esta proposición a una rotundidad absoluta cuando perdonó al hombre que murió en la cruz que estaba junto a la suya. Me parece que este perdón fue una de las más grandes lecciones de la cruz.

Hay otro ejemplo en la historia que muestra la misma actitud sublime que la de Jesús. Cuando Mahatma Gandhi fue asesinado, su último acto, después de recibir la herida mortal, fue hacer la señal del perdón con sus manos. Jesús y Gandhi, dos de los más grandes genios espirituales de la historia. Cada uno conocía la necesidad que tiene la mente humana de liberarse a sí misma de la carga de la condenación, y cada uno hizo el sacrificio supremo como una lección objetiva para la humanidad de que ni siquiera Dios puede darnos lo que nos rehusamos a recibir.

La gran lección que aprendemos de esto es que es imposible que sintamos alivio y liberación de la autocondena mientras sigamos teniendo condenación hacia otros.

Anhelamos ser liberados de nuestras cargas. ¡Cómo añoramos la sensación de liberación del miedo, la duda y la incertidumbre! ¡Cuán grandemente deseamos la seguridad que aleja el miedo de nuestras vidas! Oramos por la seguridad y la fe que habrá de hacernos plenos.

El médico y el cirujano pueden arreglar nuestros cuerpos físicos, y el psicólogo o el psiquiatra pueden ayudarnos a arreglar nuestras tensiones emocionales, por lo cual debemos estar agradecidos. Pero solo la vida puede dar vida. Más allá de este cuerpo y más profundo que esta mente existe una fuente perenne de vida que puede fluir a través de nosotros para llevarnos a la generosidad eterna y al perdón eterno.

¿Quién no desearía estar en el Paraíso? Si sintiéramos que alguien que está junto a nosotros tuviera el poder de decirnos *Hoy estarás conmigo en el paraíso*, en el Jardín del Edén del alma, en los campos que siempre florecen, junto a las aguas quietas, si supiéramos que hay alguien que hiciera esto por nosotros, acaso no cambiaríamos lo que tenemos por este regalo? Claro que sí.

Emerson dijo que *el* universo permanece ileso en el corazón, y Jesús dijo: "A vuestro Padre le ha placido daros el Reino". Este reino es algo que no nos ganamos; es el regalo del cielo. Este corazón que está ileso es el corazón que Dios nos dio. Nosotros solos nos hemos rehusado a recibir el regalo; nunca nos ha sido retenido. Desde el día en que somos recibidos en este mundo, hasta el último momento, cuando el alma emprende su silencioso vuelo hacia lo invisible, nuestra vida es obtenida de una fuente invisible.

Está destinado que seamos felices. Se supone que debemos vivir al máximo; que debemos cantar y bailar y estar contentos; que debemos amar y ser amados. Pero en nuestra ignorancia hemos inhibido la acción de Dios en nuestras vidas, y así nos hemos desconectado del único poder que puede ayudarnos.

Lo único sensato que podemos hacer es volver sobre nuestros pasos y empezar de nuevo. No debemos hacerlo con un sentimiento de morbo o miedo, sino más bien con la sensación de un explorador que sabe que hay un país que aún no ha sido descubierto, y que está dispuesto a tomarse el tiempo para encontrarlo. Hay un país no descubierto en nuestra propia mente. Es el mundo como Dios lo hizo. Hay una humanidad que no hemos conocido aún. Es la divinidad escondida dentro de cada uno de nosotros. Hay un Dios que existe en todas partes. Nunca veremos a este Dios a menos que veamos a través de los ojos de nuestra propia divinidad.

Comencemos con esta simple proposición en nuestra mente:

> *Dios es todo lo que existe. Dios es amor. El amor es el poder motivador del universo entero. Dios está en todo; Dios está en todos.*

Al entender que el amor es el gran poder motivador de la vida, y sabiendo que Dios debe estar en el centro de todo, hoy encuentro a este Dios en todos, y veo la manifestación de su vida en todo.

Si existe cualquier condenación o animadversión en mí, con gusto la dejo ir. La suelto y la dejo ir mientras me vuelvo a esa silenciosa Presencia dentro de mí que da todo sin reservar nada.

Entro en la armonía de la paz eterna, en la alegría de saber que estoy ahora en el Reino de Dios, del cual ninguna persona es excluida. Mis ayeres se han ido para siempre, mis mañanas se extienden en un futuro infinito de deleite puro. Y desde lo invisible me llegan estas palabras: HOY TÚ ESTÁS CONMIGO EN EL PARAÍSO.

El deseo de vivir

SE NOS DICE que nacemos con la voluntad de vivir y con una casi igual voluntad de morir; que cuando esperamos más dolor e infelicidad que paz y alegría en la vida, la mente empieza a destruir el cuerpo para que no tengamos que sufrir el dolor que inconscientemente anticipamos.

La voluntad de vivir y de ser felices es necesaria para nuestro bienestar físico. Mientras más estudiamos la manera en que la mente funciona, más nos damos cuenta de que la mayoría de nuestros males físicos, y quizás nuestra infelicidad, vienen de ciertas reacciones arraigadas hacia la vida que generalmente se forman alrededor de la idea de que no somos queridos o necesitados o amados. Tenemos un profundo sentido de culpa, y esto da origen a un sentimiento de ansiedad e inseguridad. Por lo tanto, nos rechazamos a nosotros mismos y sufrimos debido a esta condenación autoimpuesta.

Entonces la mórbida carrera continúa en los conflictos internos de la mente, hasta que al final la frustración es tan grande que la mente comienza a destruir el cuerpo porque las impresiones que ha recibido son destructivas. Cuando esto alcanza un punto donde no hay más la voluntad de resistirlo, decimos que la persona no tiene voluntad de vivir y entonces ni siquiera la naturaleza puede restaurarlo, y, por lo general, en esos casos la persona fallece.

Lo que necesitamos es una profunda fe o convicción subyacentes acerca de la vida que elimine este conflicto y frustración internos y permita que el Diseño Divino original salga a la superficie, porque todos tenemos nuestras raíces en Dios, el Espíritu Viviente. Debe haber Perfección en el centro de nuestro ser o no estaríamos aquí. A esto es a lo que Jesús se refirió cuando dijo: "Sed, por tanto, perfectos, así como vuestro Padre que está en el cielo es perfecto".

Nuestras raíces se extienden en lo profundo de la tierra creativa de la mente infinita, y si no hubiéramos dejado de extraer directo de las raíces de nuestro ser, estaríamos perfectamente bien.

La Ciencia de la Mente, bajo diferentes nombres, escuelas y métodos, reconoce esto, y su intención es descubrir dónde, cuándo y cómo entramos al mal camino; el camino que lleva a la destrucción en vez de a la vida; el camino que lleva a la infelicidad y a la frustración en vez de a la alegría a través de la autoexpresión.

El hombre nació para ser feliz, para vivir creativamente, para amar, para cantar, para bailar, y para expresarse al máximo. Cuando no lo hace se siente infeliz, triste y solo, y desearía estar muerto: no tiene más la voluntad de vivir.

Debemos encontrar un método que pueda rápida y fácilmente llegar a la base de nuestros problemas. En vez de sondear la mente para ver dónde, cuándo y cómo empezó esta cadena negativa de pensamientos destructivos, podemos regresar a lo que es más fundamental. Podemos regresar a Dios, el Espíritu Creativo y decir:

> *Nací de Dios. Hay una sola vida, esa vida es Dios, esa vida es perfecta, esa vida es mi vida ahora. Nada ha interferido con esa vida, nada puede interferir con ella.*

Y luego:

> *Yo sé que no hay nada en el universo que tenga algo en contra mía.*

Y siguiendo la enseñanza del Gran Maestro, *Perdona y serás perdonado*, podemos decir:

> *Me perdono a mí mismo. Perdono a todos los demás. El pasado se ha ido. No me afecta más. Sé que Dios no tiene nada en contra mía, y si yo no he hecho nada para lastimar a otros, ni ellos han hecho nada para lastimarme a mí, ahora me perdono a mí mismo y a ellos. Por lo tanto, estoy consciente de que estoy completamente limpio. No hay juicio ni condenación.*

Debemos también saber que no hay miedo; el amor perfecto lo elimina. Por lo tanto podemos decir:

Tengo confianza en la vida. Tengo una profunda fe y una completa convicción de que Dios es todo lo que existe y que soy necesitado y amado, no solo por el Espíritu Divino sino por todos los que me conocen. Pertenezco a la vida. La vida me pertenece y voy a entrar en ella con alegría. La vida está lista para darme todo lo bueno, y yo estoy listo para pasarlo a los demás. Yo soy un canal a través del cual el bien fluye en todas direcciones. Dando y recibiendo, y recibiendo y dando, el canal nunca se obstruye.

Podemos decirnos a nosotros mismos:

No tengo sentimientos de inseguridad o ansiedad. Me siento seguro en Dios. Sé que seré guiado, protegido y amado hacia la plenitud. No tengo pensamientos de ansiedad por el mañana, porque sabré qué hacer cuando el mañana llegue. Seré guiado para saber qué hacer. Al no tener resentimientos del pasado y ninguna ansiedad sobre el futuro, vivo el hoy como si Dios fuera todo lo que existe, porque Dios es todo lo que existe. No hay otro poder, ni otra Presencia, ni otra vida.

Jesús sabía lo que había en la mente de las personas. Sabía sobre lo que hoy llamamos bloqueos y conflictos; sobre las represiones, las inhibiciones que están englobadas bajo el nombre de complejo de inferioridad o complejo de superioridad, o un sentimiento de rechazo o culpa. Y él llevó la mente de las personas de regreso a la vida y les dijo que no importaba tanto lo que había sucedido en el pasado porque podían limpiarse completamente de ello. Lo que importaba era que se perdonaran a sí mismos y a los demás; que supieran que eran perdonados y así ya no caerían en lo que está mal, sentirían una nueva voluntad de vivir surgiendo dentro de ellos.

Recordarás con cuánta frecuencia Jesús habló de la alegría que tenía y cómo decía que él había llegado para que todos tuvieran más vida y la tuvieran en abundancia. Él puso gran énfasis en la voluntad de vivir creativamente y disfrutar la vida.

Jesús no dijo que la vida tuviera algo en nuestra contra, o que nos condenara, o que nos juzgara. Dijo que en cualquier hora del día podemos obtener la liberación. Esto es lo que quiso decir en la parábola de los trabajadores, donde el hombre que llegó a trabajar en la onceava hora recibió la misma compensación que los que habían trabajado todo el día, como si estuviera diciendo: "¿Qué importa si han estado escondidos en las sombras de las experiencias previas hasta estar tan deprimidos que no sabían qué hacer porque estaban rodeados de la oscuridad? En el preciso instante en que salgan al sol estarán en la luz. Solo ubíquense en una posición de modo que las sombras desaparezcan detrás suyo, y no habrá nada entre ustedes y el sol, y dejen que su calor y su energía los llenen con una nueva voluntad de vivir".

Ninguna persona tiene voluntad de vivir a menos que sienta que vale la pena. Y no puede tener la sensación profunda de querer vivir a menos que sienta que va a vivir por siempre en algún lugar. Es imposible divorciar esta voluntad de vivir eternamente, esta creencia de que somos seres inmortales, que surge de la mayor salud mental posible.

Es por esto que Jesús enfatizó mucho en la vida eterna, en que siempre hay algo que vale la pena esperar. La obra apenas ha comenzado y nunca terminará.

He tenido la oportunidad de consultar a miles de personas a lo largo de un periodo de varios años, y mi experiencia me ha enseñado que Carl Jung estaba en lo correcto cuando dijo que aún no había visto una sola sanación permanente de neurosis sin la restauración de la fe espiritual, y que es imposible obtener lo mejor de la vida aquí a menos que creamos en la inmortalidad.

Esto no tiene nada de complicado. Debemos dejar de pensar que es muy difícil enderezar nuestros pensamientos, y empezar a darnos cuenta de lo fácil que debe ser, porque no hay misterio al respecto. Sabemos que los pensamientos son cosas, y sabemos que nuestras reacciones emocionales internas hacia nuestras formas de pensar producen enfermedades psíquicas o mentales internas que, a su vez, generan la mayoría de nuestras aflicciones físicas. Y sabemos que la razón de que esto ocurra es porque nuestros pensamientos se basan en lo negativo en vez de en lo positivo; en el miedo en vez de en la fe; o en la desilusión en lugar de en la satisfacción, y en las demás actitudes negativas que pudiéramos nombrar.

Sabemos que la batalla por el derecho a vivir felices a través de la voluntad de vivir correctamente está ganada a la mitad cuando hemos diagnosticado el problema de la manera adecuada. Y si hemos andado por un camino que no lleva a ningún lado, donde el sendero de repente se acaba, todo lo que tenemos que hacer es volver sobre nuestros pasos y recordar que el poder que nos llevó por el camino equivocado puede, con la misma facilidad, llevarnos de regreso al buen camino.

Se requiere de menos energía para vivir constructivamente que para vivir destructivamente. No se necesita de ninguna energía para tener fe, mientras que el miedo agota la energía que tenemos. No se requiere de ninguna energía para amar. Es el odio el que es destructivo. No se necesita de energía física o mental para ser feliz, pero la infelicidad y la morbidez consumen tanta energía que nos desvitalizan mental y físicamente. No se requiere energía física o mental para tener esperanza; es la desesperación la que nos bloquea. Todo lo que se necesita es fe.

Parece a veces extraño que la vida haya depositado tanto poder en nosotros, como la voluntad y la imaginación, y luego nos deje solos para hacer el gran descubrimiento para nosotros mismos. Algunas veces nos preguntamos por qué lo hizo, como si estuviéramos cuestionándonos la providencia de Dios. Pero si lo pensamos un poco veremos que Dios nunca cometió errores, y nunca los puede cometer. Este es el único modo en que pudimos haber sido creados como personas libres, porque la sola idea de la libertad trae consigo las obligaciones de la ignorancia y las compensaciones del entendimiento.

Y ya es momento de que despertemos de nuestro sueño y regresemos a la relación directa e íntima con el poder superior a nosotros y con la Ley del Bien que actúa creativamente sobre la base de nuestras oraciones de afirmación, nuestras meditaciones de fe, y nuestros himnos de alabanza. La Ciencia de la Mente conspira a nuestro favor porque nos ha guiado a través de las borrosas y oscuras cavernas de nuestro propio pensamiento de regreso a la fuente original de nuestro ser, que ha dudado en darle el nombre de Dios, pero que sabe que es un poder mayor a nosotros.

Nadie puede recorrer por nosotros la nueva ruta; solo nosotros podemos hacerlo. La Ciencia puede desplegar una señal: "Este es el Camino, camínalo". Pero como el Hijo Pródigo de la vieja parábola recordó quién era y resueltamente regresó al hogar, así pues, debemos decidir que la vida está a favor de nosotros y no en contra nuestra y, dando la espalda a quien lo niegue, empezar nuestro viaje hacia la Tierra Prometida.

La convicción espiritual es esencial

UN HOMBRE SIN convicción espiritual no puede esperar hacer el mismo uso del poder Creativo de este pensamiento que el que sí la tiene. Debemos jugar deliberadamente con la idea de que el Reino de los Cielos está a la mano, de que el Reino de Dios está dentro.

Debemos reorganizar nuestro pensamiento sobre esta base, tomando como nuestro tema central la convicción de que el Espíritu puro está siempre presente en el centro de nuestro ser. Debemos mantener abierta la puerta de nuestro pensamiento para el invitado invisible que puede entrar para estar con nosotros, a ese YO SOY que es la Resurrección y la vida.

Jesús dio a entender que uno puede pasar de la muerte a la vida aun mientras esté en la carne. Uno puede morir a una experiencia y renacer a otra en este mundo. Estamos aprendiendo cómo hacerlo al dejar ir mentalmente lo viejo y abrazar lo nuevo.

Nuestra visión mental debe ser guiada por la estrella de la esperanza y no por la ilusión de la desesperanza. Debemos saber que el Espíritu triunfa sobre lo que sea. El amor todo lo vence; y la alegría se vuelve lo más importante.

No podríamos tener un testimonio más definido o una enseñanza más directa. Donde sea que la visión mental se pose, ahí, al final de esa visión, se encuentran la libertad o la esclavitud, la alegría o el sufrimiento. Si nuestro concepto de amor y nuestra creencia en su presencia benéfica es mayor que nuestro miedo a su opuesto, obtendremos la victoria.

El argumento mental está dentro de nuestra mente. Solo nosotros podemos ser los árbitros de nuestro destino. El destino no se vuelve algo en sí mismo sino un cierto uso de la Ley, y nosotros debemos usar esta Ley con amor, con fe, con confianza. ¡El espíritu es amor, alegría y paz!

El despertar de nuestro pensamiento a la divinidad dentro de nosotros no debe ser un proceso triste, sino alegre. Debe haber gran espontaneidad en él, un sentimiento de regocijo y júbilo. Solo esto hará que la vida entre con mayor abundancia en nosotros.

El principio de la guía divina

NADA ES MÁS importante que darse cuenta de que, como estamos rodeados por la inteligencia infinita estamos inmersos en la Sabiduría Ilimitada. Emerson nos dice que la historia humana es la operación de la mente infinita en este planeta.

Nosotros somos, por necesidad, puertos de entrada para la mente divina, pero como somos individuos nos volvemos salidas en la medida en la que nos permitamos serlo. Estamos rodeados por la sabiduría, el amor y la inteligencia divinas, y aun así carecemos de guía divina. No es que carezcamos del principio de la guía divina, porque ese es el regalo de Dios que nos ha dado por la eternidad, sino que carecemos de la percepción de esta guía y de su operación a través de nosotros.

Los principios en sí mismos no hacen nada en particular por el individuo hasta que son especializados o usados. El desierto está hecho para florecer como la rosa cuando el hombre coopera con el principio de productividad latente en el desierto. La experiencia nos ha enseñado que esta cooperación debe ser consciente y definida. Más aún, nos ha enseñado que debemos entender la Ley con la que vamos a colaborar antes de que podamos usarla para resultados especiales.

Estamos rodeados por un principio de la mente y la inteligencia que se volverán Guía Divina para nosotros siempre y cuando se lo permitamos. A nosotros nos toca darnos cuenta de que la Guía Divina es un principio, y aceptar que este principio está funcionando en nuestra vida diaria. La respuesta a los problemas está en el problema mismo. Es tan evidente que su misma obviedad la esconde.

Así pues, podemos pedir la Guía Divina, y no importa qué tan ordinaria pueda ser la petición, o pueda haber sido en la historia de la evolución de las religiones, siempre ha habido una respuesta. Dios ha respondido cada petición al nivel de la mentalidad en que la petición fue hecha. Cuando el científico escucha, cuando el artista imagina, cuando el matemático calcula, o el poeta espera a su musa para que guíe sus imágenes en palabras descriptivas, todos están orando para obtener Guía Divina. Cada uno en su propia esfera de acción recibe tanta guía como es capaz de aceptar.

¿Por qué no, entonces, especializar conscientemente esta Ley de la Guía Divina, ya que seguro esto sería algo práctico que hacer? No es suficiente con creer que la Guía Divina puede guiar; debemos saber que la inteligencia divina está guiando. Debemos saber que no hay errores en el Plan Divino, y que jugamos un papel en ese esquema universal de las cosas.

De acuerdo con nuestra teoría no es suficiente saberlo. Porque aunque entendemos que la Ley es la Mente en Acción y que hay una Ley Universal de Causa y Efecto, sabemos que esta misma Ley, que trabaja para nosotros, es inhibida o acelerada en su acción a través de que tengamos fe en ella y la aceptemos. De hecho es uno de los secretos de esta ciencia, y no es realmente un secreto en lo absoluto, pues la experiencia nos ha enseñado que esto se aplica a las leyes de la naturaleza. Debemos entender una ley antes de que podamos hacer un uso consciente de ella.

Debemos especializar cualquier ley que deseemos utilizar conscientemente, y el Principio de la Guía Divina no es la excepción a la regla. Debemos creer que hay una Guía Divina, debemos afirmar que hay una Guía Divina, y debemos negar la tendencia a dejar de creer en la Guía Divina. Si la Ley es la Mente en Acción, y si especializamos esta Ley a través de la actividad de nuestro pensamiento, que es lo que con mayor seguridad hacemos, entonces debemos saber conscientemente que a diario somos guiados y dirigidos hacia la acción correcta. Debemos saber que hay una inteligencia que va delante de nosotros y que nos despeja el camino y lo hace directo.

Cuando te enfrentes a algún problema, llévalo hasta el silencio de tu propia contemplación y declara que no hay conflicto alguno; que ya conoces la respuesta. Disuelve la creencia en el problema y anuncia la creencia en la respuesta. Mentalmente actúa como si el problema fuera un argumento que trata de convencerte de que no conoces la respuesta, y luego, mediante la actividad consciente de tu pensamiento, destruye el argumento, ya sea separándolo poco a poco hasta que no quede nada, o con el completo entendimiento que lo disipa como el sol disipa la niebla.

Cuando disuelves el problema y buscas la Guía Divina estás anunciando que no hay obstáculos. Anuncia que hay una respuesta completa y que esta respuesta le es dada a conocer a tu mente ahora mismo, hoy. De este modo, esperas a tu Señor Interno, el Supremo, el Creador y el Sustento de tu destino.

La Guía Divina es un principio tan definido en el universo como la Ley de la Atracción y la Repulsión. Tu uso de la Guía Divina debe ser tan consciente como el arquitecto que diseña un plano; tan certero como el matemático que resuelve un problema, y la respuesta es también definida.

Dios y compañía

A partir de la conclusión anterior relacionada con la Guía Divina y con el uso que hacemos de ella, se vuelve evidente que estamos en sociedad con la mente infinita, y el nombre de esta sociedad es *Dios y Compañía*; donde Dios representa la inteligencia suprema, el orden creativo universal, la Ley Dinámica y la Presencia Perfecta. Este es Dios, el socio mayor. Nosotros somos la compañía. Esta sociedad no puede disolverse, aunque pueda parecer que está disuelta.

Debemos sentir que estamos en alianza con el universo, y que esta compañía con la que hacemos negocios, al tener su centro en todos lados y su circunferencia en ninguna parte, esto es, al ser omnipresente, se localiza dondequiera que *el pensamiento y la conciencia* operen. Dondequiera que pongamos nuestra atención, ahí está esta compañía haciendo negocios.

Donde sea que esta compañía haga negocios, hay actividad. Debemos aprender que la actividad de las ideas correctas no es solo el negocio del Padre, sino también el negocio del Hijo. La mente individual y la mente superior son "una", y hacia donde dirijamos nuestra atención mental, en ese punto la empresa de Dios y Compañía establece una sucursal que seguro será exitosa.

Como no hay competencia, Dios y Compañía no tiene competidores. No hay otros productos tan perfectos como los que ellos manufacturan; no hay otros diseños tan atractivos, no hay otra maquinaria tan perfecta y eficiente.

Dios y Compañía, por tanto, nunca lidia con la competencia sino siempre con lo completo, y dondequiera que nuestros pensamientos estén, ahí esta compañía establece una sucursal. En cada sucursal se lleva un inventario completo de los bienes divinos, y no debemos temer que alguna persona tenga el monopolio de algunos de estos bienes divinos.

¿Qué matemático nos negaría el privilegio de usar el principio de que dos y dos son cuatro? ¿O qué músico aclamaría que alguna nota que tocó agotó toda la armonía? El matemático utiliza el principio de las matemáticas y, el músico, el principio de la armonía. Un principio es aquel que, sin importar cuánto se use, no es ni más ni menos de lo que era antes. Siempre se niega a ser algo excepto lo que es, y es lo que era, y era lo que es, y cuando el mañana venga seguirá siendo lo que es. Por consiguiente, lo que era es, y lo que es, seguirá siendo.

Dondequiera que nuestra atención se pose, ahí Dios y Compañía está haciendo negocios, y a ese punto el negocio es bueno porque Dios es bueno. Saber esto es saber la verdad sobre nuestro negocio, entender lo que es verdadero de nuestra profesión, y saber lo que la actividad significa en realidad.

¿Quién intentaría disolver una Sociedad tan Divina como esta? Con certeza, ninguna persona cuerda. Si tenemos un negocio que no tiene competencia y sobre el cual no hay monopolio, y si tenemos un negocio que siempre está bien porque siempre está activo, y si tenemos la inteligencia para dirigir este negocio, y si este negocio es realmente el negocio de la vida, entonces somos en verdad exitosos.

En la práctica real debemos reclamar esta Sociedad Divina; debemos afirmar que somos los miembros de esta empresa de Dios y Compañía, y nunca debemos negarlo. Debemos aprender a asesorarnos con este socio silencioso y declarar que el negocio es bueno, que el negocio de la vida está activo, es feliz, es pleno. Así pues, llegamos a la otra proposición, que es la de transferir la carga de la vida: liberar la carga.

Liberar la carga

La carga de la vida surge de la creencia de que no tenemos ni el poder ni la inteligencia para resolver nuestros problemas. Pero si comprendemos que nuestro socio (la ley) hace las cosas por sí mismo, convirtiéndose en aquello que hace, sabremos que no importando qué hechos indeseables puedan manifestarse en nuestra experiencia presente, la ley los puede disolver para nosotros.

Transferimos el problema al Ideal Divino. Si alguien nos preguntara cómo es que la inteligencia divina va a reconocer nuestro pequeño problema, nuestra respuesta puede ser que el Divino funciona a través de la Ley Universal de Causa y Efecto.

Quienquiera que especialice esta Ley descubrirá que puede transferir la carga de la responsabilidad personal a la Ley, y que la Ley funcionará para él según su patrón de pensamiento, tal y como funciona en el resto del cosmos. No lo hace porque le guste una persona más que otra, sino porque esa es su naturaleza.

De nuevo debemos recordar que la Ley no conoce grande o pequeño. Solo sabe hacer. Como la Palabra pone la Ley en movimiento, y como podemos pronunciarla, sabemos que podemos usar la Ley. Porque aunque esta Ley es universal, también se particulariza a través de nosotros; se especializa a petición nuestra y fluye por nuestro pensamiento hacia la ejecución.

Al hacer un uso práctico de esto debemos entender que nuestra palabra es la Ley. Así, nuestra palabra de expansión significa expansión, y nuestra palabra de contracción significa contracción. Si usamos la ley como limitación no es culpa de la Ley, sino de la forma en que la hemos usado. Si tenemos una idea clara de cómo funciona la Ley de la Causa y Efecto veremos que nuestra palabra especializa la Ley de una forma única e individual, de una manera personal.

Transferimos la carga, pasándola, por así decirlo, a la Ley que gobierna nuestra Sociedad Divina, y confiamos en que la Guía Divina pronunciará la Palabra correcta a la Ley. La Palabra de Confianza se ejecuta a sí misma. Nuestro reconocimiento del bien se vuelve el bien que reconocemos. Se nos dice que la palabra de Dios es fiel y verdadera. Pablo habla de "la espada del espíritu que es la Palabra de Dios". O podemos pensar en la Palabra como protección: "Su verdad es un escudo protector".

La palabra de verdad se basa en el inmutable principio de la realidad. Se nos dice en el Salmo 33:6: "Con su palabra el Señor hizo los cielos". Esto significa la transferencia de la palabra, por medio de la acción, hacia la forma. Naturalmente, entonces, transferimos la carga de la responsabilidad individual a la Ley de la Acción Correcta.

Empezamos con la proposición de que la palabra es el poder detrás de la cosa; de que las palabras realmente producen condiciones, y que la Ley fluye de la Palabra. Y si la Ley fluye de la Palabra, y si la Guía Divina nos compele a pronunciar la palabra correcta, y si nuestra Sociedad Divina no puede ser disuelta, entonces, con toda seguridad, la carga de la vida es aliviada, y podemos seguir nuestro camino con tranquilidad y confianza.

Sin embargo, debemos asegurarnos siempre de que esta palabra esté en armonía con la realidad eterna, porque cuando transferimos nuestra carga a la ley, estamos poniendo la causa y efecto en movimiento. Y si deseamos experimentar solo lo que es bueno, nuestro uso de la Ley debe ser bueno. Esto no es más que otra forma de decir que el universo es a prueba de tontos.

Pero, ¿cómo vamos a saber que estamos hablando la palabra de Dios? Solo hay una manera de saberlo: ¿es nuestra palabra armoniosa? Si estamos seguros de que no hay nada en ella que tenga un elemento de daño, odio, miedo, limitación o destrucción de cualquier índole, entonces es evidente que estamos hablando la palabra de Dios, y podemos tener confianza absoluta en el resultado.

Mientras más estudiamos la naturaleza de estos principios, más convencidos estamos de que son ciertos; de que son las afirmaciones de la Gran Ley de Causa y Efecto que los iluminados de nuestros tiempos han proclamado. No son ciertas porque los iluminados las hayan anunciado, sino que, porque eran verdad, quienes tienen una inclinación espiritual las han percibido.

Así pues, nuestra Sociedad Divina con la Guía Divina transfiere la carga y quita el peso de la vida. A nosotros nos corresponde plantar la semilla correcta; saber que la ley fluye de la Palabra; que la palabra es el punto de partida de la creación; que las ideas son cosas; que el universo físico es cosa del pensamiento. Y cuando hayamos transferido la carga a la Ley, y cuando hayamos encomendado nuestra propia alma a la paz, tendremos un nuevo interés y una perspectiva renovada, porque estaremos entrando en el espíritu de la vida, en la vivacidad de la vida, y en la alegría de esa vivacidad.

En nuestro mundo individual tenemos el poder y el conocimiento para crear estas experiencias individuales que hacen que la vida valga la pena. Y no hay límites a la evolución de estas experiencias, pues una conclusión llevará a la siguiente. Este es el simbolismo de la octava, que significa que el final de cualquier serie creativa particular no es más que el principio de una nueva serie creativa.

En cada uno de nosotros está la voluntad de vivir, de disfrutar, de expresarnos y desarrollarnos; esta voluntad es Divina, y nuestra voluntad está en sociedad con esta Voluntad Divina, y nuestra mente con esta mente divina. Por eso esperamos y creemos que el bien llegará a nosotros.

Al transferir nuestra carga, llega a nuestra vida un nuevo significado, una expresión personal más espontánea; la tristeza cede su lugar a la alegría, y la confusión se rinde ante la paz. La acción privada de fricción se mueve sin fatiga, y el drama sin fin de la vida nos presenta escenas inspiradoras y experiencias siempre en movimiento. Este es el Nuevo Cielo y la Nueva Tierra. Y cuando esta transferencia final ocurra de este mundo al siguiente, exclamaremos: “En tus manos encomiendo mi espíritu”.

¿Qué queremos decir con *el silencio*?

En el mundo metafísico escuchamos con frecuencia a la gente hablar de ir hacia *el silencio*. Naturalmente, uno se pregunta qué es eso del *silencio*, y si hay algo que debemos evitar es la confusión. Aclarar los pocos hechos sencillos de la Ciencia de la Mente, lograr una técnica simple y definida para practicarla, y al mismo tiempo dar un valor espiritual apropiado a la misma es el objetivo al estudiar una de las artes más finas, el arte de la sanación espiritual mental.

Muy frecuentemente la gente te dice: "¿Qué significa eso del silencio?". O pueden decir: "He estado leyendo acerca de cómo entrar en el silencio", y tú tendrás que explicarles que la sola idea de que es necesario entrar en un lugar llamado *el silencio* es confusa en sí misma. Con gran paciencia verás que es necesario señalar el sencillo y directo enfoque del principio, y en particular la necesidad de mantener un estado de autoconciencia en todo momento.

La vida está en movimiento, o al menos la vida manifiesta se encuentra en un estado de vibración. Pero en el centro mismo de esta vibración parece haber algo que es estático, algo que no se mueve y sin embargo del cual todo movimiento debe venir. Podemos comparar esto con el Creador y su Creación, con el artista y su arte, o con el pensador y su pensamiento.

El pensador existe antes que su pensamiento; el Creador existe antes que cualquier creación particular, y dentro de la acción hay, evidentemente, un principio que no se mueve. Podemos ponerlo de este modo: Dios no se mueve, pero el movimiento tiene lugar dentro de Dios. El Espíritu no se mueve a ninguna parte, pero todas las partes en particular existen en el Espíritu.

Entrar en el *silencio* no significa que nuestras reacciones, ya sean físicas o mentales, se borren, porque si así ocurriera pasaríamos al olvido.

No estamos tratando de descubrir cómo ser menos nosotros mismos, sino cómo ser más nosotros mismos.

Jesús dio un buen ejemplo de ir *al silencio* cuando nos dijo que cuando oráramos debemos entrar en el armario y cerrar la puerta. Es evidente que no se refería a un armario real. Él no puede haberse referido a ningún espacio físico en particular, encerrado, como un pequeño cuarto. Su lenguaje era simbólico. Entrar en el armario significa retirarse a la propia mente, porque es de la propia mente que la creatividad que poseemos emana.

Se ha hecho referencia al armario como el *lugar secreto del Altísimo*, el *sanctasanctórum*, y como el Tabernáculo del Todopoderoso, y simboliza los procesos silenciosos de la naturaleza. El principio creativo en la vida de las plantas es silencioso; los procesos de la naturaleza son silenciosos. La causa invisible es siempre silenciosa. La expansión y la autoexpresión son siempre la liberación de una energía que ya existe en el centro del medio o vehículo en desarrollo o en expresión.

Entrar en nuestro armario es hacer a un lado la confusión externa, el choque entre la voluntad y la intención, juzgar no desde las apariencias externas sino desde la tranquilidad interna. Un sabio chino dijo que todas las cosas son posibles para aquel que puede practicar perfectamente la inacción, que no es más que otra forma de decir: "Aquiétate y recuerda que yo soy Dios". Se nos dice que Dios no está en el viento ni en el terremoto, sino en la silenciosa vocecita interior.

Es evidente que el armario no es un lugar de olvido mental y espiritual, pues sigue habiendo un movimiento de conciencia. El que practica este movimiento de la conciencia en *el silencio* está practicando la inacción a partir de la cual fluye la acción. *Aquietarse y saber que Yo soy Dios* es entrar en el santuario de la propia conciencia. De este centro procede la vida. "Cuida tu corazón más que otra cosa, porque él es la fuente de la vida".

Aquí, en nuestro lugar secreto del Altísimo, en la cámara interna de nuestra propia alma, están escritas las palabras sagradas: YO SOY. Es desde esta conciencia, de este Yo Soy, concebido en un reconocimiento silencioso, que el poder fluye.

Se ha dicho que solo el sumo sacerdote puede entrar en el recinto sagrado. El sumo sacerdote simboliza nuestro propio Ser Divino. Todo lo que pertenece a la causalidad externa debe ser dejado fuera, porque nunca descubriremos la verdadera Causa Creativa mientras estemos limitándola a cualquier efecto existente. No juzgamos correctamente cuando lo hacemos solo por las apariencias. Debemos entrar en el armario y cerrar la puerta. Nuestra mirada mental debe dirigirse hacia arriba y hacia dentro y no hacia fuera, porque este es el secreto del lugar secreto del Altísimo.

Luego se nos dice que habiendo entrado en este lugar secreto, y habiendo cerrado la puerta, y habiendo dejado temporalmente fuera las apariencias externas, es decir, los hechos creados y las circunstancias (y no olvides que esta exclusión incluye al pecado y al pecador, toda causa y efecto erróneos y las ideas que nieguen la unidad del bien) hemos entrado en *el silencio*. Eso significa *el silencio*. Seguimos estando vivos, despiertos y totalmente conscientes. No somos menos nosotros mismos, sino más. Hemos entrado más conscientemente en ese lugar de inacción del cual la acción procede. Es cierto que entramos en lo Absoluto en la medida en la que nos retiramos de lo relativo y viceversa.

El siguiente paso, se nos dice, es *dar a conocer nuestras peticiones en secreto*. Es evidente, entonces, que ese lugar secreto del Altísimo, este Tabernáculo del Todopoderoso, esta cámara interna, no es un lugar donde pasemos a la inconciencia. Tampoco es un lugar donde nuestra conciencia deja de operar como una entidad individual.

Se nos dice que lo que deseemos, debemos darlo a conocer, lo cual implica el máximo grado de especialización y uso consciente de la ley. Hacemos saber nuestras peticiones en secreto al *Padre que ve en secreto*. Este Padre, desde luego, representa el principio eterno de la mente siempre presente, la mente superior, la inteligencia creativa en el universo, que es el origen de todo.

Debemos llevar nuestras peticiones, nuestros pensamientos y nuestros deseos a algún lugar en nuestra conciencia simbolizada como el armario y como el lugar secreto del Altísimo, donde la causalidad absoluta existe, sin estar condicionada por ningún hecho o circunstancia existente. El bien y el mal han desaparecido, lo grande y lo pequeño se han fundido en la unidad. La causa creativa recibe nuestro deseo de primera mano, directamente, por completo.

No hemos llevado a este silencio contradicciones, ni negaciones, ni miedos, ni sensación de carencia o limitación. La causa incondicional recibe la impresión de nuestro pensamiento exactamente como lo formulamos. Este es el Padre que ve en secreto, el proceso secreto de la naturaleza, el poder silencioso que se proyecta a través de la naturaleza, la presencia invisible, el anfitrión invisible cuyos invitados somos nosotros.

Jesús nunca insinuó que fuera probable que el Padre rechazara nuestras peticiones. En la Parábola del Hijo Pródigo se nos dice que el Padre vio al hijo a lo lejos y corrió a encontrarlo. Así que tenemos este hermoso simbolismo del Padre volteando hacia nosotros cuando nosotros volteamos hacia él. El principio creativo, que ve y recibe en secreto, nos recompensa abiertamente. ¿Qué es esto sino una declaración de la Ley Invisible de Causa y Efecto, del silencioso proceso de la naturaleza honrando nuestras peticiones?

Esto no constituye la totalidad de la enseñanza de Jesús, pues también dijo que no tiene sentido traer nuestras ofrendas al altar mientras tengamos en nuestra conciencia algo en contra de nuestros hermanos; es decir mientras tengamos cualquier mezquindad, animadversión, odio, miedo u otra actitud similar que tienda a correr el velo delante del rostro de la realidad. No es más que otra forma de afirmar que solo el amor puede generar amor, que si deseamos tener alegría debemos darla; es un sutil pronunciamiento de la Ley de Causa y Efecto.

Cuando hayamos cumplido con los requisitos de amor, armonía y unidad, las peticiones que hagamos serán honradas, incluso la petición de felicidad, salud, éxito y amistad. El Gran Maestro nunca negó al hombre el privilegio de disfrutar de la vida. Él afirmó que siempre disfrutaría de ella si estuviese siempre en sintonía con la realidad. Por lo tanto, lo que sea que deseemos, el Padre que ve en secreto nos lo da abiertamente. Esto es, el silencioso proceso creativo de la naturaleza, mismo que empleamos cuando damos un tratamiento espiritual mental, proyecta efectos visibles, tangibles y reales, dando nacimiento a la forma, y creando según el patrón y el tipo de pensamiento que tengamos.

Es bueno que tengamos estos pensamientos claros en la mente, y es bueno que enseñemos a quienes vienen a nosotros que *el silencio* no es algún lugar peculiar y extraño al que lleguemos por medio del ayuno o del deleite. Es cualquier momento de nuestra experiencia, de día o de noche, cuando la mente comprende su unidad con el bien, su unidad con *el Padre que ve en secreto*.

Algunas veces entramos en este silencio en un destello momentáneo de la conciencia. Algunas veces viajamos laboriosamente hacia él. Otras, parece que lo perdemos. Pero a cada momento debemos estar conscientes de su existencia. No debemos caer en la idea equivocada de que hay un camino secreto a la realidad. Todos los caminos son buenos. Pero nuestro camino debe ser nuestro camino y no el camino de alguien más. El enfoque es directo y consciente. No debemos dudar en traer nuestras peticiones, darlas a conocer, enumerarlas.

El bien no se le retiene a nadie, pero la ignorancia de la Ley no excusa a nadie de su uso o de su abuso. Es bueno tener todo siempre y cuando no dañe a ninguna persona sino que ayude a nuestra expresión. Lo que sea que deseemos lo recibiremos.

Supongamos que tenemos un amigo que nunca se ha negado a nuestras peticiones, que siempre ha tenido el poder de otorgarnos lo que pedimos, alguien fuerte, acaudalado y autosuficiente, que tiene a su disposición recursos infinitos para cumplir nuestras peticiones. Y supongamos que su mayor deseo fuera beneficiarnos. ¿No nos sentiríamos afortunados?

Más aún, supongamos que la única condición que este amigo nos impone es que lo que nos dé sea usado para propósitos constructivos. Y supongamos que nos promete que si usamos estos regalos para propósitos constructivos solamente, ningún daño nos afectará nunca. Supongamos que nos garantiza protección absoluta. ¿No sentiríamos que es el más maravilloso de todos los amigos?

Este es justo el principio que Jesús puso delante de nosotros cuando dijo que entráramos en el armario de nuestra propia conciencia y diéramos a conocer nuestras peticiones a ese Padre que, viendo en secreto, nos recompensa abiertamente. ¿No deberíamos considerar este el mayor de los regalos, y no deberíamos considerar nuestro enfoque hacia él, el más fascinante de todos los experimentos?

Por otro lado, supongamos que nuestro amigo pone como condición que vengamos y tomemos el regalo. Y que no pudiéramos tomarlo a menos que primero creyéramos que él tiene la intención de dárnoslo, y que él ya nos ha hecho el regalo, pero que nosotros debemos recibirlo. Ni siquiera esto nos costaría trabajo entenderlo porque de inmediato nos diríamos: "Claro, si mi amigo me ha hecho el regalo, debo recibirlo. Él no puede forzarme a tomarlo. El regalo no puede estar completo sin alguien que lo reciba. Alguien debe recibir el regalo". No debemos dudar en recibir el regalo, y esta es exactamente la posición en la que estamos en relación con la mente y la inteligencia creativa universal. El regalo espera que lo tomemos.

Se nos ponen ciertas restricciones naturales y necesarias. Son solo las restricciones que nos evitan el usar el regalo destructivamente. No son restricciones de limitación o de esclavitud. Son las restricciones que deben necesariamente ser consistentes con un universo de ley, de orden, de armonía, de unidad y de amor. No podemos considerarlas como restricciones, ya que sabemos que la paz, la alegría y la felicidad van con el regalo. De seguro, si tuviéramos un amigo que fuera tan dadivoso, pensaríamos que él no es menos que divino.

Ahora supongamos que observamos más de cerca y más íntimamente a este amigo y consideramos que se encuentra en el centro de nuestra propia vida, en el centro mismo de nuestro pensamiento y conciencia; que lo consideramos la presencia y la inteligencia misma por la que pensamos, de modo que no tenemos que salir a buscarlo. Él está siempre en casa y su hogar está dentro de nuestra alma. ¿No deberíamos sentir que tenemos el más maravilloso compañero imaginable? ¿No deberíamos pasar algún tiempo en comunión diaria con este compañero? Dejando toda la confusión y el miedo externos fuera, ¿no deberíamos entrar en este *sanctasanctórum* y, meditando ante el arca de la Alianza, desenrollar el pergamino y leer en él el divino mensaje: "Antes de que me pidan ayuda, yo les responderé; no habrán terminado de hablar cuando ya los habré escuchado" (Isaías 65:24)?

La gran renuncia

TODO HOMBRE BUSCA algo que lo haga pleno y feliz; que lo haga sentir seguro y a salvo, y, creemos, algo que le dé la seguridad de que va a vivir por siempre en algún lado. No podemos creer que la inteligencia divina que creó todo, incluyendo a nosotros, podría haber hecho eso sin al mismo tiempo brindar un modo para que vivamos como seres humanos y divinos, plenos y felices.

Jesús dijo que él era el camino, la verdad y la vida. Él había descubierto el secreto que le dio la vida, el amor y el poder. Esta vida, este amor y este poder son lo que él enseñó. Como él probó este poder de manera total, sería sabio de nuestra parte seguir las reglas que nos expuso. Él declaró una de esas reglas cuando dijo: "El que pierda su vida por mí, la encontrará".

Al principio parece algo difícil y extraño de hacer. Ninguno de nosotros desea perder su vida. No puede ser posible que Jesús quisiera decir que deberíamos, literalmente, perder nuestra vida, sino más bien que debe haber cosas en nuestra vida que necesitamos dejar ir. Debe haber algo agregado a nosotros que no pertenece al hombre real. Y por eso debemos tratar de encontrar la verdad fundamental que él enseñó.

Si hacemos esto, descubriremos que en lo que Jesús puso el mayor énfasis fue en la idea de que somos seres espirituales viviendo en un universo espiritual, *en este momento*; que Dios, el Espíritu Supremo e inteligencia suprema en el universo, y el poder que gobierna todo, no es una Presencia lejana; es algo inmediato, una Presencia que está aquí con nosotros *ahora*. Él dijo que esta Presencia no solo está *con* nosotros sino *dentro* de nosotros; vivimos en ella y ella se mueve en nosotros.

Cuando Jesús dijo que debemos perder nuestra vida debe haberse referido a esa parte de nosotros que niega esta Suprema Presencia, esa parte de nosotros que vive contraria a ella, esa parte de nosotros que no está en armonía con ella. Él estaba diciéndonos que hay ciertas cosas a las que tenemos que renunciar antes de poder encontrar nuestro centro verdadero, el Verdadero Espíritu o el Hombre Perfecto que él siempre asumió que estaba ahí.

Jesús dijo: "Bienaventurados los mansos, porque ellos heredarán la tierra". Esto suena como si estuviera diciéndonos que no podemos heredar el Reino de Dios hasta que renunciemos al reino del hombre. No obstante, lo encontramos multiplicando los panes y los peces cuando la multitud tenía hambre. Él convirtió el agua en vino en el banquete de bodas, y en todo sentido parece haber satisfecho las necesidades humanas dondequiera que surgían.

Así, aun cuando enseñaba que debemos renunciar a algo, no estaba diciéndonos que debíamos vivir en la pobreza o la limitación. Lo que nos estaba diciendo es que cuando ponemos nuestra confianza únicamente en elementos externos con toda seguridad nos desilusionaremos, porque una persona puede tener una fortuna un día y perderla al día siguiente; puede tener una posición de gran poder y repentinamente perder el reconocimiento público.

Jesús nos estaba hablando de algo todavía más real que esto, pero que contiene lo necesario para vivir en este mundo, pues él sabía que necesitamos comida, ropa y techo. No decía que la Voluntad Divina impusiera sufrimiento sobre nosotros, sino que cuando no vivimos de acuerdo con lo Divino traemos sufrimiento a nuestra vida.

Así pues, vemos que perder nuestras vidas, o hacer la gran renuncia al Espíritu, no significa perder algo valioso, sino deshacerse de aquellas cosas que niegan la Presencia y el poder del Espíritu aquí en la tierra. Son las grandes negaciones de la vida a las que tenemos que renunciar: las dudas, miedos e inseguridades, la frialdad y la agresión, la carencia de amor.

A estas premisas negativas Jesús las llamó pecados. Sin embargo, la palabra *pecado* ha sido mal entendida y mal interpretada, porque el significado original era alejarse de la meta, cometer un error, errar el juicio, o hacer algo que nos separa de la diaria realización consciente de que ya somos uno con el Dador Supremo de vida.

Dios es amor y no podemos acercarnos a la naturaleza del amor mientras odiemos. Es al odio a lo que debemos renunciar y no al amor. Cuando Jesús dijo que tenías que perder tu vida para encontrarla, él estaba diciendo: tienes que perder tu odio si quieres encontrar el amor; tienes que dejar ir lo desagradable si quieres encontrar la amabilidad; tienes que renunciar al miedo si deseas descubrir la fe. A todo lo que niega la fe, el amor, la vida, la verdad y la belleza, Jesús lo llamó pecado, error, alejarse de la meta.

No es fácil hacer esta renuncia, porque tenemos el hábito de pensar que somos seres muy fuertes, con personalidades autosuficientes, que podemos vencer lo que se nos presente. No es fácil ser manso.

Pero, de nuevo, debemos examinar el significado de la mansedumbre. Aunque no encontramos ninguna arrogancia en la vida de Jesús, sí encontramos una tremenda fuerza de carácter, una voluntad de cumplir lo que se proponía, una determinación para realizar su misión. Cuando dijo que los mansos heredarían la tierra, no quiso decir que no deberíamos tener carácter, sino que en la verdadera mansedumbre debemos reconocer que el poder finalmente descansa en el Espíritu.

Ser manso es ser humilde ante la verdad. Una persona es verdaderamente mansa o humilde cuando mira la grandeza de una montaña o contempla la vastedad del océano o piensa en la grandeza de las cosas. No se pierde en la grandeza o la vastedad, sino que se detiene y la admira. Cuando lo hace, algo profundo dentro de él responde, algo dentro de él abraza el océano, algo dentro de él se funde con la montaña, y se vuelve uno con ellos. Esto es la verdadera mansedumbre.

Jesús dijo: "Bienaventurados los que tengan hambre y sed de justicia: porque ellos serán saciados". Todos deseamos ser plenos, estamos hambrientos y sedientos de paz y alegría. Jesús uso la expresión *hambre y sed* porque sabemos qué se siente cuando se tiene hambre y sed. Cuando tenemos hambre buscamos qué comer. Cuando estamos sedientos buscamos agua. Hay un hambre profunda en nosotros, una sed profunda de otra clase de alimento y agua, que Jesús dijo no solo era natural sino necesaria para los hombres, pues dijo que no solo de pan vive el hombre, sino de cada palabra que procede de la boca de Dios.

Reflexionemos en cómo la mente científica tiene hambre de conocimiento. El científico se siente incompleto hasta que ha arrebatado los secretos de la naturaleza de lo invisible y los trae a la realidad. Pero en su búsqueda tiene que renunciar a toda opinión personal, a la actitud arrogante de la mente, y, con verdadera mansedumbre, seguir el método científico que lo llevará al descubrimiento de un principio en la naturaleza que pueda heredar después de que él mismo se haya rendido primero a ella.

Nadie hace una renuncia más grande que el científico, porque él está siempre dispuesto a ser guiado por la verdad sin importar el camino que tenga que tomar. La verdad y la ciencia, en muchos sentidos, son lo mismo, porque la investigación científica es un proceso de búsqueda de las leyes de la naturaleza, descubriendo cómo operan y, luego, sometiendo la voluntad individual a la forma en que funcionan. Es solo de este modo que la ciencia progresa. Este es siempre el camino que sigue.

Todos tenemos hambre y sed de amor porque nos sentimos incompletos sin él. Pero, ¿hemos investigado la naturaleza del amor? ¿Hemos seguido el método que la ciencia, que es una búsqueda de la verdad, considera necesario? Tenemos hambre y sed de amor, pero ¿qué tan a menudo seguimos el pensamiento de Jesús cuando dijo: "No hay amor más grande que dar la vida por los amigos"?

No podemos suponer que Jesús quiso decir que debemos perder nuestras vidas, porque esto no serviría a ningún buen propósito. Debe haber querido decir que dejemos a un lado lo que constituye la gran irrealidad, la gran mentira, la gran separación. El amor es amable y debemos dejar la crueldad antes de que podamos descubrir el amor.

Queremos paz mental y un sentimiento interno de seguridad, pero ¿estamos dispuestos a seguir otra enseñanza de Jesús en la que dijo: "Pero yo os digo, que no resistáis al mal?". Estamos llenos de resistencia, agresividad y antagonismo. Y la razón de que seamos demasiado agresivos es porque nos sentimos inseguros. Aparentamos tanto y hacemos tanto ruido y maltratamos por este sentimiento de inseguridad.

No te resistas al mal. Nos preguntamos si Jesús sabía de lo que estaba hablando hasta que descubrimos el secreto, que es la simplicidad misma. Cuando nos resistimos hacemos que eso de lo que estamos sinceramente tratando de deshacernos, se vuelva real en nuestra imaginación. Nos volvemos una causa dividida contra sí misma, que Jesús dijo no podía prevalecer. La verdadera no resistencia es la rendición al bien y solo al bien de la actitud arrogante de la mente. Aquellos que han hecho esta rendición han encontrado verdadera paz mental, felicidad y plenitud en el único lugar donde puede ser encontrada, que es dentro de sí mismos.

Quizás Jesús estaba enseñando la mayor renuncia de todas cuando dijo: "No temas, pequeño rebaño, porque al Padre le ha placido daros el reino". Hemos pensado que debemos trabajar muy duro para poder ganarnos el reino; que hay mucho que hacer al respecto. Esto se ha vuelto una carga tan grande en nuestra mente, y nuestro pequeño yo humano se ha interpuesto tanto en nuestro camino, que el reino que fue dado no puede ser aceptado. La vida es el regalo de Dios y no del hombre. Por eso Jesús dijo que ningún hombre tiene el poder de darla o de quitarla. ¿Estamos dispuestos a dejar ir este inflado ego que tenemos, esta enorme pretensión, esta máscara que llevamos, este camuflaje y, con sencillez, aceptar la vida?

Jesús enseñó otra cosa que tiene que ver con la gran renuncia. Dijo que debemos volvernos como niños pequeños. ¡Qué difícil es para nosotros volvernos como niños pequeños! Sin embargo, cualquier buscador de verdades científicas sabe que debe volverse como un niño pequeño si desea descubrir los secretos de la naturaleza y encontrar la verdadera causa de las cosas.

El intelecto tiende a interponerse en el camino de la fe, porque aunque la lógica de la fe pueda ser del intelecto, su esencia y significado están en el corazón infantil. Debemos nacer al Reino de Dios, en cierto sentido, tal y como nacimos en el reino humano del gran corazón materno del amor y la vida.

Jesús enseñó que la gran realidad de la vida es el amor, pero la forma en que esta realidad funciona es a través de la ley, y cada hombre debe cosechar lo que siembra. Así que puso delante de nosotros las dos grandes posibilidades de la vida e hizo la siguiente pregunta: ¿Deseas ser íntegro (pleno)? Si es así, sigue la luz divina que te he revelado y la descubrirás dentro de ti. Ahí, en el lugar secreto del Altísimo, permanecerás a la sombra del Todopoderoso.

La autoconciencia no es suficiente

Hablemos de la necesidad de enfrentar las situaciones tal y como vienen, sin miedo y sin tratar de evitarlas. Porque cada asunto de la vida debe enfrentarse como es, y lo que está mal debe corregirse.

Este proceso de llegar a entender nuestras dificultades psicológicas y cómo despejar el camino para que la fuente de vida original pueda fluir a través de nosotros sin obstrucciones, en su sentido más amplio recibe el nombre de *autoconciencia.* Significa una limpieza de la mente de las represiones inconscientes y conflictos que están tan profundamente enterrados que sabemos de ellos solo porque tienen eco en lo que hacemos, decimos y pensamos. Llegar al propio ser, llegar a la conciencia, llegar a entender por qué y cómo empezamos en el camino emocionalmente equivocado, explicar esto al ser, esto es lo que significa *la autoconciencia.*

Pero la autoconciencia por sí sola no es suficiente por esta razón: hay una necesidad constante detrás de crear, de expresar vida, de llegar a la satisfacción de la felicidad, la paz, la alegría y la expresión de uno mismo. La autoconciencia no es suficiente. Es solo despejar el camino para la acción correcta. Algo tiene que hacerse con la autoconciencia. No estamos buscando una forma de escapar de la vida o de vivir, porque esto sería justo lo opuesto al propósito de la existencia, que es expresar el ser.

Tenemos pies y manos así como una mente, y, a menos que los pies y las manos se utilicen, junto con nuestras otras facultades, no llegaremos a la autoexpresión completa. Es por eso que la terapéutica física se usa. A la gente se le dice que haga algo con sus manos y sus pies, que pinte cuadros o escriba poemas o canciones, que aprenda a bailar, que tenga un pasatiempo, que juegue golf, que disfrute la vida; lo cual significa entrar en el espíritu de la vida y ser parte de ella.

La autoconciencia sin autoexpresión puede producir casi con la misma facilidad disturbios emocionales como la falta de autoconciencia;

puede fácilmente volverse otra frustración, haciendo que la mente continuamente regrese sobre sí misma y se vuelva egocéntrica. La vida debe ser expansiva y expresiva. Uno no es feliz a menos que tenga un propósito en la vida.

Con mucha frecuencia las personas mayores se frustran porque no hay nada más que ocupe su atención. Deben encontrar algo que llene su tiempo, ya sea la jardinería o visitar a los enfermos o ayudar a cuidar a los niños de alguien. Cualquier actividad que requiera atención y produzca la satisfacción de la autoexpresión no es solo buena, sino necesaria.

No enseñamos a la gente a sentarse y repetir monótonamente "Dios es todo lo que existe" porque, aunque es verdad que Dios es todo lo que existe, también es verdad que Dios es todo lo que es. El Genio Creativo del universo se dirige a la acción en todas partes. No hay monotonía en la naturaleza. La vida individual debe evitar la monotonía y el egocentrismo a través de la autoexpresión.

En consecuencia, después de que hayamos llegado a la autoconciencia, debemos empezar a expresarnos de nuevo, sin importar nuestra edad. Involúcrate en la alegría de vivir y hazlo con los demás. Las personas bien integradas se llevan bien con las demás personas no por la tolerancia sino por medio de la cooperación. Este es el juego de la vida y debe jugarse.

Felicidad

¿QUIERES SER FELIZ? Esta es una pregunta tonta, porque ¿quién no quiere ser feliz?

Alguien dijo que estábamos acostumbrados a pensar que teníamos que estar bien para ser felices, pero ahora sabemos que debemos ser felices si deseamos estar bien.

La felicidad debe basarse en un sentido interno de seguridad, en un sentido de pertenencia a la vida y a los demás; en un deseo de dar, de ser amables y compasivos, y de ser capaces de ponernos en el lugar de los demás.

La mayor parte de la infelicidad viene de nuestras relaciones con otras personas. Si no podemos ser felices a menos que otro individuo o grupo de individuos nos admiren o amen, todavía no nos hemos dado cuenta de que cada persona es completa en sí misma. Porque cuando regresamos al verdadero Ser, que es Dios en nosotros, habremos penetrado en las más recónditas profundidades de las personas.

La felicidad nunca es externa. El dinero en el mundo no hará a una persona feliz. La más alta posición de dignidad o confianza no puede hacer a alguien feliz. Jesús lo expresó de esta forma: "¿De qué le servirá al hombre ganar el mundo entero, si pierde su alma?" (Marcos 8:36). Desde luego, no se refería a la pérdida real del alma, porque el alma es la encarnación del Espíritu interno. *Escondido con Cristo en Dios* significa que seguimos al hombre hasta su Origen Divino, que es Dios, y descansamos en la seguridad de estar abrazados con infinito amor y sabiduría, y protegidos por la Infinita Ley del Bien.

Es verdad que no podemos estar bien a menos que estemos mental y emocionalmente felices. En mucha mayor medida de lo que nos damos cuenta, nuestro cuerpo físico refleja nuestra actitud mental. Nuestra comida ni se digiere ni se asimila apropiadamente cuando estamos llenos de infelicidad y miedo. La corriente de la vida fluye completa y libre de los recovecos más profundos de nuestro ser solo cuando estamos felices.

Los niños son felices porque no han aprendido a tener miedo; no puede haber felicidad donde hay miedo.

Benditos los niños que juegan en la playa,
a ellos pertenece la Flauta de Pan;
la canción del oleaje, el clamor de las olas,
la niebla, el viento y el bronceado.

Ningún pensamiento de temor, ninguna ganancia que cosechar
ningún miedo a la obscuridad, terror a la noche;
ningún sueño de confusión en su sueño,
su estrella de la tarde reluce clara y brillante.

Con corazones rebosantes de entusiasmo feliz
y alegría por lo que traerá el nuevo día
reposan en paz para descansar;
en la alborada para ellos la alondra cantará

Ellos saludan el día con agreste delicia
sus pies en desnuda alegría calzan
sus ojos con reluciente asombro brillan
"porque de ellos es el Reino de Dios".

Bien dijo Jesús que debemos volvernos como niños pequeños si habríamos de descubrir el reino de la felicidad. El niño espera que sus padres cubran sus necesidades, que le proporcionen comodidad y que le den amor.

Todos somos niños, no tanto de una talla mayor sino con una experiencia más amplia. Hay un niño o una niña dentro de cada uno de nosotros, un niño que apenas está emergiendo de lo desconocido, descubriendo experiencias, aprendiendo a vivir. Pero, muy frecuentemente, la alegría espontánea es empujada al inconsciente, donde aún busca la autoexpresión que le ha sido negada.

¿Por qué tenemos que ser tan fríos e indiferentes, duros y críticos, o tan preocupados por vivir? Es porque el niño ha sido crucificado en la cruz de la experiencia negativa. Y ahora debemos volver sobre nuestros pasos, porque el niño en nosotros no debe ser negado. La alegría espontánea del niño que juega en la playa, la felicidad de recibir el nuevo día con expectativa de placer, y la quieta paz del descanso por la noche, sin problemas por conflictos internos, esto es lo que todos queremos. Debemos volver a ganar esta tierra perdida si hemos de tener felicidad, seguridad y paz.

Esto es lo que la fe hace por nosotros. No hace la diferencia qué forma adquiera, mientras sea sincera. Pero aún aquí la limpieza no estará completa si continuamos preocupándonos por la cuestión de la salvación y el bienestar último del alma. Esto, también debe tener una limpieza, una redención y un nuevo nacimiento. Es por eso que Jesús nos dijo que debemos volver a nacer, que debemos ser como niños pequeños.

¿Es tan difícil, entonces, para el intelecto perder su vasta acumulación de falso conocimiento basado en un concepto de separación de la Fuente original de su ser? En algún momento seremos llamados a hacer esta renuncia y de nuevo a ser como niños. Nuestro intento de ser felices será fútil sin esto. No importa lo que poseamos o las ambiciones que tengamos; estamos constituidos de tal forma que estamos incompletos hasta que conscientemente nos unimos con aquello que es completo y perfecto.

¿Podemos aprender a renunciar a nuestras dudas y miedos, a nuestras incertidumbres y presentimientos, y vivir nuestra vida con entusiasmo, esperanza y confianza? Me aventuro a decir que, si aprendiéramos a hacer esto, nuestros conflictos internos se disiparían. Nuestra susceptibilidad profética al mal se desvanecería, y estaríamos en paz con Dios, con nosotros mismos y con los demás.

Meditación

YO SÉ QUE hay un poder para el bien que está respondiéndome y trae a mi experiencia lo que es necesario para mi desarrollo, para mi felicidad, para mi paz, para mi salud y para mi éxito. Sé que hay un poder para el bien que me permite ayudar los demás y bendecir al mundo entero.

Así que me digo en silencio: hay una sola vida; esa vida es Dios; esa vida es perfecta; esa vida es mi vida ahora. Fluye a través de mí, circula en mí. Yo soy uno con su ritmo. Mi corazón late con el latido del universo, serenamente, en paz y con alegría. Todo mi ser físico es animado por el Espíritu Divino, y si hay algo en él que no encaje, es expulsado, porque hay una vida perfecta en mí ahora.

Y me digo: yo soy diariamente guiado para saber qué hacer en toda circunstancia, en toda situación. La inteligencia divina me guía en el amor, la alegría y la completa expresión de mí mismo. Deseando que solo la Ley del Bien tenga control sobre mí, bendigo y hago prosperar todo lo que hago; multiplico cada actividad; acepto y espero la felicidad y el éxito completos.

Reconociendo que soy uno con todas las personas, afirmo que existe un poder silencioso que fluye a través de mí y de ellos, que bendice, sana y hace prosperar, que hace feliz y alegres sus caminos.

Y, dándome cuenta de que el mundo está compuesto por personas como yo, lo bendigo, y afirmo que estará bajo el gobierno divino del bien, bajo la divina providencia del amor y bajo el liderazgo divino de la inteligencia suprema. *Pues tuyo es el reino, el poder y la gloria, por siempre. Amén.*

TÍTULOS DE ESTA COLECCIÓN

Cómo leer el rostro. *Richard Webster*

El camino de la sincronía. *Allan G. Hunter*

El misterio de la reencarnación. *J. Allan Danelek*

El viaje de las almas. *Michael Newton*

Formulario completo de aceites mágicos. *C. Reyne Heldstab*

Momentos milagrosos de la vida. *Ekissa Al-Chokhanchy*

Puertas hacia vidas pasadas y vidas futuras.
J. H. Slate y C. Llewellyn W.

Sanar la causa oculta. *Sandy C. Newbigging*

Viviendo la ciencia de la mente. *Dr. Ernest Holmes*

Impreso en los talleres de
MUJICA IMPRESOR, S.A. de C.V.
Calle camelia No. 4, Col. El Manto,
Deleg. Iztapalapa, México, D.F.
Tel: 5686-3101.